100 Jahre LVR-Klinik Bedburg-Hau

KLARTEXT

100 Jahre LVR-Klinik Bedburg-Hau

Von der Provinzial-Heil- und Pflegeanstalt zur LVR-Klinik

Festschrift zum 100-jährigen Bestehen 1912–2012

Herausgegeben von Wolfgang Schaffer

sowie Marie Brill, Jack Kreutz, Christa Kreuzhof
und Stephan Lahr

Im Auftrag der LVR-Klinik Bedburg-Hau

RHEINPROVINZ
Dokumente und Darstellungen zur Geschichte
der rheinischen Provinzialverwaltung
und des Landschaftsverbandes Rheinland

Herausgegeben vom
LANDSCHAFTSVERBAND RHEINLAND
LVR-Archivberatungs- und Fortbildungszentrum
– Archiv des LVR –

Redaktion Wolfgang Schaffer

Band 21

1. Auflage Juni 2013

Satz und Gestaltung:
Klartext Medienwerkstatt GmbH, Essen

Titelabbildungen:
– Kreativtherapie, Foto: LVR-Klinik Bedburg-Hau
– Psychomotoriktherapie als ein Baustein der Diagnostik und Behandlung im Kindesalter, Foto: LVR-Klinik Bedburg-Hau
– Veranda Pflegerinnenheim, 1920er Jahre, Foto: LVR-Klinik Bedburg-Hau
– Verwaltungsgebäude der LVR-Klinik, Foto: LVR-Klinik Bedburg-Hau
– »Gemeinsam«, Foto: LVR-HPH-Netz Niederrhein

Umschlaggestaltung:
Volker Pecher, Essen

Druck und Bindung:
Proost NV, Turnhout (BE)

ISBN 978-3-8375-0863-5

www.klartext-verlag.de

Inhalt

Vorwort

Die LVR-Klinik Bedburg-Hau feiert in diesem Jahr ihr 100-jähriges Bestehen und blickt damit auf eine lange und wechselvolle Geschichte zurück.

Die damalige Rheinische Provinzial-Heil- und Pflegeanstalt Bedburg-Hau gehörte in den Gründungsjahren mit rund 2.200 Betten zu den größten psychiatrischen Einrichtungen Europas und verkörperte im besten Sinne den Geist ihrer Zeit. Sie galt als Ort der Behandlung, Genesung und langfristigen sozialen Betreuung von psychisch kranken und behinderten Menschen.

In vieler Hinsicht war sie ein Modellprojekt: die Anordnung der Gebäude im Pavillon-System und die wirtschaftlich autarke Konzeption entsprach den damals aktuellen Erkenntnissen. Mit dem Verzicht auf typische Sicherungen, wie Gitter und Mauern in weiten Bereichen der Klinik, wurden damals neue und moderne Wege beschritten. Die psychisch kranken Menschen, die bis dahin häufig noch als unheilbar galten, wurden so nicht mehr in gefängnisartigen Einrichtungen, sondern in einem Krankenhaus untergebracht. Von den Anfangsjahren der Klinik bis zur Gegenwart sind in der Wissenschaft, Forschung und Lehre entscheidende Fortschritte gemacht worden, die die Behandlung und Pflege psychisch kranker Menschen beeinflusst haben. Es wurden Behandlungskonzepte entwickelt und etabliert, die zur Verbesserung der Versorgung der Patientinnen und Patienten eingesetzt wurden und werden.

Zur Geschichte der Klinik gehören jedoch auch zwölf Jahre (1933 bis 1945), die durch ein menschenverachtendes Regime geprägt waren, dem Tausende psychisch kranker und behinderter Menschen zum Opfer fielen. Während des Nationalsozialismus wurden allein von Bedburg-Hau aus mehr als 2.200 Patientinnen und Patienten mit Sonderzügen und den so genannten »Grauen Bussen« zu Vernichtungslagern deportiert. Nur wenige überlebten. Seit vielen Jahren und auch zukünftig stellt sich die Klinik der Verantwortung, diese Zeit auf unterschiedliche Weise (z. B. durch Ausstellungen, Lesungen, Gedenkveranstaltungen, Kunstwerke) aufzuarbeiten und daran zu erinnern.

Doch auch die Nachkriegs- und Aufbaujahre stellten an die Klinik große Herausforderungen. Anfang der 1960er Jahre waren viele der inzwischen zu Landeskrankenhäusern umbenannten Einrichtungen massiv überbelegt.

In Bedburg-Hau befanden sich im Frühjahr 1963 mehr als 3.500 Patientinnen und Patienten in Behandlung. Die Betten standen in den Schlafräumen dicht an dicht, teils schliefen die Patientinnen und Patienten (darunter auch 230 Kinder und 160 Jugendliche) auf Matratzen, die auf den Boden gelegt und tagsüber unter die Betten geschoben wurden. Privatsphäre war ein Fremdwort und für Therapie blieb im wahrsten Sinne des Wortes kein Platz.

Die Überbelegung lag in diesen Jahren gemessen an den Planbetten bei rund 30 Prozent. Diese unhaltbaren Zustände führten zwar zu Aufnahmesperren für bestimmte Patientengruppen, aber nicht zu einer Besserung der Belegsituation. Ende der 1960er Jahre platzte die Einrichtung mit fast 3.800 Patienten schließlich aus allen Nähten.

Es wurden Neubauten geplant um die Bettenkapazität zu erhöhen und die Umwandlung der »Anstalt« zum Krankenhaus voran zu treiben. Eine moderne Aufnahmeklinik wurde am Rande des Geländes errichtet, ebenso wie ein neues Bewahrungshaus. In den folgenden Jahren kamen weitere Stationsgebäude, so genannte Wechselkrankenhäuser und das Standardbettenhaus dazu. Auch die Therapieangebote konnten erweitert und ausgebaut werden. Die von Beginn an vorhandene Arbeitstherapie wurde z. B. durch eine Beschäftigungstherapie ergänzt.

Diese und weitere Themenkomplexe, die den Veränderungsprozess der vergangenen Jahrzehnte aufzeigen, werden in der vorliegenden Festschrift »100 Jahre LVR-Klinik Bedburg-Hau« von verschiedenen Autoren und Autorinnen bearbeitet. Hierzu zählen u. a. die Abkopplung der Betreuung von geistig behinderten Patientinnen und Patienten und die Gründung des Heilpädagogischen Heimes in den Jahren 1980/1981, die Entwicklung der Forensischen Psychiatrie und das 1990 gestartete Enthospitalisierungs- und Dezentralisierungsprogramm.

Von der Eröffnung der Klinik vor hundert Jahren bis heute nimmt die LVR-Klinik Bedburg-Hau eine bedeutende gesellschaftliche und wirtschaftliche Rolle für die Gemeinde Bedburg-Hau, den Kreis Kleve und die Region ein. Sie ist heute als größte psychiatrische Klinik in Nordrhein-Westfalen ein modernes Zentrum für die Behandlung von Erkrankungen der Psyche und des Nervensystems.

Zur LVR-Klinik Bedburg-Hau gehören nun Spezialstationen sowie dezentrale und zentrale Tageskliniken in den Bereichen Kinder- und Jugendpsychiatrie, Allgemeinpsychiatrie und Gerontopsychiatrie. Mit dem Namen der Klinik wird ein großes Angebot psychiatrischer und psychotherapeutischer Hilfen verbunden. Durch die Föhrenbachklinik der LVR-Klinik Bedburg-Hau wird zudem für den nördlichen Teil des Kreises Kleve auch die neurologische Versorgung sichergestellt. Weiterhin leistet die LVR-Klinik Bedburg-Hau einen wesentlichen Beitrag zur Versorgung forensischer Patientinnen und Patienten im Rheinland. Ein gut ausgebautes, vernetztes ambulantes Angebot, Dependancen in Kleve, Geldern und Moers, eine professionelle Nachsorge sowie ein breit gefächertes Angebot im Bereich der sozialen Rehabilitation – dies alles sorgt für ein Gleichgewicht zwischen einer gemeindenahen Grundversorgung und Spezialangeboten von überregionaler Bedeutung.

Die vorliegende Festschrift beschreibt eindrucksvoll die Klinikentwicklung, setzt sie in den gesellschaftlichen Kontext der jeweiligen Zeit und geht so auch auf die Psychiatriegeschichte der vergangenen hundert Jahre ein. Sie ist daher eine empfehlenswerte Lektüre für alle, die in diesem Bereich tätig und an der Verwirklichung des heute geltenden Inklusionsgedanken interessiert sind.

Wir danken den Autoren und Autorinnen und allen, die an der Festschrift mitgewirkt haben, für Ihren Einsatz.

Ulrike Lubek
LVR-Direktorin

Prof. Dr. Jürgen Wilhelm
Vorsitzender der
Landschaftsversammlung Rheinland

Einleitung

Der LVR betreibt heute u. a. neun psychiatrische Kliniken und eine orthopädische Klinik mit beinahe 6.000 stationären und tagesklinischen Behandlungs- und Betreuungsplätzen. Als eine dieser Einrichtungen nimmt die Klinik Bedburg-Hau seit nunmehr 100 Jahren einen zentralen Platz in der regionalen Versorgung psychisch Kranker im Rheinland ein. Sie ist somit auch Zeugin nicht nur für eine traditionelle Fürsorge für Geisteskranke, wie sie die damalige Rheinische Provinzialverwaltung bereits seit dem 19. Jahrhundert praktizierte, sondern auch für einen Wandel im therapeutischen Umgang bzw. im gesellschaftlichen Umgang mit Psychiatrie.

In Anbetracht ihres einhundertjährigen Bestehens, aber auch im Kontext des seit einigen Jahren proklamierten Mottos des LVR: »Der LVR stellt sich seiner Geschichte«, hat sich die Klinik Bedburg-Hau verpflichtet gefühlt, ihre Geschichte im Rahmen dieser Festschrift noch einmal einer interessierten Öffentlichkeit nahe zu bringen. Eine solche historische Aufarbeitung hat es bisher nur vereinzelt gegeben. So sei verwiesen auf die vor allem auch baugeschichtlich inhaltsreiche »Denkschrift zur Feier der Eröffnung der achten Provinzial-Heil- und Pflegeanstalt Bedburg (Kr. Cleve)« (Düsseldorf 1912) oder auch auf die einschlägigen Passagen in dem von Johannes Horion herausgegebenen zeitgenössischen Standardwerk »Die Rheinische Provinzial-Verwaltung. Ihre Entwicklung und ihr heutiger Stand« (Düsseldorf 1925). Die Publikation »Rheinische Anstaltspsychiatrie. Festschrift zum 50-jährigen Bestehen des Rheinischen Landeskrankenhauses Bedburg-Hau« (Köln 1962) bietet eine durchaus solide Übersicht über die Entwicklung der Klinik und ihren damaligen Stand, während die Broschüre »75 Jahre Rheinische Landesklinik Bedburg-Hau« (Köln 1987) eher an der Oberfläche bleibt. Seit deren Erscheinen sind weitere 25 Jahre vergangen. In diesen Jahren hat sich nicht nur das Erscheinungsbild der Klinik gewaltig verändert – es sei an dieser Stelle nur das Stichwort »Enthospitalisierung« angeführt –, sondern auch die Aufarbeitung von Psychiatriegeschichte hat deutliche Fortschritte gemacht. Für Bedburg-Hau wird dies z. B. deutlich in der grundlegenden Studie von Ludwig Hermeler: »Die Euthanasie und die späte Unschuld der Psychiater. Massenmord, Bedburg-Hau und das Geheimnis rheinischer Widerstandslegenden« (Essen 2002). Es kann aber auch verwiesen werden auf zwischenzeitlich erschienene Festschriften anderer rheinischer Kliniken, die einerseits wissenschaftlich solide recherchiert den neuesten Erkenntnisstand wiedergeben, andererseits aber auch für ein breiteres Publikum lesbar geblieben sind: So die von Wolfgang Gaebel, Joachim Heinlein und Klemens Maas herausgegebene Festschrift »Psychiatrie im Wandel der Zeit. 125 Jahre ›Grafenberg‹ – Rheinische Kliniken Düsseldorf – Kliniken der Heinrich-Heine-Universität Düsseldorf« (Köln 2001) oder die von Erhard Knauer, Friedel Schulz und Heinz Lepper herausgegebene Festschrift »125 Jahre Rheinische Kliniken Düren gestern, heute, morgen« (Köln 2003). Auch die Festschrift zum einhundertjährigen Bestehen der LVR-Klinik Bedburg-Hau orientiert sich in ihren ersten fünf Beiträgen an den historischen Verläufen, dabei durchgängig zurückgreifend auf die nicht zuletzt in den Archiven ermittelten Fakten. Die anschließenden acht Beiträge bieten eine abwechslungsreiche Mischung von persönlichen Erinnerungen und Entwicklungen der letzten Jahrzehnte seit der Psychiatriereform bis in die Gegenwart.

Mit der 1912 eröffneten »Provinzial-Heil- und Pflegeanstalt Bedburg-Hau« erreichte die Fürsorge für Geisteskranke in der Rheinprovinz neue Dimensionen: Mit einer Kapazität von 2.200 Betten war sie die größte ihrer Art, erbaut in der so genannten Pavillon-Bauweise, d. h. der dezentralen Anordnung einzelner jeweils zweckbestimmter Gebäude. Architektonisch wurde hier ein zukunftsweisendes Grundkonzept umgesetzt, welches den Menschen zum Ausgangspunkt der Planung machte und eine »gebaute Umwelt« auf ihn einwirken ließ. Bereits zeitgenössisch wurde diese Architektur als »Stadt im Grünen« beschrieben. Das Engagement der damaligen Rheinischen Provinzialverwaltung – Vorläufer des 1953 gegründeten Landschaftsverbandes Rheinland – in der Fürsorge für Geisteskranke geht bis in das frühe 19. Jahrhundert zurück. Notwendige Reformmaßnahmen mündeten 1865 in die politische Entscheidung der Gründung so genannter verbundener Heil- und Pflegeanstalten (PHPs): Zwischen 1876 und 1882 entstanden für jeden Regierungsbezirk die PHPs in Andernach, Grafenberg, Merzig, Düren und Bonn. Der dramatische Anstieg der Zahl unterzubringender Geisteskranker sowie der auch durch die Rechtslage beschleunigte »Trend zur Hospitalisierung der Armut« machten bereits Ende des 19. Jahrhunderts erneute Erweiterungsplanungen notwendig, umgesetzt in der Gründung der PHPs Galkhausen 1900 und Süchteln 1905. Es drohte eine katastrophale Überfüllung der Anstalten, so dass der rheinische Provinziallandtag 1906 den Beschluss fasste, nahe Kleve eine neue PHP zu gründen, die seit Oktober 1911 mit ersten Kranken belegt wurde. Am 3. Juli 1912 fand die offizielle Eröffnung statt. Nicht nur hinsichtlich der Bauweise und der Kapazität war die PHP Bedburg-Hau wegweisend. Konsequent umgesetzt wurde auch der Gedanke einer quasi therapeutischen Funktion des weitläufigen Geländes, sowohl hinsichtlich des Aufenthaltes der Patienten und Patientinnen in frischer Luft und ländlicher Umgebung, aber auch hinsichtlich deren Beschäftigung in der anstaltseigenen Landwirtschaft, welche zugleich zur kostensparenden Selbstversorgung beitrug. Die deutliche Entlastung der PHPs Johannistal und Grafenberg wurde auf jeden Fall schnell erreicht. Auch mit der Eröffnung des dritten Bewahrhauses für so genannte geisteskranke Verbrecher in der Rheinprovinz am 3. Februar 1912 kam der PHP Bedburg-Hau eine erhebliche Entlastungsfunktion zu.

Dass die Klinik diese vielversprechenden Anfänge nicht unmittelbar fortsetzen konnte, lag vor allem an den unmittelbaren Folgen des Ersten Weltkriegs, welche sich bis in die 1920er Jahre hinein auswirkten: Personalmangel auf Grund zahlreicher einberufener Pfleger, Nahrungsmittelknappheit und in der Folge so genanntes Hungersterben, Errichtung eines Lazaretts in der Klinik mit ausbrechenden Epidemien und zahlreichen Todesfällen. Die Errichtung eines belgischen Lazaretts, die mehrjährige Aufnahme von Insassen des aufgelösten Trierer Landarmenhauses, die Hyperinflation von 1923 mit extremer Verteuerung der Lebenshaltungskosten und in Folge dessen erneut hygienische Defizite und Mangelernährung schlugen auf die Situation in der PHP Bedburg-Hau unmittelbar durch. Die langsame Erholungsphase in der zweiten Hälfte der 1920er Jahre gelangte wiederum durch die Folgen der Wirtschaftskrise, aber auch durch das starke und gesellschaftlich bedingte Ansteigen der Zahl der anstaltsbedürftigen Patienten und Patientinnen an ihre Grenzen. Dieser rapide Anstieg hatte immerhin von Seiten der Psychiater eine gewisse Öffnung hin zu neuen reformerischen Therapieansätzen zur Folge (psychiatrische Außenfürsorge, »Familienpflege«, »aktive Therapie«). Die Weltwirtschaftskrise der Jahre 1929–1932 stellte das Errungene zunehmend wieder in Frage, führte zudem dazu, dass die Verweildauer in den Anstalten stieg und die Zahl der Neuaufnahmen wuchs. In Bedburg-Hau kam es zu einer Überbelegung mit einem Höchststand von 2.917 Kranken im Jahre 1932. Rigorose Sparmaßnahmen begannen zudem das Lebenshaltungsniveau wie auch die Nahrungsqualität wieder deutlich abzusenken und wirkten sich zu Lasten des therapeutischen Handelns aus. Gegen Ende der Weimarer Jahre zeichnete sich jedenfalls in Konsequenz bereits jener Marginalisierungsprozess der psychisch Kranken und Behinderten in den Anstalten ab, der in den Folgejahren durch das nationalsozialistische Regime eine bis dahin undenkbare Radikalisierung erfahren sollte.

Die Vorschriften des »Gesetzes zur Verhütung erbkranken Nachwuchses« von 1933 führten, wenn auch mit einer gewissen zeitlichen Verzögerung, zur Durchführung mehrerer Hundert Sterilisationen an Patientinnen und Patienten der Klinik Bedburg-Hau. Die weiterhin durchgedrückten rigiden Sparmaßnahmen führten zu einer deutlichen Verschlechterung der Ernährung mit ensprechenden Auswirkungen auf die Sterberate. Skurril mag es demgegenüber anmuten, dass die PHP im Jahre 1935 wirtschaftlich den bei weitem größten Überschuss sämtlicher Kliniken des Provinzialverbandes zu verbuchen hatte, davon aber nichts an die Beschäftigten bzw. Patientinnen und Patienten weitergab. Im Jahre 1940 geriet die PHP Bedburg-Hau dann in den Strudel der »Euthanasie«-Maßnahmen des NS-Regimes, in deren Kontext es auch zu weiträumigen Verlegungen aus Kliniken des Provinzialverbandes kam. Die Verlegung von über 1.700 Patientinnen und Patienten »in den Tod« schuf u.a. Raum für ein Marinelazarett, welches bis 1944 auch den größten Teil der Gebäude in Beschlag nahm. Im März 1945 wiederum waren in der Anstalt bzw. einer aufgebauten Zeltstadt 24.000 Zivilisten, vor allem zwangsinternierte Bevölkerung der Region, untergebracht. In den Nachkriegsjahren stellte sich die Situation entsprechend katastrophal dar: Alliierte Besatzungstruppen, das St. Antonius-Krankenhaus Kleve, die Klever Strafanstalt, das deutsche Lazarett und ein Lager für »displaced persons« nahmen den Großteil der Gebäude in Belegung, so dass nur noch wenige Gebäude überhaupt für Psychiatriepatienten zur Verfügung standen.

Erst seit dem Anfang der 1950er Jahre erholte sich die im November 1950 in Landesheilanstalt umbenannte Klinik Bedburg-Hau langsam wieder, besserte sich die Ernährungs- und Unterbringungssituation; die Landesheilanstalt nahm auch nach Gründung des LVR im Jahre 1953 eine feste Rolle in der regionalen Betreuung psychisch Kranker ein. Dies gilt auch für die Unterbringung geisteskranker Straftäter im Bewahrungshaus. Mit der Eröffnung einer staatlichen Krankenpflegeschule 1957 erfolgte zudem ein wesentlicher Schritt hinsichtlich der Ausbildung professionell ausgebildeten Personals. Allerdings führte dies nicht zu einer Behebung des grundsätzlich und lange Jahre bestehenden Mangels an Pflegepersonal in Bedburg-Hau. Überhaupt begannen sich erst seit den 1960er Jahren die schlechten Arbeitsbedingungen des Personals zu verbessern, prägte sich zunehmend eine Trennung von Privat- und Arbeitsbereich aus. Allerdings ist diese Zeit chronischen Mangels an Pflegepersonal aber auch dadurch gekennzeichnet, dass es tendenziell zu einem stärkeren Einsatz von Medikamenten kam. Die zunehmende Überbelegung der Anstalten seit den 1950er Jahren hatte darüber hinaus zur Folge, dass sich auch in dem seit 1960 so benannten Landeskrankenhaus Bedburg-Hau eine stärkere Tendenz zu ambulanter Behandlung auszuprägen begann. Trotz des zum Anfang des Jahres 1965 in solch krisenhafter Situation verfügten Aufnahmestopps des LVR für bestimmte Patientengruppen litt das LKH Bedburg-Hau weiterhin unter dramatischer Überbelegung, zumal es nunmehr auch den Aufnahmebezirk Essen zugewiesen bekommen hatte.

Erst Anfang der 1970er Jahre begann die Belegung langsam wieder zu sinken. Zudem wirkte sich die Ausdifferenzierung bzw. Schaffung selbständiger Funktionsbereiche in der Klinik positiv auf die Zunahme von Aktivität, Initiative und Selbständigkeit der Mitarbeiter aus. Nicht nur die Psychiatrie-Enquete mit ihrer Forderung u. a. nach gemeindenaher Versorgung, Umstrukturierung der großen psychiatrischen Krankenhäuser, getrennter Versorgung für psychisch Kranke und geistig Behinderte, sondern vor allem auch das neue Krankenhausgesetz von NRW führte zu tiefgreifenden Veränderungen in der Struktur der Landeskrankenhäuser, so auch in der seit 1978 als Rheinische Landesklinik bezeichneten Einrichtung in Bedburg-Hau. 1980 wurde zudem mit der Ausgliederung des Behindertenbereichs in ein eigenständiges Heilpädagogisches Heim begonnen. Gerade im Bereich der klinischen Psychiatrie, besonders im Bereich der Aufnahmestationen deutlich und sichtbar werdend, wurde eine Reihe »moderner« Zielvorstellungen realisiert. Eine rege Bautätigkeit suchte den neuen Entwicklungen zu entsprechen, in deren Folge sich z. B. die Unterbringungssituation für die Patientinnen und Patienten erheblich verbesserte. Mit dem Ausbau ambulanter Dienste und der Erhöhung der Anzahl niedergelassener Psychiater nahm auch die Verweildauer in der Klinik ab. Dramatisch blieb aber weiterhin die Situation auf den Langzeitstationen. Die entscheidende Wende zum Positiven stellte das 1990/91 beschlossene »70,5 Millionen-DM-Programm« dar, durch welches Maßnahmen im Kontext von Enthospitalisierung chronisch psychisch Kranker auf den Weg gebracht werden konnten – eine entscheidende Verbesserung der Lebens- und Wohnsituation psychisch Kranker mit langwierigen Verläufen. Im Mittelpunkt stand nunmehr vor allem die Verbesserung der Lebensqualität. In Folge entstanden zudem ein Verbundsystem und Kleinwohnheime für die Patienten sowie gemeindeintegrierte Wohnplätze in den Zentren der Ortschaften des Kreises Kleve. In der Klinik Bedburg-Hau bildete sich zusammen mit den externen Dependancen ein eigener Reha-Bereich heraus. Darüber hinaus wurden

Maßnahmen umgesetzt, die Langzeitkranken die Rückkehr in ihre Heimatgemeinden ermöglichen sollten. Auch in der Gegenwart ist somit die gesamte Entwicklung von einer Dynamik geprägt, deren Bewertung allerdings einer zukünftigen Historikergeneration überlassen bleiben muss.

Pulheim-Brauweiler, im Dezember 2012

Wolfgang Schaffer

Jan Richarz

Die Baugeschichte der Klinik Bedburg-Hau

»Begabt mit starkem baukünstlerischem Empfinden […].«[1]

Nachruf auf Paul Hirschhorn

Die Gründung der achten Provinzial-Heil- und Pflegeanstalt (= PHP)[2] Bedburg-Hau wurde im Jahr 1907 durch den 47. Rheinischen Provinziallandtag beschlossen. In der Beschlussfassung findet sich die Maßgabe, die Klinik entsprechend den bereits erprobten Modellen der so genannten Pavillonbauweise zu errichten.[3] Als Vorbilder dafür galten dem Provinzialausschuss die eigenen Anstalten in Galkhausen bei Langenfeld und Johannistal bei Süchteln sowie die Anstalt Brauweiler für das Bewahrungshaus. Wie eng die Verknüpfung der Anstalten untereinander war, zeigt sich in den Bauakten und auch im Bauprogramm selbst.[4]

Entwicklung

Gesellschaftlich wurden die als unheilbar eingestuften Geisteskranken lange Zeit als gefährlich für sich selbst oder andere angesehen, weshalb ihre Unterbringung in gefängnisartigen Einrichtungen erfolgte. Noch bei den fünf zwischen 1876 und 1882 eröffneten Anstalten Andernach, Grafenberg (heute Düsseldorf), Merzig, Düren und Bonn war der Grundgedanke, die Kranken durch Baumaßnahmen wie Mauern, Fenstergitter und weitere starke Sicherungen von der Außenwelt abzuschirmen, um Fluchten oder Suizide zu verhindern. Die Gebäude nahmen dabei wenig Rücksicht auf die Bedürfnisse der

1 Archiv des LVR in Pulheim-Brauweiler (= ALVR) 34651.

2 Im Text werden häufig alte, heute unübliche Begriffe oder Bezeichnungen verwendet, diese spiegeln die Anschauungen der jeweiligen Zeit und sind in keiner Weise herabwürdigend zu deuten.

3 Die Pavillonbauweise entstand in der Mitte des 19. Jahrhunderts. Sie wurde in Deutschland zunächst in Berlin-Friedrichshain umgesetzt.

4 Und nicht nur dort: Die Bedeutung des aus Süchteln nach Bedburg-Hau versetzten ersten Direktors Dr. Flügge – ebenso wie weiteren Personals – für die Anstalt und den Bau wurde bereits umgehend nach dessen Tod gewürdigt, vgl. Max Raether: Rheinische Provinzial-Heil- und Pflegeanstalt Bedburg-Hau (Kreis Cleve) (Düsseldorf 1929).

Patienten. Es waren zumeist Bauten im so genannten Korridorsystem, das alle Räume entlang großer Flure vorsah, ohne größere Freiräume für die Patienten.[5]

Schon zu dieser Zeit begann auf der Grundlage der Übersetzung von John Conollys »Treatment of the insane without mechanical restraints«[6] ein Umdenken in der Behandlungsmethodik, das sich ganz explizit auf das Bauprogramm neuer Heil- und Pflegeanstalten auswirkte. Feststellungen wie: »Bewegung im Freien ist nicht hoch genug zu schätzen«[7] oder: »Eins [sic!] der hauptsächlichen indirecten Heilmittel, weil es mehrere zugleich in sich fasst, ist ein freundliches gut eingerichtetes Haus in guter Lage, mit geräumigem Terrain für Landwirthschaft, Gartenbau und Arbeit«[8] und weitere ähnliche Aussagen Conollys läuteten im Bauwesen eine neue Auseinandersetzung mit dem Irrenwesen ein. Die Behandlung wurde nun eng mit dem Gebäude selbst verknüpft, dadurch ergaben sich für Gestalt und Form der Häuser, wie auch der gesamten Anlagen, völlig neue Möglichkeiten. Im Deutschen wurde diese neue Baupolitik als »Offentürsystem« bezeichnet.[9] Als 1897 in der Rheinprovinz der Ausbau der vorhandenen und die Errichtung zweier neuer Anstalten, nämlich Galkhausen und Johannistal, beschlossen wurde, war man schon völlig auf dieses System eingeschwenkt. Die Grundsätze, die für alle neuen Bauwerke gelten sollten, wurden für den Bau von Galkhausen wie folgt definiert: »Vermeidung aller gefängnismäßigen Sicherungen, wie Gitter, Mauern und dergleichen, übersichtliche Anordnung und Einrichtung der Krankenräume nach den Forderungen der modernen Psychiatrie, die eine dauernde Beaufsichtigung, soweit nötig unter Bettbehandlung und Verabreichung von Dauerbädern, verlangte, Individualisierung der einzelnen Krankheitsformen durch Herstellung kleiner, über eine größere Fläche gruppenweise zerstreuten Villen für 25–50 Kranke von verschiedenen, den Bedürfnissen und der Eigenart der Kranken angepaßten Grundrissen und Verlegung der Wirtschaftsgebäude und Zufuhrwege an die Peripherie der Anstalt zur Vermeidung von Unruhe und störendem Geräusch im Bereich der Krankenhäuser.«[10]

5 Vgl. Hans-Werner Müller/Gerhard Scheurle: Rheinische Anstaltspsychiatrie. Festschrift zum 50jährigen Bestehen des Rheinischen Landeskrankenhauses Bedburg-Hau (Köln 1962), S. 7–52, hier S. 9–12.

6 Caspar Max Brosius: Die Behandlung der Irren ohne mechanischen Zwang. Von John Conolly. Deutsch mitgetheilt von Dr. C.M. Brosius (Lahr 1860) [Digitalisat online unter http://books.google.de/books?id=mpo8AAAAcAAJ&printsec=frontcover#v=onepage&q&f=false].

7 Brosius, a.a.O. S. 39.

8 Brosius, a.a.O. S. 47. Die auf den dort folgenden Seiten gegebenen Beispiele und Beschreibungen sind für die Änderungen bei der baulichen Ausrichtung der neuen Anstalten nicht zu unterschätzen.

9 Baltzer: Provinzial-Heil- und -Pflegeanstalten, in: Johannes Horion (Hrsg.), Die Rheinische Provinzial-Verwaltung. Ihre Entwicklung und ihr heutiger Stand (Düsseldorf 1925), S. 181.

10 Wiehl: Fürsorge für Geisteskranke, Idiote und Epileptiker, in: Johannes Horion (Hrsg.), Die Rheinische Provinzial-Verwaltung. Ihre Entwicklung und ihr heutiger Stand (Düsseldorf 1925), S. 145.

In Galkhausen (heute Langenfeld, eröffnet 1900) und Johannistal (heute Viersen-Süchteln, eröffnet 1902) wurde das Pavillonsystem als Ausdrucksform des »Offentürsystems« nun konsequent angewandt. Allerdings verliert sich die strengere Gliederung der Gebäude, wie sie in Galkhausen zunächst ausgeführt wurde, in Johannistal zugunsten einer landschaftsplanerischen Konzeption. Ein Vergleich mit den älteren Planungen zeigt, dass die Forderungen nach einer gut gestalteten Umgebung aufgegriffen wurden.[11] Die medizinischen Anforderungen an den baulichen und wohnlichen Charakter einer Pflegeanstalt waren also mit den Pflegereformen in den letzten Jahrzehnten des 19. Jahrhunderts rasch gewachsen. Gelegentlich wurde PHP Bedburg-Hau bereits mit der Gartenstadtbewegung des frühen zwanzigsten Jahrhunderts in Verbindung gebracht; zwar mag es dort Vergleichsmomente geben, das Grundprinzip der Gartenstädte ist jedoch ein völlig anderes.[12] Trotzdem, Architekten und Baumeister neuer Kliniken orientierten sich selbstverständlich an den aktuellen architektonischen Strömungen der Zeit. Dem veränderten sozialen Anspruch sollte die Architektur unbedingt Rechnung tragen. Parallelen in der generellen gesellschaftlichen und der architektonischen Entwicklung finden sich ausdrücklich in der zeitgenössischen Literatur. Eines der Bücher, welches vermutlich zur Bibliothek der Provinzial-Bauabteilung gehört haben dürfte, wird Camillo Sittes »Der Städtebau nach seinen künstlerischen Grundsätzen« gewesen sein. Als Städtebau wird in der Architektur – vereinfacht gesagt – die Planung und Anlage einer großflächigen Bebauung inklusive Grünflächengestaltung und Wegenetz bezeichnet. Hier hatte sich zur Jahrhundertwende eine aktive Diskussion ergeben, die den streng geordneten und gegliederten Stadt- oder Siedlungsentwürfen eine offenere und vor allem grünere Architektur gegenüber stellte, die auch dem ästhetischen Anspruch des Menschen an seine Umgebung gerecht werden konnte. Wirtschaftliche, gesundheitliche und soziale Einflüsse des geplanten Raumes auf seine Bewohner oder Nutzer wurden mehr und mehr zum Gegenstand des Städtebaus. Die gleichen Fragestellungen, allerdings erweitert um die notwendigen ärztlichen Vorgaben, haben auch die Planung der Provinzial-Heil- und Pflegeanstalten beeinflusst. Es entstand ein Grundkonzept für alle neuen Anstalten. Und dies beinhaltete eine grundsätzliche Planung mit bestimmten Vorgaben für die Gestaltung aller Bauten und Anlagen, die aber nicht Einzelheiten wie Fassadengestaltung oder Materialwahl vor-

11 Die Lagepläne aller Heil- und Pflegeanstalten der Rheinprovinz finden sich bei Baltzer, a. a. O. Die chronologische Ordnung der Lagepläne lässt den Wandel von der strengen Kaserne zur gestalteten Landschaft sehr gut nachvollziehen.

12 Vgl. Rita Mielke: Gartenstadt mit offenen Türen. Pflegefälle: Was soll aus der einst größten psychiatrischen Anstalt Europas bei Kleve werden? In: Frankfurter Allgemeine Zeitung vom 17.8.1992. Der Gedanke, den pflegebedürftigen Menschen ins Grüne zu bringen, ist nicht gleichzusetzen mit dem Begriff »Gartenstadt«, zumal die Planungen für Galkhausen und Johannistal vor der Entwicklung dieses Städtebauentwurfes durch Ebenezer Howard durchgeführt waren. Vielmehr ist es eine allgemeine Tendenz der Psychiatrie, die ihren Ursprung insbesondere in Conollys Thesen hat.

weg nahmen. Der Mensch wurde nun zum Ausgangspunkt der Planung, entscheidend war, wie die gebaute Umwelt auf ihn wirkte.

Die Planer

Verantwortlich für alle Bauten der Provinzialverwaltung war die Hochbauabteilung unter der Leitung der beiden Landesbauräte Ostrop und Baltzer, die wiederum dem Landesrat Dr. Horion unterstellt waren. Die Entwurfsarbeiten fanden zu einem großen Teil am Sitz der Provinzialverwaltung in Düsseldorf statt, bevor tatsächlich mit dem Bau begonnen wurde.[13] Für den Bau der neuen PHP Bedburg-Hau wurde, wie bereits bei den zuvor errichteten Anstalten, zum April 1908 ein eigenes Neubaubüro unter Leitung von Landesbauinspektor Paul Hirschhorn geschaffen, das sich vor Ort um alle Angelegenheiten bei der Errichtung der nahezu 90 Bauwerke kümmerte. Hirschhorn hatte bereits den Bau der Anstalt Johannistal geleitet. Bis 1902 hatte er sechs Jahre als freier Architekt in Berlin gearbeitet, war dann von 1902 bis kurz vor seinen Tod im Jahre 1927 für die Provinzialverwaltung aktiv. Hirschhorn kommt eine besondere Bedeutung für das Erscheinungsbild der Heil- und Pflegeanstalt zu, denn Planung und Erbauung waren im Wesentlichen sein Werk. Die Zeichnungen und Entwürfe für die Bauten in Bedburg-Hau sind hauptsächlich unter seiner Federführung im Neubaubüro entstanden, dabei wurde allerdings auf die genannten Vorlagen aus Johannistal, Galkhausen und Brauweiler zurückgegriffen. Es ist selbstverständlich, dass eine Anlage dieser Größe auch das besondere Interesse und Augenmerk der Provinzialverwaltung hatte. Der Bauleiter hat daher oft bis in die Details die Abstimmung mit dem Landeshauptmann Dr. von Renvers oder Landesrat Horion gesucht, die beide insbesondere Wert auf die Einheitlichkeit der Erscheinung der Gebäude an der Hauptstraße, dem Westlichen Rundweg, legten. Um diese Details festzulegen, unternahm man einige Reisen zu den anderen Anstalten, traf sich zu Ortsterminen. Produktmuster vieler Baustoffe und Ausstattungsgegenstände wurden begutachtet, und letztlich folgte der Landeshauptmann meist den Empfehlungen Hirschhorns. Alle sechs Wochen wurden große Baubesprechungen abgehalten, auf denen alle entscheidenden Personen anwesend waren.[14] Am 1. Juli 1912 wurde Paul Hirschhorn auf Anordnung des Kaisers der Rote Adlerorden IV. Klasse verliehen. Damit wurden seine Verdienste um den Bau der beiden Anstalten, speziell derjenigen in Bedburg-Hau, ehrenvoll gewürdigt.[15] – Als unterstützender Ingenieur für die Bauleitung wurde außerdem Leonard Penners ein-

13 Landtagsvorlagen betreffend Anstalt Bedburg-Cleve, 1911. Bericht und Antrag vom Feb. 1908, S. 9.

14 Vgl. Leonard Penners: Wie Bedburg-Hau gebaut wurde. In: Festschrift zum 50jährigen Bestehen des Rheinischen Landeskrankenhauses Bedburg-Hau (Köln 1962), S. 105–111, hier S. 109.

15 Zu allen biographischen Angaben vgl. die Personalakte Hirschhorns ALVR 34651.

gestellt, der seine Erinnerungen an den Bau von Bedburg-Hau in der Festschrift zum 50-jährigen Bestehen wiedergegeben hat. Er benennt dort alle weiteren Beteiligten.

Die Planung

Als Baugrund wurde das bewaldete Gebiet unmittelbar bei dem kleinen Ort Bedburg bei Kleve ausgewählt. Auf einer Fläche von 195,5 ha sollte die bis dahin größte Heil- und Pflegeanstalt entstehen. 2.200 Kranke und 426 Angestellte und Beamte sollten dort letztlich untergebracht und versorgt werden. Diese Größenordnung war neu, hatten doch die anderen Anstalten nur etwa ein Viertel bis zur Hälfte dieser Bettenzahl. Begründet wurde die enorme Vergrößerung damit, dass der Bedarf an Anstaltsplätzen langfristig mehrere neue kleinere Anstaltsbauten nach sich ziehen würde, und mit einer großen Anstalt die Bau- und Betriebskosten verringert werden würden.[16] Landesmedizinalrat Dr. Wiehl kommt in einer Rückschau 1925 zu dem Urteil, dass dieses Vorhaben letztlich gelungen sei.[17]

Eines der obersten Gebote war, die Kosten für Bau und Einrichtung möglichst zu dämpfen. Für Grundstückskauf, Bau und Einrichtung sowie verschiedene Posten gibt die Denkschrift zur Eröffnung eine Summe von elf Millionen Mark als tatsächliche Investitionskosten an. Dies ist für damalige Verhältnisse ein hohes Investitionsvolumen.[18] Für eine große Anlage wie Bedburg-Hau aber doch wenig, wie auch die Planer zur Eröffnung bemerken: »Bei der Bauausführung [...] wurde danach gestrebt, die Grundsätze der Einfachheit, der Solidität und der Billigkeit möglichst miteinander zu vereinigen, [...] durch geschickte Lageplangestaltung, gute Gruppierung der Gebäude und zweckmäßige Grundrißgestaltung sowie ansprechende Behandlung der Fassaden sich auch mit geringen Mitteln eine gute architektonische Wirkung erzielen lässt.«[19]

Im Falle von Bedburg-Hau galt es, eine große bewaldete Fläche möglichst ziel- und zweckorientiert in eine Siedlung mit großen massiven Häusern zu verwandeln. Der alte Waldbestand war dabei zu schonen. Die Größe der einzelnen Gebäude wurde gegenüber Johannistal und Galkhausen teilweise verdoppelt, so dass in den größten Häusern zunächst 88, nachher 100 Patienten und Patientinnen untergebracht werden konnten. Wirft man nun einen Blick auf den Anstaltsplan von 1912, so empfindet man die Häuser

16 Wiehl, a. a. O. S. 147.

17 Wiehl, a. a. O. S. 150.

18 Nach heutigen Maßstäben kann man zwar einen Vergleichswert erstellen, aufgrund der völlig unterschiedlichen Anforderung und der Ausstattung der Gebäude ist dieser Wert aber nicht aussagekräftig genug für einen realistischen Vergleich.

19 Denkschrift zur Feier der Eröffnung der achten Provinzial-Heil- und Pflegeanstalt Bedburg (Kr. Cleve) (Düsseldorf 1912), S. 15. Vgl. dazu auch Berger: Kranken-, Heil- und Pflege-Anstalten im Rheinland (Düsseldorf 1930), S. 37.

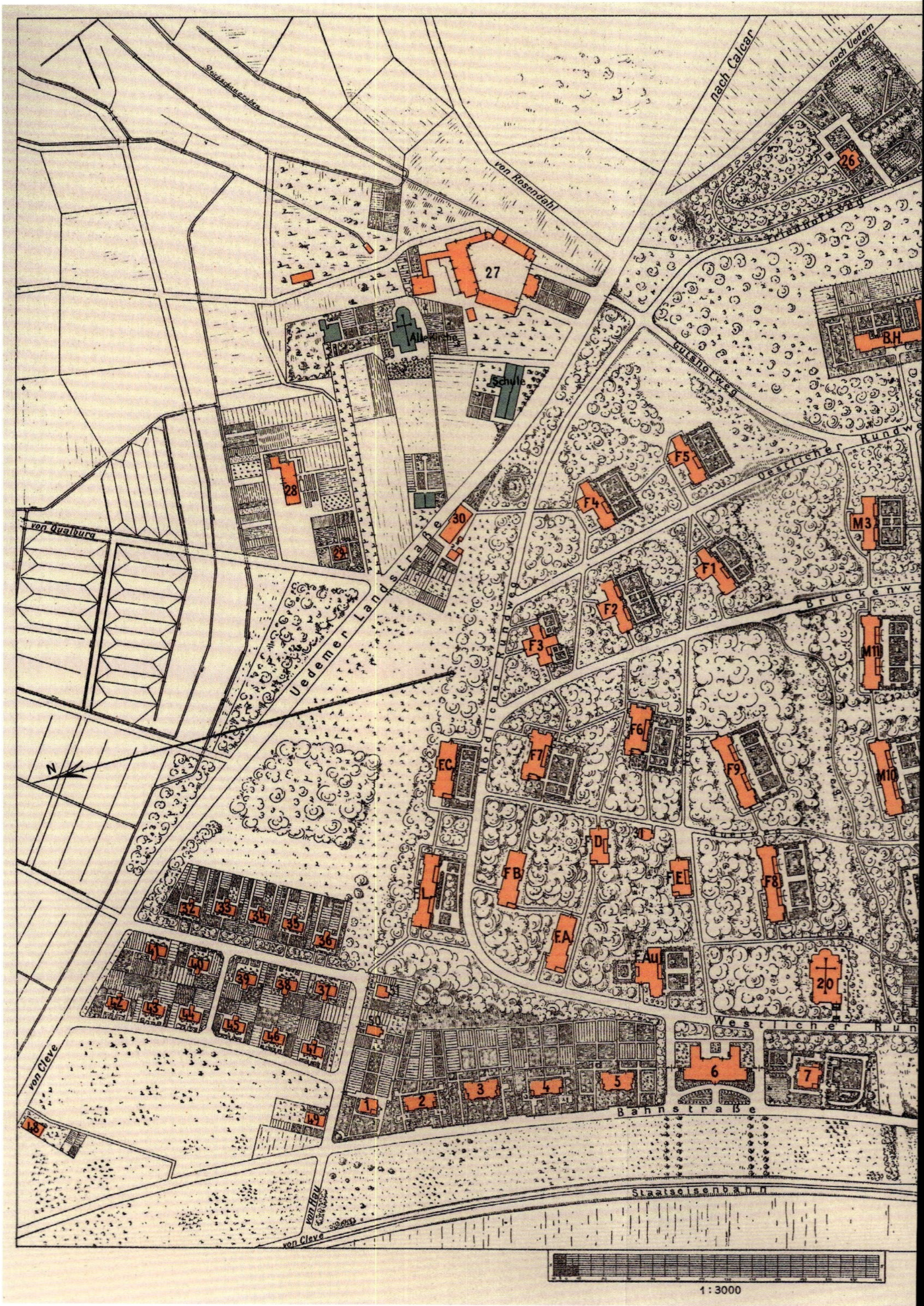
nach Calcar
nach Uedem
von Rosendahl
27
26
Alte Kirche
Schule
B.H.
F5
F4
M3
28
30
F1
F2
von Qualburg
Uedemer Landstraße
F3
M11
F6
F7
F9
EC.
M10
N
F.D
31
F.B
F.E
FL
F8
F.A
F.Au
20
34
35
36
41
40
39
38
37
42
43
44
45
46
47
50
Westlicher Rund
1
2
3
4
5
6
7
Bahnstraße
von Cleve
49
48
Staatseisenbahn
von Cleve
1:3000

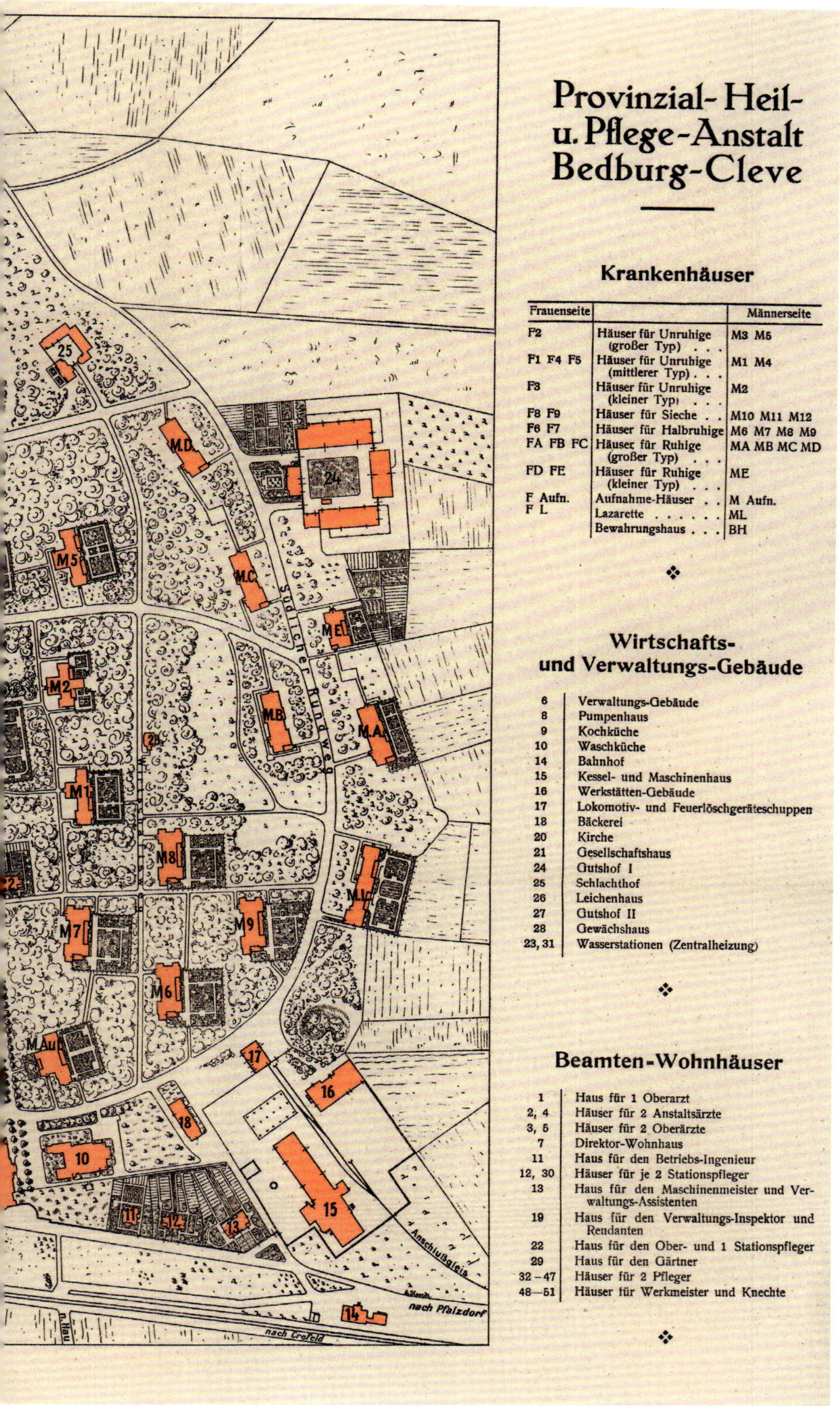

Provinzial-Heil- u. Pflege-Anstalt Bedburg-Cleve

Krankenhäuser

Frauenseite		Männerseite
F2	Häuser für Unruhige (großer Typ) . . .	M3 M5
F1 F4 F5	Häuser für Unruhige (mittlerer Typ) . . .	M1 M4
F3	Häuser für Unruhige (kleiner Typ) . . .	M2
F8 F9	Häuser für Sieche . .	M10 M11 M12
F6 F7	Häuser für Halbruhige	M6 M7 M8 M9
FA FB FC	Häuser für Ruhige (großer Typ) . . .	MA MB MC MD
FD FE	Häuser für Ruhige (kleiner Typ) . . .	ME
F Aufn.	Aufnahme-Häuser . .	M Aufn.
F L	Lazarette	ML
	Bewahrungshaus . . .	BH

❖

Wirtschafts- und Verwaltungs-Gebäude

6	Verwaltungs-Gebäude
8	Pumpenhaus
9	Kochküche
10	Waschküche
14	Bahnhof
15	Kessel- und Maschinenhaus
16	Werkstätten-Gebäude
17	Lokomotiv- und Feuerlöschgeräteschuppen
18	Bäckerei
20	Kirche
21	Gesellschaftshaus
24	Gutshof I
25	Schlachthof
26	Leichenhaus
27	Gutshof II
28	Gewächshaus
23, 31	Wasserstationen (Zentralheizung)

❖

Beamten-Wohnhäuser

1	Haus für 1 Oberarzt
2, 4	Häuser für 2 Anstaltsärzte
3, 5	Häuser für 2 Oberärzte
7	Direktor-Wohnhaus
11	Haus für den Betriebs-Ingenieur
12, 30	Häuser für je 2 Stationspfleger
13	Haus für den Maschinenmeister und Verwaltungs-Assistenten
19	Haus für den Verwaltungs-Inspektor und Rendanten
22	Haus für den Ober- und 1 Stationspfleger
29	Haus für den Gärtner
32–47	Häuser für 2 Pfleger
48–51	Häuser für Werkmeister und Knechte

❖

Abb. 1: Geosteter Lageplan der Heil- und Pflegeanstalt Bedburg-Hau von 1912. Aus: Denkschrift zur Feier der Eröffnung der achten Provinzial-Heil- und Pflegeanstalt Bedburg (Kr. Cleve) (Düsseldorf 1912)

keineswegs als derartig groß, und auch die Verteilung der Krankengebäude über das Gelände wirkt nicht dicht gedrängt. Gleiches gilt bei einem Spaziergang über das Gelände. Man ist wegen der Weitläufigkeit, der vielen Bäume und Grünflächen, oft versucht, die eigentlich großen und massigen Gebäude als viel kleiner zu empfinden. Manchmal ist man sogar überrascht, dass immer wieder Gebäude aus dem Wald auftauchen, denn man vermutet sie dort nicht. Dieser Eindruck ist bewusst geschaffen worden. Man war bei der Planung bestrebt, den »[...] unangenehmen Eindruck, der für Kranke und Besucher leicht beim Anblick einer so großen Anhäufung von Krankheit und Leiden entsteht, zu vermeiden, indem man in den Krankenhäusern und deren Umgebung nirgends ein Bild von dem wirklichen Umfange der Anstalt erhält.«[20]

Die Planung erforderte also die Berücksichtigung ästhetischer Qualitäten. Neben der noch zu behandelnden architektonischen Qualität, die dieses Bild stärkt, ist ausdrücklich die Landschaftsgestaltung dafür verantwortlich. Auf die für derartige Ausgereiftheit nötige Planung hatte der damalige Gartendirektor der Stadt Düsseldorf, Walter Baron von Engelhardt, als Sachverständiger und Berater maßgeblichen Einfluss.[21] »Als Gartendirektor [...] hatte er sich ausführlich über den positiven Effekt städtischer Grünanlagen auf die Gesundheit der Bewohner geäußert.«[22] Diese Position liegt sehr nahe an dem, was im Städtebaudiskurs Zeitgeist war. Grützner urteilt, dass die Parkgestaltung von Bedburg-Hau zu ihrer Zeit innovativen Charakter hatte. Im Vergleich zur Gesamtanlage der anderen Kliniken wird auch deutlich, dass dieses Urteil gerechtfertigt ist.

In der Beschlussvorlage für den Provinzialausschuss wurde deutlich gemacht, dass nur der Waldbereich zur Errichtung der Gebäude in Frage gekommen und der Lageplan durch die querende Mulde bestimmt worden sei, da diese das Areal in zwei Hälften teile. Außerdem sei das Bahngelände mit dem neuen Bahnhof für die Lage der Wirtschaftsgebäude bestimmend gewesen.[23] Das Anstaltsgelände wurde in mehrere Funktionsbereiche aufgeteilt: Die Patienten wurden damals strikt nach Geschlechtern getrennt untergebracht. Im Norden lag die Frauenseite, im Süden die Männerseite, umgeben von einem Rundweg, geteilt durch die so genannte Geschlechtermulde. Gemeinsame Elemente beider Seiten sind die Kirche und das Gesellschaftshaus. Auf beiden Seiten existieren dabei die gleichen Haustypen. Die Häuser für Ruhige, Halbruhige und Unruhige sowie Sieche wurden sehr aufgelockert über die vorgesehenen Flächen verteilt, fast wirken sie wie hin gewürfelt. Eine Gliederung in Reihen lässt sich dennoch erkennen. Diese verlaufen von West nach Ost, annähernd parallel zur Geschlechtermulde. Die Gebäude liegen weit

20 Denkschrift zur Eröffnung, a. a. O. S. 10.

21 Vgl. ALVR 8436; Felix Grützner: Gartenkunst zwischen Tradition und Fortschritt: Walter Baron von Engelhardt (1864–1940) (Bonn 1998), S. 306–310.

22 Grützner, a. a. O. S. 310.

23 Landtagsvorlagen betreffend Anstalt Bedburg-Cleve, 1911. Bericht und Antrag vom Feb. 1908, S. 4.

auseinander, ohne allzu strenge Einhaltung der Reihe sind sie häufig leicht gedreht oder etwas anders ausgerichtet als ihre Nachbarn. Erst bei näherem Hinsehen zeigt sich, dass die Krankenhäuser nach den Stationen gruppiert wurden und in eigene Bereiche eingeteilt waren. Die großen Siechenhäuser lagen dabei im Zentrum, die Häuser für ruhige Patienten in den Außenbereichen. Die Häuser für Unruhige waren in den vom sonstigen Klinikgeschehen abgeschiedenen Osten des Geländes gelegt worden. Das schwer gesicherte Bewahrungshaus lag schließlich gänzlich abseits der anderen Krankenhäuser in einem eigenen Waldbereich im Osten. Hinter diesem liegt noch heute der Friedhof mit einer gleichzeitig als Leichenhalle dienenden Kapelle.

Die technischen Anlagen wurden sämtlich an der südlichen und westlichen Peripherie angesiedelt, um störende Faktoren für Genesung und Ruhe der Patienten und Patientinnen zu mindern. Entlang des westlichen Rundweges, in Richtung Bahnlinie und Kleve, liegen einige Wohnhäuser für höhere Angestellte, das Direktorenwohnhaus und das große repräsentative Verwaltungsgebäude an der Bahnstraße als Eingangsfront für den Anstaltsbezirk. Die Bahn war damals das Hauptverkehrsmittel für Reisende, weshalb die Ausrichtung der repräsentativen Achse parallel zur Bahnlinie nachvollziehbar ist. Alle weiteren Wohnhäuser wurden noch weiter außerhalb in einem Übergangsbereich geplant. Pfleger- und Ärztefamilien, die nicht auf den Stationshäusern wohnten, waren so nicht vollständig in die Anstalt eingebunden. Zusammen mit dem eigenen Garten sollte dies ein Anreiz für die Angestellten sein, sich wohl zu fühlen und einen Ausgleich für die anspruchsvolle Arbeit durch ansprechende Wohnungen zu finden.

So kann man zusammenfassen, dass es Pflege-, Wirtschafts-, Wohn- und Repräsentationsbereiche gab, zu denen noch die landwirtschaftlichen Betriebe und Flächen hinzu zu rechnen sind. Die funktionalistische Anordnung der Bereiche konnte nur zur Folge haben, dass eine strikte Symmetrie im Lageplan, wie sie zum Beispiel in Grafenberg noch zur Anwendung gekommen war, nicht umsetzbar war. Sie scheint auch unter dem skizzierten Paradigmenwechsel in Psychiatrie und Architektur nicht mehr gewollt gewesen zu sein.

Im Einklang mit den Grundsätzen zur Auswahl des Baugeländes, die schon für Galkhausen aufgestellt worden waren, versuchte die Bauleitung die gärtnerischen Anlagen, Wege und Grünflächen systematisch zu gestalten. Jedem Gebäude wurde ein großer Garten angegliedert, der sich in Nutz- und Ziergarten aufteilte. Kranke sollten so Erholung und Beschäftigung finden, Angestellten, Pflegern, Ärzten und deren Familien sollte ein wohnliches Gefühl vermittelt werden. Die Gärten wurden dabei nach einem geometrischen Schema angelegt. In dem wie zufällig vorhandenen Wald waren so doch immer wieder klar strukturierte menschliche Ordnungssysteme zu finden. Das umgebende Wegenetz bestand aus den breiten Hauptwegen, dem Rundweg und der Buchenallee, die anderen waren als Nebenwege zumeist für die Erschließung und Zuwegung der Gebäude wesentlich schmaler angelegt. Die Kranken sollten so abseits des Lärms und Verkehrs Erholung finden. Als Eingangsachse war die Bahnstraße entlang der großen und repräsentativen Wohnhäuser oder von der anderen Seite entlang der großen technischen Anlagen vorgesehen, mit dem Verwaltungsgebäude als zentralem Eingangstor.[24] Im repräsentativen Bereich wurde die Anstalt durch eine niedrige Mauer mit Zaunelementen eingerahmt, ansonsten war sie zumindest im Bereich der technischen Anlagen von einer höheren Umfassungsmauer umgeben.

Haustypen und Typenhäuser

Insgesamt 90 Gebäude wurden in der Neubauphase errichtet, darunter 36 Kranken-, 18 Wirtschafts- und Verwaltungs- sowie 38 Wohngebäude. Bei dieser Zahl konnte eine wirtschaftliche Planung nur auf einer gewissen Standardisierung beruhen. Für die Kranken- und Wohnhäuser wurden aus diesem Grund Typenhäuser entwickelt, die sich zum Teil bis zu sieben Mal, bei der Pflegerkolonie Horionstraße sogar häufiger – allerdings in Variationen – gebaut finden. Natürlich haben die beiden direkten Vorgängeranstalten hier bereits die Grundlagen geliefert, die veränderten Bettenzahlen pro Krankenhaus bedingten aber auch ganz neue Häuser.[25] Sich allen Gebäuden ausführlich in Beschreibungen zu widmen würde hier den Rahmen sprengen, weshalb im Folgenden eine Auswahl von Besonderheiten oder Standardisierungen gegeben wird.

Bevor man nun einzelne Typen betrachtet, müssen erst noch die Gemeinsamkeiten aller Gebäude genannt werden. Dabei ist an erster Stelle die starke Aufnahme niederrheinischer Formensprache zu nennen. Durch diese Reminiszenz wollte man die Gebäude besser in ihre Umgebung einfügen. Alle Gebäude sind mit roten Ziegeln gemauert oder verblendet.[26] Es fällt auf, dass versucht wurde, den einzelnen Gebäuden durch verschiedene gestaltende Elemente eine Individualität zu geben. So finden sich etwa mehrere unterschiedliche Giebelformen an einem Gebäude. Ein immer wiederkehrendes Gestaltungselement in den Fassaden sind weiße Putzflächen, die scheinbar ohne Zusammenhang über die Fassaden verteilt sind. Penners kritisierte diese Elemente, weil sie keine architektonische Notwendigkeit darstellten. Ebenso galt ihm das bei vielen Gebäuden verwendete Holzfachwerk als »architektonische Unaufrichtigkeit«, sei doch im Inneren alles auf dem modernsten Stand gewesen.[27] Bei näherer Betrachtung fällt auf, dass die Putzspiegel tatsächlich nur gestaltende und keine gliedernde Funktion haben. Aber – und das ist das Spannende – die vorgebliche Symmetrie wird dabei wiederholt aufgebrochen. Es ist fast egal, welches Gebäude man wählt, um diesen Umstand zu beschreiben; schauen wir daher zuerst auf das Verwaltungsgebäude.

24 Landtagsvorlagen betreffend Anstalt Bedburg-Cleve, 1911. Bericht und Antrag vom Feb. 1908, S. 5.

25 Vgl. Landtagsvorlagen betreffend Anstalt Bedburg-Cleve, 1911. Bericht und Antrag vom 7. Feb. 1907, S. 8 ff.

26 Leonard Penners beschreibt das Mauerwerk als Holländische Fugung, vgl. Penners, a. a. O. S. 108.

27 Penners, a. a. O. S. 111.

Das *Verwaltungsgebäude* ist ein sorgfältig gestalteter Ziegelbau auf einem Werksteinquadersockel aus Basalt. Das äußere Erscheinungsbild wird bis heute durch die geschickte Kombination von Ziegel-, Naturstein- und Putzflächen geprägt. In der Hauptfassade sind vollständig symmetrisch neben einem Mittelrisaliten jeweils sieben Fensterachsen angeordnet. Der Mittelrisalit ist als mächtiges Portal gestaltet, über dem zwei Balkone liegen, als Hinweis auf die Ausrufungs- oder Präsentationsbalkone von herrschaftlichen Gebäuden oder Rathäusern. Im geschweiften Giebel prangt das Wappen der Rheinprovinz.

Das Erdgeschoss ist durch scharrierte, zum Mauerwerk bündig anschließende Tuffsteinquader hervorgehoben, die Fenster sind rundum in dem Naturstein gefasst, in ihrer architektonischen Form sind es hier scheitrechte Bögen. Die Brüstungszonen der Segmentbogenfenster im Obergeschoss sind mit jeweils fünf kleinen nebeneinander liegenden blauen Fliesen angezeigt. Ebenso bei den Rechteckfenstern im zweiten Obergeschoss. Sehr kunstvoll geschmiedete Anker sind hier noch aufgesetzt. Im Attikabereich unterhalb der Traufe sind Steingebilde aus Sandstein angebracht, die entfernt an ein Bauteil von griechischen oder römischen Tempeln, die Triglyphe, erinnern. Das darüber liegende Dach ist in einer Mansardform gestaltet und wird von einem mittigen Dachreiter bekrönt.

In dieser klaren Axialität ist das Gebäude von der Front gesehen ein Idealbild der preußischen Verwaltung, die alles streng ordnete und nach Schema funktionierte. Dem Anschein nach ist es symmetrisch. Man würde von diesem Punkt aus auch bei den anderen Häusern eine ähnliche Gleichförmigkeit erwarten. Sobald man aber um das Gebäude herum geht, wird dieser formale Aufbau des Gebäudes durchbrochen. Zwar gibt es gewisse Grundsymmetrien, diese werden aber durch einzelne Elemente aufgebrochen. Die Werksteinquader verlassen zum Beispiel das Niveau, das sie auf der Vorderseite hielten, an den Seiten an unterschiedlichen Positionen. Die seitlichen Mauerflächen sind durch Putzspiegel jeweils anders gestaltet. Auf der Rückseite sind auch weniger eindeutige Fensterachsen zu sehen, eine Loggia hebt die Achse sogar ganz auf. Die Fenster sind hier nicht mehr in Tuff gefasst, die Eingänge aber schon.

Auch im Grundriss wird dieses leise Aufbrechen der Symmetrie offenbar, wenn man die Treppenhäuser der Rückseite betrachtet. Das nördliche ist rechteckig und liegt ganz am nördlichen Seitenflügel, das südliche ist oval und liegt direkt neben dem Mittelrisaliten, noch dazu ist es breiter. Hier bleibt dieses noch unauffällige Spielen mit den Formen und der Symmetrie nur versteckt. Es setzt sich aber bei vielen der Häuser in deutlich stärkerer Form fort.

Wohngebäude: Eine Gruppe von Gebäuden, die bereits nach Typen gegliedert wurden, waren die Wohnhäuser für das Personal. Der Standesunterschied zwischen den Gruppen des Personals wird an Größe und Gestaltungsreichtum der jeweiligen Wohnhäuser schnell offensichtlich.[28] Von der Direktorenvilla bis zum Pflegerhaus, von den Pflegerwohnungen in den Krankenhäusern ganz zu schweigen, ist eine klare Hierarchie feststellbar. Aber

28 Vgl. Mielke, a. a. O. passim.

Abb. 2: Verwaltungsgebäude Hauptfront. Foto: Hans-Theo Gerhards, LVR-Klinik Bonn

Abb. 3: Verwaltungsgebäude Rückseite. Foto: Jan Richarz

Abb. 4: Beamtenwohnhaus (Haus 54). Foto: Jan Richarz

auch in den Bauakten kommt zum Ausdruck, dass manchen ein höherer Stellenwert beigemessen wurde, wenn nämlich das Haus des Direktors mit Biberschwanzdachziegeln gedeckt wurde, weil die bei den Ärztehäusern verwendeten Falzziegel nicht ansprechend genug waren.[29]

Die Wohnbauten, auch diejenigen der Pflegerkolonie, sind keineswegs alle identisch. Ein Gang durch die Straßen zeigt unterschiedliche Fassaden, Giebel oder Gauben. Die Wohnhäuser sind alle anspruchsvoll gestaltet.[30] Es gibt sechs einzelne Bauten: das Haus für den Direktor, die beiden Häuser für Oberärzte, das Wohnhaus für Verwalter und Rendant, das für Verwaltungsassistent und Maschinenmeister und das kleine Gärtnerwohnhaus. Dass die anderen Häuser alle auf bestimmten Grundtypen beruhen, zeigt der jeweilige Grundriss. Insgesamt gab es noch zwei Typen für Ärztewohnhäuser und drei für Pfleger. Diese wurden aber auch für andere Beamte genutzt. Außerdem lag hinter dem Friedhof noch eine Handwerkersiedlung, die aber wohl zunächst aus kleinen alten Häusern bestand. Der Ort Bedburg hat diese Siedlung heute aufgenommen.

Abb. 5: Kirche, Westfassade. Foto: Hans-Theo Gerhards, LVR-Klinik Bonn

Die *Kirche* wurde 1913 als letztes Gebäude der PHP fertig gestellt. Sie liegt unmittelbar am Geschlechtergraben an der damaligen Hauptstraße, gegenüber dem Verwaltungsgebäude.

Für die damalige Provinzialverwaltung stand außer Zweifel, dass eine Kirche zu einer Klinik wie Bedburg-Hau gehören sollte. Zum Selbstverständnis des preußischen Staates gehörte die Berücksichtigung beider im Rheinland vertretener Konfessionen, es hätte also zweier Gotteshäuser bedurft. Nicht nur zur Kostenersparnis, sondern quasi

29 Vgl. ALVR 8436.
30 Einen guten Überblick über die Wohnhäuser vermittelt Eelco Hekster: Jugendstil am Niederrhein (Kleve 2009).

Abb. 6: Kircheninnenraum.
Foto: Jan Richarz

sinnbildlich wurde jedoch ein Bauwerk für beide Konfessionen als Simultankirche errichtet. Die Formensprache des Gebäudes nahm beide Anschauungen zur Kenntnis. Die zur Straße gewandte Hauptfassade besteht aus einem sehr massigen Turm auf der rechten Seite, an den sich ein barock wirkender Giebel auf der linken anschließt. Sie ist vollständig mit Ziegeln verkleidet, Fenstergewände und andere Elemente sind in Betonwerkstein ausgeführt.[31] Vergleicht man die alten Pläne mit dem bestehenden Bauwerk, fallen einige Veränderungen auf, die bereits beim Bau entstanden sein müssen. Das Gebäude sollte durch Pfeiler und Pilaster gegliedert werden, und die Schmuckformen der Portale sind in den Plänen viel üppiger als die vorhandenen. Das bestehende Gebäude zeigt sich gegenüber den Plänen viel schlichter. Der Turm zum Beispiel verjüngt sich jetzt ohne Gesims oder Pfeiler nach oben, wo in den Plänen solche noch eingezeichnet waren. Man findet an diesem Gebäude also, wenn man so will, schon den Anfang eines Überganges vom Jugendstil zu einer ruhigeren, zurückhaltenden Architektur.

Der Grundriss zeigt eine asymmetrische Form. Man betritt die Kirche entweder durch das Portal im Turm oder durch das große Portal auf der Nordseite, wo sich auch die Haupttreppe zu den Emporen und zum Turm befindet. Man gelangt zunächst jeweils in einen kleinen Vorraum, durch den der klassisch aufgebaute sakrale Raum betreten wird. Das Längsschiff gliedert sich in das weite Mittel- und zwei schmale Seitenschiffe, die durch Pfeiler abgetrennt werden. Man zählt vier Joche in der Länge. Betont werden die Seitenschiffe durch Emporen, ein eher in evangelischen Kirchen zu findendes Bauelement. Dadurch wirkt das Mittelschiff insgesamt offener und höher, der Raum erhält eine eindeutige Richtung zum Altar. Vor dem Chorraum kreuzt das Querhaus. Es ergibt sich eine hohe Kuppel über der Vierung, dem Schnittbereich von Mittelschiff und Querhaus.

31 Zum Teil kann es sich dabei auch um Sandstein handeln. Die zur Zeit freiliegende Bewehrung der Werksteine auf der Südseite lässt erkennen, dass zumindest die Fenstergewände aus Beton hergestellt wurden.

Abb. 7: Gesellschaftshaus, Südfassade. Foto: Hans-Theo Gerhards, LVR-Klinik Bonn

Interessant ist, dass auf der linken Seite des Querhauses die Empore der Seitenschiffe fortgeführt wird, während sie auf der gegenüberliegenden Seite fehlt. Diese Situation findet man schon in den Plänen von 1912. Ein Grund hierfür ist nicht feststellbar, es bleibt Vermutung, will man diese Situation auf konfessionelle Gründe beziehen. Dies liegt nahe, befindet sich doch die evangelische Sakristei auf der Seite mit, die katholische auf der Seite ohne Empore. Die Orgelempore schließlich befindet sich im Westen zwischen Turm und Treppenaufgang.

Den Abschluss des Raumes bildet ein kurzes Chorhaus mit anschließender Chorapsis, die einen Korbbogen als Grundrissform aufweist. In den Seitenbereichen befinden sich neben dem Chor weitere Zugänge von außen und auf der nördlichen Seite ein Treppenaufgang zur Empore, dahinter liegen die Sakristeien, die auch von den Seiten des Chorraums erschlossen sind. Aus den alten Plänen geht hervor, dass der Altar, der heute vor den Sakristeizugängen liegt, früher wohl wie ein Hochaltar weiter hinten stand. Es ist unklar, ob hier im Zuge des Zweiten Vatikanischen Konzils auch der Raum verändert wurde.

Die Pfeiler des Hauptschiffes werden ohne Sockel und Kapitell nach oben geführt, sie gehen dort direkt in Gurtbögen über, allerdings wird ab der Kämpferzone der breite Bogen durch eine Vertiefung in zwei aufgespalten. Blickt man nach oben, wird heute noch eine Besonderheit der Kirche deutlich. Auch hier hat sich der Architekt eine wilde Mischung verschiedener Bauformen zunutze gemacht. Es sind fünf verschiedene Gewölbeformen, die teilweise auch wiederum unterschiedlich ausgeprägt sind.[32] 1961 fand eine größere Umgestaltung der Kirche statt, der die bauzeitlichen Emporen, die alte Farbgebung und die alte Chorraumgestaltung zum Opfer fielen.[33] Heute zeigt sich die Kirche in

32 Ein Gewölbeplan der Kirche befindet sich in den Planschränken der Technischen Abteilung der LVR-Klinik Bedburg-Hau.

33 Vgl. Kleine, a. a. O. S. 101.

Abb. 8: Gesellschaftshaus, Blick in die nördliche Vorhalle. Foto: Jan Richarz

einer schlichten weiß-gelblichen Farbgebung, es ist aber davon auszugehen, dass sie 1913 eine andere Ausmalung hatte.[34] Die Fenster sind zum Teil nicht mehr die originalen. Die erneuerten Fenster wurden von E. O. Köpp entworfen und von Josef Menke ausgeführt.[35]

Gesellschaftshaus: Wie selbstverständlich wird in der Beschlussvorlage von 1907 ein Gesellschaftshaus erwähnt, das wie in den anderen Anstalten auch in Bedburg-Hau gebaut werden sollte. Als zentraler Fest- und Versammlungsraum sollte es den Patienten, dem Personal und für offizielle Anlässe zur Verfügung stehen. Im Gesamtgrundriss findet man das Gesellschaftshaus zentral am Geschlechtergraben gegenüber der Kirche gelegen. Es ist von beiden Seiten des Grabens gut erreichbar.

Das Gesellschaftshaus ist als eines der repräsentativen Gebäude der Anlage konzipiert worden, wenngleich das äußere Erscheinungsbild des Gebäudes einen eher schlichten Eindruck macht. Es liegt leicht erhöht an einer der zentralen Wegachsen des Geländes und ist schon auf Entfernung als Versammlungshaus erkennbar. Über eine doppelte Auffahrt, die zum Beispiel hochgestelltem Besuch das Vorfahren im Wagen ermöglichte, kann man noch heute die großzügig durchfensterte Frontseite erreichen. Am Aufbau der Fassade lässt sich die Innenraumgliederung bereits ablesen. Ein hoher Hauptbau, dem eine niedrige Vorhalle vorgelagert ist, wird von zwei massiven Eckbauten – ob nun Turm oder Risalit – eingerahmt. Dieser Aufbau ist auf Front- und Rückseite gleich. Die Vorhallen sollten Frauen und Männern als getrennte Veranden dienen. Interessanterweise gab die Männerveranda den Blick in Richtung der Frauenseite frei und umgekehrt.

Im Inneren gliedert sich das Haus um den großen Festsaal, der die beachtliche Spannweite von 15,40 Meter aufweist. Man betritt das Gebäude auf der Vorder- oder auf der Rückseite. Die Haupteingänge münden in die Vorhalle, die man schnell zum großen Festsaal durchschritten hat. In diesem befindet sich eine erhöhte Bühne an der östlichen

34 Vgl. Penners, a. a. O. S. 107.

35 Vgl. http://stantonius-bedburghau.de/html/_klinik_kirche.html [14.4.2011].

Abb. 9: Festsaal.
Foto: Jan Richarz

Seite und auf der anderen ein kleinerer Saal. Über diesem ist eine logenartige Empore als kleiner Festsaal mit einem weiteren Raum angeschlossen. Im Untergeschoss befinden sich noch heute zwei Kegelbahnen, die damals den Ärzten und Pflegern vorbehalten waren. Dort war auch das Pflegerkasino untergebracht. Die restlichen Räume dienen als Erschließung, Küchen, Anrichten und Lagerräume sowie für die Bespielung der Bühne.

Ein unbedarfter Beobachter wird den Festsaal als große Halle wahrnehmen und sich kaum über die eigenartig gewölbte Decke wundern. Bei näherem Hinsehen zeigt sich, dass das Gewölbe sehr flach ausgeprägt ist. Und tatsächlich ist es eine so genannte Rabitzdecke, wie aus der Konstruktionszeichnung und bei einem Blick in den Dachstuhl zu ersehen ist. Rabitzdecken sind eine frühe Form des Leichtbaus, bei dem ein in Gips oder Zement gebettetes Eisen-Drahtgeflecht in die darüber befindliche Dachkonstruktion eingehängt wurde. Der eiserne Dachstuhl des Gesellschaftshauses bot sich für diese Konstruktion geradezu an. Einer der großen Vorteile der Rabitzdecke ist die günstige akustische Wirkung, weshalb sie gerne für Veranstaltungsräume genutzt wurde. Noch dazu ist die Konstruktion sehr brandsicher, da keine brennbaren Materialien verwendet wurden. Auch hier hat man auf Erfahrungen in anderen Einrichtungen zurückgegriffen. Allerdings ist wohl im Zuge des Ein- und Ausbaus einer Schalldecke auch die Rabitzdecke überarbeitet worden, die ursprüngliche Aufhängung ist nicht mehr vorhanden.

Das Beispiel der Deckenkonstruktion mag verdeutlichen, wie man ein Gebäude mit allen technischen Möglichkeiten und modernen Methoden zu einem prestigeträchtigen Repräsentationsobjekt machen konnte. Nicht nur auf den ersten Blick, ob Fassaden- oder Innenraumgestaltung, sondern auch auf den zweiten, den eher technisch-konstruktiven, kann man vor diesen durchdachten Räumen aus einer anderen Zeit einen anerkennenden Aha-Effekt erleben.

Gutshöfe: Die drei Gutshöfe der Anstalt waren zunächst rein landwirtschaftliche Höfe, auf denen die Patienten und Patientinnen in Arbeitstherapie und zur Beschäftigung arbeiteten. Der »Gutshof I« entsprach im Bauprogramm voll dem einer Vierflügel-Hofanlage, wie man sie am Niederrhein häufig findet. Drei große Scheunen- und Stallgebäude sowie

Abb. 10: Haus für 88 Ruhige (Haus 3). Foto: Jan Richarz

das dazu gehörende Wohnhaus rahmen einen großen Hofplatz ein. Die Nutzgebäude sind schlichte Backsteinbauten, die kaum Zierrat aufweisen, das Wohnhaus ist aufwändiger gestaltet, vergleichbar mit den Ärzte- oder Beamtenwohnhäusern. Der »Gutshof II« hingegen war pentagonal angelegt, unterschied sich sonst aber nicht wesentlich vom »Gutshof I«. Zunächst war hier das noch zu besprechende Neubaubüro in einem Altbau, der Wirtschaft van Ackeren, untergebracht, der andere Teil der Gebäude trug früher den Namen van Gulick'scher Hof. Nach einem Brand des van Ackeren'schen Gebäudes im Jahre 1908 wurde der Hof neu aufgebaut und zusammengefasst.[36] Dies geschah recht unkompliziert und schnell in den gleichen Materialien und Formen wie denen der anderen Gebäude. Die Scheunen und Ställe wurden teilweise erst später angebaut. Der »Gutshof III« wurde ebenfalls als bestehendes Gebäude angekauft, zuvor hieß er Loosenhof. Er hat keine direkte räumliche Verbindung zum Klinikgelände und hat auch keinen Brand oder Abriss erlitten. Er bildet mit einem Haupthaus und den Stallungen keinen abgeschlossenen, sondern eher einen offenen Hof, ist also anders aufgebaut als die Höfe I und II. Heute ist das Haupthaus mit einer weiß verputzten Fassade versehen. Über sein damaliges Erscheinungsbild kann man nur mutmaßen. Als Vierflügelhof ist schließlich auch der Schlachthof als letzter und kleinster der Wirtschaftshöfe angelegt worden. Heute werden die Höfe kaum mehr in ihrer ursprünglichen Form genutzt, einzig der »Gutshof I« beherbergt heute noch moderne Gebiete der Arbeitstherapie.

Krankenhäuser: Betrachten wir die Krankengebäude, kann man zunächst einige Gemeinsamkeiten aller Haustypen feststellen. Sämtliche Gebäude sind unterkellert und alle haben im Erdgeschoss eine oder zwei überdachte Veranden. Die Ausrichtung der Häuser nach den Himmelsrichtungen bleibt immer dieselbe, wobei die – heute zum Teil geschlossenen – offenen Veranden auf der Südseite als Sonnenseite lagen. Im Grundriss

36 Vgl. Landtagsvorlagen betreffend Anstalt Bedburg-Cleve, Bericht und Antrag vom 25. Jan. 1910, S. 2 f.

befanden sich stets die großen Schlaf- und Wachsäle oder Tagesräume in der Mitte der Gebäude, während alle kleineren Räume darum herum angeordnet wurden. Insgesamt finden wir für 35 Häuser neun verschiedene Typen, hinzu kommt das einzelne Bewahrungshaus, das zwar nach dem Brauweiler Vorbild entwickelt, aber doch verändert gebaut wurde.

Auf jeder der beiden Geschlechterseiten gab es ein Aufnahmehaus, in dem die Neuzugänge in Einzelzimmern oder Schlafsälen beobachtet werden konnten, sowie ein Lazarett zur Aufnahme akut erkrankter Pfleglinge. Die weiteren Krankenhäuser wurden nach ihrer Bettenzahl und der Diagnoseart der dort untergebrachten Patienten benannt, weshalb es dort Häuser für Ruhige, Halbruhige, Unruhige und Sieche gab. Im Einzelnen gab es den Haustyp für 53 Unruhige (dreimal vorhanden) mit zwei voll ausgebauten Etagen mit Stationen und einem für Pfleger vorgesehenen teilweise ausgebauten Dachgeschoss. Die mit weniger Patienten, nämlich 44 (fünfmal) und 25 (zweimal) belegten Unruhigenhäuser hatten nur das Erd- als Vollgeschoss und einen Teil des Dachgeschosses als Wohnbereich genutzt. Für die ruhigen Patienten gab es mit 43 (dreimal) und 88 (siebenmal) Betten zwei Haustypen, die ebenfalls über zwei volle Geschosse und das Dachgeschoss genutzt wurden.

Der Haustyp für 69 Halbruhige findet sich in sechsfacher Ausführung im Gelände und das Haus für 84 Sieche immerhin fünffach. Letzteres ist mit etwa 61 Metern Länge und 15 Metern Breite der größte Haustyp bei den Krankenhäusern. In den anderen Anstalten gab es diesen Typ nicht, er wurde eigens wegen der besonderen Aufgabe für Bedburg-Hau entworfen. Bedburg-Hau sollte nämlich aus allen anderen Anstalten der Provinz die Kranken in der IV. Klasse aufnehmen, zu der insbesondere viele alte und bettlägerige Patienten und Patientinnen zählten. Um einen Eindruck von der Architektur zu bekommen, die unter Paul Hirschhorn entworfen wurde, eignet sich insbesondere das Haus für 69 Halbruhige. Am Beispiel von Haus 11 kann man das beschreiben, was 1912 als gute zeitgenössische Architektur galt, aber bereits ab den 1920er Jahren als viel zu historisierend oder unecht, nach dem Zweiten Weltkrieg sogar als völlig überholt und eigentlich erst seit den ausgehenden Siebzigern wieder mehr und mehr als faszinierende Baukunst betrachtet wird.

Das Haus für 69 Halbruhige ruht auf einem Grundriss von etwa 41 × 20 Metern. Der Grundriss ist nicht rechteckig, sondern er wirkt durch viele Vor- und Rücksprünge unruhig. Es ist nicht einfach, diesen Grundriss zu beschreiben. Er erinnert in der Grundform zunächst entfernt an ein Kastell. Ein großer Mittelbau nimmt die großen Schlaf- und Wohnräume auf. Die vier Gebäudeecken scheinen vom Rest des Baus konstruktiv abgetrennte eigene Baukörper zu sein. Dort befinden sich die kleinen Wohnräume, die Treppen und alle anderen nötigen Räume. Bei diesen vier Baukörpern ist jedoch keine Regelmäßigkeit erkennbar, jeder hat eine andere Grundrissform. So ganz zufriedenstellend bleibt diese Beschreibung daher letztlich nicht. Erst in der Zusammenschau mit den Fassaden ergibt sich ein erhellendes Bild.

Es ist von außen nicht eindeutig erkennbar, welche Seite als eigentliche Straßenfront geplant ist. Da der Haustyp mehrfach vorkommt, kann man feststellen, dass nur die

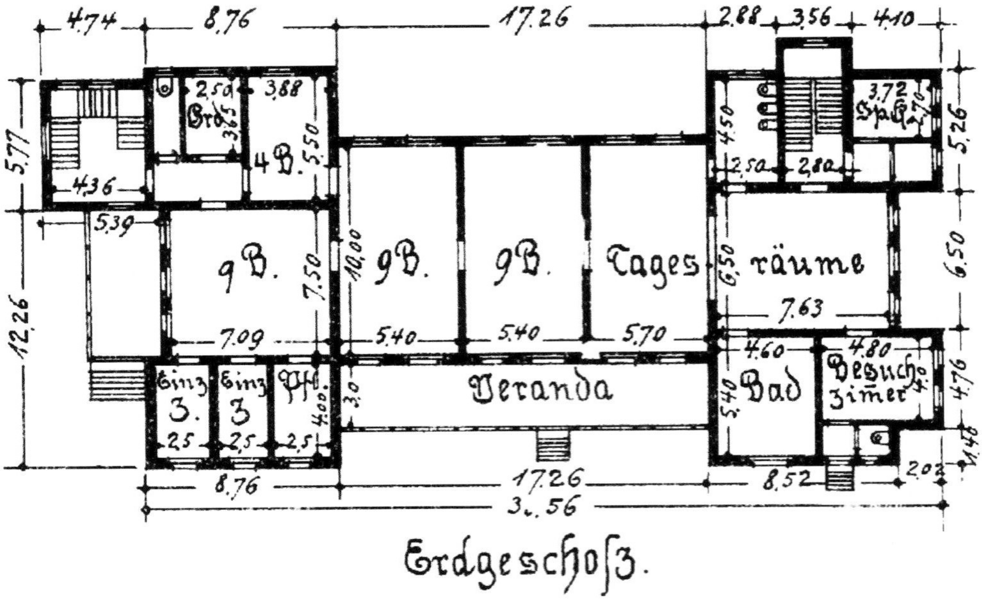

Abb. 11: Haus für 69 Halbruhige – Grundriss des Erdgeschosses mit Maßangaben. Aus: Grundrisse der Provinzial-Heil- und Pflegeanstalt Bedburg (Kr. Cleve) (Düsseldorf o. J.), S. 6

lange Südfassade mit Veranda nie als Straßenseite funktioniert hat, die anderen drei Seiten liegen bei mindestens einem der sechs Häuser an der Straße. Die im Grundriss festgestellten Vor- und Rücksprünge sind im Außenaufbau gleichfalls ablesbar. Man kann die vorspringenden Gebäudeteile als Eckrisaliten bezeichnen, wegen der verschiedenen Tiefen der rückspringenden Mauerteile seitlich der Risaliten ist diese Bezeichnung aber auch nicht eindeutig. Jede der vier Fassaden ist mit eigenen Giebeln betont, die noch dazu sämtlich unterschiedlich ausgeprägt sind. An einem einzigen Gebäude findet sich da die faszinierende Vielfalt von sechs verschiedenen Giebelformen bzw. -ausprägungen.[37] Darunter finden sich Schweifgiebel, Mansardgiebel, Dreiecksgiebel mit Blendfachwerk und Trapezgiebel (auch als Krüppelwalm bezeichnet), die allesamt historische Formen aufgreifen, die am Niederrhein teilweise seit dem Mittelalter zu finden sind. In der Bau- und Kunstgeschichte beschreibt man diese Zusammenstellung ganz unterschiedlicher Formen und Stile als Eklektizismus. In jedem der Giebel finden sich zudem gänzlich unterschiedliche Fensterformen, und nur in manchen sind kleinere Putzspiegel als Zierelemente genutzt, während andere ganz schlicht ausgeführt sind. Die Zugänge zum Gebäude sind auch nicht symmetrisch angeordnet, sondern verteilt. Für Besucher gab es zum Beispiel einen eigenen Nebeneingang. Die beiden Haupttreppenhäuser liegen im nördlichen Teil,

37 Nimmt man den Treppenturm auf der Nordseite als Giebelvariante hinzu, kommt man sogar auf sieben.

eines ist dabei gegenläufig, das andere dreiläufig ausgeführt. Interessant ist, dass nur das gegenläufige Treppenhaus wie ein Treppenturm in der Fassade ausgebildet ist, das dreiläufige, bei dem man vom Grundriss ausgehend eigentlich den Turm erwarten würde, aber in einer Giebelfront liegt. Auch die Suche nach anderen Symmetrien und Achsen ist nicht einfach, denn die Fensterachsen sind unterschiedlich in Zahl und Breite, und die Breite der einzelnen Bauteile ist ebenfalls unterschiedlich. Einzig der Mittelbau ist in sich klar gegliedert, mit jeweils sechs Fensterachsen auf den Längs- und drei Achsen auf den Schmalseiten. Er wird auch an keiner Stelle durch einen Giebel hervorgehoben, sondern ist auf allen Seiten abgewalmt. Die horizontale Gliederung wird durch eine deutlich abgesetzte Sockelzone, einheitliche Fensterformen, nämlich rechteckige im Unter- und segmentbogige im Obergeschoss, und eine einheitliche Dachtraufe erreicht. Ein umlaufendes Band kleiner quadratischer Putzflächen unter den Fenstern des Obergeschosses betont diese Gliederung noch.

Insbesondere die Vielzahl und Verschiedenartigkeit der Giebel lässt gemeinsam mit dem Grundriss den Eindruck entstehen, dass mehrere Häuser miteinander verschnitten wurden. Das gilt nicht nur bei diesem Haustyp. Die Unterschiedlichkeit ist dabei allerdings so groß, dass sie deutlich darauf hinweist, dass dieses Bild im Sinne des Gesamteindrucks, den man bezweckte, bewusst produziert wurde. Jedes der Häuser wirkt unterschiedlich und in gewisser Weise als Ansammlung mehrerer Einzelgebäude. Eine Uniformität oder auch Kasernen- oder Gefängnismäßigkeit durch völlig gleichförmige Gebäude galt es schließlich zu vermeiden, obwohl 36 völlig gleiche Krankenhäuser sicher die wirtschaftlichste Variante dargestellt hätten. Die historisierenden Formen und das im Jugendstil aufkommende Spiel mit diesen waren wie geschaffen, um im Sinne einer anspruchsvollen psychiatrischen Behandlung ein abwechslungsreiches Krankenhaus zu schaffen.

Bewahrungshaus: Das Bewahrungshaus für Männer in Bedburg-Hau wurde für 60 Insassen geplant. Es sollte auf dem Entwurf basieren, der zur gleichen Zeit in der Arbeitsanstalt Brauweiler verwirklicht wurde, allerdings leicht vergrößert. Beim Vergleich fällt auf, dass jenes in Bedburg-Hau nur zwei Flügel hatte, während in Brauweiler ein Dreiflügelhaus stand. Es wurden drei Entwürfe erarbeitet, die Zeichnungen dazu sind noch erhalten.[38] Gewählt wurde ein Entwurf, bei dem sich alle Isolierzellen in einem einzigen Flügel befanden, was die Überwachung erleichterte. Der zweite Flügel des Brauweiler Hauses ist hier nach innen geklappt worden, wodurch sich eine effektivere Raumaufteilung ergab. Als Haus für Verbrecher musste das Bewahrungshaus natürlich besonders gut gesichert werden und durfte nicht in dem offenen System der anderen Häuser errichtet werden. Hohe Mauern, vergitterte Fenster und Türen und eine schroffere Außengestaltung sind die dazu eingesetzten Mittel.[39] Die dort untergebrachten Patienten konnten nur

38 ALVR 8438 Kart 1–12.

39 Vgl. Denkschrift zur Eröffnung, a. a. O. S. 13.

auf einem ummauerten Hof Freigang genießen. Seine Funktion übt das Bewahrungshaus als Teil der Forensik bis heute aus, allerdings wurde es in den achtziger Jahren um einen dritten Flügel erweitert.

Maschinenhaus und Kraftwerk – technische Ausstattung: Die Möglichkeiten der Elektrizität wurden in der industriell geprägten Gesellschaft des Kaiserreichs natürlich sehr geschätzt. Bedenkt man, dass Kleve selbst erst 1911 elektrifiziert wurde, war die PHP Bedburg-Hau in einer Vorreiterrolle in der Region. Das Kraftwerk der Klinik zählt noch zu den frühen Eisenbetonkonstruktionen in Deutschland. Doch nicht nur die Konstruktion, sondern auch die Ausstattung mit Maschinen und Technik gehörte zum Modernsten, was Ingenieure und Industrie leisten konnten. Aus einer langen Auflistung in dem Bericht des Provinzialausschusses zu den Bauarbeiten vom Februar 1911 spricht der Stolz über die Modernität der Anlagen.[40] Das Fernheizwerk mit einem Rohrleitungsnetz von insgesamt 22 Kilometern Länge wurde demnach in nur fünfeinhalb Monaten fertig gestellt, die gesamte Heil- und Pflegeanstalt konnte so zentral mit Wärme versorgt werden. Ein Wasserwerk mit einer Förderkapazität von 100 m^3 Wasser pro Stunde stellte die autarke Wasserversorgung sicher. Zu Anfang des 20. Jahrhunderts war dies noch keine Selbstverständlichkeit, für die Klinik aber notwendig und von vornherein eine Bedingung für die Wahl des Baugeländes.

Unverzichtbare industrielle Gebäude waren die Koch- und die Waschküche, die heute die Haupteingangsachse des Klinikgeländes umrahmen. Es sind Gebäude, deren technische Nutzung man an der Außengestaltung ablesen kann. Hohe und breite Fenster sind bei beiden im Mittelbereich vorhanden, wo jeweils der hohe zentrale Küchenraum lag. Der Kochküche ist in der Fassade zur Bahnstraße hin ein Turm vorgesetzt. Türme waren um 1900 ein beliebtes Motiv im Industriebau, sie dienten entweder als Treppenhaus, für Aufzüge oder als Verblendung des Schornsteins, gelegentlich auch als fabrikeigener Wasserturm und zugleich als Uhrenturm. Hier nimmt der Turm im Inneren allerdings nur Magazinräume auf, außen befindet sich immerhin eine Uhr. Beide Gebäude haben Dachreiter, die von ihrer Position her als Abzugsöffnungen für die Küchenräume gedient haben können. Durch diese und weitere Details werden beide Küchen als Industriebauten definiert. In ihrer sonstigen Gestaltung ähneln sie den übrigen Anstaltsgebäuden.

Das Werkstättengebäude und auch die Bäckerei bleiben in ihrer Gestaltung weit näher an den Wohngebäuden als die Küchen. Das Kraftwerk schließlich ist sogar wesentlich schlichter, der 72 Meter hohe Schornstein zieht hier ohnehin die Blicke auf sich.

Die technischen Anlagen zählten neben dem Bewahrungshaus bei der Eröffnungsfeier am 3. Juli 1912 zu den Höhepunkten der Führungen. Das Interesse der Medien, insbesondere an den baulichen Anlagen, war groß, wie verschiedene Anfragen an den Landeshauptmann zeigen.[41] Von regem Interesse an der »großzügigen Bauanlage« und

40 Vgl. ALVR 15178.
41 ALVR 15178.

den »mustergültigen Betriebseinrichtungen« zeugen auch die Besuche vieler Gruppen und Fachleute, die das neuartige Konzept der Anlage zum Teil intensiv studierten.[42]

Stadt im Grünen: Die vielen verschiedenen Formen, die man auf dem gesamten Gelände antrifft, zeigen das Bild einer kleinen Stadt auf. So haben schon seit 1912 viele Bedburg-Hau beschrieben. Lässt man den Blick über die so unterschiedlichen und doch gleichen Dächer schweifen, dann stellt sich dieses Bild erst recht ein. Es gibt Bauformen, die nur im Wohnbau zu finden sind, solche, die Industrie- und Landwirtschaft oder Verwaltung verkörpern. Große und kleine Gebäude, gehobene Villen und Siedlungsbauten, breite Straßen und schmale Wege, Parks, Weide- und Ackerflächen. Die oben beschriebenen Haustypen und deren Gestaltung als verschnittene Häuser erweitern die Vielfalt der Formen noch beträchtlich. Hinzu kommt die autarke Wirtschaft vor Ort, die einzig auf die Kohlenlieferung für das Kraftwerk angewiesen war. Es ist also keine Übertreibung, das oft hervorgeholte Bild von der Stadt im Grünen. In ihrer planerischen Anlage ist Bedburg-Hau einer ländlichen Stadt des Kaiserreichs nachempfunden. Natürlich war die Anstalt mit 2.200 Betten im Vergleich zu allen anderen eine Massenanstalt, die architektonische Durchgestaltung der Gesamtanlage versuchte aber, diese Masse in einem geordneten System unterzubringen, das dennoch gewachsen wirken sollte. Die diversen Formen und Eindrücke, die dem Menschen in seinem Wohnort begegneten, sollten ihn auch bei seinem Aufenthalt in der Heil- und Pflegeanstalt beschäftigen. Heute mag man über das massenhafte »Wegsperren« oder »Hospitalisieren« der damaligen Zeit sehr kritisch urteilen, ihrem planerischen Auftrag gemäß den früheren modernen Grundsätzen ist die Hochbauabteilung des Provinzialverbandes mit dieser Anstalt-Stadt aber gerecht geworden.

Die Neubauzeit 1907–1913

Zu einer Baugeschichte gehört immer die möglichst chronologische Beschreibung der einzelnen Phasen oder Zeiten, die ein Gebäude oder wie in diesem Falle eine ganze Anlage mit einer Vielzahl von Gebäuden erlebt hat. Beginnen kann diese Baugeschichte nach den Vorbetrachtungen nur mit der Neubauphase und dem bereits erwähnten Neubaubüro. Insbesondere Vergabe und Verdingung sowie die Bauüberwachung oblagen dem Neubaubüro, das dem Landeshauptmann und dem Provinzialausschuss hierzu Bericht erstattete. In den Bauakten hat sich die schriftliche Korrespondenz des Büros mit allen Beteiligten erhalten.[43] Untergebracht war es – wie oben erwähnt – in der ehemaligen Bedburger Wirtschaft »Heinrich van Ackeren«, dem späteren »Gutshof II«. Viele der auszuführenden Arbeiten wurden ausgeschrieben, aber schon zu Beginn finden sich auch Anschreiben

42 ALVR 14646.
43 Vgl. ALVR 8435, 8436 u. 8437.

Abb. 12: Luftbild von 1960. Im Vordergrund die Kirche und ein Beamtenwohnhaus, am rechten Rand ist das Gesellschaftshaus zu erkennen.
Bildmitte: Schwesternwohnheim 1. Die Reihung und die vereinzelte Lage der Altbauten ist hier gut zu erkennen.
Foto: ALVR Bild 2/109 Luftaufnahme 01

von Ingenieuren, Firmen und Zulieferern, die sich unter Angabe von Referenzen um die Vergabe der Aufträge bemühen. So ist die Vergabe denn auch »unter tunlichster Berücksichtigung rheinischer Firmen erfolgt«.[44] Dies zeigt sich unter anderem am Beispiel des Ingenieurs V. Schütz aus Düsseldorf, der nach persönlicher Vorstellung und einem weiteren Anschreiben den Auftrag zur Planung der neuartigen Eisenbetonkonstruktionen erhielt.[45] Als Generalunternehmer für die Rohbauarbeiten wurde die Firma Heinrich Ziegler aus Wesel am Rhein beauftragt. Zieglers besonderer Vorteil neben der räumlichen Nähe zu Bedburg-Hau lag in der Bereitstellung und Nutzung einer eigenen Werksbahn für das Klinikgelände, wodurch das Verteilen der Baustoffe wesentlich vereinfacht wurde.[46] Die Zusammenarbeit mit der Firma Ziegler wurde seitens des Neubaubüros in den

44 ALVR 15178.
45 Vgl. ALVR 8435.
46 Zum Einsatz kam hier eine Lok der Motorenfabrik Oberursel AG, vgl. Jens Merte: Lieferliste der Motorenfabrik Oberursel AG (http://www.werkbahn.de/eisenbahn/LV/oberursel.pdf).

Berichten zumeist positiv beurteilt und unter anderem die vorausschauende Planung des Unternehmers gelobt, durch die eine zügige Fertigstellung der Gebäude ermöglicht wurde.[47] Allerdings war die überwiegend katholische Bevölkerung nicht davon begeistert, dass auf dem Neubaugebiet auch an kirchlichen Fest- und Feiertagen gearbeitet wurde. Einige Beschwerden zeugen von dem Unmut, den dieser Umstand erregte.

Für alle Erd-, Durchforstungs- und Wegebauarbeiten konnte das Baubüro auf Korrigenden aus der Anstalt Brauweiler zurückgreifen. Auch weitere Leistungen durch Insassen anderer Anstalten wurden gerne in Anspruch genommen: »Die Provinzial-Arbeitsanstalt Brauweiler und die Prov. Fürsorgeanstalten Fichtenhain und Rheindahlen sind – soweit angängig – zu solchen Arbeiten und Lieferungen ausgiebig herangezogen, für welche sich ihre Arbeitsbetriebe eignen.«[48] Als Korrigenden bezeichnete man diejenigen Personen, die in einer Arbeitsanstalt durch Arbeit in ihrer Lebensführung »korrigiert« werden sollten. Durch deren Einsatz verringerten sich die Baukosten natürlich erheblich. Die Anzahl der Korrigenden variierte während der Bauzeit, mit den Arbeitern der Firmen waren zeitweise aber bis zu 500 Leute auf dem Baugelände beschäftigt. Um zunächst die Korrigenden und die Angestellten zu versorgen, wurde bereits ganz zu Beginn mit dem Aufbau der Landwirtschaft begonnen, von deren Erzeugnissen sich letztlich die spätere Anstalt unabhängig ernähren sollte.

Nach einer genau festgelegten Bauabfolge wurde 1908 mit den Arbeiten begonnen. Es waren bereits bei dem Beschluss zum Neubau zwei Bauphasen aufgestellt worden. Der zügige Fortschritt der Bauarbeiten weichte diese Unterteilung allerdings bald auf.[49] Als erste in Angriff genommene Neubauten bezeichnet die Festschrift zur Eröffnung elf Krankengebäude und einen Gutshof.[50] Besonders wichtig für den zügigen Ablauf der Bauarbeiten war die Anlieferung von Ziegeln, Stahl, Bauholz sowie Kies, Sand und Zement für Mörtel und Beton und anderen Baustoffen. Ein stetiger Nachschub erfolgte über den im Juni 1908 fertig gestellten Bahnanschluss. Wäre hier einmal eine Unterbrechung eingetreten, hätte dies den ganzen Bau verzögert. Das Material musste trotz der benötigten Massen natürlich in guter Qualität geliefert werden, was vom Neubaubüro und dem Hauptunternehmer Ziegler kontrolliert wurde. Wie sich erst einige Jahre später herausstellte, waren einige der Ziegel nicht so wetterfest wie ursprünglich erhofft.

Die Belegung mit Patienten war das vordringlichste Ziel des Neubaus, weshalb den Krankengebäuden eine gewisse Priorität gegenüber den anderen Gebäuden gegeben wurde. Nach dem ersten Baujahr waren 24 Krankengebäude, Wäscherei, Küche, Bäckerei, Werkstättengebäude, das Wohnhaus für Verwalter und Rendanten und der »Gutshof II«

47 Vgl. ALVR 8435, 8436 u. 8437 sowie Penners, a.a.O. S. 107 u. Landtagsvorlagen betr. Anstalt Bedburg-Cleve, Bericht und Antrag vom 25. Jan. 1910, S. 2.

48 ALVR 15178.

49 Vgl. Landtagsvorlagen betr. Anstalt Bedburg-Cleve, Bericht und Antrag vom Feb. 1908, S. 5.

50 Denkschrift zur Eröffnung, a.a.O. S. 23.

eingedeckt. Für 20 weitere Gebäude und den »Gutshof I« war der Rohbau 1909 abgeschlossen, außerdem wurden die Kanalisierungs- und Leitungsbauarbeiten aufgenommen. Im folgenden Jahr wurden die Dampfkessel im Kraftwerk und alle Bauten fertig, außer den für die zweite Bauphase vorgesehenen, die in diesem Jahr begonnen wurden. 1911 wurde mit Hochdruck am Innenausbau der im Rohbau fertigen Gebäude gearbeitet und wurden die technischen Anlagen auf Stand gebracht. Insbesondere die Kirche und das Wohnhaus für den Pfarrer mussten deswegen auf die Ausführung warten. Zum 1. Oktober 1911 nahm die Anstalt bereits ihren Betrieb auf, am 10. Oktober wurden die ersten Patienten und Patientinnen überstellt. Mit dieser Eröffnung waren die Bauarbeiten allerdings längst nicht abgeschlossen, darüber geben die jährlichen Verwaltungsberichte der Klinik Auskunft. Von den 36 Häusern für Kranke waren bis zum 31. März 1912 erst 23 bezugsfertig und belegt. Auch die Kirche und die Wohnung des Pfarrers waren noch im Bau und wurden erst im Lauf des Jahres 1913 der Nutzung übergeben. Neben den üblichen Instandsetzungsarbeiten und verschiedenen kleineren Umbaumaßnahmen und der Erweiterung des Wasserleitungsnetzes waren insbesondere das Wegenetz noch herzurichten und der Bau der Speisetransportbahn abzuschließen.[51] Als endgültig abgeschlossen kann die Neubauzeit daher erst mit der Auflösung des Neubaubüros im selben Jahre gelten.[52]

Vom Ersten zum Zweiten Weltkrieg

Mit der Aufnahme des Anstaltsbetriebs stellten sich bald einige mögliche Verbesserungen heraus, die insbesondere auf den Gutshöfen zu zusätzlichen baulichen Veränderungen führten. Ein weiteres Werkstättenhaus wurde noch 1914 errichtet. In der Zeit des Ersten Weltkrieges erlebte die Klinik durch die massiven Einberufungen von Personal in den Armeedienst hauptsächlich technische Veränderungen. Bauliche Maßnahmen wurden mit zunehmender Materialknappheit immer weiter eingeschränkt. Die wichtigsten waren der Anschluss des eigenen Kraftwerks an das Leitungsnetz der RWE, um »überflüssige Kraft«[53] nutzen zu können, und der Bau einer großen Dörranlage. Gegen Kriegsende wurde als Ersatz für das im Krieg requirierte Metall nur minderwertiges Material eingesetzt. Der Instandsetzungsbedarf war nach nicht einmal zehnjähriger Nutzung besonders

51 Die Speisetransportbahn diente als direkte Anlieferung des in der Küche zubereiteten Essens, der Wäsche usw. entlang des Rundweges. Berger gibt an, dass zwei feuerlose, dampfbetriebene Lokomotiven eine Strecke von 5.000 Metern bedienten und die Essensauslieferung für jede Seite der Anstalt in etwa zwanzig Minuten erledigt war. Vgl. Berger, a. a. O. S. 39.

52 ALVR 14646, vgl. 8435, 8436, 8437. Vgl. auch Penners, a. a. O. S. 106–108.

53 ALVR 14646. Das Kraftwerk lieferte eine Jahresleistung von etwa 573 MW und produzierte damit Energie weit über den Bedarf der Klinik hinaus.

hoch und unter anderem durch die intensive Nutzung als Militärlazarett, zunächst durch deutsche, später durch belgische Truppen, bedingt. Erst ab 1922 kam es wieder zu einer gesteigerten Bautätigkeit, als fünf Zweifamilienhäuser an der Uedemer Straße zur Beseitigung der Wohnungsknappheit unter dem Personal errichtet wurden. Als 1923 die Besatzung für die PHP endete, konnten die Häuser 1, 6, 7, 8 und 9 wieder belegt werden. Diese Gebäude, das Gesellschaftshaus, die Kirche, die Umfassungsmauer des Bewahrungshauses sowie einige weitere hatten teils massive Schäden an Mauerwerk und Dächern erlitten, ganze Giebel wurden neu aufgemauert.[54]

Die Neubaumaßnahmen der Nachkriegsjahre betrafen hauptsächlich die Landwirtschaft, wo unter anderem Scheunen, Schuppen und Futtersilos errichtet wurden.[55] Bedarf an Erweiterungsbauten im Krankenbereich bestand nach dem Krieg zunächst nicht, da mit dem Weltkrieg die Zahl der Kranken zurückgegangen war und auch neue Beurteilungen weniger Menschen als gestört einstuften. Durch Umorganisation der Krankenräume konnten bis 1928 sogar 2.600 Kranke in den bestehenden Gebäuden untergebracht werden.[56] Die zunehmende Zahl von Typhus-, Cholera- und Tuberkuloseerkrankten machte eine Isolation dieser Patienten und Patientinnen nötig, um die Ansteckung der anderen zu vermeiden. Als Folge baute man 1928 das Isolierhaus für bis zu 100 Patienten mit ansteckenden Krankheiten, das heutige Haus 28. Der Bauplatz wurde direkt nördlich des Bewahrungshauses gewählt, welches damit seine völlige Alleinstellung verlor. Als Planer dieses Bauwerks wurde der bereits im Neubaubüro beschäftigte Leonard Penners eingesetzt.[57] Als erster großer Neubau versucht dieses Gebäude sich durchaus noch an die vorhandene Architektur anzupassen, ist in seiner Formensprache aber bereits wesentlich reduzierter. Auf Ziergiebel, Putzspiegel und Fachwerk wurde verzichtet, und die Fenster sind sämtlich als einfache Rechteckfenster ausgeführt.

1929 wurde am »Gutshof II« das Sportgelände angelegt, bei welchem 1934 eine Turnhalle errichtet wurde. Bei dem viel diskutierten Abriss der Turnhalle im Jahre 2008 wurde sogar eine Kartusche mit diversen Dokumenten vom Zeitpunkt der Grundsteinlegung gefunden.[58] Die dreißiger Jahre waren bekanntermaßen sehr von der sportlichen Volksertüchtigung geprägt, eine Turnhalle zu bauen war damit Inbegriff dieser Zeit. Hieran erkennt man, welche Bedeutung auch vermeintlich kleine Baumaßnahmen bereits für die Klinik und ihr Umfeld haben konnten bzw. können. Über weitere Baumaßnahmen liegen keine Informationen vor, es wird jedoch laufend Instandsetzungen und dergleichen gegeben haben. In der Zeit der nationalsozialistischen Herrschaft war an einen Ausbau

54 ALVR 14646.

55 Vgl. Karte bei Berger, a. a. O. S. 44.

56 Berger, a. a. O. S. 38.

57 Penners, a. a. O. S. 109.

58 Vgl. Johannes Stinner: Kartusche zur Grundsteinlegung der ehemaligen Turnhalle am Föhrenbachstadion geborgen, in: Geschichtsbrief Bedburg-Hau Nr. 3 (2008), S. 9–12.

der Anstalt aus ideologischen Gründen kaum zu denken. Der Kriegsausbruch schließlich und die Belegung der Anstalt mit Lazaretten waren für die Bausubstanz nicht vorteilhaft.

Nachkriegszeit und 1950er Jahre

Nach dem Zweiten Weltkrieg gab es zunächst nur geringe Bautätigkeit in Bedburg-Hau. Das Bild gestaltete sich ähnlich zu dem der Nachkriegszeit des Ersten Weltkrieges. Nach der Nutzung als Lazarett durch Luftwaffe und Kriegsmarine sowie der Internierung von Evakuierten und Einquartierungen galt es die Anstalt wieder herzurichten. Als Kriegsfolge waren durch die massive Überbelegung mit Flüchtlingen und Evakuierten fast alle Gebäude wieder in Stand zu setzen. Einige Gebäude hatten auch direkte Kriegseinwirkungen zu spüren bekommen, in der Siedlung am Friedhof war beispielsweise ein Haus vollständig zerstört, mehrere Krankenhäuser, ein Gutshof und die Anstaltseinfriedung waren schwer beschädigt worden. Für 1948 gibt die Klinikverwaltung an, dass nur 15 Krankenhäuser in eigener Nutzung waren. Die notgedrungene Fremdbelegung mit anderen Einrichtungen, wie Justizvollzugsanstalt oder Krankenhaus, endete erst 1956 mit dem Auszug der Hasselter Polizeistation aus dem Verwaltungsgebäude. Bis dahin hatte die Fremdbelegung viele Schäden und Vernachlässigungen an der Bausubstanz verursacht.[59] Erst 1957 war auch das Gesellschaftshaus wieder benutzbar geworden.[60]

Als wesentliche Baumaßnahmen dieser Zeit müssen aber die Erneuerungen auf den verschiedenen technischen Gebieten betrachtet werden. Das Stromnetz wurde von 110 auf 220 Volt umgestellt, das Wassernetz laufend erneuert, das Heizungsnetz komplett umgebaut und das Telefonnetz ständig ausgebaut. Zeitgemäß wurde die alte Verrieselungsanlage für die Abwässer in ein Kanalsystem mit Klärwerk umgebaut. Für alle Gebäude bedeutete dies Modernisierungsarbeiten. Die modernen Maschinen, die mit dem Wirtschaftswunder auch in Bedburg-Hau Einzug hielten, benötigten teilweise neue Räumlichkeiten und den Ausbau vorhandener Gebäude, wie An- und Umbauten an Kraftwerk, Kochküche usw. belegen. Nicht zu unterschätzen ist auch der Aufwand für neue Schuppen und Garagen, da viel mehr Fahrzeuge und Großgeräte vorhanden waren. Ein massiver Befall durch den Hausbockkäfer nötigte die Bauverwaltung dazu, sämtliche Dachstühle und Holzelemente an den Gebäuden zu untersuchen und viele komplett zu ersetzen. Konzeptionelle Veränderungen in der Behandlung psychisch Kranker wurden zunächst nicht baulich umgesetzt, außer im inneren Raumprogramm der Einzelgebäude. Die vorgenannten Maßnahmen ließen für Neubauten allerdings auch keinen Spielraum, weder finanziell noch zeitlich.

59 Vgl. ALVR 23133.
60 Kleine, a. a. O. S. 101.

1960er Jahre

Waren die Fünfziger noch von einer eher filigranen und sehr auf Formschönheit bedachten Architektur geprägt, wurde in der Mitte der sechziger Jahre eine schnörkellose, sehr funktionale Architektur ohne Schmuckelemente gebaut. Man hatte Typen- und Systembauweisen entwickelt, die nach einem immer gleichen Schema durch Fertigteilbau einfach zu produzieren und ebenso einfach mehrfach umzusetzen waren. Wir betrachten die Bauten der Sechziger und Siebziger heute oft, ohne ihnen einen größeren Wert beizumessen; dabei spiegelt sich in ihnen, wie in allen, der Geist ihrer Epoche. Besonders gut kann man diesen in den Bauten dieser Zeit auf dem Klinikgelände ablesen.

Erst in den sechziger Jahren wurden wieder Neubaumaßnahmen durchgeführt. 1960 wurde das erste neue Schwesternwohnheim eröffnet. In seiner Formensprache ist es natürlich noch ganz den Fünfzigern verhaftet. Als erster großer und völlig andersartiger Neubau liegt es mitten zwischen den übrigen Bauten der Klinik wie ein Fremdkörper (siehe Luftbild).

Der Landschaftsverband Rheinland hat nach seiner Gründung im Bauprogramm der Kliniken eine Reihe von Schwerpunkten gesetzt, die im Grundsatz für alle galten, in der jeweiligen örtlichen Ausprägung aber durchaus individuell umgesetzt wurden. Das Konzept sah vor, in jedem Landeskrankenhaus eine Aufnahmeklinik mit eigenen diagnostischen und therapeutischen Kerngebieten aufzubauen. Die vorhandenen Abteilungen sollten in offene und geschlossene Häuser eingeteilt, neue psychiatrisch-geriatrische Krankengebäude und Abteilungen, jugendpsychiatrische und neurologische Häuser eingerichtet werden. Um dieser Zielsetzung auch wirtschaftlich nachkommen zu können, entwickelte die Hochbauabteilung eine große Zahl verschiedener Bautypen. Diese Standardisierung bedeutete aber nicht für alle Landeskrankenhäuser und deren Abteilungen auch totale Gleichförmigkeit. Durch topographische Gegebenheiten oder technische Weiterentwicklungen konnte es immer zu Veränderungen kommen, und die Einzelheiten der Gebäude und Stationen wurden ohnehin mehr auf die Bedürfnisse der Abteilungen abgestimmt. Ein einheitliches Grundrissschema wäre auf Grund der großen Unterschiede in den einzelnen Abteilungen kaum zielführend gewesen.[61]

Betrachtet man die Grundsätze, die den Planern auferlegt waren, erkennt man Parallelen zu denjenigen von 1897. In den Krankenbereichen sollte möglichst Übersichtlichkeit herrschen und durch unauffällige Schutzvorkehrungen und Beobachtungsmöglichkeiten dem Personal eine effiziente Arbeit ermöglicht werden. Den Patienten und Patientinnen sollte durch erhöhte Raumflächen, Differenzierung der unterschiedlichen Abteilungen voneinander und ansprechende Gestaltung der Innenräume ein behagliches Milieu geschaffen werden. Der architektonischen Gestaltung der Innenräume kam dabei

61 Vgl. P. Petermeise: Der Bau psychiatrischer Landeskrankenhäuser im rheinischen Raum, in: Das Krankenhaus 10 (1966), S. 416–426.

Abb. 13: Schwesternwohnheim 1 Eingang. Foto: ALVR Bild 2/109

immer mehr Bedeutung zu. Waren Patienten nicht bettlägerig, sollte die architektonische Durcharbeitung bis in Einzelheiten geschehen, damit das Klinikartige zugunsten einer psychologisch vorteilhaften Wohnlichkeit zurücktreten konnte. Sonnenlicht war dabei als positives Stimmungselement in die Planung mit einzubeziehen.[62]

Geradezu beispielhaft für die Systembauweise sind die flachen eingeschossigen Pavillons, die sich in allen LVR-Kliniken finden. Insbesondere Kinderabteilungen oder solche für chronisch kranke oder ältere Patienten und Patientinnen sollten ohne Treppen erreichbar und möglichst mit direkter Verbindung zum Freigelände gestaltet werden. In Bedburg-Hau sind die heutigen Häuser 43 bis 46 solche Pavillons. Geplant waren sie als ebenerdige Stationsgebäude für ruhige Kranke. Ihre Bauzeit fällt zwischen 1962 und 1969. In ihrem Äußeren sind sie schlichte Gebäude mit wenigen Gestaltungsaspekten, einzig die hohe umlaufende Traufkante wirkt markant, ein sehr typisches Element der Sechziger.

Der große Nachteil dieser Flachbauten liegt in ihrem Flächenbedarf, dort, wo mehrgeschossige Häuser das Doppelte oder Dreifache an Stationen und Betten aufnehmen können, bleibt ein Flachbau natürlich begrenzt.[63] In Bedburg-Hau war allerdings ausreichend Baufläche für diese Bauform vorhanden. Nachdem die Versorgung des Krankenhauses mehr und mehr durch Anlieferungen als durch eigene Bewirtschaftung gedeckt werden konnte und dadurch die vormals dafür genutzten Flächen frei wurden, rückte der Bereich zwischen dem südlichen Rundweg und dem Johann-van-Aken-Ring ins Blickfeld der Planer. Hier wurden fast alle eigenständigen Neubauten der letzten Jahrzehnte angesiedelt.

62 Petermeise, a. a. O. S. 422.
63 Petermeise, a. a. O. S. 426.

Abb. 14: Stationspavillon von 1964. Foto: ALVR Bild 2 109/02

In den sechziger Jahren wurde im Zuge der Instandsetzung und Modernisierung der alten Gebäude und Abteilungen ein reger Wechsel der Stationen und Patienten über das Gelände nötig. Um die damals an ihre Kapazitäten stoßende Klinik weiterhin funktionstüchtig zu erhalten und Personal und Patienten nicht dauerhaft den Belastungen der Baustellen auszusetzen, wurden mehrere Neubauten ausgeführt. Als offene Häuser, im Gegensatz zu den zuvor gebildeten geschlossenen Abteilungen, wurden drei Wechselkrankenhäuser errichtet. Die offenen Häuser sind ebenso Flachbauten wie die kleineren Stationspavillons. Das erste lag noch oberhalb des Südlichen Rundweges und hat heute die Nummer 32, die beiden weiteren wurden östlich des »Gutshofes I« angelegt. Diese offenen Häuser waren ebenfalls Systembauten, die in einem U-förmigen Grundriss zwei von einander getrennte Stationen aufnahmen. Dadurch ergab sich ein gemeinsamer Innenhof abseits der Straße. Haus 32 ist auch nach diesem Prinzip ausgeführt, bei Haus 40 und Haus 41 wurde einer der Flügel verschwenkt, so dass nun ein annähernd Z-förmiger Grundriss ohne gemeinsamen Innenhof entstand. Diese Grundrissform ist ein Standardgrundriss, der sich insbesondere im Wohnbau dieser Zeit findet. Der Einblick von einem Flügel in den anderen sollte so verhindert und mehr Privatsphäre eingeräumt werden.

Ab 1964 erhielt die sieben Jahre vorher eingerichtete Krankenpflegeschule ein eigenes Internatsgebäude, das »Personalwohnheim 2«. Das sechsgeschossige Wohngebäude macht an seiner Fassade ablesbar, welchem Zweck es dient. Die eng gestaffelten Wohneinheiten sind durch deutlich von einander abgetrennte Balkone erkennbar, die 15 Balkone auf jeder Seite sind im Ganzen aber wieder durch eine leicht herausgezogene Wand eingerahmt. Das Prinzip eines Studentenwohnheims ist hier klar erkennbar. In zwei direkt angegliederten flachen Anbauten sind die Unterrichts- und Werkräume untergebracht. Dazu gehört auch der benachbarte Flachbau Haus 87 als Schulungsraum.

Die Masse der Patienten bedingte eine erhöhte Ansteckungsgefahr mit infektiösen Krankheiten. Als Isolier- und Quarantänestation wurde deshalb von 1961 bis 1966

Abb. 15: Krankenpflegeschule. Foto: ALVR Bild 2 109/03

die Pockenstation, das heutige Haus Fahnenkamp, südlich des Johann-van-Aken-Rings gebaut. Ein weiterer standardisierter Bautyp war das Gebäude der Föhrenbachklinik. Allerdings wurde es für Bedburg-Hau sehr stark individuell angepasst. Die heutige Föhrenbachklinik wurde am 11. November 1968 als so genannte Aufnahmeklinik eingeweiht. Wie auch bei den niedrigen Pavillons galt für die Aufnahmeklinik das Prinzip, dass alle Räume durch kurze Laufwege erreichbar sein sollten.

In ihrer Ausgestaltung als gleichmäßiger und sehr ruhiger Baukörper ist sie ein gut durchdachtes Bauwerk. Der lang gestreckte dreigeschossige Hauptbau mit einer Ziegel- und Betonelementfassade und der typischen Farbgebung in grünen und beigen Tönen wirkt horizontal und vertikal klar gegliedert. In der Horizontalen sind alle Geschosse als solche durch Fensterhöhen und Farbgebung erkennbar, es gibt keine Versprünge. An den Nebentreppenhäusern heben Vorsprünge mit langen Fensterbändern an den Flanken die vertikalen Achsen deutlich hervor. Dem Hauptbau ist als Haupteingang ein kleinerer rechteckiger Baukörper in gleicher Gestaltung vorgelagert. Ganz besonders fällt das Vordach dieses Einganges ins Auge. Es geleitet jeden durch seine eindeutige Gestik hinein. An den sonst häufig zu findenden Standardbauten wie den Pavillons oder dem späteren Standardbettenhaus ist genau hier ein Schwachpunkt der Architektur. Auf Anhieb ist es mitunter nicht einfach zu erkennen, wo nun der Haupteingang eines Gebäudes ist.

Die 1970er Jahre

Was in den Sechzigern mit weitreichenden Modernisierungen und der beachtlichen Zahl von zehn neuen Häusern begonnen hatte, sollte auch im folgenden Jahrzehnt fortgesetzt werden. Zunächst ergänzte 1971/72 Haus 47 als Aufnahmehaus für die Kinder- und Jugendpsychiatrie die Stationspavillons um die nötigen Strukturen und Betten. Es hat ein Geschoss mehr, ist ansonsten aber mit den Pavillons der Sechziger vergleichbar.

Wachsende Patientenzahlen erforderten auch mehr Personalunterkünfte. Um dem Anstieg zu begegnen, wurde ein weiteres Wohnheim gebaut, Haus 90. Das Fertigstellungsdatum des Gebäudes wird etwa 1974 sein. Das »Personalwohnheim 3« ist als Kind seiner Zeit ein Betonfertigteilbau, dem man ebenso wie dem »Wohnheim 2« seine Bestimmung ansieht. Zwei Wohnhäuser mit fünf und sechs Geschossen mit kleinteiligen und niedrigen Wohnungen sind an einen mittigen Treppenturm gesetzt. Die Fassaden der Wohnungen sind voll verglast und jede durch einen kompletten Balkon gefasst. Es drängt sich der Begriff der »Schuhkartonwohnung« auf.

Um dem wachsenden Bedarf an Betten in den Rheinischen Landeskrankenhäusern gerecht zu werden, war auch in den Siebzigern der Bau neuer Gebäude notwendig. Die Altbauten des Provinzialverbandes galten unter Medizinern und Architekten als hoffnungslos veraltet. Eine neue Menschlichkeit sollte durch neue Gebäude erreicht werden. Im LVR begann aus diesem Hintergrund heraus die Planung für das Standardbettenhaus. Zunächst erarbeiteten Mediziner und Planer gemeinsam ein Raumprogramm, welches für die weiteren Planungen verbindlich war. Als Standardgebäude sollte es möglichst in allen Kliniken errichtet werden, weshalb man einen modularen Aufbau des Gebäudes bevorzugte. Nach den Raumbedarfsrechnungen brauchte eine Station nun 4.000 m^2 Grundfläche, in einem Flachbau wäre das nahezu unmöglich umsetzbar gewesen. So entstanden viergeschossige Häuser für 160 Betten und sechsgeschossige für 240 Betten. Pro Etage sollten sich zwei Stationsbereiche mit je 20 Betten, Wohn- und Beschäftigungsbereichen, Gruppenraum und Funktionsräumen befinden. Jeweils zwei Etagen wurden zu einer Abteilung zusammengefasst. Wichtig war den Planern, dass diese Abteilungen durch eigene schmale Treppen erreichbar waren, damit die Patienten nicht zur Nutzung der Haupttreppen gezwungen waren. Für Düsseldorf, Langenfeld, Viersen und Bedburg-Hau begann nach einer intensiven Erkundung der bestmöglichen Standorte die Ausführung. In Bedburg-Hau und Viersen wurde mit einem Haus für 160 Betten und einer optionalen Tagesklinik für 20 Plätze geplant, in Düsseldorf wurden zwei dieser Häuser gebaut, in Langenfeld baute man die 240-Betten-Variante.

Das Standardbettenhaus wurde nach einem Grundraster entwickelt, das die Konstruktion und den Entwurf vieler Elemente vereinfachen sollte. Alle Bauteile ließen sich so zunächst in ein Raster von 1,20 × 1,20 Metern bringen. Für den Abstand der Stützen des Stahlbetonskelettbaus war dieses Grundmaß auf 7,20 Meter gebracht. Alle Raumaufteilungen und Wände konnten sich also an diesem Schema orientieren. Der Grundriss wird von diesem Raster und der Modularität bestimmt. Mehrere Quadrate sind an verbindende Flure angesetzt. Das Gebäude ist an einer Mittelachse symmetrisch.[64]

Außen ergibt sich das Bild eines typischen Gebäudes seines Jahrzehnts. Die einzelnen Würfel und Verbindungsteile sind unterschiedlich hoch, man zählt bis zu sechs Geschosse. Die Fluchttreppenhäuser brechen mit der Rasterstruktur, sie sind als ovale Türme aus dem Gebäude herausgezogen. Die Vorhangfassade besteht aus Fertigbetonelementen, auf deren Oberfläche ein glatter Rahmen ein aufgerautes Feld umschließt.

64 Zum Standardbettenhaus vgl. ALVR 35979–35985.

Abb. 16: Standardbettenhaus mit neuer Eingangssituation. Foto: Hans-Theo Gerhards, LVR-Klinik Bonn

Die Geschosse sind dadurch in der Außenfassade gut ablesbar. Aufgelockert wird die Betonmasse durch Fensterbänder mit teilweise bodentiefen Fenstern. Die Fenster sind dazu asymmetrisch geteilt, und als Sonnenschutz gibt es Lamellen in dem damals überall vorhandenen Orangeton. Wenig einladend wirkte die schlichte Eingangssituation des Hauses, weshalb man später einen kleinen Pfortenanbau in deutlich anderer Architektur ansetzte und als Eingangsgeste ein Vordach in Segelform aufstellte. Diese Betonung hat dem trotz der zurücknehmenden Formen dennoch massigen Baukörper sichtlich gut getan, er wirkt nun freundlicher und einladender als zu seiner Fertigstellung. Die Eröffnung des Standardbettenhauses Bedburg-Hau fand am 25. Oktober 1976 statt.

Denkmalschutz: Seit 1977 ist der Landeskonservator bei allen Baumaßnahmen an historisch gewachsenen LVR-Einrichtungen in die Bauplanung mit einzubeziehen. Dies hatte seinen Ursprung in der Diskussion um den geplanten Abriss zweier älterer Patientenhäuser in Düsseldorf-Grafenberg.[65] Da die Kliniken alle ein ähnliches Alter besitzen, gab es auch in Bedburg-Hau Überlegungen, wie mit dem Altbestand zu verfahren sei. Aber erst 1987 wurden die Altbauten der Klinik Bedburg-Hau unter Denkmalschutz gestellt. Bereits 1970 wurde die Landesregierung ersucht, einen Plan zur Gleichstellung von psychisch Kranken mit körperlich Kranken aufzustellen. Noch 1971 wurde eine umfassende Bestandsaufnahme in den psychiatrischen Einrichtungen des Landschaftsverbandes durchgeführt, auf der auch die Grafenberger Abrissdiskussion basierte.[66] Die Analyse beruhte auf einer statistischen Erfassung der Gebäudedaten, Belegungszahlen und einer qualitativen Beurteilung der Bausubstanz, die für Bedburg-Hau zu dem Ergebnis kam, dass zwar im Bereich der Altbauten keine Abbruchempfehlung für irgendeines

65 Vgl. ALVR 18101.

66 Vgl. Bestandsaufnahme der Bettenbauten im Rheinischen Landeskrankenhaus Bedburg-Hau. Systematik und Ergebnisse: Band A, Grundrisskatalog: Band B, 1972 (in der Technischen Abteilung der LVR-Klinik Bedburg-Hau).

der Häuser erfolgte, sondern im Gegenteil eine »Erneuerung als Krankenhaus rentabel«[67] wäre. Die Gebäude Nr. 1, 15, 38 und 39 der damaligen Nummerierung galten allerdings als stark erneuerungsbedürftig. Bei längerer Zurückstellung der Instandsetzung wären sie sogar bald abrissreif gewesen.

Das LVR-Amt für Denkmalpflege im Rheinland hat die LVR-Klinik unter der Nr. »KLE 37« als flächenwirksames Baudenkmal benannt. Als Ziele wurden die Erhaltung der baulichen Struktur und die Erhaltung von Kirche und Schornstein als Landmarken formuliert. Für das Gesamterscheinungsbild der Anlage sei es von besonderer Bedeutung, dass die Fassaden des historischen Gebäudebestandes im Wesentlichen erhalten bleiben. Gleiches gelte für die Dächer und die Dachaufbauten.[68] Das Straßen- und Wegenetz innerhalb des Klinikareals steht wegen der Flächenwirksamkeit gleichfalls unter Denkmalschutz. Die Erhaltung des Denkmalwertes bedingt selbstverständlich einen gewissen Investitionsaufwand und gleichzeitig eine kluge Herangehensweise an jede neue Baumaßnahme.

Pflegereformen: Die zweite Hälfte der siebziger Jahre war für die LVR-Kliniken, damals noch als Rheinische Landeskrankenhäuser, in mancherlei Hinsicht entscheidend. Will man die Entwicklung der Klinik Bedburg-Hau seit 1975 nachvollziehen, geht das nicht ohne einen Hinweis auf die 1971 vom Deutschen Bundestag eingesetzte Expertenkommission »Psychiatrie-Reform«. Diese untersuchte die psychiatrischen Großkrankenhäuser und kam durch die negativen Ergebnisse und Erfahrungen zur so genannten Psychiatrie-Enquete von 1975. Zwei der wichtigsten darin formulierten Ziele waren die Bevorzugung gemeindenaher vor stationärer Versorgung und die Enthospitalisierung der Langzeitpatienten.[69] Die Reformziele des Enquete-Berichts bedeuteten eine Zäsur in der bisherigen Entwicklung. Diese Neuausrichtung hatte für die Baumaßnahmen der folgenden Jahre entscheidende Bedeutung.

Eine Untersuchung des LVR ergab, dass 50 Prozent der seelisch oder körperlich behinderten Patienten und Patientinnen als Langzeitfälle eine Verweildauer von mehr als zehn Jahren in der Klinik aufwiesen. Um diesen Langzeitfällen gerecht zu werden, wurde ein Programm für eine bedarfsgerechte heilpädagogische Erziehung mit umfassenden Veränderungen in der Struktur der Kliniken erarbeitet. Zwar zog sich dieser Prozess noch einige Jahre hin, aber 1980 wurden in Bonn, Düren und Langenfeld und 1981 in Bedburg-Hau und Viersen die ersten Rheinischen Heilpädagogischen Heime (HPH) gegründet. Der vorher einheitliche Klinikbetrieb wurde nun aufgeteilt, um Menschen mit Behinderung

67 Ebd.

68 http://www.lvr.de/de/nav_main/derlvr/immobilien/immobilienangebote/Bedburg-Hau.html [6.4.2011].

69 Petra Bühring: Psychiatrie-Reform: Auf halbem Weg stecken geblieben, in: Deutsches Ärzteblatt, Jg. 98, Heft 6 (9. Februar 2001), S. A 301–A 307, hier S. A 302 [online unter http://www.aerzteblatt.de/v4/archiv/pdf.asp?id=25936].

gezielter betreuen zu können. Ein Teil der alten Krankenhäuser wurde nun durch das HPH belegt, wodurch einige Umbauten durchgeführt werden mussten. Aus den Stationshäusern wurden nun Wohngruppenhäuser, die den Bewohnern eine Heimat bieten sollten.

Mit dem Jahr 1978 wurden alle Krankenhäuser des Landschaftsverbandes auf Basis des Krankenhausgesetzes NRW von 1975 zu Eigenbetrieben in Trägerschaft des LVR umfunktioniert. In der Folge wurde die Technische Abteilung in Bedburg-Hau neu aufgestellt. Kleinere Baumaßnahmen, Sanierungen usw. oblagen nun der Klinik selbst. Heute kümmert sich die Abteilung um alle Investitionsmaßnahmen bis zu einem Volumen von 750.000 Euro, wobei Neubauten weiterhin von der Hochbauabteilung der Zentralverwaltung des Landschaftsverbandes bzw. dem Bau- und Liegenschaftsbetrieb NRW durchgeführt werden. In der Technischen Abteilung wird dazu die gesamte technische Instandsetzung und Instandhaltung koordiniert und betreut, auch Kraft- und Wasserwerk gehören zu ihrem Aufgabenbereich. Als Ansprechpartner vor Ort zu allen Gebäuden und Anlagen sind ihre Mitarbeiter aus dem Klinikbetrieb nicht wegzudenken.

Die 1980er Jahre

In den achtziger Jahren schlug sich bedingt durch die Psychiatrie-Enquete und die bewusstere Förderung von Menschen mit Behinderung eine sozialere und patientengerechtere Bauweise in den Erweiterungsbauten nieder. Seit 1960 gab es die Forderung, den Patienten eine Begegnungsstätte zu schaffen. Außer dem Gesellschaftshaus war kein Gebäude wirklich geeignet, den Patienten eine offene Anlaufstelle zu bieten. Und jenes war naturgemäß nicht dauerhaft, sondern nur zu den entsprechenden Anlässen und Veranstaltungen geöffnet. Aus diesem Grund fügte man schließlich in das zuvor unbebaute Gebiet zwischen dem früheren Wirtschaftsweg, heute »An der Kartonage«, und dem Haus 36 ein Sozialzentrum und ein Haus für Beschäftigungstherapie ein. Die eigentlichen Planungen für diese Bauten liefen bereits 1977 an, der Bau wurde jedoch noch bis 1981 verzögert. Das lag an einer ganzen Reihe von Themen, die diskutiert wurden. Es ging um die Finanzierung des Projekts, den Personalbedarf, die Bedeutung des Sozialzentrums für die Gesamtanlage und die späteren Nutzer, auch eine Kostensteigerung um nahezu 1,5 Millionen DM von Planungs- bis Baubeginn war im Krankenhausausschuss und im Landschaftsausschuss zu behandeln. Die Gründung der HPHs und die begonnene Neuausrichtung hin zur gemeindenahen Versorgung wurden in der Diskussion auch wiederholt aufgegriffen.[70] Als es letztlich doch noch gelang, den Bau fertig zu stellen, war es für die Patienten und Patientinnen tatsächlich eine Bereicherung ihrer Lebensqualität.

70 Vgl. ALVR 18101 u. 42913.

Das Sozialzentrum ist in typischer Manier seiner Zeit auf einem wabenförmigen Grundriss als einfacher Holzständerbau über einem betonierten Keller mit offen liegender Konstruktion ausgeführt. Im Inneren gruppieren sich die einzelnen Teile des Gebäudes um einen Hof mit Lichtkuppel. Die eigentlich rund herum verglasten Außenwände wirken durch die kleinteiligen Fenster dennoch mauerartig. Von der ursprünglichen Nutzung als Verkaufsraum für einen Supermarkt, Musiktherapieraum, Patientencafeteria, Bücherei und Aufenthaltsraum sind heute nur noch die beiden letzten gemeinsam mit einem Kiosk tatsächlich aktuell. Ein Modell des Sozialzentrums befindet sich in dem in Haus 2 untergebrachten Museum.

Erwähnenswert ist das nahe dem Kraftwerk liegende Gebäude der Zentralwäscherei, erbaut bis 1982. Ein identisches steht in Viersen. Es ist ein interessanter Industriebau mit zwei völlig von einander verschiedenen Hauptfassaden. Die eine ist durch schmale, lang gezogene waagerechte Fenster eher horizontal, die andere vertikal ausgeprägt. Die Vertikalität wird durch auf ganzer Höhe vorspringende spitz zulaufende Glasbänder, die sich mit Ziegelmauerwerk abwechseln, erreicht. Die Fensterbänder laufen von der Fassade ohne Trennung über die Dachflächen, wo sie wie ein Sheddach wirken, um der Halle Licht von oben zu geben. Im Inneren liegen Technik und Konstruktion offen, wie es im Industriebau jener Zeit üblich war und wie es auch im Sozialzentrum zu sehen ist.

Nicht nur grundsätzliche oder praktisch-technische Erwägungen waren die Grundlage für neue Gebäude, es flossen oft auch neue Therapieansätze in die Planungen mit ein. Eines der Gebäude, die rein therapeutischen Zwecken dienen, ist die 1983 errichtete »Werkstatt für Industrieorientierte Arbeitstherapie«. Es handelt sich dabei um einen recht einfachen Flachbau, der sich durch seine an Fachwerk erinnernde Außenwände und einen Dachüberstand stark von den anderen Flachbauten des Geländes abhebt.

Die Psychiatrie-Reform wollte für die Klinikpatienten auch mehr Beschäftigungs- und Bewegungsmöglichkeiten. Deshalb wurde eine neue Turnhalle geplant, die allerdings auch erst nach Verzögerungen 1988 eröffnet wurde. An drei Gebäude wurde dazu ein Anbau für sportliche Zwecke gesetzt.

Die bis 1989 errichteten Werkstätten für Behinderte, heute Rosendahler Werkstätten und Haus Freudenberg, sind im Grundriss eng verwandt mit dem Sozialzentrum. Allerdings ist der Aufbau im Inneren heller und zweckdienlich auf die technischen Notwendigkeiten ausgerichtet. Die 1988 veröffentlichten »Empfehlungen der Expertenkommission«, welche die Enquete von 1975 weiterentwickelten, führten weiter zur Dezentralisierung der Versorgungseinrichtungen. Seit der Veröffentlichung der Empfehlungen stand insbesondere die verbesserte Versorgung chronisch psychisch kranker Menschen im Mittelpunkt.[71]

Bestimmend für viele weitere kleine Umbauten und Veränderungen, die insbesondere die technische Abteilung stark beschäftigten, war seit den Achtzigern die Einrichtung der

71 Petra Bühring: Psychiatrie-Reform: Auf halbem Weg stecken geblieben, in: Deutsches Ärzteblatt 98, Heft 6 (9. Februar 2001), S. A 301–A 307, hier S. A 302.

Abb. 17: Modell des Sozialzentrums. Foto: Jan Richarz

zentralen Brandmeldeanlage. Eine steigende Zahl von Bränden auf Patientenzimmern erhöhte den Bedarf an Brandschutzkonzepten enorm. Die technischen Um- und Anbauten im Sinne eines zeitgemäßen Brandschutzes dauern bis heute fort. Am deutlichsten werden die dafür nötigen Eingriffe in den Bestand an dem nicht unbedingt einfühlsamen Fluchttreppenanbau am Gesellschaftshaus.

1990 bis heute

In den neunziger Jahren gab es außer Instandsetzungen, Sanierungen, dem Umbau von einzelnen Gebäuden und Rückbau alter Technikanlagen keine großen Baumaßnahmen auf dem Klinikgelände wie in den vorhergehenden Jahrzehnten. Fast möchte man das Fehlen von Neubauten aus diesem Jahrzehnt bedauern. Die Unterschutzstellung durch das Denkmalamt hatte auch zur Folge, dass man Veränderungen an den Altbauten nicht ohne Weiteres durchführte. Es wurde zum Beispiel an Haus 11 eine aufwändige Fassadensanierung unternommen, bei der die Vorgaben der Denkmalpflege genau eingehalten wurden. Bei vielen Häusern wurde eine Instandsetzung eingeleitet, und wurden Brandschutzmaßnahmen in verschiedenen Gebäuden der Klinik ausgeführt. Kleinere Maßnahmen beschäftigten die Technische Abteilung vor allem 1994 mit dem Rückbau der Gleisanlagen des Anschlussgleises im Nachgang der Umrüstung des Kraftwerkes von Kohle auf Gas 1993.

Der Ausbau der Ambulanzen und Tageskliniken verlagerte den Schwerpunkt der Baumaßnahmen auf die gemeindenahen Einrichtungen. Eine erste wurde 1992 mit der Eröffnung der Sternbuschklinik für allgemeine Psychiatrie einschließlich einer Depressionsstation, Tagesklinik und einer Institutsambulanz in Kleve eröffnet, der 2002 die Tagesklinik in Geldern (Fürstenbergklinik) folgte. Für die Heilpädagogischen Heime wurden in diesen Jahren noch einige andere Außenwohngruppen in Betrieb genommen.

In die zehnte Dekade der LVR-Klinik Bedburg-Hau fallen einige Veränderungen, die insbesondere die Unterbringung von Straftätern nach § 63 und nach § 64 Strafgesetzbuch im Maßregelvollzug betrafen. Alte Gebäude wurden durch neue Zäune und andere Sicherheitseinrichtungen zu forensischen Zwecken umfunktioniert und beste-

Abb. 18: Modell der neuen Forensik. Foto: Hans-Theo Gerhards, LVR-Klinik Bonn

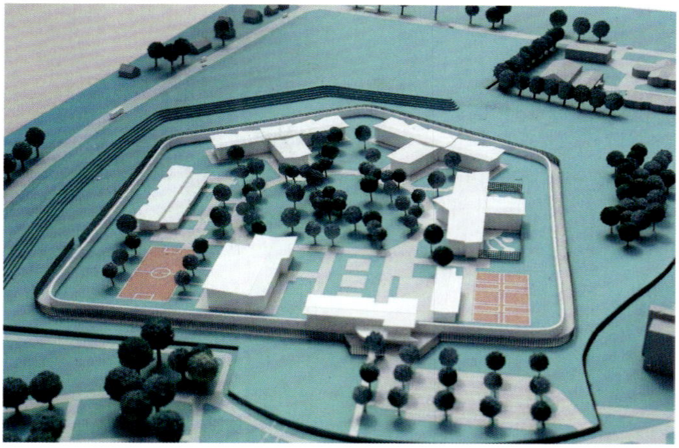

hende Zäune durch neue ersetzt, außerdem lief die Vorbereitung eines forensischen Großprojektes an. Denn 2003 begann der bisher letzte große Neubau, als am 25. Juni der Spatenstich zum Ersatzneubau für die Forensik begonnen wurde. 2008 wurde der neue Forensikbereich der Klinik eröffnet, und seit März 2009 befinden sich die ersten Patienten dort. Das Land NRW stellte für den nach modernsten Standards konzipierten Bereich fast 27 Millionen Euro zur Verfügung. Die Probleme eines Neubaus sind aus heutiger Sicht zwar etwas andere als vor hundert Jahren, es ist jedoch spannend zu sehen, wie stark das öffentliche Interesse an großen Bauvorhaben der Klinik nach wie vor ist. Der Bau und insbesondere die aufgetretenen Verzögerungen und Baumängel sind durch die Medien interessiert verfolgt und kommentiert worden. Vor allem die regionale Presse begleitet den Neubau der Forensik seit der Planung intensiv und durchaus kritisch.

Die neue Forensik besteht aus sieben Gebäuden, die sich um einen parkähnlich gestalteten Platz gruppieren; es können 110 Patienten untergebracht werden. Geplant wurde sie durch den Bau- und Liegenschaftsbetrieb NRW auf der grünen Wiese im südöstlichen Bereich, der ehemals wohl zum landwirtschaftlich genutzten Gelände gehörte. Gegen den Ort Bedburg und die Uedemer Straße ist die Anlage mit einem Wall abgetrennt und umlaufend mit einem 5,5 Meter hohen Zaun aus Stahl und Glas gesichert. Neben den drei Stationsgebäuden und der gesicherten Pforte wurden eine Sportanlage mit Sporthalle, ein arbeitstherapeutisches Zentrum, eine Cafeteria und eine Zahnarztpraxis eingerichtet, ein Technikgebäude ergänzt das Ensemble. Die Häuser sind maximal zweigeschossig angelegt und als flachgedeckte Putzbauten ausgeführt. Um Eintönigkeit zu vermeiden, wurden die Fassaden mit Rot- und Orangetönen akzentuiert. Interessant sind die t-förmigen Grundrisse der Stationsgebäude. Bei zwei Gebäuden weist der Fuß des »T« zum Innenplatz, bei dem dritten, dem am schwersten gesicherten Haus, weist der Fuß nach außen. Dadurch eröffnet sich die Möglichkeit zur Schaffung von zwei eigens abgezäunten Höfen außerhalb des Blickfeldes der Parkanlage. Es wurde allerdings insgesamt darauf geachtet, möglichst wenig mit vergitterten Fenstern oder anderen abweisend wirkenden Einrichtungen zu arbeiten; so ließen sich therapeutische

Ansätze effektiver umsetzen, lautet eine Begründung, die es – wir erinnern uns – ganz ähnlich schon im 19. Jahrhundert gab.

Der Gebäudekomplex firmiert unter dem Namen Ersatzneubau, wodurch ein effektiver Nachteil der älteren Häuser bereits deutlich wird. Die komplexen Anforderungen der modernen Unterbringung und Behandlung forensischer Patienten können in den alten Häusern nur unzureichend und vor allem nicht zusammenhängend umgesetzt werden. Die unter Denkmalschutz stehenden Gebäude und die Waldlage müssten so stark verändert werden, dass der städtebauliche Charakter kaum zu halten wäre. Der finanzielle Aufwand für solche Maßnahmen wäre beträchtlich. Der Neubau auf der grünen Wiese ist deshalb aus der denkmalpflegerischen Sicht eine konsequente und gute Lösung.

Seit den ersten Neubauten nach dem Zweiten Weltkrieg wurden mehrere Erweiterungsbauten geplant, die nicht verwirklicht wurden: Ein viertes Wechselkrankenhaus wurde nach dem Schema der anderen geplant, aber nicht mehr ausgeführt. Die Heilpädagogischen Heime sollten auf dem Gelände nördlich der Werkstätten für Behinderte einen dorfartig angelegten Neubau erhalten, bei dem sich mehrere einzelne und nicht sehr große Gebäude um einen kleinen Platz gruppiert hätten. Damit wäre im südöstlichen Bereich des Klinikgeländes eine konzentrierte Wohn- und Arbeitssiedlung des HPH in einheitlicher Architektur der achtziger Jahre entstanden. Mehrere Erweiterungsbauten für diese Dorflage waren bereits in den Lageplänen vorgesehen.[72] Es ist anzunehmen, dass wegen des beschlossenen Ausbaues der gemeindenahen Versorgung diese Neubauten entfallen sind.

Neben dem nun ausführlich beschriebenen Neubau vieler Gebäude wurden im Lauf der Zeit auch einige gegenteilige Maßnahmen durchgeführt. So wurden die ehemals landwirtschaftlichen oder als Rieselfelder bzw. Deponie genutzten Flächen im Westen der Klinik abgegeben. Die Umfassungsmauern sind größtenteils entfernt worden, ebenso die Speisetransportbahn, und auch die Brücke über die Mulde wurde abgerissen. Der »Gutshof II« wurde Mitte der achtziger Jahre abgerissen und überbaut, genau wie auch die 2008 abgerissenen Sportanlagen um die Turnhalle von 1934. Durch Außenwohngruppen, Tageskliniken und die sich stetig verändernden Möglichkeiten und Spezialisierungen bei der Patienten- und Bewohnerbetreuung ist die Belegung der Klinik heute deutlich geringer als noch vor ein paar Jahren. Die Zahl der niedergelassenen Psychiater ist gleichzeitig um ein Vielfaches gestiegen, was die wohnortnahe Betreuung vereinfacht. Die 1980 erreichte Bettenzahl von 3.650 wird längst nicht mehr benötigt, nachdem auch das HPH-Netzwerk Niederrhein inzwischen nur noch wenige Häuser auf dem Klinikgelände belegt. In Zukunft soll das Gelände der LVR-Klinik weiter verkleinert werden. Nachdem bereits die Häuser der Pflegersiedlung an der Horion- und der kleinen Horionstraße, die Gebäude an der Uedemer Straße und einige weitere veräußert wurden, soll nach einem aktuellen Angebot der nördliche Teil des Geländes mit neuen Investoren einer ande-

72 Der Planbestand im ALVR enthält diese Planungen (ohne Signatur).

ren Nutzung zugeführt und aus dem Klinikgelände herausgelöst werden. Angesichts der Entwicklung der psychiatrischen und neurologischen Behandlung, der gemeindenahen Unterbringung von Pflegebedürftigen und Behinderten und der Ausgliederung einzelner Behandlungsbereiche auf andere Einrichtungen sind die Bettenbauten von 1912 nicht mehr zeitgemäß und nicht alle zu belegen. Doch Gebäude, die nicht genutzt werden, verfallen irgendwann. Es ist wichtig, dass sie auch in Zukunft genutzt und dabei ihre Architektur und ihr Charakter erkannt und bewahrt werden, damit in 50 oder 100 Jahren diese Baugeschichte fortgeschrieben werden kann.

Wolfgang Schaffer

Die Rheinische Geisteskranken-Fürsorge am Beginn des 20. Jahrhunderts und die Gründung der Provinzial-Heil- und Pflegeanstalt Bedburg-Hau

Provinziale »Irrenpflege« im 19. Jahrhundert

Seit dem ersten Rheinischen Provinziallandtag im Jahre 1826 gehörte die Beteiligung der Stände, das heißt der in diesem politischen Gremium vertretenen Abgeordneten, an der Beaufsichtigung psychiatrischer Einrichtungen zu den wesentlichen Zuständigkeiten dieses frühen Selbstverwaltungsorgans. Diese Zuständigkeit fokussierte sich zunächst auf die 1825 gegründete erste öffentliche Heilanstalt der Rheinprovinz, die »Provinzial-Heil-Anstalt« Siegburg in den Gebäuden der ehemaligen Benediktinerabtei.[1] In dem medizinisch-therapeutischen Wirken der dort bis zur Auflösung im Jahre 1878 wirkenden Ärzte, allen voran Maximilian Jacobi,[2] lässt sich die Professionalisierung von der »psychischen Heilkunde« zur »Psychiatrie« deutlich nachverfolgen. Die gesellschaftlichen Entwicklungen, die Notwendigkeit, immer mehr Patienten und Patientinnen, und zwar sowohl für heilbar gehaltene wie auch als unheilbar deklarierte, in psychiatrische Einrichtungen aufnehmen zu müssen, brachte die als reine Heilanstalt geführte Einrichtung in Siegburg immer stärker an die Grenzen ihrer nur 200 Plätze umfassenden Kapazität, so dass die Provinziallandtage sich zunehmend mit der Konzeptionierung so genannter verbundener Heil- und Pflegeanstalten zu beschäftigen hatten.

Mit einer Denkschrift des 18. Provinziallandtages vom 3. Dezember 1865 wurde schließlich der Weg frei zur Gründung von fünf verbundenen Provinzial-Heil- und Pflegeanstalten (PHPs) mit jeweils 200 bis 300 Betten, und zwar einer für jeden Regierungsbezirk. Da von vornherein feststand, dass auch mit diesen Maßnahmen eine grundlegende Regelung

1 Zur Irren-Heil-Anstalt Siegburg vgl. zuletzt Salina Braun: Heilung mit Defekt. Psychiatrische Praxis in den Anstalten Hofheim und Siegburg 1820–1878 (Göttingen 2009). Vgl. auch Wiehl: Fürsorge für Geisteskranke, Idiote und Epileptiker, in: Johannes Horion (Hrsg.), Die Rheinische Provinzialverwaltung. Ihre Entwicklung und ihr heutiger Stand (Düsseldorf 1925), S. 125–178, hier S. 126–129; Johannes Herting: Die erste rheinische Irrenheilanstalt Siegburg (Berlin/Leipzig 1924); Dirk Blasius: Der verwaltete Wahnsinn. Eine Sozialgeschichte des Irrenhauses (Frankfurt/M. 1980).

2 Zu Jacobi vgl. Johannes Herting: Carl Wigand Maximilian Jacobi – ein deutscher Arzt (1775–1858) (Görlitz 1930) sowie zuletzt Braun, a. a. O. passim.

des Platzproblems nicht würde eintreten können, wurde ergänzend an den bestehenden Bezirks- und vor allem auch den konfessionellen Anstalten festgehalten.[3] Aus dieser Initiative heraus entstanden die PHPs in Andernach (1876, Reg. Bez. Koblenz), Grafenberg (1876, Reg. Bez. Düsseldorf), Merzig (1876 Reg. Bez. Trier), Düren (1878, Reg. Bez. Aachen) und Bonn (1882, Reg. Bez. Köln).[4] Ergänzend zu diesen Einrichtungen gab es eine ganze Reihe von privaten und vor allem von konfessionellen Anstalten, in denen insbesondere seit dem Inkrafttreten des Gesetzes über die erweiterte Armenpflege vom 3. April 1893 (Novelle vom 11. Juli 1891) auf Kosten der Provinz »Belegkranke« untergebracht wurden. Dieses Gesetz verpflichtete die Landarmenverbände zur Aufnahme von hilfsbedürftigen Geisteskranken, Idioten, Epileptikern, Taubstummen und Blinden, soweit sie der Anstaltspflege bedurften, in geeigneten Einrichtungen und drückte ihnen vor allem auch einen Großteil der Kosten auf.[5] Der Trend zur Hospitalisierung der Armut erfuhr damit eine weitere Beschleunigung.[6]

In den ersten Jahren nach Inkrafttreten des Gesetzes kam es in der Rheinprovinz zu einem jährlichen durchschnittlichen Zuwachs von 282 Geisteskranken. Der Provinziallandtag und als ausführendes Organ die Provinzialverwaltung mussten sich daher erneut mit Erweiterungsplanungen auseinandersetzen, umso mehr, als sich die Stadt Köln entschloss, auf einen eigenen Anstaltsneubau zu verzichten und die Kranken provinzialen Einrichtungen zuzuweisen.[7] Als Ergebnis des so genannten Alexianerskandals, welcher Missstände in einer katholisch-konfessionellen Irrenanstalt in Aachen aufdeckte,[8] kam

3 Vgl. Wiehl, a. a. O. S. 127 u. 129.

4 Vgl. Baltzer: Provinzial-Heil- und Pflegeanstalten, in: Johannes Horion (Hrsg Die Rheinische Provinzialverwaltung. Ihre Entwicklung und ihr heutiger Stand (Düsseldorf 1925), S. 179–212; außerdem die Zusammenfassung bei Hans-Werner Müller/Gerhard Scheurle: Rheinische Anstaltspsychiatrie. Festschrift zum 50jährigen Bestehen des Rheinischen Landeskrankenhauses Bedburg-Hau (Köln 1962), S. 7–52, hier S. 9; Wilhelm Kleine: 50 Jahre Bedburg-Hau, in: ebd., S. 85–104, bes. S. 85–89. Zur Geschichte der Grafenberger Klinik vgl. Wolfgang Gaebel/Joachim Heinlein/Klemens Maas (Hrsg.): Psychiatrie im Wandel der Zeit. 125 Jahre »Grafenberg« – Rheinische Kliniken Düsseldorf – Kliniken der Heinrich-Heine-Universität Düsseldorf (Köln 2001). Zur PHP Düren vgl. Erhard Knauer/Friedel Schulz/Heinz Lepper (Hrsg.): 125 Jahre Rheinische Kliniken Düren gestern, heute, morgen. Von der Provinzialanstalt zur Fachklinik (Köln 2003). Die Publikation von Heike Lützenkirchen: 100 Jahre Rheinische Kliniken Langenfeld (Pulheim-Brauweiler 2000) geht leider über die bloße Abschrift/Wiedergabe von Quellenstücken nicht hinaus.

5 Vgl. Wiehl, a. a. O. S. 135–136; Müller/Scheurle, a. a. O. S. 10–11; Müller 2004, a. a. O. S. 87 f.

6 Vgl. Müller 2004, a. a. O. S. 88.

7 Vgl. Müller/Scheurle, a. a. O. S. 10–11; Wolfgang Schaffer: Die Kölner städtische Irrenanstalt Lindenburg und der Rheinische Provinzialverband 1871 bis 1900, in: Geschichte in Köln 51 (2004), S. 59–71.

8 Vgl. Wiehl, a. a. O. S. 141–143; Müller 2004, a. a. O. S. 118–120; Wolfgang Schaffer: Die Pflegeanstalt Mariaberg bei Aachen (1885–1900) und der Umbruch der provinzialen Geisteskrankenfürsorge auf dem Hintergrund des »Alexianerskandals«, in: AHVN 202 (1999), S. 155–192.

für die Provinz die zusätzliche Verpflichtung hinzu, pflegebedürftige Kranke nicht mehr in Privatanstalten unterzubringen, sondern eigene Anstalten zu erweitern bzw. neu zu bauen. Die beiden neuen PHPs in Galkhausen (gegr. 1900) und Süchteln (gegr. 1905) waren ab 1905 voll aufnahmefähig, aber auch schnell voll belegt. So war im Jahre 1911 in den fünf ältesten PHPs nahezu die dreifache Menge der ursprünglich vorgesehenen Kranken untergebracht.[9] Nach einer zeitgenössischen Publikation betrug die Gesamtzahl der durch die Rheinische Provinzialverwaltung am 31. März 1911 zu versorgenden »Geisteskranken, Idioten und Epileptiker« 14.310; für die zurückliegenden sechs Jahre wurde ein durchschnittlicher Anstieg von 450 Personen jährlich konstatiert.[10]

Die Planung einer neuen PHP

Vor dem Hintergrund, dass auch diese Maßnahmen den Bedarf nicht würden decken können und zudem durch die geplante Auflösung der Departemental-Irrenanstalt in Düsseldorf 500 dort untergebrachte Kranke des Rheinischen Provinzialverbandes zur weiteren Versorgung anfallen würden, beschloss der 46. Provinziallandtag im Jahre 1906 den Bau einer weiteren neuen Anstalt im so genannten Pavillon-System. Hier sollten die chronisch Kranken der aufzulösenden Pflegeanstalten Düsseldorf und Köln-Lindenthal sowie solche aus den anderen sieben PHPs aufgenommen werden.[11] Am 7. Februar 1907 legte der Provinzialausschuss dem 47. Rheinischen Provinziallandtag den entscheidenden »Bericht und Antrag, betreffend den Neubau einer Provinzial-Heil- und Pflegeanstalt« vor.[12] Im Gegensatz zu der Praxis der bisherigen PHPs sprach sich der Provinzialausschuss dezidiert dafür aus, dass die neue Anstalt nicht nur die »eigenen« unheilbaren Fälle behalten, sondern auch unheilbare Pfleglinge der anderen Anstalten aufnehmen sollte – in bewusster Abweichung von der Praxis in Grafenberg und Johannistal. Zugleich sollte damit die beträchtliche Verlegung solcher Kranker in die Privatanstalten deutlich reduziert werden. Der 48. Provinziallandtag beschloss schließlich am 12. März 1908 den Bau einer Anstalt mit 2.200 Betten, um so den Bedarf für mehrere Jahre zu decken. Auch erhoffte man sich durch eine derartige Massierung eine erhebliche Kosten- und

9 Vgl. Müller/Scheurle, a.a.O. S. 13.

10 Vgl. Johannes Bresler: Denkschrift zur Feier der Eröffnung der achten Provinzial-Heil- und Pflegeanstalt Bedburg (Kr. Cleve), in: Psychiatrisch-Neurologische Wochenschrift 14 (1912/13), S. 219–224, 235–239, 248–253, 265–266, 277–289; Rheinische Provinzial-Heil- und Pflegeanstalt Bedburg-Hau, in: Johannes Bresler (Red.), Heil- und Pflegeanstalten für Psychischkranke in Wort und Bild (Halle a.S. 1914), S. 101–134, hier S. 101.

11 Vgl. Kleine, a.a.O. S. 85; Heil- und Pflegeanstalten, a.a.O. S. 104.

12 Verhandlungen des 47. Rheinischen Provinziallandtags vom 10. bis 16. März 1907 (gedr. Düsseldorf o.J.), Anlagen S. 156–169.

Abb. 1: Statistische Übersicht 1894–1911. Aus: Denkschrift zur Eröffnung der achten Provinzial-Heil- und Pflegeanstalt Bedburg (Kr. Cleve) (Düsseldorf 1912), S. 4

Arbeitsersparnis.[13] Zudem hatte man festgestellt, dass weniger ein Anstieg der Zahl der Geisteskranken zu registrieren war als vielmehr eine Zunahme der Praxis, diese Kranken, die zuvor zu Hause gepflegt wurden, in Anstalten unterzubringen.[14]

13 Vgl. Wiehl, a. a. O. S. 147; Müller/Scheurle, a. a. O. S. 13. Die hier erwähnte Angabe »2020 Betten« wird wohl ein Schreibfehler sein, da wahrscheinlich die bereits unrichtige Angabe aus Wiehl übernommen wurde.

14 Josef Jörissen: Chronik der Gemeinde Bedburg-Hau (Bedburg-Hau 1990), S. 139.

Abb. 2: Übersichtsplan über das Gelände der neuen PHP Bedburg. Aus: Denkschrift zur Feier der Eröffnung der achten Provinzial-Heil- und Pflegeanstalt Bedburg (Kr. Cleve) (Düsseldorf 1912), vor S. 1

Mit der Konzeptionierung einer so großen neuen Einrichtung wich die Rheinische Provinzialverwaltung von ihrem bisherigen Grundsatz, nicht über Kapazitäten von 800 Patienten hinauszugehen, deutlich ab, doch war sie dabei von der Hoffnung getragen, dem Bedarf auf Jahre hinaus genügen zu können.[15] Die Verwaltung einer PHP von einer derartigen Größe versuchte man dadurch zu erleichtern, dass von vornherein nur eine Verpflegungsklasse für die Kranken vorgesehen war (die IV. oder Normalklasse), da für jene Patienten und Patientinnen, die eine höherklassige Versorgung erwarteten, genügend Platz in anderen Einrichtungen zur Verfügung stand. Auch wurde der Aufnahmebezirk der neuen Anstalt trotz der hohen Bettenzahl nicht größer bemessen als jener der anderen PHPs.[16]

Im Jahre 1906 wurden der Provinzialverwaltung zwei Terrains für den Neubau der PHP angeboten, und zwar nahe Kleve bzw. nahe Wesel (Gemeinde Obrighoven). Die Nähe zu einer »großen Stadt« (Kleve 15.000, Wesel 24.000 Einwohner) galt als vorteilhaft. Für Kleve sah man es als nachteilig, dass die Anstalt »aus mehrfachen Gründen« auf dem am weitesten von der Stadt entfernt gelegenen Teil des Geländes angelegt werden müsste, auch ein Weg nach Kleve erst noch anzulegen wäre und es noch keine Bahnstation unmittelbar am Anstaltsgelände gebe. Eine möglichst zentrale Lage galt aber als wünschenswert, da die Neugründung zunächst Pflegeanstalt werden sollte. Gleichwohl war dies so nicht durchführbar, da sie eben auch dazu dienen sollte, vor allem den Aufnahmebezirk der PHP Grafenberg (Düsseldorf) und vielleicht zusätzlich von Johannisthal (Viersen) zu verkleinern. Auch dieser Gesichtspunkt wog zunächst zum Vorteil von Wesel, das mitten im vorgesehenen Aufnahmebezirk liegen würde. Allein die Baukosten wurden zudem bei einem Zuschlag an Kleve um 690.000 Mark höher geschätzt als bei Wesel. Diese Einschränkungen erwiesen sich indes als letztlich nicht relevant.[17]

Bereits im Frühjahr war die Standortfrage entschieden, denn nachdem der Bürgermeister von Kleve Dr. Heinrich Wulff (amt. 1903–1932) im April 1906 ein Gelände in der Nähe der Stadt zum Bau einer PHP angeboten hatte, teilte der Landeshauptmann Dr. Ludwig von Renvers (1855–1936, amt. 1903–1922) als Spitze der rheinischen Provinzialverwaltung daraufhin am 28. April mit, dass »gegen die Lage der Anstalt in der dortigen Gegend keine grundsätzlichen Bedenken« bestünden, aber noch nähere Erhebungen zur Beschaffenheit getätigt werden müssten. Der Klever Landrat Peter Eich (1837–1919, amt. 1876–1919) berichtete dem Landeshauptmann am 29. März 1906 von dem Ergebnis einer Ortsbesichtigung des vorgesehenen Terrains: Das Gelände lag eine halbe Stunde südwest-

15 Vgl. Provinzial-Heil- und Pflegeanstalt Bedburg-Hau, a. a. O. S. 106–107.

16 Vgl. Provinzial-Heil- und Pflegeanstalt Bedburg-Hau, a. a. O. S. 107.

17 Archiv des LVR in Pulheim-Brauweiler (= ALVR) 14749, vgl. auch Verhandlungen des 47. Rheinischen Provinziallandtags vom 10. bis 16. März 1907 (gedr. Düsseldorf o. J.), Anlagen S. 168–169, Darüber hinaus gab es auch ein deutliches Interesse der Gemeinde Kaldenkirchen als Standort für die neue PHP, vgl. Leo Peters: Eine beinahe Wirklichkeit gewordene »Provinzial-Heil- und Pflegestation für Geisteskranke« beim Rittergut Altenhof 1906, in: Heimatbuch 2007 des Kreises Viersen, S. 182–188.

lich von Kleve in der Nähe der alten Landstraße Kleve–Nijmegen und bestand aus Heide, Wald und einigen kultivierten Morgen Ackerland. Im Zentrum lag die ca. 56 Morgen große muldenförmige Donsbrügger Gemeindeheide. Das angrenzende Waldgebiet stand im Eigentum des Barons von Hoevell in Gnadenthal bei Donsbrüggen und des Kgl. Forstfiskus. Diesen Besitzern gehörte auch das bereits kultivierte ca. 65 Morgen umfassende Areal. In einer weiteren Umwandlung des Geländes in Ackerland sah Landrat Eich keine Probleme, ebenso wenig in der Wasserversorgung, da sich grundsätzlich die Möglichkeit eines Anschlusses an die städtische Wasserleitung ermöglichen lassen würde, deren Reservoir sich in etwa 1.500 Meter Entfernung auf dem Cleverberg befand. Ein Anschluss an die Eisenbahn Kleve–Kranenburg würde bei der Station Nütterden auf der Trasse der Landstraße Kleve–Nijmegen, die ursprünglich sogar für die Führung des Schienenweges Kleve–Kranenburg in Aussicht genommen worden war, zu gewinnen sein.[18] – In den nächsten Monaten wurden verschiedene Ausführungsvarianten diskutiert. Am 7. September 1906 begaben sich Landeshauptmann von Renvers, Landesrat Dr. Johannes Horion (1876–1933, amt. als Landesrat 1904–1922) und Landesbauinspektor Paul Baltzer zum Zwecke einer Vorbesichtigung des für die PHP vorgesehenen Geländes nach Kleve.[19] Das Ergebnis muss vielversprechend gewesen sein, denn bereits im Januar 1907 begann von Seiten der Provinzialverwaltung der systematische Grunderwerb.[20]

Auf Grund eines Beschlusses des 50. Provinziallandtages vom 9. März 1910 wurde für den Neubau der PHP Bedburg eine Anleihe in Höhe von 7,3 Millionen Mark zur Bauausführung beschlossen.[21] Für das Rechnungsjahr 1912 wurde der erste Haushaltsplan, berechnet auf eine Belegung von 1.000 Kranken, aufgestellt.[22] In der Provinziallandtagssitzung vom 4. März 1912 konnte der Berichterstatter Clemens Graf von und zu Hoensbroech (1858–1914) darauf hinweisen, dass insgesamt 243 Verträge in Bausachen abgeschlossen worden seien; die Provinzialverwaltung lege indes zugleich großen Wert auf die Feststellung, dass die Summe des Voranschlags der Baukosten nicht erreicht werden würde, sondern dass in diesem Kontext noch große Ersparnisse eintreten würden.[23] Auch auf dem 53. Rheinischen Provinziallandtag sah sich die Politik ausgesprochen erfreulichen Kostenentwicklungen gegenüber: So betonte der genannte Berichterstatter in der vierten

18 ALVR 14749, vgl. auch Baltzer, a. a. O. S. 202–211.

19 ALVR 14749.

20 ALVR 15183, 15207.

21 Verhandlungen des 52. Rheinischen Provinziallandtags vom 3. bis zum 9. März 1912, Anlagen zu den Sitzungsprotokollen Nr. 2 (Bericht des Provinzialausschusses, betreffend den Vermögensstand des Rheinischen Provinzialverbandes), S. 104.

22 Verhandlungen des 52. Rheinischen Provinziallandtags vom 3. bis zum 9. März 1912, Anlagen zu den Sitzungsprotokollen Nr. 1 (Vorbericht zu dem Haupt-Haushaltsplan der Provinzialverwaltung der Rheinprovinz), S. 9.

23 Verhandlungen des 52. Rheinischen Provinziallandtags vom 3. bis zum 9. März 1912, Stenographisches Sitzungsprotokoll der 4. Sitzung vom 7.3.1912, S. 135.

Sitzung am 27. Februar 1913, dass der Zuschuss der Provinzialverwaltung zur PHP Bedburg, der im Vorjahr noch bei 30.000 Mark gelegen hatte, auf 5.000 Mark hatte gesenkt werden können und bei zunehmender Belegung bald wohl ganz würde wegfallen können. Auch die Baukosten für die Anstalt, die ursprünglich auf 11.215.000 Mark angesetzt worden waren, hatten um mehrere Hunderttausend Mark unterschritten werden können.[24]

Der Bau der neuen Klinik ging derweil voran: Zwar hatte sich dieser im Baujahr 1910 etwas verzögert, unter anderem, weil Bauarbeiter gut zwei Monate lang ausgesperrt worden waren und die Verdingung der Ausbauarbeiten sowie die Überwachung der Ausführung von nahezu 70 Bauten aufwändig waren. Die Hauptunternehmer-Firma Ziegler war davon betroffen gewesen, und die Maurer-, Verputzer-, Fugungs- und Zimmerarbeiten waren liegen geblieben. Abweichend vom ursprünglichen Bauplan war nunmehr auch eine Wohnung für den katholischen Anstaltsgeistlichen vorgesehen, da sich erwiesen hatte, dass die seelsorgerliche Betreuung für ca. 1.500 katholische Kranke sich unmöglich im Nebenamt würde durchführen lassen. Der Bau der Kirche war indes noch nicht begonnen worden. Die Wohnungen des Direktors, des Verwalters und Rendanten sollten zum 1. April 1911 beziehbar sein, ebenso das Einzelwohnhaus für einen Oberarzt, das zunächst der bauleitende Beamte beziehen sollte, welcher bis dahin in Kleve wohnen musste. Die vier Doppelhäuser für Ärzte, diejenigen für Ober- und Stationspfleger sowie acht Doppelhäuser für Pfleger waren im Rohbau fertig, ebenso das Gewächshaus mit Wohnungen für Gärtner-Gehilfen, die Wohnung für den »Stallschweizer« im »Gutshof I« und die Wohnungen für Heizer und Maschinisten am Maschinen- und Kesselhaus. Bereits bezogen waren das Wohnhaus für den Gärtner und die Wohnung für den Maschinenmeister. Das Bewahrungs- und das Gesellschaftshaus waren unter Dach gebracht, ebenso wie das Verwaltungsgebäude, dessen innerer Ausbau bis 1. Oktober 1911 vollendet sein sollte. Die Stallgebäude des Gutshofes waren annähernd fertig, der innere Ausbau der in den Vorjahren im Rohbau erstellten Kranken- und sonstigen Gebäude wurde intensiv gefördert. Die Fertigstellung der technischen Anlagen wurde bis Frühjahr 1911 erwartet, darunter eine Beheizung mit zehn Dampfkesseln und der Einsatz einer elektrischen Beleuchtung. Das Inventar und die Lagerungsgegenstände lieferte die Provinzial-Arbeitsanstalt Brauweiler (bei Köln), auch die Provinzial-Fürsorgeanstalten Fichtenhain (bei Krefeld) und Rheindahlen (bei Mönchengladbach) wurden zu Lieferungen herangezogen.[25]

Bis Oktober 1910 war auch der Bau weiterer Wohnungsgebäude und des Bewahrhauses in Gang. Der miterworbene alte Gutshof war erweitert worden und diente während der gesamten Bauzeit weiterhin dem landwirtschaftlichen Betrieb. Der zweite ganz neu

24 Verhandlungen des 53. Rheinischen Provinziallandtags vom 23. Februar bis zum 1. März 1913, Stenographisches Sitzungsprotokoll der 4. Sitzung vom 27.2.1913, S. 118.

25 ALVR 15178, vgl. auch den Bericht des Provinzialausschusses vom 4.2.1911, in: Verhandlungen des 51. Rheinischen Provinziallandtags vom 5. bis 11. März 1911. Anlagen (Düsseldorf [1911]), S. 222.

Abb. 3: Gutshof II. Aus: Denkschrift zur Eröffnung der achten Provinzial-Heil- und Pflegeanstalt Bedburg (Kr. Cleve) (Düsseldorf 1912), S. 55

errichtete Gutshof war bis auf das Wohnhaus des Hofmeisters fertig gestellt.[26] Im Rheinischen Provinziallandtag zeigte man sich stolz auf das Ergebnis, und in Zimmer XIII des Düsseldorfer Landtagsgebäudes wurde ein Modell der neuen PHP aufgestellt.[27] Schon im Frühjahr zeigte sich die gesamte Anstalt elektrisch beleuchtet.[28] Bis November 1912 waren die Bauten weitgehend vollendet; noch nicht ganz fertig gestellt waren die Anstaltskirche sowie das Wohnhaus für den katholischen Geistlichen (1914 vollendet) und der Um- bzw. Ausbau einiger alter miterworbener Gebäude für Anstaltszwecke.[29]

Die ortsansässige Bevölkerung stand dem Bau von Anfang an wenig sympathisch gegenüber, denn zum einen war ihre bisherige idyllische Ruhe durch die vielen fremden Arbeiter beeinträchtigt, und zum anderen waren ihre Zugangswege zu ihren Äckern, den Nachbarn und der Dorfkirche, soweit sie durch die Anstalt führten, nunmehr versperrt.[30]

26 ALVR 14805.

27 Stenographischer Bericht über die Verhandlungen des 51. Rheinischen Provinziallandtags vom 5. bis 11. März 1911 (Düsseldorf o. J.), S. 122.

28 ALVR 14646.

29 ALVR 14805.

30 Jörissen, a. a. O. S. 141.

Die Eisenbahnverwaltung hatte im Herbst 1910 mit der Anlage eines Bahnhofes, der die Bezeichnung »Hau« erhalten sollte, sowie mit der Errichtung eines Empfangsgebäudes begonnen. Die Eröffnung war für Juni 1911 vorgesehen.[31] Eröffnet wurde der »Bahnhof IV. Klasse Hau für den Personen-, Gepäck- und Güterverkehr, sowie für die Abfertigung von Leichen, lebenden Tieren und Fahrzeugen« am 1. Juli 1911.[32] Bereits im März 1912 war er fertig gestellt, doch hielten nicht alle Züge auch in der Station Hau: Von Goch her gab es fünf Halte in Hau, von Kleve her vier am Tag. Bereits im September 1911 hatte sich der erste Direktor der PHP, Dr. Flügge (s. u.), veranlasst gesehen, bei der Eisenbahn-Inspektion in Kleve kürzere Frequenzen zu beantragen, um dem stetig anwachsenden Anstaltsbetrieb sowie den zahlreichen Besuchen von auswärts Genüge zu tun. Darüber hinaus verwies Flügge auf den Umstand, dass Krankentransporte manchmal stundenlang am Bahnhof warten und die auf dem Gelände der PHP wohnenden Familien ihre in Kleve zu erledigenden Besorgungen oft zu Fuß machen mussten.[33] Durch die ausgesprochen günstige Lage zum Anstaltsgelände hin ließen sich fast alle Krankentransporte zu Fuß abwickeln, nur in besonderen Fällen wurde ein Krankenwagen geschickt oder es wurde ein im Bahnhof dafür vorgesehenes Zimmer zur Unterbringung von Kranken bis zur Benachrichtigung der Anstaltsleitung genutzt.[34] Die Eisenbahndirektion veranlasste immerhin, dass mehr Personenzüge in Hau hielten, und erhöhte auf Druck der Klinik hin die Anzahl der Züge mit dem Frühjahrsfahrplan 1912 nochmals.[35]

Der Ortsname der neuen PHP erwies sich zunächst als eher verwirrend. Diese erfreute sich zwar eines überregionalen Interesses, doch konnte dies nicht immer auf direktem Wege befriedigt werden: So meldete sich am 11. Dezember 1911 per Telegraph der Direktor der psychiatrischen Anstalt im belgischen Lierneux (bei Lüttich), Dr. Massaut, und entschuldigte seine Verspätung um einen Tag damit, dass er zunächst nach Bedburg im Kreise Bergheim gefahren sei.[36] Mit diesem Irrtum reihte er sich übrigens ein unter etliche andere Personen, die Bedburg an der Erft mit Bedburg-Hau verwechselten; Gleiches galt für Bahn- und Postsendungen. Verwirrend war zudem die anfängliche Bezeichnung des Bahnhofs als »Hau« ohne Verweis auf »Bedburg«, was immer wieder Reisende bis Kleve durchfahren ließ.[37] Derartige Einwände wurden schließlich von Seiten der Preußischen Eisenbahndirektion anerkannt: Bereits Anfang Dezember 1912 gab es einen Konsens zwischen PHP und Eisenbahndirektion dahingehend, sowohl den Namen der PHP in »PHP Bedburg-Hau« wie auch jenen des Bahnhofes entsprechend umzuändern.[38] In seiner Sit-

31 ALVR 15178.
32 ALVR 44984, vgl. auch 8441.
33 ALVR 23035, 44984.
34 ALVR 23035.
35 ALVR 44984.
36 ALVR 44989.
37 ALVR 44992.
38 ALVR 44992.

zung vom 21. Dezember 1912 genehmigte auch der Provinzialausschuss die Änderung von »PHP Bedburg Kr. Cleve« in »PHP Bedburg-Hau«. Mit Genehmigung des Ministers der öffentlichen Arbeiten wurden dann mit Wirkung vom 15. März 1913 die Stationsnamen »Hau« in »Bedburg-Hau« und »Bedburg« in »Bedburg (Kreis Bergheim [)« umgeändert. Wenige Wochen später zog dann auch die Ober-Postdirektion in Düsseldorf mit entsprechender Umbenennung der lokalen Postagentur nach.[39]

Die Aufnahme von Kranken

Bezüglich der Überführung der Kranken wurde bereits bei den Vorplanungen Wert darauf gelegt, dass etwa ein Drittel von ihnen als Arbeitskräfte einsetzbar sein sollte.[40] Am 10. Oktober 1911 wurde mit der Aufnahme der ersten Kranken der Teilbetrieb eröffnet.[41] Am 31. März 1912 befanden sich bereits 535 Männer und 442 Frauen als Patienten in der PHP. Der weitaus größte Teil litt an »einfacher Seelenstörung« (806 Personen), gefolgt von »Imbecillität, Idiotie, Kretinismus« (120 Personen) und »Seelenstörung mit Epilepsie« (82 Personen). Sie gehörten zur Verpflegungsklasse IV, das heißt, die Kosten wurden überwiegend von den Landarmen- oder Ortsarmenverbänden getragen. Die günstigen klimatischen Verhältnisse und die reine Waldluft galten der körperlichen Gesundheit als ausgesprochen förderlich. So waren auch nur 1,25 Prozent der Patienten tuberkulös. In 86 von 1.039 Aufnahmefällen galt der Ausbruch der Geistesstörung als durch den »Missbrauch geistiger Getränke« begründet (74 Männer, zwölf Frauen). 26 Aufgenommene (18 Männer, acht Frauen) litten an Syphilis.[42] Überhaupt waren von den zwischen Dezember 1911 und Dezember 1914 verpflegten 3.282 Patienten nur 76 tuberkulös, wovon allerdings 64 verstarben.[43] Manche der abgebenden Anstalten nutzten offensichtlich in der Anfangszeit die Gelegenheit, eher schwer Erkrankte der PHP Bedburg zuzuführen, denn am 20. März 1912 sah sich die Provinzialverwaltung »mit Rücksicht auf das der Provinzial-Heil- und Pflegeanstalt Bedburg bisher überwiesene schlechte Krankenmaterial« veranlasst, darauf hinzuweisen, dass mindestens die Hälfte der zu überführenden geisteskranken Männer arbeitsfähig sein müsse.[44]

Vom 15. Januar 1912 ab wurden die Kreise Kleve, Geldern, Moers, Rees, Hamborn Stadt, Dinslaken, Oberhausen Stadt, Mülheim a. d. Ruhr Stadt und Duisburg Stadt der

39 ALVR 44992.

40 ALVR 44992.

41 ALVR 14805. Zu den weiteren Krankentransporten vgl. auch ALVR 23053, 44992.

42 ALVR 14646. Im Jahre 1913/14 waren 0,84 Prozent der Patientinnen und Patienten tuberkulös, galten 0,4 Prozent als der Tuberkulose verdächtig; bei 10,41 Prozent wurde Missbrauch geistiger Getränke attestiert, bei 7,35 Prozent Syphilis festgestellt (ebd.).

43 ALVR 23009.

44 ALVR 23053.

PHP Bedburg als Aufnahmebezirk zugeteilt. Dies bedeutete eine entsprechende Entlastung der PHPs Johannistal und Grafenberg.[45] Am 31. März 1912 war die PHP Bedburg mit 534 Männern und 440 Frauen belegt. Nur 80 von ihnen, die Inhaber von Freistellen eingeschlossen, galten als Selbstzahler, die übrigen setzten sich aus 780 Ortsarmen und 114 Landarmen zusammen.[46]

Zu diesem Zeitpunkt waren bereits 13 Häuser der Männerabteilung und zehn Häuser der Frauenabteilung mit Kranken belegt, wobei man jedes Haus, das fertig wurde, auch unmittelbar in Nutzung nahm.[47] Am 10. Oktober 1911 waren die ersten 100 Männer und 50 Frauen aus der überfüllten PHP Grafenberg eingetroffen, am 13. Oktober folgten 40 Männer und 50 Frauen aus Johannistal, drei Tage später 25 Männer und 25 Frauen aus Galkhausen (heute LVR-Klinik Langenfeld), am 19. Oktober 25 Männer und 25 Frauen aus Bonn, am 24. Oktober 25 Männer und 25 Frauen aus Andernach, schließlich am 30. Oktober 30 Männer und 30 Frauen aus Merzig.[48] Nach Auflösung der Departemental-Irrenanstalt in Düsseldorf übernahm Bedburg-Hau zudem am 1. Dezember 1912 auch deren 205 Frauen und 20 Männer, am 15. Dezember folgten 205 kranke Männer.[49] Bereits im Oktober waren in Bedburg-Hau über 370 Kranke aus der Departementalanstalt aufgenommen worden, die, wie Direktor Flügge feststellen musste, »andauernd noch viel und gern von ihrem dortigen Aufenthalt erzählen«.[50]

Diese Klientel sowie auch die aus der nur kurzzeitig bestehenden PHP Köln-Lindenthal aufgenommenen Kranken, schließlich die in Massentransporten aus anderen Anstalten gekommenen, »eine große und schnelle Anhäufung von altersschwachen, dekreyiden Pfleglingen«, trug mit dazu bei, dass der Gesundheitszustand in der Klinik im Jahr 1913/14 als nicht mehr so günstig wie zuvor angesehen wurde.[51] Am 31. März 1914 befanden sich bereits 1.841 Patienten (1.000 Männer, 841 Frauen) in Bedburg-Hau.[52] Zwischenzeitlich scheint die Belegungsintensität indes nicht ganz so stark wie erwartet gewesen zu sein, denn am 25. Februar 1913 sah sich der Landeshauptmann veranlasst festzulegen, dass sämtliche Geisteskranken, die der Rheinische Landarmenverband aus anderen Provin-

45 ALVR 14646, 23124.

46 Bericht des Provinzialausschusses der Rheinprovinz über die Ergebnisse der Provinzialverwaltung Rechnungsjahr 1.4.1911–31.3.1912 (gedr. Düsseldorf o. J.), S. 206–207.

47 ALVR 14646.

48 ALVR 14646; Bericht des Provinzialausschusses der Rheinprovinz über die Ergebnisse der Provinzialverwaltung Rechnungsjahr 1.4.1911–31.3.1912 (gedr. Düsseldorf o. J.), S. 229.

49 ALVR 14646; Bericht des Provinzialausschusses der Rheinprovinz über die Ergebnisse der Provinzialverwaltung Rechnungsjahr 1.4.1911–31.3.1912 (gedr. Düsseldorf o. J.), S. 229. Vgl. hierzu auch die Ausführungen von Frank Sparing im nächsten Beitrag.

50 ALVR 23107. In seinem ursprünglichen Entwurf hatte Flügge zunächst statt »gern« noch »mit Begeisterung« stehen gehabt (ebd.).

51 ALVR 14646.

52 ALVR 14646.

zen, anderen Bundesstaaten oder aus dem Ausland zu übernehmen hatte, der PHP Bedburg-Hau zugewiesen werden sollten (»… um die Provinzial-Heil- und Pflegeanstalt in Bedburg Kreis Cleve mehr zu belegen …«).[53] Die gesundheitliche Situation in der Klinik änderte sich erst nach Kriegsausbruch deutlich ins Negative, als mit dem zweiten Verwundeten- und Krankentransport am 18. September 1914 Typhus eingeschleppt wurde. Zunächst erkrankten einige Soldaten, die vor der Diagnose, die umgehende Isolierung nach sich zog, im Reservelazarett mit weiteren Kameraden und Pflegepersonal untergebracht worden waren. Ende Dezember erkrankten dann auch die ersten Pfleger und Pflegerinnen und Anstaltsinsassen.[54]

Die ärztliche Behandlung

Nach dem Verwaltungsbericht für 1911/1912 vollzog sich die ärztliche Behandlung der Kranken »in der bewährten Form«. Besonders viel Gebrauch wurde von Bädern gemacht, die stellenweise auch die Nacht hindurch verabreicht wurden. Für den folgenden Sommer waren Badegelegenheiten im Freien, und zwar in je einem Garten eines Hauses für 50 unruhige Männer und Frauen geplant. Alkoholische Getränke wurden weder an Kranke noch an das Pflegepersonal abgegeben, stattdessen aber in einem eigenen Betrieb hergestellte Limonade.[55] Bereits im Jahre 1912 verfügte die Anstalt über eine »vortreffliche Röntgenausstattung«, die bei der Diagnose von Krankheiten wertvolle Erkenntnisse lieferte.[56] Größter Wert wurde auch in diesem Jahr auf die Beschäftigung der Kranken gelegt. »Die hohe Bedeutung einer werteschaffenden, nicht spielerischen Beschäftigung kann nicht oft genug betont werden«, drückte dies der Verwaltungsbericht von 1912 aus. Jedem Kranken sollte, so weit er in der Lage dazu war, Gelegenheit gegeben werden, sich nutzbringend seinen Kräften gemäß zu betätigen. Durch die ausgedehnte Land-, Forst-, Garten- und Viehwirtschaft sowie die Handwerksbetriebe war für ein genügendes Angebot zur Beschäftigung gesorgt. Etwa 60 Prozent der Männer und Frauen fanden auf diese Weise eine Arbeit. Erfreulich hatte sich vor allem die großzügig und fabrikmäßig betriebene Tütenkleberei, Kartonagefabrikation und Bürstenbinderei entwickelt. Die betreffenden Firmen waren mit der Menge und der Güte der geleisteten Arbeit zufrieden.[57] Abgesehen davon, dass die Anstalt durch die Beschäftigung der Kranken finanzielle Einnahmen und ein Teil der Kranken ein Ziel hatte, wurde im Besonderen auch der therapeutische Aspekt hervorgehoben, insofern in den PHPs immer mehr die Arbeits-

53 ALVR 23124.
54 ALVR 14646, 23105.
55 ALVR 14646.
56 ALVR 14646.
57 ALVR 14646.

therapie die Bettbehandlung ersetzte, und zwar nicht nur bei den »erregten chronischen Kranken«, sondern auch bei »akuten Psychosen«.[58] 1913/14 gingen täglich 20 Kolonnen von Kranken zur Feld- und Außenarbeit. Allein in der Kartonagefabrik waren zeitweilig bis zu 110 Kranke beschäftigt.[59] In diesem Jahr wurde auch in zwei baulich vorbereiteten Kellerräumen des Verwaltungsgebäudes mit der Ausführung der vorgesehenen elektrischen Bädereinrichtung begonnen (Vierzellenbad, elektrisches Wannenbad, Lichtbad). Nach Beschaffung des notwendigen Instrumentariums, der Versuchstiere usw. konnten nunmehr auch serologische Untersuchungen, namentlich die zur Aufhellung unklarer Krankheitsfälle wichtigen Wassermann'schen Proben in einem eigenen Laboratorium ausgeführt werden. Auch die nach dem Abderhalden'schen Verfahren festzustellenden Abbauerscheinungen des Nervensystems sollten in Zukunft geübt und auf ihre Spezifität geprüft werden. Den Ärzten wurden wiederholt besonders bemerkenswerte pathologisch-anatomische Präparate an Hand von Lichtbildern vorgeführt und erläutert, ebenso allgemein interessierende Röntgenaufnahmen.[60]

Die so genannte Familienpflege war von Anfang an ein therapeutisches Element innerhalb des Anstaltsbetriebs. Im Spätherbst 1913 meldete Direktor Flügge der Zentralverwaltung in Düsseldorf erstmalig die in Familienpflege untergebrachten acht Patienten, die sämtlich bei Stationspflegern untergebracht wurden.[61] In den Folgejahren zählten auch der Anstaltsschlosser, ein Viehwärter, ein Schuhmachermeister, Ackerer, Geistlicher, Rasierer, Pförtner und Friseur zu jenem Personenkreis, welcher berücksichtigt wurde. Der »Rücklauf« war indes nicht unbeträchtlich, da etliche in Familienpflege untergebrachte Personen wegen »Erkrankung« wieder in Anstaltspflege zurückgenommen werden mussten.[62] 1913/14 waren in Familienpflege zwei männliche und 13 weibliche Kranke untergebracht, und zwar bis auf zwei sämtlich in Stationspfleger-, Pfleger- oder Angestelltenfamilien. Den Bauern der Umgebung, die gerne billige Knechte gehabt und dazu noch bares Geld bekommen hätten, wurden bis dahin keine Kranken zugewiesen, weil die Befürchtung einer unbilligen und schädlichen Ausnutzung der Arbeitskraft zu nahe lag.[63] Der Kriegsausbruch brachte die Familienpflege erst einmal zum Erliegen.

58 Bericht des Provinzialausschusses der Rheinprovinz über die Ergebnisse der Provinzialverwaltung Rechnungsjahr 1.4.1911–31.3.1912 (gedr. Düsseldorf o. J.), S. 219. Im Dezember 1913 befanden sich z. B. 327 Personen (31,32 %) in Bettbehandlung, vgl. ALVR 23048.

59 ALVR 14646.

60 ALVR 14646.

61 ALVR 7929.

62 ALVR 7929.

63 ALVR 14646.

Die offizielle Eröffnung der Klinik

158 Gäste nahmen an der Eröffnungsfeier am 3. Juli 1912 im Festsaal der Klinik teil: zahlreiche Ehrengäste, die »höchsten und oberen Beamten« der Provinzialverwaltung, die Mitglieder des Provinzialausschusses und eine stattliche Zahl von Psychiatern der Rheinprovinz mit den Ärzten und Beamten der Anstalt und vielen Eingeladenen aus Stadt und Land Kleve. Im Einzelnen werden im Verwaltungsbericht von 1912 genannt: Ministerialdirektor Dr. Kirchner als Vertreter des Ministers des Innern, der Oberpräsident der Rheinprovinz Freiherr von Rheinbaben, Geh. Obermedizinalrat Dr. Moeli (Berlin), Oberlandesgerichtspräsident Ratjen und Oberstaatsanwalt Riehe (Düsseldorf) als Vertreter der Justizverwaltung, Geheimrat Prof. Dr. Kuhnt als Vertreter der Universität Bonn, Geheimrat Prof. Dr. Tilman als Vertreter der Kölner Akademie für praktische Medizin, Geh. Sanitätsrat Dr. Rumpe (Krefeld) als Vorsitzender der Ärztekammer. Insgesamt nahmen 158 Gäste an Festakt, Rundgang und nachfolgendem Essen teil. Ansprachen hielten der Landeshauptmann der Rheinprovinz von Renvers, der Vorsitzende des Provinzialausschusses Otto Graf Beissel von Gymnich, der Oberpräsident Georg Freiherr von Rheinbaben, Ministerialdirektor Kirchner, Geheimrat Dr. Kuhnt und Landesrat Horion sowie der Direktor der PHP Flügge. Letzterer erhielt zudem am Schluss des Festakts den Roten Adlerorden IV. Klasse, Verwaltungsinspektor Föhrenbach den Kronenorden IV. Klasse.[64]

Freizeit und Beschäftigung

Auch »außerdienstliche« Aspekte hatten von Anfang an ihren festen Platz im täglichen Leben der Kranken und des Personals. So wurde bereits die Weihnachtsfeier 1911 im neuen Festsaal veranstaltet, ihr folgte eine »reiche Bescherung« der Kranken auf den Abteilungen. Auch der Geburtstag des Kaisers am 27. Januar wurde festlich zusammen mit den Kranken begangen. Die neu gegründete Anstaltskapelle (Blas- und Streichmusik), der unter Leitung des Rendanten stehende gemischte Sängerchor, Theateraufführungen und Tanzveranstaltungen sorgten beim Personal und bei den Patienten für gute Stimmung.[65] Auch 1912 fanden zu Weihnachten, an »Kaisers Geburtstag« und an Karneval die »üblichen festlichen Veranstaltungen« im Gesellschaftshause statt. Die Anstaltskapelle, der gemischte Chor und die theatralischen Darbietungen wurden stets durch eigene Kräfte gestellt. Außerdem waren kleinere Vergnügungen mit Tanz und Musik, Waldfeste mit Spielen und Kirmestreiben für die Kranken eine etwa alle sechs Wochen wiederkehrende willkommene Abwechslung. Auch ohne Alkohol, wie betont wird, soll die Stimmung vortrefflich gewesen sein. Der angeschaffte Lichtbilderapparat sollte später die Feste weiter

64 ALVR 14646; vgl. auch Kleine, a. a. O. S. 87; Jörissen, a. a. O. S. 143.
65 ALVR 14646.

beleben. Verschiedentlich konnten sich auswärtige Gäste, Kommissionen und Besucher bei den Festen von dem »Wohlverhalten« und der »harmlosen Fröhlichkeit« selbst überzeugen.[66] Direktor Flügge sah gleichwohl immer wieder Probleme in der Beschaffung der für die Weihnachtsbescherung notwendigen Finanzmittel. So säumte er nicht, im Herbst 1912 einen entsprechenden Zuschuss bei der »Wohltätigkeitsstiftung (Departementalfonds) für den Regierungsbezirk Düsseldorf«, welche aus der Departemental-Irrenanstalt hervorgegangen war, eben mit Verweis auf die zahlreichen aus dieser Anstalt stammenden Kranken zu beantragen. Es wurden immerhin durch Vermittlung des Düsseldorfer Sanitätsrats Dr. Neuhaus, der dem Stiftungskuratorium angehörte, 260 Mark gewährt, die Neuhaus um 40 Mark persönlich aufstockte. Der Gesamtbetrag von 300 Mark wurde von Flügge in Weihnachtsgeschenke investiert.[67]

Grundsätzlich achtete man bei der Klinikleitung darauf, dass Besuche auf einen amtlichen bzw. fachlichen Kreis beschränkt blieben. So wurde auch der Antrag des »Bezirks-Vereins Cleve des Werkmeister-Verbandes der Deutschen Schuh-Industrie« vom 29. März 1912, am ersten Osterfeiertag einen Ausflug in die PHP zu machen, abschlägig beschieden.[68] Eine Zusage erhielt dagegen Landesrat Horion, der am 29. April 1912 den Wunsch äußerte, im Rahmen eines Ausflugs der »höheren Beamten der Provinzialverwaltung mit ihren Damen« die PHP Bedburg-Hau besichtigen zu wollen.[69] Auch dem Männer-Gesang-Verein »Germania« von Kleve wurde auf dessen Antrag vom 12. Mai 1914 eine Besichtigung gestattet, vielleicht auch deswegen, weil er in seinem Antrag auf die Bereitschaft der Sänger verwies, »ihr Dorthinkommen durch den Vortrag einiger sinniger Chöre und Volkslieder zu verschönern«.[70]

Seelsorge

Die katholische Seelsorge versah ein hauptamtlicher Pfarrer. Da die Anstaltskirche zunächst noch nicht fertig gestellt war, fand der katholische Gottesdienst anfangs in der Bedburger Pfarrkirche statt, doch wurde dann auf Grund entstandener Schwierigkeiten ein Betsaal in einem Siechenhaus der Männerabteilung eingerichtet. Der evangelische Gottesdienst fand an Sonn- und Feiertagen in einem entsprechend eingerichteten Raum eines Krankengebäudes auf der Frauenabteilung statt. Ein evangelischer Pfarrer aus Kleve, der auch wöchentlich einmal die Abteilungen und die Kranken besuchte sowie jederzeit telefonisch herbeigerufen werden konnte, nahm die Seelsorge im Nebenamt wahr. Die

66 ALVR 14646.
67 ALVR 23107.
68 ALVR 44989.
69 ALVR 44989.
70 ALVR 44989.

im Zuge der Bauarbeiten noch vor Ort anwesenden Korrigenden aus der Arbeitsanstalt Brauweiler besuchten die Anstaltsgottesdienste regelmäßig.[71] Auch 1912 fanden diese in einfach, aber würdig hergerichteten Sälen zweier Krankenhäuser statt, da die Anstaltskirche immer noch nicht fertig war. In der Silvesternacht erklang immerhin erstmalig das Geläut. Der evangelische Pfarrer Cörper musste aus Krankheitsgründen ausscheiden, erhielt aber im Oktober 1912 durch Pfarrer Oppel aus dem benachbarten Louisendorf einen Nachfolger.[72] Der erste Gottesdienst in der neuen Kirche konnte für die Katholiken am 6. Juli 1913 und für die Protestanten am 13. Juli stattfinden.[73] Hinsichtlich jüdischer Patienten wurde der Vorsteher der israelitischen Gemeinde bei jeder Aufnahme von Glaubensgenossen benachrichtigt, und es blieb ihm anheimgestellt, seine kranken Glaubensgenossen zu besuchen.[74] Im Juni 1912 sind immerhin 20 jüdische Patienten in der PHP dokumentiert.[75] Im Jahr 1913/14 konnten die Kirche und die Dienstwohnung für den Anstaltspfarrer fertig gestellt und in Benutzung genommen werden.[76]

Fürsorge für Geisteskranke nach der Entlassung

Im Jahre 1900 war der »Hilfsverein für Geisteskranke in der Rheinprovinz« gegründet worden, der es sich zur Aufgabe machte, unter anderem den aus Anstalten Entlassenen im Falle der Hilfsbedürftigkeit »mit Rat und Tat« zur Seite zu stehen sowie die Angehörigen von Geisteskranken, »besonders in Fällen nicht öffentlich bekannter Mittellosigkeit«, zu unterstützen. Darüber hinaus wollte der Verein die Bevölkerung über Ursache und Wesen geistiger Erkrankungen belehren und zur Förderung der »Irrenfürsorge« beitragen. 1912 zählte der Verein 17.500 Mitglieder und 680 Vertrauenspersonen. Auch in der PHP Bedburg-Hau befand sich eine solche Anlaufstelle des Hilfsvereins, bei der unter anderem die Gemeinden des Aufnahmebezirks bedürftige Angehörige melden konnten.[77] Aus den Mitteln des »Irrenhilfsvereins für Geisteskranke in der Rheinprovinz« wurden 1911/12 hilfsbedürftige entlassene frühere Pfleglinge und deren in Not geratene Angehörige unterstützt bzw. Beihilfen gewährt. Gleich nach Eröffnung der Anstalt begann in der Tagespresse eine lebhafte Werbearbeit für den Hilfsverein, wie auch durch mündliche und schriftliche Bemerkungen auf die Zwecke und Ziele des Vereins hingewiesen wurde. Tatsächlich konnte in Kleve und in der Region eine beträchtliche Zahl neuer Mitglieder

71 ALVR 14646.
72 ALVR 14646, 23119.
73 ALVR 14646.
74 ALVR 14646.
75 ALVR 23119.
76 ALVR 14646.
77 ALVR 23079.

gewonnen werden.[78] Auch 1913/14 wurden aus der »Stiftung Departementalanstalt« sowie vor allem aus der Nebenkasse des Irrenhilfsvereins entlassenen bedürftigen und »würdigen« früheren Kranken, ebenso den in bedrängter Lage befindlichen Angehörigen von Anstaltsinsassen größere oder kleinere Unterstützungen zugewendet. Da die Einnahmen der Nebenkasse dank der regen und erfolgreichen Werbearbeit besser als im Vorjahr waren, durften die einzelnen Beträge höher bemessen werden bzw. konnten die Unterstützungsanträge fast durchgehend berücksichtigt werden. »Sorgfältige Erkundigungen verhinderten mißbräuchliche Ausnutzung der Kasse.« Einer Einladung zur Anstaltsbesichtigung und zur Teilnahme an einem Fest im Gesellschaftshaus folgten ca. 60 Vertrauensleute des Aufnahmebezirks. Überhaupt trugen Besuche, Zuziehung zu Festlichkeiten und bereitwillig gewährter Einblick in das wenig bekannte und deshalb vielfach verkannte Anstaltsgetriebe »ungemein« dazu bei, »andere richtigere Anschauungen über Irrenhäuser in das Volk zu tragen«.[79]

Personal

Nicht unproblematisch war in der Anfangszeit offensichtlich die Versorgung des Pflegepersonals mit Nahrungsmitteln: So sah sich Direktor Flügge am 24. Februar 1912 zu dem Antrag veranlasst, Grau- und Schwarzbrot für die verheirateten Pfleger und Angestellten aus der Anstaltsbäckerei gegen Zahlung der Selbstherstellungskosten abzugeben. Die Beschaffung von Brot war wegen der Entfernung der PHP von einer größeren Ortschaft mit sehr großen Schwierigkeiten verbunden. Auch die Beschaffung von Milch war ein Problem, da die Landwirte der Umgebung sämtliche entbehrliche Milch an die zahlreich vorhandenen Margarinefabriken abgaben. Somit sollte die günstige Abgabe von Milch aus der Anstalt selbst ermöglicht werden. – Der Landeshauptmann stimmte dem Ansinnen zu.[80]

In der Eröffnungsphase der PHP war es zunächst überhaupt schwierig, Personal zu erhalten. Trotz intensiven Inserierens in lokalen und überregionalen Blättern waren Anfang Oktober 1911 noch nicht alle Stellen besetzt, und etwa zwei Fünftel des Pflegepersonals bestanden aus Lernpflegerinnen.[81] Eigentlich sollten von jeder PHP, welche Patienten nach Bedburg-Hau ablieferte, drei Pflegerinnen vor Ort verbleiben. Als sich dies jedoch nicht umsetzen ließ und sich daraus in Bedburg-Hau ein Mangel an geschultem Pflegepersonal ergab, verfügte Landeshauptmann von Renvers am 23. Oktober 1911 gegenüber den PHPs, gegebenenfalls drei Lernpflegerinnen, »die sich bisher gut geführt

78 ALVR 14646.
79 ALVR 14646.
80 ALVR 7918.
81 ALVR 44992.

haben und mindestens drei Monate im Dienste stehen, unter Androhung sonstiger Kündigung nach Bedburg zu versetzen«. Immerhin sollten sie hier gleich zu Pflegerinnen befördert werden.[82]

Das Personal des Gründungsjahres umfasste bereits alle notwendigen Funktionen: den Direktor und leitenden Arzt Dr. Flügge, die Oberärzte Dr. Wiehl und Dr. Witte, die Anstaltsärzte Dr. Beyerhaus, Dr. Werner, Dr. Göring, den Assistenzarzt Dr. Tödter. Genannt werden zudem Anstaltspfarrer Rüweling, Apotheker Alff, Verwaltungsinspektor Föhrenbach, Rendant Thewes, Betriebsingenieur von Mirmann, Oberpfleger Lenart, Maschinenmeister Böker, Gärtner Schnorrenberg, Hofmeister Lieren, Oberin Wasserburg, Küchenvorsteherin Kahle, II. Köchin Gönnerwald, Wäschevorsteherin Winzer. Es folgten sieben Stationspfleger und fünf Stationspflegerinnen.[83] In mehreren Zeitschriften wurden Assistenzarzt-Stellen ausgeschrieben.[84] Auch der Nachtwächter Franz van Ackeren, der während des Baubetriebs eingesetzt worden war, wurde von der PHP übernommen.[85] Das Pflegepersonal bestand am 31. März 1912 aus 71 Männern und 53 Frauen, das Dienstpersonal aus 26 Männern und 15 Frauen. Der eigentlich vorgesehene Unterricht für das Pflegepersonal hatte noch nicht erteilt werden können, da die Fluktuation hier zu stark war und »der Versuch einer ordnungsgemäßen Fachausbildung sich nicht gelohnt hätte«.[86] Um die nötige Anzahl älterer und brauchbarer Pfleger und Pflegerinnen zu bekommen, waren die Anstalten, die seit Oktober 1911 Patienten nach Bedburg-Hau überwiesen, auch verpflichtet zur Abgabe einer bestimmten Anzahl von Pflegepersonen (s. o.) – was allerdings in den PHPs eher unwillig umgesetzt wurde, da diese selbst auf eigenen Personalmangel verwiesen[87] –, von denen jedoch später etliche den anstrengenden und ihm nicht zusagenden Dienst wieder verließen. Von den 26 Pflegern und 23 Pflegerinnen der Departemental-Irrenanstalt in Düsseldorf zum Beispiel, die bei deren Auflösung in Bedburg-Hau übernommen wurden, waren am 31. März 1912 nur noch je sechs Pfleger bzw. Pflegerinnen vorhanden. Es standen den Ärzten also zunächst nur wenige ältere Pfleger und Pflegerinnen zur Seite, zudem bestand die Mehrzahl der Hilfskräfte aus ganz frisch eingestellten jungen Leuten, die noch kaum einen Geisteskranken gesehen, geschweige denn gepflegt hatten. Die notwendige Einstellung weiterer erfahrener Pfleger und Pflegerinnen geschah schließlich dadurch, dass tüchtige Lernpflegerinnen – besonders fühlbar war der Mangel auf der Frauenseite – aus anderen Anstalten übernommen und unter Erlassung eines Teiles der vorgeschriebenen Lernzeit gleich als Pflegerinnen

82 ALVR 44992.
83 ALVR 14646; eine Übersicht über das eingestellte Dienstpersonal in ALVR 23128.
84 ALVR 23005.
85 ALVR 23005.
86 ALVR 14646.
87 ALVR 14362.

eingestellt wurden.[88] Grundsätzlich mussten auch Personen eingestellt werden, die für ihren neuen Beruf erst noch auszubilden waren. Bei deren Auswahl wurde »mit peinlicher Genauigkeit« auf ihre makellose Vergangenheit geachtet.[89]

Noch im April 1913 versuchte die Anstaltsleitung, durch eine weitflächige Annoncierung – die sie seit 1911 bereits intensiv betrieb[90] – junge Leute im Alter von 18 bis 30 Jahren für den Pflegeberuf in Bedburg-Hau zu interessieren. In Tageszeitungen und Kreisblättern von Kleve bis nach Trier und Koblenz wurden entsprechende Anzeigen geschaltet. Gleiches galt hinsichtlich einer »dauernden und sicheren Stellung für junge Mädchen«, wobei zusätzlich darauf verwiesen wurde, dass »Kenntnisse in der Krankenpflege« nicht notwendig seien.[91] Es fällt auf, dass bei den »Abgängen« des Pflegepersonals in den ersten Jahren der PHP bis zu zwei Drittel »freiwillig« die PHP verließen und der Rest gekündigt wurde, vermutlich wegen mangelnder Eignung.[92]

Bereits im Oktober 1911 wurden vier »Beamte« der PHP als für den Fall einer Mobilmachung »unabkömmlich« gemeldet: Es waren dies der Direktor Flügge, der nicht gedient hatte und dem Landsturm I. Aufgebotes zugewiesen worden war, ebenso der Oberarzt Dr. Ernst Wiehl sowie der Anstaltsarzt Dr. Georg Beyerhaus, der der Ersatzreserve angehörte. Flügge galt als Leiter der PHP als unabkömmlich, die beiden Ärzte wegen des bestehenden Ärztemangels. Als vierte unabkömmliche Person wurde der Apotheker Ludwig Alff benannt, der als Unteroffizier der Reserve geführt wurde.[93] Die Direktoren der PHPs waren in ihrer Konferenz vom 7. Juli 1913 zudem der Ansicht, dass zur Aufrechterhaltung des Dienstbetriebs der Anstalten im Mobilmachungsfall ein Teil der ruhigen Kranken würde entlassen werden können, man einige auch für Pflegedienste würde einsetzen können, einige Pfleger aber gleichfalls als unabkömmlich bezeichnet werden müssten. Die PHP Bedburg-Hau bezeichnete jedenfalls am 19. September 1913 zwei Stationspfleger sowie acht Pfleger als unabkömmlich.[94] Das übrige militärtaugliche Personal hatte sich im Frühjahr und Herbst zu so genannten Kontrollversammlungen sei es in Moyland, sei es in Kleve einzufinden, wo ein Appell stattfand.[95] Dies brachte für die Anstaltsleitung manche Unannehmlichkeiten mit sich, da das Pflegepersonal zu diesen Terminen seinen Beruf vor Ort nicht ausüben konnte. Im September 1913 waren zum Beispiel 85 Pfleger »und sonstige Bedienstete« von dieser militärischen Überwachung betroffen, und die

88 ALVR 14646.
89 ALVR 14646.
90 ALVR 44992.
91 ALVR 14362.
92 ALVR 23128.
93 ALVR 23094.
94 ALVR 23094.
95 ALVR 23011.

Abb. 4: Pflegerwohnhäuser. Aus: Denkschrift zur Eröffnung der achten Provinzial-Heil- und Pflegeanstalt Bedburg (Kr. Cleve) (Düsseldorf 1912), S. 58

Klinik schlug vor, ob man eine Kontrollversammlung nicht auf ihrem Gelände selbst durchführen könnte.[96]

Am 31. März 1914 bestand das Pflegepersonal aus 108 Männern und 54 Frauen, das Lernpflegepersonal aus 26 Männern und 49 Frauen und das Dienstpersonal aus 41 Männern und 19 Frauen. Die Klinik bezeichnete dieses Angebot als gut, wobei namentlich nach Ausschreibungen sehr viele Meldungen einliefen. Nicht alle hatten indes die für »Irrenpflege« notwendige Eignung. »Sonst ganz brauchbare junge Leute mußten bald wieder abgestoßen werden, oder traten freiwillig aus, weil sie sich in den Verkehr mit Geisteskranken und das strenggeregelte Anstaltsleben nicht schicken konnten.« Immerhin blieb eine Reihe geeigneter Personen im Beruf und erhielt dann einen Unterricht durch einen Ober- bzw. Anstaltsarzt. Verheiratete Pfleger bzw. verheiratetes Dienstpersonal dachten eher nicht an Veränderung und bildeten so einen festen Stamm. Von größter Bedeutung war daher bei dem ungewöhnlich hohen Bedarf der Anstalt an Pflegepersonal das Pflegerdorf, dessen 32 Familiendienstwohnungen den bewährten Pflegern zur Verfügung standen, wenn sie sich verheirateten und sesshaft werden wollten. 25 Wohnungen waren bereits belegt, weitere fünf waren für Anwärter vorgemerkt. Die Handwerksmeister

96 ALVR 23011.

und sonstigen Angestellten, denen es zunächst widerruflich gestattet worden war, im Pflegerdorf zu wohnen, hatten die Häuser geräumt. Sieben Handwerksmeister hatten in der Nähe der Anstalt Eigenhäuser gebaut, nachdem ihnen seitens der Landesversicherungsanstalt günstige Kredite eingeräumt worden waren. Anderen konnten vorhandene, früher angekaufte alte Wohnhäuser zugewiesen werden.[97]

Landwirtschaft

Im ersten Berichtsjahr der Klinik war der landwirtschaftliche Betrieb noch nicht integriert worden, sondern lief bis 31. März 1912 unter der Bezeichnung »Provinzial-Gutsverwaltung Bedburg«. Die Bewirtschaftung der Ländereien erfolgte bereits seit dem Frühjahr 1907, doch befanden sich diese nur zur Hälfte in einem guten Zustand. Ein 20 ha großes Gebiet wurde als Rieselfeld angelegt und war seit dem 1. Oktober 1911 teilweise in Benutzung. Insgesamt standen ca. 81 ha als Gärten und Ackerfeld und ca. 38 ha als Weiden zur

Abb. 5: »Speisentransportbahn mit feuerloser Lokomotive« und Kochküche sorgten für die Versorgung von Personal und Patienten. Aus: Denkschrift zur Eröffnung der achten Provinzial-Heil- und Pflegeanstalt Bedburg (Kr. Cleve) (Düsseldorf 1912), S. 53

97 ALVR 14646.

Verfügung.[98] Die Hauptaufgabe der Gutsverwaltung bestand in der Beschaffung und Aufzucht des für den späteren Anstaltsbetrieb erforderlichen Viehbestandes: Am 31. März 1912 waren bereits elf Pferde und Fohlen, 47 Kühe, 39 Rinder, acht Kälber, 390 Schweine und Ferkel sowie ein Stier vorhanden. Allein die Zahl der Schweine und Ferkel hatte sich damit in einem Jahr versiebenfacht.[99] Ende 1912 wurde mit dem Bau des »Gutshofes III« begonnen. Neben einer weitgehenden Schweinezucht wurde auch mit der Rinderviehzucht schwarzbunter Richtung begonnen.[100]

Bis zum Haushaltsjahr 1913/14 hatte sich der Zustand der Ackerfelder und Gärten einschließlich 20 ha Rieselfeldern weiter gebessert. Die Verbesserung der vielfach versumpften Weiden wurde mit Erfolg fortgeführt. Das Rieselfeld lieferte vollauf den Gemüsebedarf für die Anstaltsbeköstigung, verschiedene Gemüse konnten noch verkauft werden. Auf Grund einer recht guten Ernte lieferten die Weiden so viel Futter, dass noch eine Menge Jungvieh angekauft und auf den Weiden vorgemästet werden konnte, um später an die eigene Metzgerei verkauft zu werden. Im Winter wurde damit begonnen, die große für landwirtschaftliche Zwecke vollständig unbrauchbare alte Sandgrube beim »Gutshof II« zu einem Schweinepark einzurichten; hier sollten ca. 500–600 Schweine nur in Schlupfhütten schlafen und sich nach Belieben frei bewegen.[101]

Forensik

Mit dem Bau eines eigenen Gebäudes für geisteskranke Rechtsbrecher in der PHP Bedburg-Hau reagierte die Provinzialverwaltung auf eine sich bereits seit Jahren abzeichnende Problematik, die durch eine zunehmende Spannung zwischen einer sich zwischen 1875 und 1900 vervierfachenden Gesamt-Patientenzahl in preußischen »Irrenanstalten« und einer gesetzlichen Unterbringungspflicht für geisteskranke Kriminelle gekennzeichnet war.[102] Am 22. September 1903 wies der Landeshauptmann der Rheinprovinz darauf hin, dass in den sechs rheinischen PHPs 509 »irre Verbrecher« untergebracht waren, was 17,8 Prozent der Patientenzahl entsprach.[103] Allerdings waren in diese Zahl auch die

98 ALVR 14646.
99 ALVR 14646.
100 ALVR 14646.
101 ALVR 14646.
102 Vgl. Christian Müller: Verbrechensbekämpfung im Anstaltsstaat. Psychiatrie, Kriminologie und Strafrechtsreform in Deutschland 1871–1933 (Göttingen 2004), hier S. 82 ff.; ders.: Heilanstalt oder Sicherungsanstalt? Die Unterbringung geisteskranker Rechtsbrecher als Herausforderung der Anstaltspsychiatrie im Deutschen Kaiserreich, in: Heiner Fangerau/Karen Nolte (Hrsg.), »Moderne« Anstaltspsychiatrie im 19. und 20. Jahrhundert – Legitimation und Kritik (Stuttgart 2006), S. 104–115, hier S. 105.
103 Müller 2004, a. a. O. S. 83 f.; ders. 2006, a. a. O. S. 105.

nur zur Beobachtung eingewiesenen Untersuchungsgefangenen mit eingerechnet.[104] Die Errichtung von Bewahrungshäusern sollte mit baulichen Maßnahmen das Sicherheitsproblem entschärfen, das sich aus der Pflicht zur Verwahrung krimineller Geisteskranker ergab. Der rheinische Provinzialverband übernahm hier sogar eine Vorreiterrolle mit dem im Jahre 1900 in Betrieb genommenen »festen Haus« in der PHP Düren.[105] Bereits in dem Antrag des Provinzialausschusses vom 7. Februar 1907 war die neu zu erbauende PHP auch zur Unterbringung gemeingefährlicher Geisteskranker (»irrer Verbrecher«) vorgesehen und sollte das 48 Plätze umfassende Bewahrungshaus der PHP Düren entlasten.[106]

Das neue Bewahrungshaus in Bedburg war neben jenem in der PHP Düren und dem der Provinzial-Arbeitsanstalt in Brauweiler angegliederten die dritte Einrichtung dieser Art für »geisteskranke Verbrecher«. Mit dieser Einrichtung wurde einem seit Jahren bestehenden Bedürfnis entsprochen, da insbesondere von Seiten der anderen Anstalten eine angemessene Entlastung stark gefordert worden war.[107] Die Eröffnung und Belegung des festen Hauses für kriminelle Geisteskranke (Bewahrungshaus) erfolgte am 3. Februar 1912. Mangels Personals konnte indes zunächst nur die Hälfte des auf 60 Personen konzipierten Hauses belegt werden. Das Bewahrungshaus stand unter der selbstständigen Leitung eines Arztes; zwei Stationspfleger und eine verstärkte Schar ausgesuchter Pfleger standen ihm zur Seite. Die Anbringung von Gittern im Hause, zum Beispiel in den Zellen, galt als wohltätige und humane Maßnahme, da dies nicht nur zu reichlich Luft und Licht beitrage, sondern auch die Kommunikation der Insassen mit Pflegern ermögliche. Diese wiederum konnten durch das in der Zellentür angebrachte Gitter den Patienten beobachten.[108] »Immerhin bedeutet die Versetzung von 30 äußerst schwierig zu behandelnden, stets auf Flucht bedachten, gefährlichen geisteskranken Verbrechern für die alten Anstalten eine wesentliche Erleichterung«, wie der Provinzialausschuss zufrieden feststellte.[109] Die ersten im Bewahrhaus aufgenommenen Patienten stammten aus den Anstalten in Grafenberg, Galkhausen und Brauweiler, bald auch aus Johannistal.[110] Der Jahresbericht von 1912/13 verwies darauf, dass es weder Entweichungen noch »sonstige gröbere Ausschreitungen oder Mißstände« gegeben habe. Die Krankenbewegung im festen Haus war indes ziemlich lebhaft gewesen, da die Insassen, sobald sie nach ärztlichem Ermessen

104 Müller 2004, a. a. O. S. 84–85.

105 Müller 2004, a. a. O. S. 103–104; ders. 2006, a. a. O. S. 107.

106 Verhandlungen des 47. Rheinischen Provinziallandtags vom 10. bis 16. März 1907 (gedr. Düsseldorf o. J.), Anlagen S. 159–160.

107 Bericht des Provinzialausschusses der Rheinprovinz über die Ergebnisse der Provinzialverwaltung Rechnungsjahr 1.4.1911–31.3.1912 (gedr. Düsseldorf o. J.), S. 219.

108 ALVR 14646, vgl. auch Kleine, a. a. O. S. 88.

109 Bericht des Provinzialausschusses der Rheinprovinz über die Ergebnisse der Provinzialverwaltung Rechnungsjahr 1.4.1911–31.3.1912 (gedr. Düsseldorf o. J.), S. 219.

110 ALVR 23070.

wieder strafvollzugsfähig waren, ohne Verzug der Staatsanwaltschaft überstellt wurden.[111] Die in das Bewahrungshaus Aufgenommenen wurden 1913/14 in der Schneiderei und Kleberei und mit der Anfertigung von Zementsteinen, Platten, Röhren und Zaunpfählen beschäftigt.[112] Anfang 1913 war das Bewahrungshaus mit 50 Personen belegt, wovon 40 im Bewahrhaus selbst mit Tütenkleben und Schneiderarbeiten beschäftigt wurden; einzelne Kranke wurden auch zum Umarbeiten der zum Bewahrhaus gehörigen Gartenanlagen in Anspruch genommen.[113]

Der erste Direktor Dr. Flügge

Gustav Adolf Albert Flügge war erster Direktor und prägende Persönlichkeit der Geburtsjahre der neuen Klinik. Geboren am 25. März 1867 in Esens, Kreis Aurich, war er evangelischer Konfession und Sohn eines bereits 1875 in Arnsberg verstorbenen Regierungsrates. Von 1874 bis 1876 besuchte er die Elementarschule in Arnsberg und seit Ostern 1876 das dortige Königliche Gymnasium Laurentianum. Ostern 1885 bestand er hier das Abitur. Im Anschluss begann er ein Medizinstudium an der Universität Marburg, doch besuchte er auch die Hochschulen in Erlangen und Göttingen. In Göttingen bestand er die ärztliche Vorprüfung und erlangte am 2. Juli 1891 die Approbation als Arzt. Im Januar 1892 bewarb sich Flügge, der kurz vor Abschluss seines Doktorexamens stand, um eine Stelle als zweiter Assistenzarzt oder auch als Volontärarzt in einer der rheinischen Provinzial-Heil- und Pflegeanstalten. Er verwies darauf, dass ihm durch den Direktor der PHP Andernach, Dr. Nötel, die Nachricht zugekommen sei, dass dort zum 1. April eine Volontärarztstelle frei würde. Diese Stelle trat er tatsächlich am 1. April 1892 an. Bereits am 10. Mai 1892 verwandte sich Nötel dafür, Flügge, der als Volontärarzt kein Gehalt bekam, die frei werdende zweite Assistenzarztstelle zu übertragen. Flügge verfüge, so Nötel, über viel mehr psychiatrische Kenntnisse, als er erwartet habe, habe eine recht gute allgemeine medizinische Kenntnis und gute gesellschaftliche Umgangsformen.

Flügge erhielt nun aber nicht diese Stelle in Andernach, sondern zum 1. Oktober 1892 die Stelle des II. Assistenzarztes an der PHP Merzig. Bereits Ende März 1893 machte er gegenüber der Provinzialverwaltung sein Interesse an einer I. Assistenzarztstelle deutlich und bat um entsprechende Vormerkung. Tatsächlich wurde ihm mit Wirkung vom 1. Februar 1894 die Stelle des I. Assistenzarztes an der PHP Grafenberg übertragen. Unter Beibehaltung dieser Stelle nahm Flügge am 16. Juni 1895 die Funktion als Assistenzarzt und stellvertretender Leiter der bisherigen Alexianeranstalt Mariaberg in Aachen, dann »Rheinische Provinzial-Irrenanstalt zu Aachen«, ein, bis ihm ab 1. November 1895 diese Stelle

111 ALVR 14646.
112 ALVR 14646.
113 ALVR 23070.

Abb. 6: Dr. Gustav Flügge als Oberarzt in der PHP Düren. Foto: ALVR Bild 31/2 Fotoalbum Düren

fest übertragen wurde. Nachdem durch den 41. Rheinischen Provinziallandtag für einige PHPs etatmäßige Stellen für »III. Ärzte« eingerichtet worden waren, sah die Provinzialverwaltung auch für Flügge eine entsprechende Beförderung vor, und er erhielt diese Stelle an der PHP Düren zum 1. April 1899 übertragen. Am 10. Juli 1899 trat er im Auftrag des Landeshauptmanns eine vierwöchige Informationsreise in die Irrenanstalten Alt-Scherbitz, Uchtspringe, Dalldorf, Waldheim und Tapiau an.

Mit Wirkung vom 1. April 1903 trat Flügge, der im Jahre 1900 als Beamter definitiv in die Dienste der Provinzialverwaltung übernommen worden war und dessen Leistungen als Arzt und Psychiater mehrfach hervorgehoben worden waren, eine Stelle als Zweiter Oberarzt an der PHP Grafenberg an. Im Dezember 1903 erhielt er von Seiten des Landeshauptmanns von Renvers einen Hinweis darauf, dass für die am 1. April 1904 im westfälischen Eickelborn zu eröffnende PHP die Direktorenstelle zu besetzen sein werde. Hintergrund war der Umstand, dass »unter den westlichen Provinzen« ein »stillschweigendes Abkommen« getroffen worden war, dass »diejenige Provinzialverwaltung, in deren Bezirk die Anstellung eines Direktors oder Oberarztes einer Irrenanstalt nötig wird, zunächst bei den benachbarten Provinzen Erkundigungen einzieht, ob von denselben ein Arzt für die zu besetzende Stelle bezeichnet und empfohlen werden kann«. Flügge zeigte tatsächlich Interesse für die Stelle, auch wenn die eigene Provinzialverwaltung skeptisch war, da diese nicht glaubte, dass ein evangelischer Kandidat sich im katholischen Ostwestfalen würde durchsetzen können. Der zu einer Bewertung aufgeforderte Landesrat Vorster bemerkte am 9. Januar 1904 zugleich, dass Flügge abgesehen hiervon für eine solche Stellung wohl konkurrenzlos dastehen würde. Insbesondere habe er bei der Neueinrichtung der Anstalt Mariaberg »unter besonders schwierigen Umständen hervorragendes geleistet«, sich dann als Abteilungsarzt in Düren große Verdienste um die Etablierung der »irren Verbrecherstation« erworben. – Die Bewerbung Flügges kam denn auch in Westfalen nicht zum Zuge, da hier die katholische Konfession zur Vorbedingung gemacht worden war.

Mit Wirkung vom 1. Mai 1905 wurde Flügge dann zur kommissarischen Wahrnehmung der Stelle des Direktors an die PHP Johannistal abgeordnet; mit dem 1. Dezember 1905 erhielt er diese Stelle definitiv auf die Dauer von zwölf Jahren übertragen. In seiner Sitzung vom 13./14. Dezember 1910 ernannte der Provinzialausschuss Flügge zum Direktor der zu eröffnenden neuen PHP Bedburg bei Kleve; zum 15. April 1911 erfolgte die Versetzung. Flügge leitete die PHP bis zu seinem Tode am 25. September 1928. Seit dem 22. Februar 1908 war er mit Emmy Roloff verheiratet (* 17.12.1883, † >25.8.1954).[114]

114 ALVR 18154.

Frank Sparing

Die Heil- und Pflegeanstalt Bedburg-Hau im Ersten Weltkrieg und während der Weimarer Republik (1914–1933)

Die Provinzial-Heil- und Pflegeanstalt im Ersten Weltkrieg

Mit der Kriegserklärung und Generalmobilmachung des Deutschen Reiches am 1. August 1914 wurde der Erste Weltkrieg ausgelöst, der sich dramatisch auf die erst junge Provinzial-Heil- und Pflegeanstalt (= PHP) Bedburg-Hau auswirken sollte. Bereits am 17. September 1914 wurden durch Zusammenfassung der Anstaltskranken neun Häuser für ein Reservelazarett mit 800 Betten bereit gestellt, das bis Kriegsende fast durchgehend voll belegt blieb.[1] Zunächst wurden im Lazarett alle Formen von Verwundungen und Erkrankungen und nicht nur »geistesgestörte und nervenleidende« Soldaten behandelt. Insbesondere eine große Anzahl Amputierter und Nervenverletzter war zu Nachoperationen

Abb. 1: Luftbild der PHP Bedburg-Hau 1920er Jahre. Foto: Fotosammlung der LVR-Klinik Bedburg-Hau

1 Archiv des LVR in Pulheim-Brauweiler (= ALVR) 14646.

und zur Nachbehandlung im Reservelazarett Bedburg-Hau.[2] Im Laufe des Jahres 1915 wurde dann ein weiteres Haus für die Belegung mit geisteskranken Kriegsgefangenen aller Nationalitäten freigemacht, die anfangs noch zusammen mit den übrigen Anstaltskranken untergebracht waren.[3] Am 18. Februar 1916 wurde schließlich im Reservelazarett eine gesonderte Abteilung für Kopfverletzte eingerichtet, in der nach Feststellung aller Schädigungen und Störungen auch erforderlichenfalls Nachoperationen zur Entfernung von Geschossteilen und Knochensplittern oder zur Druckentlastung des Gehirns vorgenommen wurden. Daneben wurde in vier Klassen und einer Sonderklasse für Sprachgestörte und Schwergeschädigte versucht, die Hirnverletzten zu rehabilitieren und auf Bürotätigkeiten umzuschulen.[4] Gegen Kriegsende wurde das Reservelazarett dann, neben Kopfschussverletzten, vorzugsweise mit »geistes- und nervenkranken« Soldaten belegt.[5]

Es kann davon ausgegangen werden, dass auch in der PHP Bedburg-Hau zahlreiche Soldaten behandelt wurden, die angesichts der Realität des Krieges mit nervösen Störungen reagierten. Diese so genannten Kriegsneurotiker oder Kriegshysteriker wurden nun besonders brutalen und schmerzhaften »Therapien« unterworfen, die darauf zielten, sie so zu terrorisieren und zu disziplinieren, dass ihre für die Kriegsführung hinderlichen Verhaltensweisen verschwanden oder zumindest abgemildert wurden. Waren die Heil- und Pflegeanstalten bis dahin im Wesentlichen Verwahranstalten für Menschen, die mit einer psychiatrischen Definition ausgegrenzt wurden, so erfüllte die Psychiatrie nun eine zentrale Funktion für die kaiserliche Armee, indem ihre Aktivität vornehmlich therapeutische Züge annahm, um die Ausgegrenzten wieder front- oder arbeitsfähig zu machen.[6]Abb. 1: Luftbild der PHP Bedburg-Hau 1920er Jahre. Foto: Fotosammlung der LVR-Klinik Bedburg-Hau

Die Pflegesituation im Krieg

Da die Anstalt erst kurz vor Beginn des Ersten Weltkrieges in Betrieb genommen worden war, verfügte sie noch nicht über einen größeren Stamm älterer Pfleger, weshalb ein ganz erheblicher Anteil des vergleichsweise jungen Pflegepersonals schon in den ersten Mobilmachungstagen einberufen wurde. Bereits Anfang 1915 waren insgesamt 125 Pfleger und

2 ALVR 14646.
3 ALVR 14646.
4 ALVR 14646.
5 ALVR 23046.
6 Vgl. Karl-Heinz Roth: Die Modernisierung der Folter in den beiden Weltkriegen: Der Konflikt der Psychotherapeuten und Schulpsychiater um die deutschen »Kriegsneurotiker« 1915–1945, in: 1999. Zeitschrift für Sozialgeschichte des 20. und 21. Jahrhunderts 2 (1987), S. 8–75; Peter Riedesser/Axel Verderber: »Maschinengewehre hinter der Front«. Zur Geschichte der deutschen Militärpsychiatrie (Frankfurt/M. 2001).

34 Angestellte der PHP Bedburg-Hau zum Kriegsdienst eingezogen und standen somit nicht mehr zur Verfügung. Zur Beaufsichtigung der in den Anstaltsbetrieben eingesetzten Patienten und Patientinnen mussten Verwundete aus dem Lazarett gegen Entlohnung herangezogen werden.[7] Über die Schwierigkeiten, männlichen Ersatz für die fehlenden Pflegekräfte zu erhalten, berichtete der Anstaltsdirektor Dr. Gustav Flügge Anfang 1915: »Die sich zum Pflegedienst meldenden Leute taugten zumeist nicht viel, waren oft körperlich und geistig minderwertig, unzuverlässig, träge und dabei doch anspruchsvoll und frech, weil sie sich für unersetzlich hielten. Viele gingen gleich wieder, andere wurden als unbrauchbar weggeschickt, oder hielten es nur einige Wochen aus! Unter diesen Umständen war man genötigt, in immer weiter gehender Weise Pflegerinnen zum Dienst auf der Männerabteilung heranzuziehen.«[8]

Die hier vorgebrachten Klagen, keine geeigneten männlichen Pfleger finden zu können, sollten sich bis zum Waffenstillstand 1918 in ähnlicher Weise wiederholen. Zu diesem Zeitpunkt waren selbst im Reservelazarett bereits überwiegend Pflegerinnen tätig, die im weiteren Kriegsverlauf, infolge fortgesetzter Aushebungen des männlichen Pflegepersonals, zunehmend deren Aufgaben übernahmen. Im Verwaltungsbericht für 1915 hieß es über die Pflegesituation infolge fortschreitender Einberufungen männlicher Pfleger: »Mit Ausnahme des Bewahrungshauses, der Aufnahmeabteilung und zweier Häuser für Unruhige sind nunmehr in allen Männerhäusern Pflegerinnen tätig. Dasselbe gilt, abgesehen von M5, wo geisteskranke Soldaten untergebracht sind, von den Reservelazarett-Abteilungen. Den dringenden Anträgen an das Sanitätsamt, der Anstalt für die zusehends anschwellende Zahl geisteskranker Soldaten und Kriegsgefangener Militärkrankenwärter zuzuteilen, wurde nach Möglichkeit entsprochen, in einigen Fällen gelang es auch, nur noch garnisonsdienstfähige frühere Pfleger zu bekommen. Als geeignet für die Pflege Geisteskranker haben sich die Militärkrankenpfleger im allgemeinen nicht gezeigt.«[9]

Im Kriegsjahr 1916 waren die Anforderungen an die militärische Verwendbarkeit dann bereits so weit gesunken, dass auch die wenigen bis dahin noch zurückgestellten angestammten Pfleger in schneller Folge eingezogen wurden. Daraufhin entstand zeitweilig ein regelrechter Pflegenotstand in der Anstalt. Weibliches Personal wurde nun selbst auf den unruhigen Männerabteilungen eingesetzt und daneben Militärkrankenpfleger, die gegen entsprechende Entlohnung auch Anstaltskranke mitversorgten.[10] Im weiteren Verlauf des Krieges kam es jedoch auch in den Reihen des weiblichen Pflegepersonals zu einer erhöhten Fluktuation, da die »enormen Verdienste in den Munitionsfabriken« vermehrte

7 ALVR 14646.

8 ALVR 14646. Zu Gustav Flügge vgl. ALVR 18154–18157 sowie die Ausführungen zu dessen Person im Beitrag von Wolfgang Schaffer in diesem Band.

9 ALVR 14646.

10 ALVR 14646.

Stellenwechsel zur Folge hatten.[11] Erst 1918, nachdem mit Ausnahme des Bewahrungshauses auf allen Männerabteilungen Pflegerinnen eingesetzt wurden, gelang es, einige ehemalige Pfleger der Anstalt als Militärkrankenwärter zum Reservelazarett abkommandieren zu lassen und gleichzeitig auf den Geisteskrankenabteilungen einzusetzen.[12]

Hunger und Seuchen

Insgesamt gingen während des Ersten Weltkrieges in deutschen psychiatrischen Anstalten mehr als 70.000 Menschen an Hunger und den Folgen von Mangelversorgung zu Grunde.[13] Über die Zustände in der Heil- und Pflegeanstalt Bedburg-Hau berichtete der Anstaltsarzt Dr. Hermann Löw nach Kriegsende: »Unter dem Einflusse der Kriegsverhältnisse, zumal der immer trostloser werdenden Ernährung, haben wir unter den Insassen der Irrenanstalt ein Massensterben beobachten können. Die meisten Opfer hat der Winter 1916 auf 1917 (Steckrübenwinter!) und das Jahr 1917 gefordert. Dabei ist die Mehrzahl der Kranken an tatsächlicher Unterernährung bzw. unzweckmäßiger Ernährung gestorben.«[14]

Noch am 1. April 1914 hatte die PHP Bedburg-Hau mit 1814 Patienten ihre Kapazität von 2.200 Betten nicht ausgelastet. Durch Einrichtung des Reservelazaretts Mitte September 1915 erhöhte sich die Belegung aber schlagartig um 800 Personen, so dass die PHP innerhalb kürzester Zeit deutlich überbelegt war. Der Bestand der Anstaltskranken blieb zum 1. April 1915 mit 1.879 Patienten weitgehend stabil, allerdings hatte sich die Sterblichkeit im Vergleich zum Vorjahr bereits von 9,89 auf 10,75 Prozent erhöht. Die Sterblichkeit stieg dann 1916 auf dramatische 20,88 Prozent und 1917 auf den Höchstwert von 23,71 Prozent. Dadurch bedingt sanken die Patientenzahlen auf 1.786 im Jahr 1916 und 1.556 im Jahr 1917. Zum 1. April 1918 zählte die PHP zwar wieder 1.846 Kranke, allerdings war das darauf zurückzuführen, dass ein Teil der psychisch erkrankten Soldaten des Reservelazaretts 1917 in die Anstalt übernommen worden war. Durch den Zugang besser ernährter Lazarettkranker wurde auch die Sterblichkeit auf 16,14 Prozent nach unten korrigiert.

Da im Zuge der Auflösung des Reservelazaretts im Laufe des Novembers 1918 auch zahlreiche der seitdem als Anstaltskranke geführten Soldaten entlassen wurden, verrin-

11 ALVR 14646.

12 ALVR 14646.

13 Vgl. Heinz Faulstich: Hungersterben in der Psychiatrie 1914–1949. Mit einer Topographie der NS-Psychiatrie (Freiburg i. Br. 1998), S. 63.

14 Vgl. Hermann Löw: Das Verhalten der Körpergewichte von Geisteskranken während der Kriegszeit, in: Allgemeine Zeitschrift für Psychiatrie und Psychisch-Gerichtliche Medizin 78 (1922), S. 1–57, hier S. 21.

gerte sich die Belegung der PHP Bedburg-Hau schlagartig auf 1.068 Patienten. Die Sterblichkeit stieg nun wieder auf 22,6 Prozent der Anstaltskranken an.[15]

Zeitpunkt	Belegung	Sterblichkeit	Prozent
1.4.1914	1.841	182	9,89
1.4.1915	1.879	202	10,75
1.4.1916	1.786	373	20,88
1.4.1917	1.556	369	23,71
1.4.1918	1.846	298	16,14
1.4.1919	1.068	242	22,66

Über die im ersten Kriegsjahr spürbare quantitative und qualitative Verschlechterung der Lebensmittelversorgung der Anstaltskranken wurde aus Bedburg-Hau noch 1915 recht beschönigend berichtet: »Klagen über notwendige Beköstigungsbeschränkungen, verringerte Brotzuteilung und sonstige ihr gewohntes Anstaltsleben störende Bestimmungen wurden nur sehr selten laut. Die Kranken waren stolz auf ihre Weise dem Vaterland durch kleine, willig ertragene Entbehrungen dienen und nutzen zu können.«[16]

Schon im darauf folgenden Jahr wurde jedoch deutlich auf die auffallend hohe Zahl der Sterbefälle und insbesondere auf den hohen Anteil der an Tuberkulose Verstorbenen aufmerksam gemacht. Zurückgeführt wurden die vermehrten Todesfälle auf »die knappe, veränderte Beköstigung, Fehlen von Milch und Stärkungsmitteln« sowie die nicht genügende Verwertung von Kartoffeln, Gemüse und »Kriegsbrot« durch die bereits geschwächten Kranken.[17] Das Hungersterben in der PHP Bedburg-Hau gelangte dann im berüchtigten »Steckrübenwinter« 1916/17 auf einen vorläufigen Höhepunkt: »Recht häufig waren bei Männern sowohl wie bei Frauen, offenbar in Folge der veränderten Ernährungsweise und der Unmöglichkeit, zweckmäßige Milch- und Krankenkost ausreichend zu verabfolgen, Durchfälle, die nicht selten einen ruhrartigen Charakter annahmen und einen schnellen Verfall, namentlich der älteren Siechen herbeiführten. Die Ernährungsfrage wurde immer schwieriger, schließlich fehlten auch die Kartoffeln vollständig, der Kommunalverband war außerstande zu helfen. Steckrüben mussten als Ersatz dienen, in jeder Form, frisch, getrocknet, gesäuert, dazu das an und für sich schwer verdauliche Kriegsbrot, das im Laufe der Zeit zusehends schlechter wurde und auch nicht mehr in derselben Menge gegeben werden konnte, kurz man darf sich nicht wundern, dass Magen-Darmstörungen an der Tagesordnung waren. Auch die in großer Zahl beob-

15 Vgl. ALVR 23046 (in den Verwaltungsberichten mit Stichtag zum 1. April angegebene Belegungs- und Sterblichkeitszahlen).

16 ALVR 14646.

17 ALVR 14646.

Abb. 2: Anstaltsküche 1920er Jahre. Foto: Fotosammlung der LVR-Klinik Bedburg-Hau

achteten Anschwellungen von Beinen und Füssen, namentlich bei älteren Leuten. Aber auch bei körperlich arbeitenden Jüngeren ist dies auf die der Not der Zeit entsprechende Beköstigung zurückzuführen. Um genügendes Sättigungsgefühl zu erzeugen, war man genötigt, angesichts des Mangels bzw. der Knappheit an gehaltsvollen Nahrungsmitteln, um so größere Mengen wasserreicher Speisen (Suppen, Rüben) zu verabreichen.«[18]

Über die Auswirkungen der Hungerkost wurde weiter berichtet: »Während der gesunde, kräftige Organismus sich nun ohne Schaden auf diese eingreifende Ernährungsänderung einzustellen vermochte, verfielen die schwächeren Leute schnell und wurden bettlägerig, ihr Herz konnte die überschüssige Flüssigkeitsmenge nicht bewältigen, und die Folge waren Wasseranstauungen (Oedeme) in den Geweben. Diese gingen bei Bettruhe meistens zurück oder verschwanden, um aber sofort wieder zu erscheinen, sobald die Kranken aufstanden oder gar arbeiteten. Dass nach Kräften im Bereiche des Möglichen für diese Leute gesorgt wurde und sie besonders Berücksichtigung bei der Beköstigung fanden, braucht wohl nicht hervorgehoben zu werden, trotzdem konnte bei vielen der Tod nicht hinten angehalten werden, namentlich auf den Siechenabteilungen forderte er zahlreiche Opfer.«[19]

18 ALVR 14646.
19 ALVR 14646.

Abb. 3: Siechenhaus 1920er Jahre. Foto: Fotosammlung der LVR-Klinik Bedburg-Hau

Die in der Landwirtschaft oder bei anderer schwerer Arbeit eingesetzten Arbeitsgruppen wiesen wegen Entkräftung der Patienten große Lücken auf und mussten zeitweilig sogar ganz aufgelöst werden.[20] Vor allem ältere Patienten und Patientinnen waren aufgrund der katastrophalen Versorgungslage an Hunger zu Grunde gegangen.[21] Besonders fatal wirkte sich aus, dass das »Kriegsernährungsamt« auf dem Höhepunkt der Ernährungskrise, im Februar 1917, die Insassen von Heil- und Pflegeanstalten hinsichtlich der Versorgung mit Lebensmitteln der gesunden Bevölkerung gleichgestellt hatte. Für die Anstaltsinsassen bestanden jedoch im Gegensatz zu außerhalb von Anstalten lebenden Menschen keinerlei Möglichkeiten, sich die erforderliche Zusatznahrung durch Hamstern oder auf dem Schwarzmarkt zu beschaffen.[22] Die sich im Laufe des Jahres 1917 durch erhöhte Kartoffelzufuhr ein wenig verbessernde Versorgungslage in Bedburg-Hau führte der Anstaltsleitung zufolge zu schlagartiger Beseitigung der Ödem-Erkrankungen und schneller Erholung der Kranken, die wieder aufstehen konnten und zum Teil sogar an

20 ALVR 23046.
21 Löw 1922, a. a. O. S. 50 ff.
22 Faulstich, a. a. O. S. 41 f.

Gewicht zunahmen. Dennoch blieb die Sterblichkeit auf hohem Niveau, da nun insbesondere die Tuberkulose häufig einen tödlichen Verlauf annahm.[23]

Für das letzte Kriegsjahr wurden in Bedburg-Hau zwar nach wie vor die Rationierung und der Fett- und Fleischmangel beklagt, zugleich aber wurde berichtet, dass die Kranken »dank einer zwar eintönigen« aber ausreichenden Ernährung auf einem »leidlich guten bis mittleren Ernährungszustand« hätten gehalten werden können.[24] Trotz leichter Besserung der Ernährungslage seit Sommer 1917 wurde in den Heil- und Pflegeanstalten weiterhin gehungert.[25]

Die ständige Überfüllung der Abteilungen, die deutlich verschlechterte pflegerische Betreuung und der geschwächte Allgemeinzustand der Patienten und Patientinnen hatten die Ausbreitung von Infektionskrankheiten wie Typhus, Grippe und Tuberkulose begünstigt. Bereits mit dem zweiten Verwundetentransport für das Reservelazarett in Bedburg-Hau waren Typhuserreger in die Anstalt eingeschleppt worden. Zunächst erkrankten einige Soldaten, die sofort streng abgesondert wurden, aber bereits mit den im Lazarett eingesetzten Pflegerinnen, wie auch mit psychisch Kranken in Berührung gekommen waren. Anfang Januar 1915 brachen schließlich ganz plötzlich gehäuft Typhuserkrankungen auf verschiedenen Abteilungen der Anstalt aus, insbesondere auf den Frauenabteilungen, wo es infolge des schlechten Allgemeinzustandes der Patientinnen zu zahlreichen Todesfällen kam. Daraufhin wurden auch für die Anstaltspfleglinge zwei Isolierstationen eingerichtet, aber jeweils Mitte und Ende März 1915 wieder aufgelöst, da die Krankheit zunächst als erloschen galt.[26] Im Juni 1916 erkrankten jedoch nacheinander erneut acht Pflegerinnen an Typhus, doch ohne dass die Krankheit sich weiter ausbreitete.[27]

Von Juli bis Dezember 1918 forderte schließlich die so genannte spanische Grippe zahllose Opfer unter den Kranken und dem Pflegepersonal. Zumal bei jüngeren, körperlich voll gesunden Personen verlief die Grippe besonders heftig und führte häufig und äußerst schnell zum Tode, während bei älteren und geschwächten Menschen der Krankheitsverlauf langsamer war und seltener einen tödlichen Ausgang hatte. Von insgesamt 386 in der Anstalt an Grippe erkrankten Personen starben 70, darunter vier Pfleger und Pflegerinnen. Überlebende blieben oft noch Wochen nach überstandener Krankheit von chronischer Erschöpfung und starker Müdigkeit gezeichnet.[28]

Die verminderten körperlichen Abwehrkräfte begünstigten den Ausbruch und die Verbreitung von Tuberkulose, die sich insbesondere in einer überfüllten Großanstalt wie

23 ALVR 14646.
24 ALVR 14646.
25 Faulstich, a. a. O. S. 53.
26 ALVR 23105, 14646.
27 ALVR 23105.
28 ALVR 14646; Howard Phillips/David Killingray (Hrsg.): The Spanish Influenza Pandemic of 1918/19. New Perspectives (London/New York 2001).

Bedburg-Hau dramatisch ausbreitete und einen starken Anteil an der hohen Sterblichkeit hatte. Bei den meisten Sterbefällen im Jahre 1918 lautete die Todesursache Tuberkulose, obwohl sich die Ernährungsverhältnisse bereits wieder ein wenig gebessert und die Kranken im Durchschnitt an Gewicht zugenommen hatten.[29] Bei Unterernährung flackert der tuberkulöse Prozess jedoch häufig gerade während der Rekonvaleszenz wieder auf und verläuft dann doch noch tödlich.[30] Die Tuberkulose hatte sich in sämtlichen rheinischen Heil- und Pflegeanstalten aufgrund der katastrophalen Ernährungslage dramatisch ausgebreitet und insbesondere im letzten Kriegsjahr einen »geradezu bedrohlichen Umfang« angenommen. Die auch nach dem Waffenstillstand fortbestehenden Ernährungsschwierigkeiten und infolgedessen anhaltend geschwächten Abwehrkräfte der Kranken ließen den Landespsychiater Dr. Neuhaus im Herbst 1919 zu der Einschätzung gelangen, dass sich der Prozess der Besserung wohl lange Zeit hinziehen und einige Jahre benötigen werde.[31]

In der PHP Bedburg-Hau wurden Ende März 1919 in zwei Häusern Tuberkulose-Abteilungen zur Absonderung Erkrankter eingerichtet, um dadurch Neuansteckungen möglichst zu verhindern. Mit Hilfe von Körpergewichtskurven und regelmäßigen Fiebermessungen wurde versucht, Verdachtsfälle so früh wie möglich zu erkennen und auf die Tuberkulose-Abteilung zu verlegen.[32] Über die Unterbringung der tuberkulosekranken Männer im Männerlazarett berichtete Direktor Flügge im November 1919: »Bei der Auswahl dieses Hauses sind Lage, Weiträumigkeit, Belichtung, Lüftung, Nebenräume, reichliche Wasch-, Bade- und Desinfiziergelegenheiten bestimmend gewesen. Es ist nach Süden orientiert, besitzt dort breite, vorgelagerte Veranden, die beste Liege- und Freiluftbehandlung erlauben. Die grossen Säle erleichtern es, die Betten tunlichst weit auseinander zu rücken, wodurch der Contact [!] von Bett zu Bett und zwischen den darin liegenden Kranken vermieden wird. Die Mehrheit der gut zu übersehenden grösseren Räume lassen eine weitere bequeme Einteilung in Verdächtige, Leichtkranke und Schwererkrankte mit Auswurf zu. Zur Aufnahme Sterbender, besonderer Obhut Bedürfender stehen genügend kleinere Räume zur Verfügung.«[33] Bereits im Laufe des Jahres 1920 erreichte die Tuberkulose-Abteilung durch Verlegung von Kranken aus anderen Anstalten eine durchschnittliche Belegung von etwa 100 Personen, die bis Mitte der

29 Zur Tuberkulose in der Anstalt Bedburg-Hau im Ersten Weltkrieg und den ersten Nachkriegsjahren vgl. Hermann Löw: Über Tuberkulose in Irrenanstalten, in: Allgemeine Zeitschrift für Psychiatrie und Psychisch Gerichtliche Medizin 73 (1917), S. 443–484; Hermann Löw: Richtlinien zur Bekämpfung der Tuberkulose in der Irrenanstalt, in: Psychiatrisch-neurologische Wochenschrift 24 (1922/23), S. 131–136.

30 Vgl. Faulstich, a. a. O. S. 55.

31 ALVR 23100.

32 Löw 1922/23, a. a. O. S. 131 f.

33 ALVR 23100.

1920er Jahre in dieser Höhe bestehen blieb.[34] Im Umgang mit den Kranken wurde vor allem auf größtmögliche Hygiene und eine »gute, reichliche und regelmäßige Ernährung« geachtet. Außerdem wurden die Kranken mit Höhensonnen bestrahlt und so oft es ging auf die Veranda oder in den Garten zur »Freiluftliegekur« gelegt.[35]

Machtkämpfe

Die revolutionäre Bewegung bei Kriegsende hatte im November 1918 auch die PHP Bedburg-Hau erreicht. Am 10. November 1918 erschienen unter Führung eines Unteroffiziers bewaffnete Mitglieder des Arbeiter- und Soldatenrates aus Kleve und erklärten, die Macht übernommen zu haben. Daraufhin wurde auch in der Anstalt ein Arbeiter- und Soldatenrat gewählt und mit weitgehenden Befugnissen ausgestattet. Seine erste Anordnung betraf die Aufhebung der Haftbefehle gegen die zahlreichen wegen Fahnenflucht, Entfernung von der Truppe und anderer militärischer Vergehen in der Anstalt zur Beobachtung untergebrachten Soldaten und die Abschaffung der militärischen Grußpflicht.[36]

Durch Aushang vom 5. Dezember 1918 wurde bekannt gegeben, dass der Arbeiterrat der PHP Bedburg-Hau eine Abzweigung des Arbeiterrates in Kleve sei. Er sei daher berechtigt, eine Kontrolle des Dienstbetriebes auszuüben, weshalb ihm das vorhandene Aktenmaterial zur Verfügung stehe und sämtliche Ein- und Ausgänge zur Gegenzeichnung vorzulegen seien.[37] Innerhalb der Anstalt trat der Arbeiterrat als »Wohlfahrtausschuss (Ausschuss zur Hebung der sozialen Wohlfahrt der Arbeitnehmer im Provinzialdienst)« auf, stieß aber zumindest in Teilen der Bediensteten auf Ablehnung, weshalb er sich genötigt sah, zugleich für seine Ziele zu werben und seinen Gegnern »Konsequenzen« anzudrohen.[38] Durch den Anstaltsdirektor Flügge wurde die kurze Episode der Existenz von Räten innerhalb der Anstalt folgendermaßen zusammengefasst: »Die Zusammenarbeit mit dem Soldatenrat führte zwar nicht zu ernsten Zusammenstössen, entwickelte sich aber oft ziemlich dramatisch, entbehrte auch einer gewissen Komik nicht. Der Sprecher des Soldatenrates, ein ganz junger, schwatzhafter, für diesen Posten total unfähiger Militärkrankenwärter, wurde auf meine Veranlassung entfernt. Nachher musste ich auch mit dem bestehengebliebenen Arbeiter- und Soldatenrat alle Beziehungen und Verhandlungen abbrechen, weil er sich Übergriffe, Unzuständigkeiten und einen ungehörigen, die

34 ALVR 23100, 14646.
35 ALVR 23100; Löw 1922/23, a. a. O. S. 133 ff.
36 ALVR 23046.
37 ALVR 14537.
38 ALVR 14537.

Abb. 4: Weibliche Pflegekräfte 1920er Jahre. Foto: Fotosammlung der LVR-Klinik Bedburg-Hau

Anstalt beunruhigenden Anschlag am schwarzen Brett hatte zuschulden kommen lassen. Seitdem habe ich nichts mehr von ihm bemerkt.«[39]

Flügge tat sich äußerst schwer damit, dass sein patriarchalischer Führungsstil nun von Untergebenen in Frage gestellt wurde. Vor dem Ersten Weltkrieg hatte er noch peinlich darauf geachtet, dass selbst der nach eigenem Bekunden auf »christlich-nationaler Grundlage« stehende »Deutsche Verband der Krankenpfleger und Pflegerinnen« in der Anstalt nicht Fuß fassen konnte, wobei sich offen zur Mitgliedschaft bekennende Bedienstete offenbar mit Entlassung rechnen mussten.[40] Nach dem Ersten Weltkrieg war jedoch das Selbstbewusstsein der Anstaltsbediensteten in der Rheinprovinz deutlich gestiegen, was durch eine Vielzahl von Eingaben und Forderungen an den Landeshauptmann eindrucksvoll belegt ist.[41]

Im Januar 1920 wurde in den Heil- und Pflegeanstalten der Achtstundentag eingeführt. In Bedburg-Hau wurden die Schichten nun so gelegt, dass das Pflegepersonal jeden dritten Wochentag und jeden zweiten Sonntag frei hatte. Von Flügge wurde das Ergebnis der Verhandlungen mit dem Angestelltenausschuss jedoch dahingehend kommentiert, dass er die Regelung für das weibliche Personal für »verhängnisvoll« halte, da es wegen

39 ALVR 23046.
40 Vgl. ALVR 14358, 14347.
41 Vgl. ALVR 23099.

der »überaus grossen Freizeit« ausgeschlossen sei, »ein gutes sittlich gefestigtes, dem Ernst des Berufes gewachsenes pflichttreues Pflegerinnenpersonal« heranzubilden.[42]

Mitte Mai 1920 wurden die Angestelltenausschüsse durch gewählte Betriebsräte mit erweiterten Kompetenzen ersetzt.[43] Flügge tat sich offenbar recht schwer damit, seinem Personal Mitspracherechte zuzugestehen, so dass zunächst heftige Konflikte an der Tagesordnung waren. Aus seiner Sicht brachte die Existenz eines Betriebsrates nur Schwierigkeiten: »Am 18. Mai trat an Stelle des Angestelltenausschusses der Betriebsrat in Tätigkeit. Das Arbeiten mit ihm kann nicht als ein erfreuliches bezeichnet werden. Er ist sehr rege und sein äußerst betriebsamer Obmann sorgt dafür, daß Pflegerschaft und Dienstpersonal immer in Bewegung bleiben. Besprechungen, Betriebsversammlungen, Betriebsratssitzungen etc. folgen sich andauernd in kurzen Zwischenräumen; an Wünschen, Forderungen, Beschwerden, Stellungnahmen fehlt es nie, sodaß ein recht erheblicher Teil von Arbeitskraft u. Zeit des Direktors und seines Stellvertreters dadurch in Anspruch genommen wird, ohne daß dabei für die Anstalt ersprießliches herauskommt.«[44] Flügge ging sogar so weit, einem gewählten Betriebsratsmitglied ohne Zustimmung zu kündigen, so dass aus der Entlassung Rechtsstreitigkeiten erwuchsen.[45] Es sollte noch einige Zeit dauern, bis sich das spannungsgeladene Verhältnis von Anstaltsleitung und Betriebsrat normalisierte.

Nachkriegszeit 1920–1923

Die hohe Sterblichkeit während des Krieges hatte die Zahl der Bewohner psychiatrischer Anstalten um fast 70.000 Menschen auf 173.000 im Jahre 1919 vermindert. Die Anstalten standen weitgehend leer, und die Anzahl der Insassen blieb bis 1924 auf konstant niedrigem Niveau. Sie stagnierte reichsweit von 1920 bis 1923 bei ca. 185.000 Personen. Gemessen an der Vorkriegszeit spielte die Ausgrenzung in Heil- und Pflegeanstalten für die Armutsverwaltung nur eine geringe Rolle und wurde im Zuge einer allgemeinen Sparpolitik möglichst vermieden. Angesichts des massenhaften Elends wurden herrschende Normen überdies so weit aufgeweicht, dass eine Aussonderung psychisch Kranker unterblieb, die in der Masse der Armutsbevölkerung aufgingen. Die öffentlichen Anstalten konnten ihre Kapazitäten nur deshalb erhalten, weil sie meist auch noch als Lazarette genutzt wurden.[46]

42 ALVR 14347.

43 ALVR 14357.

44 ALVR 14646.

45 ALVR 14357.

46 Vgl. Hans-Ludwig Siemen: Menschen blieben auf der Strecke … Psychiatrie zwischen Reform und Nationalsozialismus (Gütersloh 1987), S. 33 u. S. 44 f.

Im Zuge der Rheinlandbesetzung durch die Alliierten zur Absicherung der deutschen Reparationsverpflichtungen infolge des Waffenstillstandes zogen am 12. Dezember 1918 belgische Besatzungstruppen in Kleve ein. Die von Direktor Flügge sofort befürchtete Belegung mit belgischen Truppen erfolgte dann aber erst Ende April 1919. Am 26. April 1919 wurden fünf Häuser auf der Männerseite samt Inventar (M1, M6, M7, M8 und M9) mit zusammen 320 Betten für die Pflege von geschlechtskranken belgischen Soldaten und vier möblierte Offizierswohnungen dem belgischen Lazarett zur Verfügung gestellt. Im Mai 1919 wurde schließlich durch einen besichtigenden belgischen Generalarzt noch die Beschlagnahme der leerstehenden Häuser C, D und E auf der Männerseite angeordnet. Da die zusätzlich beanspruchten 219 Betten ungenutzt blieben, wurde der Anstalt im Februar 1920 das Verfügungsrecht vorübergehend zurückgegeben, jedoch schon Anfang April 1920 wieder entzogen.[47] Die Häuser blieben zwar ungenutzt, konnten aber auch nicht für die Belegung mit aus der Anstalt Galkhausen im Juni 1921 eintreffenden Kranken genutzt werden, wo wegen der Einrichtung eines britischen Lazaretts Platz geschaffen werden musste.[48] Erst am 1. Oktober 1921 wurden die Häuser M9, MC und MD durch die Besatzungsbehörde endgültig zurückgegeben.[49]

Obwohl der gesamte Bereich des belgischen Lazaretts mit Stacheldraht abgezäunt war, und ein Kontakt mit der Anstalt lediglich in den Bereichen gemeinsam genutzter Infrastruktur vorkam, waren Konflikte und Reibereien an der Tagesordnung: Anordnungen der Belgier wurden ignoriert, Reparaturen nicht oder unsachgemäß ausgeführt, der Betrieb des Lazaretts nach Kräften sabotiert, und wiederholt kam es zu Tätlichkeiten von beiden Seiten. Nach der Ausweitung der alliierten Besatzung auf das Ruhrgebiet im Januar 1923 häuften und verschärften sich die Feindseligkeiten, wobei deutsche Bedienstete des Lazaretts nun bedroht und belästigt wurden und es sogar zu feindseligen Zusammenrottungen deutschen Anstaltspersonals vor dem Lazarett kam.[50] Mitte März 1923 wurde das belgische Militärlazarett schließlich aufgelöst und die Beschlagnahme der in der Anstalt belegten Gebäude aufgehoben.[51]

Infolge der Rheinlandbesetzung waren der PHP Bedburg-Hau im Dezember 1918 außerdem ihre Hauptaufnahmegebiete verloren gegangen, da eine Überführung von Kranken aus den Städten Hamborn, Dinslaken, Oberhausen, Mülheim/Ruhr und Duisburg vorerst nicht mehr möglich war.[52] Am 1. April 1919 hatte die PHP Bedburg-Hau mit 1.068 Patienten den Tiefstand ihrer Auslastung erreicht. Nur durch Verlegungen aus

47 ALVR 10476.
48 ALVR 44983.
49 ALVR 10476.
50 ALVR 14646. Zu den zahlreichen Konflikten zwischen deutschem Anstaltspersonal und belgischer Besatzung vgl. ALVR 44983, 10477.
51 ALVR 10477.
52 ALVR 23124.

Abb. 5: Schwemmsteinherstellung im Hof des Bewahrungshauses 1920er Jahre. Foto: Fotosammlung der LVR-Klinik Bedburg-Hau

anderen Anstalten der Rheinprovinz konnte die Belegung zum 1. April 1920 auf 1.414 Kranke gesteigert werden, die jedoch im darauf folgenden Jahr wieder auf 1.303 Patienten fiel. Erst ab 1922 befanden sich infolge weiterer Verlegungen wieder etwas mehr als 1.500 Kranke in der Anstalt, wobei diese Zahl mit 1.573 zum 1. April 1923 nur unwesentlich überschritten wurde. Da die Anstalt für 2.200 Kranke ausgelegt worden war, musste, auch unter Hinzurechnung der 300 belgischen Lazarettkranken, eine viel zu geringe und daher besonders kostspielige Belegung der PHP Bedburg-Hau konstatiert werden.[53]

Allerdings traf Mitte April 1920 erstmals wieder ein Transport mit 20 »geisteskranken Verbrechern« ein, die für eine Unterbringung im Bewahrungshaus bestimmt waren.[54] Bereits ab 1922 waren dort wieder durchschnittlich 68 forensische Patienten in zehn Einzelzellen, sechs Schlafzimmern und drei Wachsälen untergebracht. Das Bewahrungshaus war für psychisch kranke Straftäter errichtet worden und besaß daher besondere Sicherungsmaßnahmen wie massive Holztüren und vergitterte Fenster. Die Insassen standen Tag und Nacht unter Bewachung und wurden einer sehr straffen Hausordnung unter-

53 Vgl. die in den Verwaltungsberichten mit Stichtag 1. April angegebenen Belegungszahlen, in: ALVR 14646.

54 ALVR 23053.

worfen. Daneben wurde ein Teil der forensischen Patienten mit Zement- und Schlackensteinfabrikation zur Arbeit herangezogen.[55]

Wegen der ansonsten aber völlig unzureichenden Auslastung der Anstalt lag es nahe, die leer stehenden Häuser vorerst anderweitig zu nutzen: Am 1. Dezember 1919 wurden der PHP die Pfleglinge des aufgelösten Landarmenhauses in Trier zugewiesen, und in zwei Häusern wurde eine gesonderte »Landarmenhausabteilung« eingerichtet. Diese erhielt bereits kurz nach ihrer Eröffnung auch zahlreiche Anfragen durch Kommunen aus dem nördlichen Rheinland mit der Bitte um Aufnahme weiterer Pfleglinge, was der Provinzialverband in der Regel gestattete.[56] Auf die eingehenden Aufnahmeanträge reagierte Direktor Flügge mit der Anfrage an den Landeshauptmann in Düsseldorf, ob die Anstalt Bedburg-Hau nun etwa dauerhaft die Aufgabe des aufgelösten Landarmenhauses zu übernehmen habe. Er sei bislang davon ausgegangen, es sei lediglich eine vorübergehende Unterbringung beabsichtigt, zumal die belegten Abteilungen für die Unterbringung Geisteskranker nicht mehr zur Verfügung stünden. Durch die Provinzialverwaltung wurde jedoch offen gelassen, inwieweit die Unterbringung vorübergehend oder dauerhaft erfolgen solle; die Landarmenabteilung wurde jedenfalls vorerst weiter mit Pfleglingen belegt.[57]

Mit ihrer Situation in Bedburg-Hau unzufrieden war offenbar auch mindestens ein Teil der Armenhäusler, die sich mit Beschwerden über ihre Unterbringung, Versorgung und ihre Behandlung in der Anstalt auch direkt an den Landeshauptmann wandten und um Verlegung in eine andere Einrichtung baten. Flügge entgegnete, die Pfleglinge der Landarmenabteilung würden hinsichtlich Kleidung, Unterbringung und Nahrung wie die Kranken behandelt, könnten sich aber wesentlich freier bewegen als diese. Die Pfleglinge würden nur deswegen von manchen Patienten als die »dreckigen Trierer« bezeichnet, weil viele von ihnen »der Erziehung zur Arbeit, Sauberkeit und Ordnung erheblichen Widerstand« entgegen setzten.[58] Im November 1921 beklagte Flügge insbesondere die »starke Anhäufung von Blinden« in der Landarmenabteilung: »Die Blinden verlangen stürmisch ihre Wegversetzung von hier, erheben ungerechtfertigte Beschuldigungen gegen die Anstalt, beeinflussen sich gegenseitig und die anderen Häuslinge in übler Weise.«[59]

Noch im Dezember 1924 wurde aber infolge fortlaufender Belegung der Landarmenabteilung zur Behebung des Platzmangels vorerst die Nutzung eines weiteren Hauses für die Unterbringung von »Orts- und Landeshilfsbedürftigen« durch den Landeshauptmann genehmigt, da ohnehin noch 400 Plätze auf der Männerseite der Anstalt frei seien.[60]

55 Vgl. ALVR 23070.
56 Vgl. ALVR 23020.
57 ALVR 23124.
58 ALVR 23076.
59 ALVR 23020.
60 ALVR 23020.

Bereits im Februar 1926 wurde jedoch angeordnet, die für die Unterbringung der Alterspfleglinge benutzten Häuser wegen »starker Zunahme der Zahl der Geisteskranken« wieder als Irrenanstalt zu nutzen.[61] Die Armenhäusler wurden darauf am 30. April 1926 in die Landarmenhausabteilung der Provinzial-Arbeitsanstalt Brauweiler bei Köln verlegt, wobei für die Blinden, unter der Voraussetzung, dass sie sich »der Hausordnung willig fügen und zu klagen keinen Anlass« gäben, eine Unterbringung in Pflegeheimen vorgesehen war.[62]

Hyperinflation

Die bereits im Ersten Weltkrieg einsetzende Inflation, die sich nach Kriegsende wegen der zu tragenden Kriegskosten und zu erbringenden Reparationen an die Siegermächte weiter verschärfte, eskalierte im Laufe des Jahres 1922 zur Hyperinflation. Um die Staatsschulden zu begleichen, hatte sich die Reichsregierung die nötigen Mittel durch eine unkontrollierte Vermehrung des in Umlauf gebrachten Papiergeldes besorgt, wodurch die Lasten des verlorenen Krieges auf die abhängig Beschäftigten und kleinen Sparer abgewälzt wurden. Mit der Einführung der Rentenmark am 15. November 1923 wurde das bereits seit Monaten dezentral in Umlauf gebrachte Notgeld zu einem Kurs von einer Billion Mark für eine Rentenmark ausgetauscht.

Seit Anfang 1922 mussten die Pflegesätze daher durch den Provinzialverband laufend und in immer kürzeren Abständen an die fortschreitende Geldentwertung angepasst werden. Zahlreiche Familien von Kranken konnten nun nicht mehr für die Pflegekosten aufkommen und baten um Entlassung ihrer Angehörigen.[63] Da es infolge der galoppierenden Inflation auch immer schwieriger wurde, bei der Versorgung der Kranken mit der Teuerung Schritt zu halten, wirkte sich dies auf die Situation der Patienten und Patientinnen aus: Der Teuerung wurde vor allem durch Einsparungen bei kostenintensiven Nahrungsmitteln begegnet, was wie schon während des Krieges zu einer »Vereinfachung« der Beköstigung führte. Durch die Rheinlandbesetzung waren außerdem Transportschwierigkeiten entstanden, welche die Heranschaffung von Lebensmitteln und Heizmaterial zusätzlich erschwerten. Infolge Kohlenmangels wurde die Anstalt kaum noch beheizt und der Badebetrieb weitgehend reduziert, was sich spürbar auf die Stimmung und die Hygiene auf den Abteilungen auswirkte. Zudem waren benötigte Medikamente entweder nicht mehr bezahlbar oder überhaupt nicht mehr zu erhalten, so dass zu Lasten der Patienten auf weniger wirksame Ersatzpräparate zurückgegriffen werden musste.[64]

61 ALVR 23020.
62 ALVR 23020.
63 Zur Festlegung der Pflegesätze durch den rheinischen Provinzialverband in der Hyperinflation vgl. ALVR 23031, 23016.
64 ALVR 23097.

Abb. 6: Auf der Veranda im Pflegerinnenheim 1920er Jahre. Foto: Fotosammlung der LVR-Klinik Bedburg-Hau

Da die Kreissparkasse in Kleve seit Sommer 1923 aus Platzgründen nicht mehr im Stande war, die erforderlichen Barbeträge für die PHP Bedburg-Hau bereit zu halten, musste der Geldverkehr mit der Anstalt durch Boten besorgt werden und auch die Auszahlung der Löhne und Gehälter mit Notgeld vor Ort erfolgen.[65] Durch den nach Ende der Hyperinflation einsetzenden ökonomischen Aufschwung entstand zunächst ein erhöhter Arbeitskräftebedarf, der sich auch auf die Situation in Bedburg-Hau auswirkte, weil dadurch eine spürbare Abwanderung des Pflegepersonals in Gang gesetzt wurde. Über die Personalsituation berichtete Flügge Anfang März 1924: »Seit November v. J., wo bereits schon 10 Pflegerinnen fehlten, sind weitere 18 Pflegerinnen abgegangen, neue Kündigungen stehen in Aussicht; eingestellt sind in dieser Zeit nur 2 Pflegerinnen, denen schon vor der Sperrzeit zugesagt war. Schon jetzt müssen regelmäßig für Überstunden 100 Billionen Mark monatlich gezahlt werden. Die Pflegerinnen sind überanstrengt, können den ihnen zustehenden Urlaub nicht antreten, sind infolgedessen mißgestimmt und verdrießlich.«[66]

65 ALVR 23119, 23029.
66 ALVR 14359.

Die wenig später durch den Provinzialverband auf 60 Wochenstunden erhöhte Arbeitszeit dürfte die Attraktivität des Pflegedienstes dabei noch zusätzlich vermindert haben.[67] Die Erhöhung der Arbeitszeit sollte einen beabsichtigten Personalabbau ausgleichen, um die infolge der Krise finanziell angeschlagene Situation des rheinischen Provinzialverbandes zu verbessern. Der PHP Bedburg-Hau wurde jedoch attestiert, dass sie mit 132 Pflegern für 950 männliche Kranke und 119 Pflegerinnen für 1.000 weibliche Kranke im Verhältnis zu den anderen Heil- und Pflegeanstalten nur sehr wenig Pflegepersonal beschäftige, weshalb die Neueinstellung von zehn Pflegerinnen zugestanden wurde.[68] Es wurden daher elf Pflegerinnen nach Bedburg-Hau abgeordnet, die in anderen PHPs eingespart werden sollten, jedoch durchweg die zugewiesene Stelle nicht antraten. Auch wiederholte Zeitungsinserate konnten das Personalproblem vorerst nicht lösen, so dass vier Häuser auf der Frauenseite und drei Häuser auf der Männerseite längere Zeit nicht mit psychisch Kranken belegt werden konnten. Für die Anstalt verschärften sich die Schwierigkeiten bei der Aufrechterhaltung des Pflegedienstes währenddessen noch dadurch, dass ein spürbarer Anstieg der Zahl der Patienten im Sommer 1924 die Belegung bisher leer stehender Häuser erforderlich machte.[69]

Aufschwung 1924–1929

Im Zeitraum von 1924 bis 1929 nahm die Zahl der Psychiatriepatienten reichsweit von ca. 185.000 auf mehr als 300.000 Menschen zu. Der wirtschaftliche Aufschwung veränderte die sozialen Strukturen dahingehend, dass die Ausgrenzungskraft der herrschenden Normen sich deutlich steigerte und bis dahin unter zumeist elenden Bedingungen in der Gesellschaft lebende psychisch Kranke wieder vermehrt als »Irre« auffällig wurden. Entsprechend erhöhte sich das Verhältnis der in Heil- und Pflegeanstalten verpflegten Menschen zur Gesamtbevölkerung von 3 Prozent im Jahre 1923 auf 4,8 Prozent im Jahre 1929. Befördert wurde diese Entwicklung durch die 1924 in Kraft getretene Reichsfürsorgeverordnung, wodurch der Anteil der auf öffentliche Kosten untergebrachten Kranken deutlich ausgeweitet wurde.[70]

Zum 1. April 1924 betrug die Auslastung der PHP Bedburg-Hau noch 1.772 Patienten – zum 1. April 1925 waren es schon 2.083. Seit dem Frühjahr 1926 war die auf 2.200 Betten ausgelegte Einrichtung bis 1929 mit 2.500 bis 2.600 Patienten ständig überbelegt: Zum 1. April 1926 befanden sich 2.511 Kranke, zum 1. April 1927 dann 2.525 Kranke und

67 ALVR 23005.
68 ALVR 23005.
69 ALVR 23097.
70 Siemen, a. a. O. S. 59 ff.

Abb. 7: Tagesraum in der Frauenaufnahme 1920er Jahre. Foto: Fotosammlung der LVR-Klinik Bedburg-Hau

zum 1. April 1929 insgesamt 2.596 Patienten in der Anstalt.[71] Diese Überbelegung der Anstalt blieb freilich nicht ohne gesundheitliche Folgen für die untergebrachten psychisch Kranken.

Der während des Ersten Weltkrieges in die PHP Bedburg-Hau eingeschleppte Typhus war nie ganz zum Erlöschen gebracht worden, weshalb immer wieder einzelne Erkrankungsfälle gemeldet werden mussten. Mit der nach dem Ende der Inflationszeit wieder dichter belegten Einrichtung nahm der Typhus auch wieder epidemischen Charakter an: Ende Juli 1924 erkrankten in schneller Folge 15 Patientinnen und drei Pflegerinnen, worauf das Frauenlazarett zur Isolierung der Typhuskranken und Keimträgerinnen hergerichtet wurde. Im März 1925 wurde die Isolierabteilung wieder aufgelöst, da es zunächst den Anschein hatte, die Epidemie sei unter Kontrolle gebracht. Im August 1925 flackerte der Typhus aber im Siechenhaus F9 auf der Frauenseite wieder auf, so dass nun die hauptsächlich betroffene Abteilung zur Isolierung von über 100 Typhuskranken, Typhusverdächtigen und Bazillenträgerinnen genutzt wurde.[72] Bereits während der erneuten Typhusepi-

71 Vgl. die in den Verwaltungsberichten mit Stichtag 1. April angegebenen Belegungszahlen, in: ALVR 23097.

72 Vgl. ALVR 23105.

demien war von der Anstaltsdirektion wiederholt auf die Errichtung eines gesonderten Infektionshauses zur Isolierung epidemisch Erkrankter gedrängt worden. Denn infolge zunehmender Belegung sei zu befürchten, dass, im Falle erneuter Epidemien, eine Isolierung der Kranken in den vorhandenen Häusern nicht mehr durchführbar sein werde.[73] Verbunden mit der Absicht, sämtliche an Typhus Erkrankten und Verdächtigen sowie alle Bazillenträger aus provinzialen wie auch konfessionellen Heil- und Pflegeanstalten des Rheinlandes in Bedburg-Hau zusammenzufassen, wurde dem Vorhaben schließlich zugestimmt und im Oktober 1927 mit dem Bau eines Isolierhauses begonnen.[74] Nachdem bereits im Frühjahr 1928 etwa 40 Typhusbazillenträger in Bedburg-Hau gesammelt worden waren, wurde das ein Jahr später fertig gestellte Isolierhaus für Infektionskrankheiten dann Anfang April 1929 mit männlichen und weiblichen Kranken belegt.[75]

Mit dem 1924 einsetzenden Anstieg der Belegungszahlen gelangte auch verstärkt eine neue Klientel in die rheinischen Heil- und Pflegeanstalten: Bereits vor dem Ersten Weltkrieg war damit begonnen worden, das Scheitern staatlicher Ersatzerziehung den Zöglingen als Zeichen »geistiger Minderwertigkeit« zuzurechnen. Jugendliche, die sich den Verhaltenserwartungen in den Fürsorgeerziehungsheimen nicht fügen wollten oder konnten, wurden mit schwammigen und zum Teil widersprüchlichen Konzeptionen als »psychopathisch« etikettiert, was nicht notwendig bedeuten musste, dass ihnen ein Mangel an Intelligenz oder eine Geisteskrankheit attestiert wurde. Dennoch bestand unter Pädagogen Einigkeit darüber, dass die Gruppe renitenter und normabweichender Fürsorgezöglinge als psychisch krank einzuschätzen und daher der Psychiatrie zu überantworten sei. Da sich Mitte der 1920er Jahre auch die Überweisungen älterer Jugendlicher in die Fürsorgeerziehung häuften, wurde nun damit begonnen, die schwierigsten Zöglinge in die Heil- und Pflegeanstalten abzuschieben.[76] Diese begrüßten eine solche Ausweitung ihrer Kompetenzen jedoch keineswegs: »In einigen Anstalten wurde lebhaft darüber Klage geführt, dass weibliche Fürsorgezöglinge (Psychopathen) in Irrenanstalten untergebracht werden und daselbst infolge ihres lärmenden und stürmischen Wesens nicht nur dem Pflegepersonal die Arbeit und Aufsicht erheblich erschweren, sondern auch die Geisteskranken belästigen und teilweise auch tätlich angreifen.«[77]

Der Direktor der PHP Bedburg-Hau sprach sich ausdrücklich gegen weitere Zuweisungen von Fürsorgezöglingen aus, da diese einen »sehr üblen Einfluß« auf die Geisteskranken ausübten und ihre Behandlung störten, weshalb die Zöglinge eine Last darstell-

73 Vgl. ALVR 23051.

74 ALVR 23122.

75 ALVR 23105, 23097.

76 Vgl. Sabine Blum-Geenen: Fürsorgeerziehung in der Rheinprovinz von 1871–1933 (Köln 1997), S. 105–114 u. 279–291; Sven Steinacker: Der Staat als Erzieher. Jugendpolitik und Jugendfürsorge im Rheinland vom Kaiserreich bis zum Ende des Nazismus (Stuttgart 2007), S. 104–111 u. 227–230.

77 ALVR 14365.

ten, die »nicht mehr länger zu ertragen« sei. Die Frage »der Entfernung dieser Elemente aus den Irrenanstalten« bedürfe unbedingt der Lösung, da besonders die Anstalt Bedburg-Hau immer mehr »von Psychopathen überschwemmt« werde.[78]

Anfang 1928 wurde schließlich eine Nachprüfung der in den Heil- und Pflegeanstalten befindlichen Fürsorgezöglinge durchgeführt, um nur noch die als geisteskrank Diagnostizierten in der Psychiatrie zu belassen.[79] Für die »psychopathischen« Zöglinge wurden hingegen gesonderte Bewahrungsheime eingerichtet.[80] Dennoch wurden auch in den Folgejahren noch vereinzelt »Psychopathinnen« aus den Fürsorgeerziehungsheimen in die Anstalt Bedburg-Hau überwiesen.[81]

Therapie

Das Handlungsvermögen der Psychiater war auch während der Weimarer Republik äußerst beschränkt und reduzierte sich weitgehend auf unspezifische Verwahrung der den Anstalten zugewiesenen Menschen. Die Behandlung der Kranken erhielt zwar durch die bereits im 19. Jahrhundert praktizierte Bettbehandlung oder Dauerbäder den Anstrich des Medizinischen, unterschied sich jedoch ansonsten kaum von Armenhäusern, Pflegeheimen oder Haftanstalten.[82] Zur Disziplinierung wurden gegen unruhige, unsaubere oder aggressive Patienten so genannte Dauerbäder oder aber feuchte Einpackungen eingesetzt.

Zur Beruhigung wurden auch in Bedburg-Hau täglich bis zu 50 Kranke mehrere Stunden lang, und das zum Teil über Wochen, in mit einem Deckel abgeschlossenen Wannen mit lauwarmem Wasser zwangsbehandelt. Die hygienischen Verhältnisse in den Bädern waren derart schlecht, dass die dort im Wasser liegenden Kranken über Jahre hinweg regelmäßig an Furunkulose erkrankten.[83] Daneben wurden unruhigen Kranken auch feuchte Einpackungen verordnet, während denen sie fest in Leinentücher eingewickelt waren. Die Kranken blieben so über mehrere Stunden eingepackt, und die Körpertemperatur führte zu einer allmählichen Erhitzung der Tücher. In Bedburg-Hau waren die Oberpfleger offenbar durch die Ärzte befugt, bei »schwierigen Kranken« selbstständig und ohne besondere ärztliche Anordnung feuchte Einpackungen vorzunehmen, während denen die Patienten gewaltsam in Decken eingenäht wurden, damit sie die Tücher nicht wieder entfernen konnten.[84]

78 ALVR 23124; vgl. Steinacker, a.a.O. S. 229.
79 ALVR 23124.
80 Steinacker, a.a.O. S. 228ff.; Blum-Geenen, a.a.O. S. 377ff.
81 ALVR 14365.
82 Vgl. Siemen, a.a.O. S. 63 u.S. 75.
83 ALVR 14646.
84 ALVR 23060.

Abb. 8: Badezimmer in einem Krankengebäude 1920er Jahre. Foto: Fotosammlung der LVR-Klinik Bedburg-Hau

Eine der wenigen therapeutischen Neuerungen in der Psychiatrie war die 1918 durch den Wiener Psychiater Julius Wagner-Jauregg entdeckte Malariatherapie zur Behandlung der Progressiven Paralyse, einer fortgeschrittenen Syphilis, bei der die Erreger Nerven und Gehirn befallen hatten. Da die Syphiliserreger temperaturempfindlich sind, wurde versucht, die Krankheit durch künstlich ausgelöstes Malariafieber günstig zu beeinflussen. Durch die Impfmalaria konnten jedoch Nebenwirkungen wie Kreislaufkomplikationen, Abmagerung oder Blutungen sowie schwere Spätschäden eintreten. Durchschnittlich waren in den 1920er Jahren weniger als fünf Prozent der in Heil- und Pflegeanstalten behandelten Patienten an Progressiver Paralyse erkrankt, weshalb die neue Therapie von den Psychiatern auch eher zurückhaltend angenommen wurde.[85]

Bei Direktor Flügge bestanden zunächst aber Bedenken gegen die neue Therapie wegen der am Niederrhein gelegentlich vorkommenden Anophelesmücke, der Übertragerin der Malaria, da er bei einer Anwendung eine Ausbreitung der Krankheit befürchtete. Nach-

85 Ludger Weß: Menschenversuche und Seuchenpolitik – Zwei unbekannte Kapitel aus der Geschichte der deutschen Tropenmedizin, in: 1999. Zeitschrift für Sozialgeschichte des 20. und 21. Jahrhunderts 8 (1993), S. 10–50, hier S. 15 f.; Siemen, a. a. O. S. 71. Für seine Entdeckung der Malariatherapie bei Paralytikern wurde Julius Wagner-Jauregg 1927 der Nobelpreis verliehen.

dem aber Versuche einwandfrei die Unübertragbarkeit der Impfmalaria nachgewiesen hatten, wurden im Herbst 1925 die Ärzte Dr. Bastin und Dr. Drews zu einer Fortbildung abgeordnet, und im Dezember 1925 wurde die Malariatherapie auch in Bedburg-Hau eingeführt.[86] Die Malariatherapie änderte freilich nichts am Unvermögen der praktischen Psychiater gegenüber der Masse der Anstaltsbewohner.

Die gegen Mitte der 1920er Jahre rapide ansteigenden Belegungsziffern ließen wegen drohender Überfüllung der Anstalten indes die Bereitschaft der Psychiater, sich für neue, reformerische Therapieansätze zu öffnen, spürbar ansteigen. Durch die in Erlangen eingeführte psychiatrische Außenfürsorge wurde eine Verkürzung der Verweildauer möglich, die »Familienpflege« als Mittel einer kostengünstigeren Versorgung chronischer Patienten und Patientinnen außerhalb der Anstalt blühte neu auf und die »aktive Therapie« nach Hermann Simon (1867–1947) hatte den nicht unwillkommenen Effekt, durch Heranziehung möglichst vieler Patienten zur Arbeit die Unterbringungskosten zu vermindern.[87] Die durch Hermann Simon in den westfälischen Anstalten Warstein und Gütersloh eingeführte »aktive Therapie« hatte dieser erstmals 1923 der Fachöffentlichkeit vorgestellt. Simon propagierte eine möglichst weitgehende Beschäftigung der Geisteskranken mit Arbeit, um damit, wenn auch nicht die psychische Erkrankung selbst, so doch wenigstens die Krankheitsauswirkungen positiv zu beeinflussen. Zur Durchsetzung der Arbeitstherapie entwickelte er in fünf Stufen ein differenziertes System von Tätigkeiten, das von »allereinfachsten Arbeiten« bis zu Aufgaben reichte, welche die »volle normale Leistungsfähigkeit eines Gesunden« erforderten, um so möglichst alle Anstaltsbewohner einbinden zu können. Durch die »aktive Therapie« wurden die psychisch Kranken nicht mehr ausschließlich als »Irre« wahrgenommen, die es durch Bettbehandlung möglichst pflegeleicht zu verwahren galt. Sie bekamen durch die Arbeitstherapie nun erweiterte Möglichkeiten zur Teilhabe an sozialer Gemeinschaft und mehr Bewegungsfreiheit zugestanden. Zugleich wurde aber ein geordnetes und normalisiertes Milieu in der Anstalt geschaffen, das letztlich nur gesunde Lebensäußerungen zuließ und als Preis für größere und menschenwürdigere Lebensräume die Unterdrückung des eigenen Irreseins verlangte.[88]

Durch die Direktion und die Ärzte der PHP Bedburg-Hau wurde bereits im Jahre 1925 die westfälische PHP Gütersloh wegen der dort geübten »aktiven Therapie« besichtigt. Noch im gleichen Jahr wurde die neue Therapie in Bedburg-Hau zur Anwendung gebracht, wodurch die Bettbehandlung sehr eingeschränkt wurde und nur noch etwa ein Fünftel der Insassen betraf. Durch Einrichtung von fünf Nähstuben auf den Frauenab-

86 ALVR 23097.

87 Siemen, a. a. O. S. 59 ff.

88 Zur »aktiven Therapie« vgl. Angela Grütter: Hermann Simon. Die Entwicklung der Arbeits- und Beschäftigungstherapie in der Anstaltspsychiatrie – Eine biographische Betrachtung (Aachen 1995), S. 111–134; Bernd Walter: Hermann Simon. Psychiatriereformer, Sozialdarwinist, Nationalsozialist?, in: Der Nervenarzt 73 (2002), S. 1047–1054.

Abb. 9: Arbeitstherapie Landwirtschaft 1920er Jahre. Foto: Fotosammlung der LVR-Klinik Bedburg-Hau

teilungen standen für weibliche Kranke ausreichend Beschäftigungsmöglichkeiten zur Verfügung, während die Arbeitsgelegenheiten für die Männer stärker von Aufträgen von außerhalb der Anstalt abhingen und daher Schwankungen unterlagen.[89] Bereits auf der rheinischen Anstaltsdirektorenkonferenz am 9. Juni 1926 sprachen sich die Beteiligten der Reihe nach günstig über die Einführung der »aktiven Therapie« aus und berichteten von einer steigenden Anzahl beschäftigter Patienten sowie einer damit einhergehenden Beruhigung der Kranken.[90]

Auf eine Rundfrage zur Durchführung der »aktiveren Krankenbehandlung in den Irrenanstalten« aus dem Jahr 1928 antwortete die PHP Bedburg-Hau, dass 1923 noch durchschnittlich 65 Prozent der Kranken beschäftigt gewesen seien, während es 1928 bereits 82 Prozent seien. Der größte Teil der Männer, insgesamt 279, war auf den 136 Hektar großen landwirtschaftlichen Flächen der Anstalt eingesetzt, während bei den 644 Patientinnen die Heranziehung zu Handarbeiten überwog. Daneben waren noch etwa 300 Kranke beiderlei Geschlechts mit Tätigkeiten zur Aufrechterhaltung des Anstaltsbetriebes befasst. Um möglichst viele Patienten mit Arbeit beschäftigen zu können, waren zusätzliche Aufträge von Unternehmen außerhalb der Anstalt angenommen worden, so dass Kranke außerdem noch beim Mattenflechten, der Korbflechterei, dem Bürstenbinden, der Tabakverarbeitung, der Kartonagenfabrikation und beim Tütenkleben eingesetzt waren. Im Gesamturteil bilanzierte die Anstaltsdirektion, dass die aktive Therapie sowohl

89 ALVR 23048.
90 ALVR 23124.

Abb. 10: Arbeitstherapie Kartonage 1920er Jahre. Foto: Fotosammlung der LVR-Klinik Bedburg-Hau

zur Beruhigung der Kranken wie auch zur Verringerung der Betriebskosten beigetragen habe.[91]

Eine sehr weitgehende Neuerung bildete der nach dem Vorbild der Heil- und Pflegeanstalt in Hildesheim 1927 unternommene Versuch, so genannte pflegerlose Abteilungen in Bedburg-Hau einzurichten. Das Experiment wurde jedoch nach wenigen Monaten zunächst wieder aufgegeben, da die zur Aufsicht bestellten Patienten sich offenbar als ungeeignet erwiesen, indem sie ihre Kompetenzen überschritten und infolgedessen keinerlei Entlastung für das Personal eintrat. Dennoch wurde ab August 1928, allerdings unter Aufsicht der Frauenaufnahme, erneut eine »pflegerlose Abteilung« auf der Frauenseite eingerichtet sowie eine Männerabteilung als »pflegerarme« Abteilung mit nur einem Pfleger besetzt.[92]

Seit den frühen 1920er Jahren begann sich außerdem das Konzept der »offenen Fürsorge« langsam durchzusetzen: Die Entlassenenfürsorge wurde ausgebaut, Beratungsstellen für Nerven- und Gemütskranke wurden eingerichtet, und es wurde damit begonnen, psychiatrische Aufklärungsarbeit zu leisten. Dabei handelte es sich jedoch nicht so sehr um ein Produkt demokratisierter Verhältnisse als vielmehr um ein technokratisches Instrument zur Effektivierung der Psychiatrie, welches durch Wiedereingliederung psy-

91 ALVR 23124.
92 ALVR 23097.

chisch Kranker in ihr soziales Umfeld dazu beitragen sollte, die Kosten für ihre Versorgung möglichst gering zu halten. Für die Betroffenen stellte die offene Fürsorge dennoch zunächst einen Zugewinn an Lebensmöglichkeiten dar, weil sie die Anstalt verlassen und auf Unterstützung in Problem- und Krisensituationen hoffen konnten. Zugleich geriet nun aber eine Vielzahl von Menschen ohne Anstaltserfahrung in den Gesichtskreis der Fürsorgepsychiater, die nun versuchten, ihre Kompetenzen auch auf vormals noch nicht psychiatrisierte Menschen auszudehnen.[93]

Auf der Anstaltsdirektorenkonferenz der Rheinprovinz im Jahr 1926 waren zunächst zwei Formen der »offenen Fürsorge« diskutiert worden: das »Erlanger-System«, das eine Betreuung durch Ärzte und Fürsorgerinnen der zuständigen Anstalt umfasste, und das kostengünstigere »Gelsenkirchener System«, das lediglich eine Überweisung entlassener Kranker an die kommunalen Fürsorgestellen vorsah.[94] Im Anschluss an die Sitzung beschränkte man sich zunächst weitgehend darauf, die Anstalten der Rheinprovinz dazu anzuhalten, den Fürsorgestellen der Stadt- und Landkreise Entlassungen aus der Anstalt unter Beifügung einer Mitteilung über den Zustand des Kranken anzuzeigen. Der wiederholte Hinweis von Seiten des Landeshauptmanns Dr. Horion, dieses Verfahren einzuhalten, legt jedoch nahe, dass es nur äußerst mangelhaft befolgt worden ist. Infolgedessen scheint der Anteil der erneut anstaltspflegebedürftig gewordenen Menschen auch nicht in dem erhofften Umfang reduziert worden zu sein.[95] In Bedburg-Hau wurde jedenfalls im Oktober 1927 mit dem Aufbau einer eigenen psychiatrischen Außenfürsorge unter der Leitung des Anstaltsarztes Dr. Tödter begonnen, der regelmäßig Sprechstunden in den Städten und Kreisen des Einzugsgebietes der Anstalt abhielt und Hausbesuche durchführte. Betreut wurden Anstaltsentlassene sowie freiwillig erscheinende oder behördlich zugewiesene psychisch Kranke. Daneben führte Tödter Fortbildungslehrgänge über die Grundlagen der Psychiatrie und den Umgang mit Geisteskranken für kommunale Fürsorgerinnen durch.[96]

Die gewandelten gesellschaftlichen Verhältnisse forderten von den Heil- und Pflegeanstalten Konzepte, mit denen bei beschränkten räumlichen Verhältnissen mit möglichst geringen personellen und finanziellen Mitteln eine möglichst große Anzahl psychisch Kranker versorgt werden könnten. Die »aktive Therapie« und die »offene Fürsorge« rationalisierten den Anstaltsalltag und schufen sinnvolle Auswahlkriterien für die zu entlassenden Kranken, die im Anschluss daran notdürftig erfasst und kontrolliert wurden. Auf

93 Siemen, a. a. O. S. 48 ff.

94 ALVR 23124.

95 Vgl. z. B. ALVR 23000 (Erlass des Landeshauptmanns der Rheinprovinz vom 15.3.1927 und 18.1.1929).

96 Vgl. ALVR 23059; Rheinische Provinzial-Heil- und Pflegeanstalt Bedburg-Hau: Denkschrift zum Tode von Direktor Dr. Gustav Flügge (o. O. o. J. [1929]).

diese Weise konnte ohne Ausbau des Anstaltsapparates dem gewachsenen Ausgrenzungsdruck entsprochen werden.

Daneben erlebte ab Mitte der 1920er Jahre auch die Familienpflege, also die Unterbringung anstaltsbedürftiger Menschen in fremden Familien gegen Bezahlung und unter Kontrolle der Anstalt, einen erneuten Aufschwung.[97] In der Rheinprovinz wurde die Familienpflege jedoch seit 1928 bevorzugt durch Belegung von Altersheimen und kleinen ländlichen Krankenhäusern mit »harmlosen« Anstaltspfleglingen betrieben. Die Kranken verblieben im Bestand der jeweiligen Heil- und Pflegeanstalt, so dass sie für den Fall, dass Schwierigkeiten auftraten, ohne weiteres zurückverlegt werden konnten. Es war vorgesehen, dass sie im Rahmen der psychiatrischen Außenfürsorge wöchentlich besucht wurden, wobei das Pflegepersonal Anweisungen für ihre Behandlung erhielt. Durch den Landeshauptmann wurde zwar hervorgehoben, dass die in der Regel weniger beengt untergebrachten Kranken in diesen Einrichtungen der »erweiterten Familienpflege« mehr Freiheit genießen könnten, zugleich aber auch unterstrichen, dass diese Form der Unterbringung Platz für Neuaufnahmen in den Heil- und Pflegeanstalten schaffe und wegen geringerer Pflegesätze Kosten einspare.[98]

Am 25. September 1928 verstarb überraschend der seit der Gründung der PHP Bedburg-Hau amtierende Direktor Gustav Flügge. Nach seinem Tode übernahm der 1881 geborene Oberarzt Dr. Max Raether zunächst kommissarisch und dann ab 2. Januar 1929 endgültig die Leitung der Anstalt.[99] Dr. Max Raether, geb. 24.10.1881 in Rastatt/Baden, hatte nach dem Abitur im Jahre 1900 das Studium der Medizin aufgenommen und mit der Promotion 1905 abgeschlossen. Zunächst Volontärarzt in der PHP Galkhausen, war er danach als Assistenzarzt in den Heil- und Pflegeanstalten Merzig, Andernach und wiederum Galkhausen tätig, wurde am 1. April 1913 zum Oberarzt in der PHP Galkhausen ernannt und war seit dem 1. Oktober 1913 in gleicher Funktion in der PHP Bonn. Seit dem 15. September 1927 war er für kurze Zeit Direktor des neugegründeten »städtischen Versorgungs- und Siechenheims in Köln-Riehl (Riehler Heimstätten)« und kehrte dann am 16. April 1928 wieder als Oberarzt in den Dienst des Rheinischen Provinzialverbandes an der PHP Bedburg-Hau zurück.[100]

97 Siemen, a. a. O. S. 88.

98 ALVR 23082.

99 Vgl. Wilhelm Kleine: 50 Jahre Bedburg-Hau, in: Rheinische Anstaltspsychiatrie. Festschrift zum 50jährigen Bestehen des Rheinischen Landeskrankenhauses Bedburg-Hau (Köln 1962), S. 85–104, hier S. 93 f.

100 Vgl. ALVR 18238–18242 (Personalakte). Zum Wirken Raethers als Direktor während der NS-Zeit vgl. die Ausführungen von Wolfgang Franz Werner in diesem Band.

Weltwirtschaftskrise 1929–1932

Die Weltwirtschaftskrise nahm Ende Oktober 1929 mit dem »Schwarzen Freitag« an der New Yorker Börse ihren Anfang und wirkte sich bereits im Laufe des Jahres 1930 auf die deutschen Staatsfinanzen aus. Der kurze ökonomische Aufschwung von 1924 bis 1929 hatte vorwiegend auf US-amerikanischen Krediten beruht, die nun ausblieben, während zugleich kurzfristige Gelder gekündigt wurden. Die Krise wurde überdies durch die »Deflationspolitik« des Reichskanzler Heinrich Brüning verschärft, der mittels strikter Haushaltssanierung versuchte, sinkende Preise hervorzurufen, um dadurch den Export deutscher Waren anzukurbeln. Mit Hilfe von Notverordnungen wurden Sozialausgaben und die Einkommen im öffentlichen Dienst gesenkt, während Steuern auf Löhne, Einkommen und Umsätze sowie Verbrauchssteuern angehoben wurden. Ende September 1929 waren 1,4 Millionen Arbeitslose gezählt worden – im Februar 1930 waren es bereits 3,5 Millionen und zum Jahresende schon fünf Millionen. Im Februar 1932 erreichte die Krise auf dem Arbeitsmarkt mit über sechs Millionen Arbeitslosen, bei gerade einmal zwölf Millionen Beschäftigten, ihren Höhepunkt.

Von 1929 bis 1932 sank die Anzahl der reichsweit in Heil- und Pflegeanstalten untergebrachten Menschen von 300.000 auf 250.000. In Zeiten der Krise verringerte sich die Bedeutung der Ausgrenzung psychisch Kranker in Anstalten für die staatliche Gesundheits- und Sozialpolitik: kostspielige Anstaltsaufnahmen wurden möglichst vermieden und Menschen mit störenden Verhaltensweisen in der Gesellschaft belassen. Trotz dieser Gemeinsamkeiten mit der Nachkriegsinflation bewegte sich jedoch die Anzahl der Aufnahmen auf einem vergleichsweise höheren Niveau, und vor allem stieg die durchschnittliche Verweildauer in den Anstalten deutlich an. Aufgrund des stetig wachsenden Elends verminderten sich die Chancen auf Entlassung, da Angehörige infolge ihrer eigenen Belastung mit den Auswirkungen der Krise in nunmehr deutlich geringerem Umfang dazu im Stande waren, die Pflege zu übernehmen.[101] Auch in der Rheinprovinz wurde schon kurz nach Beginn der Weltwirtschaftskrise nach Möglichkeit versucht, die Zahl der Neuaufnahmen zu reduzieren und Kranke so weit es irgend ging aus den Anstalten zu entlassen.[102]

Zumindest hinsichtlich der PHP Bedburg-Hau blieben diese Bemühungen jedoch offenbar ohne Wirkung. Die Anstalt war bereits 1929 mit mehr als 2.600 Patienten deutlich überbelegt. Dieser Trend sollte sich bis zum Ende der Weimarer Republik noch verschärfen: Zum 1. April 1930 befanden sich 2.747 psychisch Kranke in Bedburg-Hau; 1931 waren es schon 2.800 und 1932 schließlich 2.917 Kranke.[103]

101 Siemen, a. a. O. S. 96 ff.
102 ALVR 23057.
103 Vgl. ALVR 23097.

Die Bemühungen, zugleich Neuaufnahmen zu verhindern und Entlassungen zu forcieren, blieben allerdings nicht ohne Folgen für die Zusammensetzung der Anstaltspopulation, da nun bevorzugt die besonders störenden oder pflegebedürftigen psychisch Kranken ausgegrenzt wurden. So beklagte sich die Anstaltsdirektion, dass sich »aus verschiedenen Gründen« seit 1929 das »Krankenmaterial« des Bewahrungshauses »erheblich verschlechtert« habe. Zugenommen hätten insbesondere solche Kranke, die in Zellen untergebracht werden müssten, weil sie unvermutete Angriffe auf Personal oder Mitkranke verübten.[104] Im Januar 1932 wurde berichtet, dass sich in den vorangegangenen Monaten »unruhige und asoziale weibliche Kranke, welche unter erhöhter Bewachung gehalten werden müssen«, derart angehäuft hätten, dass eine »nicht unbedenkliche Ueberfüllung« der in Frage kommenden Häuser der Anstalt eingetreten sei.[105]

Diese Entwicklung wurde noch dadurch verstärkt, dass »harmlose Kranke« soweit wie möglich in die kostengünstigeren Pflegeheime der »erweiterten Familienpflege« abgeschoben wurden.[106] Durch die PHP Bedburg-Hau wurden seit Frühjahr 1930 zunehmend Kranke zu einem niedrigeren Pflegesatz an Krankenhäuser in Sonsbeck, Wissel, Issum und Haldern abgegeben, so dass schließlich etwa 150 Patienten und Patientinnen außerhalb der Anstalt untergebracht waren.[107]

Zur Jahreswende 1931/32 wurden dann Einschnitte in die Grundlagen der psychiatrischen Versorgung vorgenommen, die sich de facto auf eine weitere Steigerung der erforderlichen Anstaltsaufnahmen in der Rheinprovinz auswirkten. Die Einrichtungen der offenen Fürsorge, mit der versucht worden war, in die normale Gesellschaft hinein zu wirken, wurden Anfang Dezember 1931 als zu teuer weitgehend eingestellt, wodurch die Versuche der Wiedereingliederung psychisch Kranker spürbare Rückschläge erlitten. Lediglich im Nahbereich der Anstalt Bedburg-Hau konnten durch Dr. Tödter noch monatlich Sprechstunden zu Lasten der örtlichen Fürsorgestellen angeboten werden.[108]

Mit dem am 1. Oktober 1931 in Kraft getretenen Polizeiverwaltungsgesetz und dem Runderlass des Preußischen Ministers für Volkswohlfahrt vom 21. Januar 1932 wurde der rechtliche Rahmen der Einweisung in Heil- und Pflegeanstalten neu geregelt. Durch den Preußischen Staat wurde die Ausgrenzungsbefugnis nun ausschließlich in die Hände der Polizei gelegt, wodurch die Psychiater zu Erfüllungsgehilfen ordnungs- und sicherheitspolizeilicher Entscheidungen gemacht wurden. Waren bis dahin von der Polizei so genannte »Unbedenklichkeitserklärungen« im Falle einer Einweisung psychisch Kranker wegen »Hilfsbedürftigkeit« abgegeben worden, so wurde nun eine Entmündigung oder

104 ALVR 14365.
105 ALVR 14365.
106 ALVR 23057.
107 Vgl. ALVR 23082.
108 ALVR 23059.

die Bescheinigung von »Gemeingefährlichkeit« zur Voraussetzung für eine Einweisung.[109] Praktisch sollte damit durch Erhöhung der Aufnahmenhürden der Zustrom in Heil- und Pflegeanstalten gedrosselt werden. In der Praxis wurde nun aber die Zwangseinweisung wegen »Gemeingefährlichkeit« zum Regelfall für die Unterbringung in einer Heil- und Pflegeanstalt.

In der PHP Bedburg-Hau wurde seit März 1932 damit begonnen, für die Patienten polizeiliche Anordnungen der Unterbringung wegen Gemeingefährlichkeit einzuholen, um sich nicht dem Vorwurf der Freiheitsberaubung auszusetzen. Neben einem deutlich erhöhten Verwaltungsaufwand beklagte Direktor Dr. Raether zu Recht, dass damit der Begriff der »Gemeingefährlichkeit« überdehnt und so der Heilanstaltscharakter seiner Einrichtung untergraben werde.[110]

Der Versuch, die Schwelle für die Aufnahme in eine psychiatrische Anstalt zu erhöhen, wirkte infolge vermehrten Verwaltungsaufwandes aber zugleich erschwerend auf eine Entlassung. Dadurch, dass sich zahlreiche Anstalten veranlasst sahen, eine Zwangseinweisung wegen »Gemeingefährlichkeit« zum Regelfall zu machen, trat außerdem der Verwahrcharakter der Einrichtungen wieder stark in den Vordergrund. Parallel dazu hatten auch die bereits seit Beginn der Krise eingeleiteten rigiden Sparmaßnahmen den Status völlig überbelegter ärmlicher Verwahranstalten wieder zur Realität psychiatrischer Versorgung werden lassen.

Seit Anfang 1930 war den PHPs der Rheinprovinz ein drastisches Sparprogramm auferlegt worden, welches kaum noch Spielraum für therapeutisches Handeln ließ: Bauliche Maßnahmen sollten sich nur noch auf die Erhaltung der Substanz beschränken und keinerlei Neuanstriche oder Schönheitsreparaturen erfolgen.[111] Auf Ersatz für ausscheidendes Personal sollte möglichst verzichtet werden, da nur noch im begründeten Einzelfall und nach Genehmigung eingestellt werden durfte. Dagegen sollten zur Aufrechterhaltung des Anstaltsbetriebes soweit wie nur möglich Patienten und Patientinnen herangezogen werden.[112] Darüber hinaus wurden die Dienst- und Versorgungsbezüge der Beamten ab dem 1. Februar 1931 um sechs Prozent gekürzt.[113]

Massive Einsparungen waren außerdem in den Bereichen Beleuchtung und Heizung vorgesehen, da entbehrliche Glühbirnen entfernt und ansonsten nur noch solche mit geringerer Leuchtstärke eingesetzt werden sollten, während die Heizungstemperatur zu senken und daher auf Durchlüftung möglichst zu verzichten war.[114] Für die Zeit vom 1. November 1931 bis 15. März 1932 wurde schließlich die Nachtruhe der Kranken um eine

109 Siemen, a. a. O. S. 99 ff.
110 ALVR 23124.
111 ALVR 23057.
112 ALVR 23057.
113 ALVR 23118.
114 ALVR 23057.

Abb. 11: Kochküche 1920er Jahre. Foto: Fotosammlung der LVR-Klinik Bedburg-Hau

Stunde verlängert, um auch dadurch Kosten für Licht und Heizung zu verringern.[115] Einsparungen sollten zudem durch genaue Kontrolle des Seifenverbrauchs sowie selteneren Wechsel der Bettwäsche erzielt werden. Beschädigte Kleidungsstücke sollten nicht mehr ausgewechselt, sondern so lange wie möglich durch Flicken erhalten werden, da keinerlei Neuanschaffungen mehr gestattet waren.[116]

Hinsichtlich der Nahrungsmittelversorgung wurde bereits im Januar 1930 angemahnt, die Speisemengen nur »nach dem wirklichen Bedürfnis« auszugeben und dazu erläutert, dass insbesondere bettlägerige Kranke geringere Mengen benötigten als arbeitende Patienten.[117] Durch Erlass des Landeshauptmanns der Rheinprovinz vom 13. Mai 1931 wurde der Beköstigungssatz auf maximal 65 Pfennig für das bevorstehende Rechnungsjahr gesenkt.[118] Für die Durchführung der Essensausgabe wurde verfügt: »Die Speisen dürfen von der Küche aus nicht nach der Kopfzahl bemessen werden, sondern nach dem tatsächlichen Bedarf der Abteilungen. Bei der Verteilung der Nahrung in der Küche ist der Tatsache Rechnung zu tragen, daß Frauen im Durchschnitt einen geringeren Nahrungsbedarf haben wie Männer, daß ferner zu Bett liegende Menschen (Sieche) weniger Nahrung bedürfen, wie arbeitende Kranke. Die auf den Abteilungen entstehenden Reste

115 ALVR 23057.
116 ALVR 23057.
117 ALVR 23057.
118 ALVR 23057.

an Nahrungsmitteln sind, soweit wie möglich, zu Kostzulage für besonders bedürftige Kranke zu verwenden.«[119]

Daneben sollte die Anstaltsbäckerei in Bedburg-Hau versuchsweise ein Kommissbrot nach Art des während des Ersten Weltkrieges ausgegebenen Brotes herstellen, das als Ersatz für das Graubrot an gesunde Kranke ausgegeben wurde.[120]

Da die Anstaltsleitungen gehalten waren, von sich aus weitere Einsparmöglichkeiten zu nutzen, kann davon ausgegangen werden, dass in Abhängigkeit vom Engagement vor Ort noch viel weiter gehende Einschnitte vorgenommen wurden. Durch die Anstaltsdirektion in Bedburg-Hau wurde die Umsetzung der Sparmaßnahmen im Mai 1932 folgendermaßen bilanziert: »Alle Maßnahmen der Verwaltung standen im vergangenen Jahre wieder im Zeichen der äußersten Sparsamkeit. [...] Der Beköstigung wurde große Aufmerksamkeit gewidmet. Menge und Güte wurden nicht beeinträchtigt. Trotzdem gelang es im Vergleich mit dem Vorjahr den Beköstigungssatz von 1,19 Mk. auf 1,08 Mk. in der ersten Tischklasse und von 0,52 Mk. auf 0,47 Mk. in der zweiten Tischklasse zu verringern. [...] Im vergangenen Jahre wurde hervorgehoben, daß durch ausgedehnten Gemüseverbrauch eine wesentliche Verbilligung und gleichzeitig eine Verbesserung zu erreichen ist. In diesem Jahre hat sich diese Ansicht wieder bestätigt. Durch sorgfältige Flickarbeiten an den beschädigten Kleidungstücken und durch Selbstanfertigung neuer Sachen in den schönen Werkstätten mit den vielen Kranken konnten weitere Ersparnisse gemacht werden.«[121]

Trotz aller Sparmaßnahmen wurden noch im Laufe des Jahres 1932 auf der Männer- und Frauenseite kleine offene Abteilungen mit je zehn Betten als Nervenklinik für zur Beobachtung oder zur Kur eingewiesene Kranke eingerichtet, die vom übrigen Anstaltsbetrieb völlig abgetrennt waren. Die Behandlungszimmer für diese Nervenpoliklinik befanden sich im Verwaltungsgebäude und waren in den Vormittagsstunden zur Beratung und Behandlung auch für die Öffentlichkeit zugänglich.[122]

Dennoch hatten die Einsparungen die psychiatrischen Handlungsmöglichkeiten bereits auf ein Minimum reduziert, und immer mehr Menschen waren als »unheilbar« und verwahrungsbedürftig in den Blick der Psychiater geraten. Infolgedessen bestimmten die Vorstellung der Erblichkeit psychischer Erkrankungen und davon abgeleitete radikale Forderungen in zunehmendem Maße die Diskussion. Zudem war durch die angestrebte und umgesetzte Verschlechterung der Lebensverhältnisse der Anstaltsbewohner ideologisch und praktisch ein Prozess in Gang gesetzt worden, der bei weiterer Zuspitzung der politischen und sozialen Verhältnisse psychisch Kranke potentiell noch weiter an den Rand der Gesellschaft drängen würde.

119 ALVR 23057.
120 ALVR 23057.
121 ALVR 23097.
122 ALVR 23097.

Wolfgang Franz Werner

Die Provinzial-Heil- und Pflegeanstalt Bedburg-Hau in der NS-Zeit

Aufbruch in die NS-Zeit

Der Provinzialverband der Rheinprovinz durchlief in den Anfangsjahren der NS-Zeit eine radikale Veränderung. Er verlor im Zuge der »Gleichschaltung« seine politischen Gremien, behielt aber alle seine Fachaufgaben. Er wurde dem Oberpräsidenten der Rheinprovinz als eigener Verwaltungszug unter Leitung seines Verwaltungschefs, Landeshauptmann Heinz Haake, nachgeordnet. Haake, der stolz darauf war, der erste Gauleiter der NSDAP im Rheinland gewesen zu sein, war am 11. April 1933 zum Nachfolger des verstorbenen Landeshauptmannes Dr. Johannes Horion gewählt worden.[1]

Die Strukturveränderung schlug sich auch in neuen Bezeichnung des Verbandes nieder: »Der Oberpräsident der Rheinprovinz – Verwaltung des Provinzialverbandes«. Mit der »Machtergreifung« hatte sich in Deutschland vieles verändert, und manches blieb (scheinbar) so, wie es immer gewesen war. Das galt auch für die Innenwelt der Provinzial-Heil- und Pflegeanstalt (= PHP) Bedburg-Hau, die vom Provinzialverband getragen wurde. Sie wurde weiterhin geleitet von Dr. Max Raether, der 1929 die Nachfolge von Dr. Gustav Flügge angetreten hatte. Als Leiter der größten rheinischen (und deutschen) PHP vereinigte er in seiner Person sowohl die Funktion des Chefarztes als auch die des Verwaltungsleiters. Für alle Entscheidungen, die in der Klinik selbst zu treffen waren, war er die letzte Instanz.

Mit dieser Machtfülle wäre Raether geradezu die Inkarnation des nationalsozialistischen »Führerprinzips« gewesen, wäre seine politische Entwicklung nicht so schwer mit dem Nationalsozialismus vereinbar gewesen. Er gehörte von 1926 bis März 1933 dem Zentrum an und hatte dann im Mai 1933 den Antrag auf die Parteimitgliedschaft in der NSDAP gestellt.[2] Obwohl er sich viel Mühe gab, seinen Gesinnungswandel glaubhaft zu machen, trauten ihm seine Gegner in der NSDAP-Ortsgruppe Bedburg-Hau diesen Wandel nicht so recht zu, so dass es bis Anfang 1934 dauerte, ehe er seinen Mitgliedsausweis ausgehändigt bekam. Von da an, so warfen ihm seine Kritiker vor, sei er auf Parteiveranstaltungen kaum mehr in Erscheinung getreten. Sie äußerten Zweifel an seiner

1 Vgl. dazu den Artikel von Horst Matzerath auf http://www.rheinische-geschichte.lvr.de/persoenlichkeiten/H/Seiten/HeinrichHaake.aspx.

2 Archiv des LVR in Pulheim-Brauweiler (= ALVR) 18238.

Abb. 1: Heinz Haake, Landeshauptmann. Foto: ALVR Bild 9 Nr. 8

Abb. 2: Dr. Max Raether, Anstaltsdirektor 1928–1935. Foto: Fotosammlung der LVR-Klinik Bedburg-Hau

nationalsozialistischen Gesinnung. Ein Indiz könnte die kleine Kartusche sein, die am 1. Juli 1934 dem Grundstein für die neue Turnhalle der PHP Bedburg-Hau beigefügt wurde. Bis auf Erwähnung von Adolf Hitler als Reichskanzler und dem NSDAP-Rang von Landeshauptmann Haake fehlt jeder Hinweis auf den Nationalsozialismus, auch in symbolischer Form.[3]

Raether erklärte seine seltenere Teilnahme an Parteiveranstaltungen damit, dass er wegen zweier nicht besetzter Arztstellen täglich Überstunden machen müsse und selten vor Mitternacht die Klinik verlassen könne. Er machte jedoch den Fehler, seine Gegner, sämtlich Mitglieder in der NSDAP, zu unterschätzen, vielleicht, weil sie fast alle, bis auf den Arzt Dr. Bach, untergeordnete Funktionen in der Klinik innehatten. Viele ihrer Forderungen waren anmaßend und schwer nachvollziehbar. So verlangten sie beispielsweise, das Dienstauto der Klinik für Parteiveranstaltungen benutzen zu dürfen, außerdem wollten sie über den Besuchsraum der Klinik hinaus, mit dessen Nutzung für Parteitreffen

3 Vgl. Johannes Stinner: Kartusche zur Grundsteinlegung der ehemaligen Turnhalle am Föhrenbachstadion geborgen, in: Geschichtsbrief Bedburg-Hau 3 (2008), S. 11–14.

Raether einverstanden war, auch die Ärzte- und Besuchszimmer auf den Stationen für parteiinterne Treffen nutzen.

Bespitzelung und Verleumdung

Raether hatte offenbar auch keine Ahnung davon, dass seine Gegner ihn systematisch bespitzelten. Sie führten Buch über seine vermeintlichen Fehlentscheidungen. Er war unbestritten ein guter Arzt und Psychiater sowie ein exzellenter Verwaltungsfachmann, neigte aber zu impulsiven Aussagen und Entscheidungen. Seine Gegner hielten seine Aussprüche fest wie den über politische Leiter der NSDAP, die er als »Übergeeignete, die die Luft verhetzen, kleine Wülmäuse [sic] denen die Hämorrhiden bis ins Hirn gewachsen seien«, bezeichnete.[4] Auch die Tatsache, dass er Hermann Göring einen »schweren Morphinisten« nannte, protokollierten sie.[5]

Die Stimmung in der Klinik war dermaßen angespannt, dass Landeshauptmann Haake als Leiter der Verwaltung des Provinzialverbandes der Rheinprovinz Landesverwaltungsrat Dr. Pusch mit der internen Untersuchung des Falles beauftragte. Pusch befragte sämtliche am Konflikt beteiligten Personen zur Sache und kam zu dem Ergebnis, dass Raether tatsächlich »herrscht und nicht führt«, die Schuld aber bei beiden Seiten liege. »Es ist unbedingt mit kleinlichen Mitteln gegen Dr. Raether gehetzt worden, aber die Schuld, dass es zu diesem Kampf bis aufs Messer gekommen ist, tragen beide Parteien.«[6]

Verschärft wurde die Situation noch dadurch, dass vor dem Kreisparteigericht der NSDAP in Kleve ein Verfahren angestrengt worden war mit dem Ziel, Raether wegen parteischädigenden Verhaltens aus der NSDAP auszuschließen. Pusch kam zu dem Ergebnis, dass Raether als Anstaltsleiter weder in Bedburg-Hau noch in einer anderen Klinik zu halten wäre, wenn er aus der Partei ausgeschlossen werden sollte. Sein Vorschlag zur Lösung des Problems lautete: »Es ist aber, um endlich Ruhe in Bedburg-Hau zu bekommen, notwendig, dass sowohl Dr. Raether als auch Dr. Bach und darüber hinaus auch Oberinspektor Gielen versetzt werden.«[7]

Bevor das Kreisparteigericht zu seiner Entscheidung kam, eskalierte die Auseinandersetzung noch weiter. Raether meldete seiner vorgesetzten Stelle, dass »ich am 18. und 19.1.1935 vor der Ortspolizeiverwaltung Hau auf Ersuchen der Geheimen Staatspolizei zu ähnlich gelagerten Anschuldigungen vernommen worden bin, wie sie Herr Dr. Pusch in seinen Akten hatte«. Erst jetzt scheint sich Raether klar darüber geworden zu sein, in welche Gefahr er geraten war. Im selben Bericht bat er um Hilfe: »Da ich bisher weder

4 ALVR 18238.
5 ALVR 18238.
6 ALVR 18239.
7 ALVR 18239.

mit der Polizei noch mit den Gerichten in Konflikt gekommen bin, bitte ich meine vorgesetzte Behörde um nachdrücklichen Schutz meiner Person und um Rehabilitierung meiner Ehre als Beamter der Rheinischen Provinzialverwaltung.«[8] Am 12. April 1935 teilte die Ortsgruppe Bedburg-Hau der NSDAP Raether mit, dass das Kreisgericht der Partei ihn des parteischädigenden Verhaltens für schuldig befunden und seinen Ausschluss aus der Partei beantragt habe. Dabei ließ das Gericht die meisten Auseinandersetzungen außen vor und stützte seine Entscheidung hauptsächlich darauf, dass Raether Hermann Göring in einem Gespräch als »schweren Morphinisten« bezeichnet hatte. Die Gauleitung Essen der NSDAP verlangte am 17. April 1935 Raethers Versetzung »in eine andere Anstalt in rein evangelischer Umgebung«, da seine weitere Tätigkeit in Bedburg-Hau ein Erfolg eines ehemaligen Zentrumsmitgliedes wäre.[9] Damit könnte die im Bergischen Land gelegene PHP Galkhausen gemeint gewesen sein, die sich zwar auch einer »evangelischen Umgebung« erfreute, zu deren Aufnahmegebiet aber traditionell die Stadt Köln gehörte. Vermutlich belegt die Forderung nur die mangelnde Sachkunde der Gauleitung.

Im Schreiben der Ortsgruppe ist bereits vom erfolgten Ausschluss Raethers die Rede. Der allerdings hat nie stattgefunden. So bezeichnete die NSDAP-Kreisleitung Viersen-Kempen in einem Schreiben an »Landeshauptmann Parteigenossen« Haake vom 7. Januar 1937 Raether gleich drei Mal als »Parteigenossen«![10] Seiner Karteikarte in der NSDAP-Gaukartei kann man entnehmen, dass er vom Obersten Parteigericht nur eine »Verwarnung m[it] Aemteraberkennung bis 15.8.37«[11] erhalten hatte, womit er gut leben konnte. Weder die Personalakten Raethers noch die Unterlagen des ehemaligen Berlin Document Center geben Auskunft darüber, wie sein Parteiausschluss verhindert worden ist. Man kann nur vermuten, dass Landeshauptmann Haake als »alter Kämpfer« seinen Einfluss geltend gemacht hat, um das und eine weitere Eskalierung zu unterbinden. Dafür spricht auch, dass der Ämtertausch in Angriff genommen wurde, ehe das Oberste Parteigericht seine Entscheidung offiziell gefällt hatte.

Die Stelle von Landesrat Dr. Wiehl kam dafür nicht mehr in Frage, da sie inzwischen mit Dr. Walter Creutz besetzt worden war. Die erste Option war der Ämtertausch mit dem Leiter der PHP Andernach, Dr. Johann Recktenwald, der in seiner Zeit als Erster Oberarzt in der Klinik einen guten Draht zur NSDAP-Ortsgruppe Bedburg-Hau gehabt haben soll und der (wie Raether) im Mai 1933 seinen Mitgliedsantrag gestellt hatte.[12] Dieser Tausch wurde am 18. Juni 1935 vom Personaldezernenten verfügt, kam jedoch nicht

8 ALVR 18239.

9 ALVR 18238.

10 ALVR 18238.

11 Bundesarchiv Berlin, NSDAP-Gaukartei 2069465. Die Entscheidung war offenbar am 5. August 1935 getroffen worden.

12 ALVR 18238; Bundesarchiv Berlin, NSDAP-Gaukartei 2069468. Recktenwald hat den Antrag auf Beitritt zur NSDAP noch vor seiner Versetzung nach Andernach in Bedburg-Hau gestellt.

zustande. Vielleicht waren diese guten Verbindungen zur örtlichen NSDAP gerade der Grund für das Nichtzustandekommen des Tausches, weil die Verwaltung des Provinzialverbandes die Einflussnahme der lokalen NSDAP-Organisationen auf die Klinikleitung und seine Personalpolitik insgesamt befürchtete.

Am 15. Juli 1935 entschied Landeshauptmann Haake dann selbst. Raether und der in Süchteln tätige Dr. Arthur Trapet hatten »aus dienstlichen Gründen« ihre Direktorenposten zu tauschen und sollten am 1. August 1935 in ihrer neuen Funktion tätig werden. Trapet war ebenfalls Erster Oberarzt in Bedburg-Hau gewesen und mit den örtlichen Verhältnissen vertraut. Er war 1935 noch nicht Mitglied in der NSDAP. Seine Aufnahme beantragte er (mit Erfolg) erst zum 1. Mai 1937.[13] Diese relative Ferne zur NSDAP schien dem Provinzialverband die Garantie zu bieten, dass die Klinikleitung nicht zu sehr ins Fahrwasser der örtlichen NSDAP geriet. Die Versetzung nach Süchteln scheint für Raether eine akzeptable Lösung gewesen zu sein, nachdem er anfangs jede Versetzung als Degradierung abgelehnt hatte. Er blieb, was nicht selbstverständlich war, in seiner Gehaltsgruppe, die damals regelmäßig nur für den Direktor der PHP Bedburg-Hau vorgesehen war. Auch bei der Angleichung der Besoldung der unmittelbaren Staatsbeamten an die Besoldung der Reichsbeamten, die eine deutliche Gehaltsabsenkung bedeutet hätte, erhielt er eine Ausgleichszahlung, so dass seine Bezüge in der bisherigen Höhe blieben.[14] Geholfen hat diese Veränderung Raether aller-

Abb. 3: Dr. Arthur Trapet, Anstaltsdirektor 1937–1947.
Foto: Fotosammlung der LVR-Klinik Bedburg-Hau

13 ALVR 18238; Bundesarchiv Berlin, NSDAP-Zentralkartei und NSDAP-Gaukartei 4841164.

14 Stellenplan und Besoldungsplan der Provinzialverwaltung der Rheinprovinz. Rechnungsjahr 1935 (Düsseldorf o. J.), S. 20; ALVR 18238.

Abb. 4: Neue Turnhalle und Sportplatzanlage. Foto: ALVR 14854 T. 1 Bl. 152

dings nicht viel. In Süchteln sah er sich den Nachstellungen eines anderen Funktionärs der NSDAP ausgesetzt, die denen in Bedburg-Hau in nichts nachstanden. Bereits im November 1935 hatte Ortsamtsleiter Bastians, Leiter des Amtes für Beamte in der NSDAP-Ortsgruppe Süchteln und Obersekretär in der dortigen PHP, begonnen, eine Akte über das Fehlverhalten Raethers anzulegen. Eine Weile hielt Raether noch durch, ehe er am 6. Juli 1937 um seine Versetzung in den Ruhestand aus gesundheitlichen Gründen bat, die ihm umgehend gewährt wurde.[15]

Seinem Nachfolger Dr. Trapet scheint es dagegen gelungen zu sein, die PHP Bedburg-Hau in ruhigeres Fahrwasser zu bringen. Als beispielsweise die anfangs erwähnte Turnhalle fertig gestellt war und die Sportanlage der Klinik komplettierte, wurde ausdrücklich darauf hingewiesen, dass sie nicht nur klinikintern, sondern »auch eifrig von der H. J., dem B. d. M. und der S. A. benutzt« wurde.[16]

Die Klinik stellte sich immer mehr in den Dienst der NS-Rasseideologie. Führungen durch die Klinik hatten vor 1933 keine große Rolle gespielt. Das änderte sich rasch. Mit den Führungen wurden hauptsächlich Gliederungen und Formationen der NSDAP bedient.

15 ALVR 18238. Raether hielt kollegialen Kontakt mit der Provinzialverwaltung. Diese vermittelte ihm mehrfach Verträge zur ärztlichen Betreuung von Privatanstalten, vgl. ALVR 18238.

16 ALVR 14856.

Führungen in Bedburg-Hau		
Berichtsjahr	**Führungen**	**Teilnehmer**
1932/33	19	273
1933/34	31	645
1934/35	29	945
1935/36	54	2.489
1936/37	57	2.304
1937/38	47	1.817

Auch an der systematischen Erfassung erbbiologischer Informationen und deren Zusammenfassung in Sippentafeln beteiligte sich die Klinik.[17] Die Daten wurden an das »Rheinische Provinzialinstitut für psychiatrisch-neurologische Erbforschung« weitergeleitet, das sie unter anderem für die Erstellung von Gutachten für die Vergabe von Ehestandsdarlehen und Mutterkreuzen, aber auch für Gutachten in Sterilisationsprozessen nutzte.[18]

Zwangssterilisationen

Auch bei den Zwangssterilisationen wurde der Kurs korrigiert. Eine der ersten gesetzgeberischen Maßnahmen des NS-Regimes hatte darin bestanden, mit dem »Gesetz zur Verhütung erbkranken Nachwuchses« vom 14. Juli 1933 eine neue Sparte der »Rechtsprechung« zu schaffen. So waren zum Beispiel PHPs verpflichtet, ihre Patienten zu begutachten und anzuzeigen, wenn der Verdacht auf eine erblich bedingte Erkrankung bestand und die Patientin oder der Patient sich im fortpflanzungsfähigen Alter befand und nicht dauernd anstaltspflegebedürftig war. Ein Erbgesundheitsgericht entschied, ob die Sterilisierung, auch gegen den Willen der Betroffenen, durchzuführen war. Hinter diesem Gesetz stand die Überzeugung, dass der moderne Sozialstaat die natürliche Auslese im menschlichen Lebenskampf ausgeschaltet und dadurch das überproportionale Wachstum von eigentlich nicht lebenstauglichen Menschen herbeigeführt habe, die nur Ressourcen aufzehrten, keine neuen Werte schafften und in letzter Instanz zum Untergang Deutschlands führen würden. Dies war keineswegs eine nur in der NSDAP verbreitete Vorstellung. Auch medi-

17 ALVR 14854, Teil 1, sowie ALVR 14856.

18 Zum Institut und seinen Aufgaben vgl. Wolfgang Schaffer: Erbbiologische Bestandsaufnahme. Das Institut für psychiatrisch-neurologische Erbforschung in Bonn, in: Erik Gieseking u.a. (Hrsg.): Zum Ideologieproblem in der Geschichte (Lauf/Pegnitz 2006), S. 419–444.

zinische Fachvereinigungen wie der Deutsche Ärztevereinsbund und der Hartmannbund drängten auf die Lösung des vermeintlichen Problems durch eine Sterilisationsregelung.[19]

Hatte das Erbgesundheitsgericht (bzw. die Revisionsinstanz) die Sterilisation beschlossen, wurde diese in dazu autorisierten Einrichtungen durchgeführt. In den allermeisten Fällen wurden chirurgische Verfahren angewandt. Frauen konnten auch durch radioaktive Strahlung sterilisiert werden. Wohlbegründete Schätzungen gehen davon aus, dass in der NS-Zeit ca. 360.000 Menschen sterilisiert worden sind. An den unmittelbaren Folgen des Eingriffs starben etwa 6.000 Menschen, weit überwiegend Frauen.[20]

Wiehl, damals noch für die Psychiatrie zuständiger Landesrat beim Provinzialverband der Rheinprovinz, hatte den Anstaltsdirektoren schon im Januar 1934 klare Prioritäten für die Begutachtung der infrage kommenden Patienten an die Hand gegeben, um eine zügige Bearbeitung der Fälle sicherzustellen.[21] Diese Vorgaben wurden allerdings nicht überall erfüllt. In einer ersten Bestandsaufnahme rügte die Verwaltung des Provinzialverbandes am 14. April 1934 vor allem die PHP Bedburg-Hau: »Obgleich zur Erstattung der Gutachten 2 Monate zur Verfügung standen, hat die mit 3.000 Kranken belegte Anstalt Bedburg-Hau nur 67 Gutachten [...] abgegeben.«[22] Von diesem Zeitpunkt an mussten nicht nur die Anzahl der Gutachten gemeldet werden, sondern auch, wie viele Gutachten jeder Arzt erstellt hatte. Dadurch wurde der Druck auf die Ärzte erhöht. Die PHP Bedburg-Hau hatte durchaus nachvollziehbare Probleme mit dieser zusätzlichen Arbeitsbelastung, da einige Ärztestellen nicht besetzt waren. Die Ablehnung war nicht grundsätzlicher Natur, was sich daraus ergibt, dass Raether als Chefarzt der PHP auf seine eigene Initiative hin am 17. März zum stellvertretenden Mitglied des Erbgesundheitsobergerichts in Düsseldorf ernannt wurde.[23] Die Zentralverwaltung ließ keine Einwände gelten und setzte sich damit durch. Die Anzahl der beantragten Sterilisierungen stieg bis Ende September 1934 auf 426 Patienten. Auch in der Folgezeit fand die Zentralverwaltung keinen Grund zur Kritik mehr. Insgesamt wurden bis zum 28. Februar 1937 3.236 Patienten der PHP Bedburg-Hau als erbkrank angezeigt und bei 1.057 die entsprechenden Gutachten erstellt. Im Berichtszeitraum hatte das zuständige Erbgesundheitsgericht 996 Urteile gefällt und dabei nur in 82 Fällen die Sterilisation abgelehnt. 838 Menschen waren bis

19 Gisela Bock: Zwangssterilisation im Nationalsozialismus. Studien zur Rassenpolitik und zur Frauenpolitik (Opladen 1986), S. 80 f.

20 Eine Beschreibung der Verfahren sowie die Auflistung der autorisierten Verfahren finden sich z. B. bei Arthur Gütt/Ernst Rüdin/Falk Ruttke (Hrsg.): Das Gesetz zur Verhütung erbkranken Nachwuchses vom 14. Juli 1933 nebst Ausführungsverordnungen (München ^{2}1936). Für die Schätzungen vgl. Bock, a. a. O. S. 232 u. 238.

21 Ludwig Hermeler: Die Euthanasie und die späte Unschuld der Psychiater. Massenmord, Bedburg-Hau und das Geheimnis rheinischer Widerstandslegenden (Essen 2002), S. 30 f.

22 Mathias Leipert u. a.: Verlegt nach unbekannt. Sterilisation und Euthanasie in Galkhausen 1933–1945 (Köln 1987), S. 121.

23 ALVR 18238.

zum 28. Februar 1937 zwangssterilisiert worden.[24] Die PHP Bedburg-Hau verfügte über die nötigen Operationssäle. Sie war die einzige rheinische PHP, die zur Durchführung der Sterilisationen im eigenen Hause autorisiert war.[25] Sie versicherte sich dazu der Hilfe des Chefarztes des katholischen St. Antonius-Krankenhauses (Kleve). Bei 96 Männern und 29 Frauen ist nachgewiesen, dass ihre Zwangssterilisation in Bedburg-Hau durchgeführt worden ist. Gegen Ende der dreißiger Jahre nahm die Zahl der Zwangssterilisationen deutlich ab. Im ersten Kriegsjahr gab es nur einzelne Fälle.[26] Danach dürften Zwangssterilisationen wegen der Umgestaltung der Klinik in ein Lazarett keine Rolle mehr gespielt haben. Dr. Wilhelm Kleine, 1962 selbst Direktor der Klinik in Bedburg-Hau, lobte in der Rückschau seinen Vorgänger, der bei der Durchführung des Zwangssterilisationsgesetzes »alle unnötigen Härten vermieden« habe.[27]

Ausgrenzung der jüdischen Patienten

Mit der eskalierenden Diskriminierung der »jüdischen« Menschen in Deutschland wurde 1938 ein weiteres NS-spezifisches Element der Rassenpolitik auch in der PHP Bedburg-Hau spürbar. »Bis etwa 1938 wurden die jüdischen Patienten trotz der allgegenwärtigen Judenverfolgung nicht gesondert von den nichtjüdischen Patienten wahrgenommen.« Vom 1. Januar 1939 an mussten »alle auf öffentliche Kosten untergebrachten Juden« gemeldet werden mit dem Ziel, ihre Pflegekosten jüdischen Organisationen aufzubürden. In der Klinik Bedburg-Hau ermittelte man 21 Männer und 27 Frauen. Außerdem wurde aus Kostengründen vermehrt Wert darauf gelegt, jüdische Patienten möglichst rasch aus der geschlossenen Anstaltspflege zu entlassen.

Während die Umstellung auf die jüdischen Kostenträger sehr schnell erfolgte, dauerte die Umsetzung einer weiteren Diskriminierungsmaßnahme etwas länger. Mit der zweiten Verordnung zur Durchführung des Gesetzes über die Änderung von Familiennamen und Vornamen vom 17. August 1938 war festgelegt worden, dass Juden, die »nichtjüdische« Vornamen hatten, vom 1. Januar 1939 an zusätzlich die Vornamen Israel bzw. Sara führen mussten. Die Namensänderung für 30 Patienten und Patientinnen erfolgte erst am 3. Juli 1939 beim Amtsgericht Kleve.[28]

24 Hermeler, a.a.O. S. 35ff.

25 Gütt/Rüdin/Ruttke, a.a.O. S. 371.

26 Hermeler, a.a.O. S. 35 u. 38ff.

27 Wilhelm Kleine: 50 Jahre Bedburg-Hau, in: Hans-Werner Müller/Gerhard Scheurle (Hrsg.), Rheinische Anstaltspsychiatrie. Festschrift zum 50jährigen Bestehen des Rheinischen Landeskrankenhauses Bedburg-Hau (Köln 1962), S. 85–111, hier S. 96.

28 Zu diesem Komplex vgl. Hermeler, a.a.O. S. 101ff.

Der normale Anstaltsbetrieb

Neben diesen nationalsozialistischen Verfolgungs- und Diskriminierungsmaßnahmen lief der ganz normale »Anstaltsbetrieb« ab. Nachdem die Zahl der Patienten bis 1934 unter 3.100 stagnierte, stieg sie danach rasch an. 1935 wurden 3.286 Patienten betreut, 1936 waren es schon 3.501, 1939 3.555 und Anfang 1940 3.557.[29] Der Betrieb der PHP stand unter dem Diktat äußerster Sparsamkeit. Linsen, Reis und bestimmte Gemüse wurden, angeblich nicht zum Nachteil der Patienten, durch selbst angebaute bzw. günstig zu erwerbende Produkte ersetzt. Ausländische Waren wurden möglichst nicht mehr gekauft, Genussmittel wie Tee und Kakao durch Ersatzprodukte abgelöst. Bei der Bekleidung waren Einsparungen nur möglich gewesen durch die Reduzierung der Lagerbestände.[30] Hier lebte man also schon von der Substanz. Der Bericht über die Auswirkungen des heißen Sommers 1933 lässt auch die Änderung in der Ernährung erkennen. Dabei wird am Rande erwähnt, dass es nur einmal in der Woche ein Mittagessen mit Fleisch gab, und zwar am Sonntag. Das Fleisch (»Gullasch«) wurde samstags in großen Mengen vorgebraten und über Nacht in einen Kühlraum gebracht. Im Kühlraum ließ sich die Temperatur aber nicht unter 14–16 °C senken, was zu Zersetzung des Fleisches und zu Ptomain-Vergiftungen führte, die sich in Massendurchfällen auf einigen Stationen äußerte.[31]

Insgesamt lässt sich die Verschlechterung der Ernährung in Zahlen fassen. Die Sterblichkeit der Patienten in der PHP Bedburg-Hau nahm erkennbar zu. In den besten Jahren der Weimarer Republik hatte sie im Rechnungsjahr 1931/32 5,03 Prozent betragen. Sie stieg bis zum Rechnungsjahr 1935/36 auf 7,59 Prozent an und sank im Folgejahr wieder auf vergleichsweise günstige 5,94 Prozent ab. Die zeitweise Verschlechterung ist deutlich, liegt aber weit von den Zahlen entfernt, die gegen Ende des Ersten Weltkrieges mit 21,7 Prozent (1917/18) und 18,8 Prozent (1918/1919) in der PHP erreicht wurden.[32] Dass in der Zeit von 1932 bis 1936 der prozentuale Anteil der an Tuberkulose erkrankten

29 Verwaltungsstatistik des Rheinischen Provinzialverbandes [Düsseldorf 1937], S. 64 u. 67; Hermeler, a. a. O. S. 139; Josef Jörissen: Chronik der Gemeinde Bedburg-Hau (Bedburg-Hau 1990), S. 212.

30 ALVR 14718.

31 ALVR 14713.

32 Die Provinzialverwaltung berechnete die Sterblichkeitsrate als Relation zwischen der Gesamtzahl aller Verpflegten (= Anzahl der Patienten zu Beginn eines Berichtsjahres plus Zugang von Patienten im Berichtsjahr) und der Anzahl der Verstorbenen im Berichtsjahr, vgl. Bericht des Provinzial-Ausschusses der Rheinprovinz über die Ergebnisse der Provinzialverwaltung für das Rechnungsjahr vom 1. April 1923 bis 31. März 1924 (Düsseldorf 1924), S. 41; dasselbe für das Rechnungsjahr vom 1. April 1924 bis zum 31. März 1925 (Düsseldorf 1925), S. 49; dasselbe für das Rechnungsjahr vom 1. April 1929 bis zum 31. März 1930 (Düsseldorf 1930), S. 52, sowie Bericht über die Ergebnisse der Provinzialverwaltung für das Rechnungsjahr vom 1. April 1932 bis 31. März 1933 (Düsseldorf 1933), S. 60. Die Zahlen ab 1933 wurden berechnet nach Verwaltungsstatistik des Rheinischen Provinzialverbandes [Düsseldorf 1937], S. 72 u. 74.

bzw. verstorbenen Patienten in Relation zu den verpflegten Patienten regelmäßig um ca. 50 Prozent höher lag als im Durchschnitt aller PHPs, kann leider nicht als Indikator für die Gesundheitslage in der PHP Bedburg-Hau verwandt werden. Die PHP verfügte seit 1929 über ein neues Isolierhaus, in das bevorzugt tuberkulosekranke Patienten aus der gesamten Rheinprovinz überwiesen wurden.[33]

Dass die Einschränkungen und Veränderungen in der Ernährung keine noch gravierenderen Folgen gehabt haben, lag sicher an der ausgeprägten Selbstversorgung mit Lebensmitteln. Im Wirtschaftsjahr 1935 deckte die PHP Bedburg-Hau ihren Bedarf an Milch zu 100 Prozent, an Fleisch zu 92,8 Prozent, an Kartoffeln zu 39,3 Prozent, an Gemüse und Obst zu jeweils 100 Prozent selbst. Im Wirtschaftsjahr 1934/35 war eine Kohlscheune gebaut worden, um Kohl besser lagern zu können, Frostverluste im Winter zu vermeiden und die Patienten mit diesem »frischen Dauergemüse« länger versorgen zu können als bisher.[34] Alles in allem wird es aber die Lebensverhältnisse der Patienten und Patientinnen nicht verbessert haben, dass der Pflegesatz in dieser Zeit gesenkt werden konnte, was durch »Verbilligung der Beköstigung und sparsame Bewirtschaftung der Mittel für Bekleidung und sonstige Bedürfnisse der Kranken« erreicht wurde.

Große Teile der anfallenden Arbeit wurden unentgeltlich von Patienten und Patientinnen geleistet. Anfang der dreißiger Jahre gingen rund 90 Prozent der männlichen wie weiblichen Patienten einer »Beschäftigung« nach. Die mag nicht in jedem Fall sehr produktiv gewesen sein, aber in der damaligen Zeit war sie für die Klinik unverzichtbar. Als während des Zweiten Weltkrieges die PHP Bedburg-Hau in ein Lazarett umgewandelt wurde, brauchte man nach wechselnden Angaben etwa 750 bis 900 Patienten, um den Krankenhausbetrieb und den Wirtschaftsbetrieb aufrecht zu erhalten. Dabei war die Klinik wirtschaftlich sehr gesund. Von den acht Kliniken des Provinzialverbandes (einschließlich der Kinderanstalt in Bonn) erwirtschafteten vier Einrichtungen Defizite, die übrigen vier mehr oder weniger große Einnahmeüberschüsse. Zum Gesamteinnahmeüberschuss von 712.895 RM, den alle Kliniken zusammen 1935 erwirtschafteten, trug die PHP Bedburg-Hau 684.268,89 RM bei.[35]

Die erwirtschafteten Überschüsse kamen, wie schon geschildert, nicht den Patienten zugute. Auch die Beschäftigten in der Klinik profitierten davon nicht. Sie mussten im Gegenteil im Zuge von Sparmaßnahmen deutliche Einnahmeverluste hinnehmen. So beklagte sich Dr. Raether, der bestbezahlte Psychiater des Provinzialverbandes der Rheinprovinz, dass er seit 1931 erhebliche Gehaltseinbußen habe hinnehmen müssen. So habe

33 Verwaltungsstatistik des Rheinischen Provinzialverbandes [Düsseldorf 1937], S. 72; Bericht des Provinzial-Ausschusses der Rheinprovinz über die Ergebnisse der Provinzialverwaltung für das Rechnungsjahr vom 1. April 1930 bis 31. März 1931 [Düsseldorf 1931], S. 57.

34 Verwaltungsstatistik des Rheinischen Provinzialverbandes [Düsseldorf 1937], S. 83; ALVR 14856.

35 Verwaltungsstatistik des Rheinischen Provinzialverbandes [Düsseldorf 1937], S. 80. 1939 betrug der Einnahmeüberschuss der PHP immer noch 470.294 RM, vgl. Hermeler, a. a. O. S. 139.

er, als er noch in der Gehaltsgruppe 1a eingestuft war, ein jährliches Grundgehalt von 10.600 RM erhalten und dazu eine ruhegehaltsfähige Zuwendung von 1.000 RM sowie Wohngeld. 1932 wurde er im Zuge von Sparmaßnahmen in die Gehaltsstufe 1b hinabgestuft. Das bedeutete einen Einkommensverlust von etwa 5 bis 9 Prozent (abhängig von der jeweiligen Stufe innerhalb der Gehaltsstufe[36]). Die Zulage wurde auf 600 RM gekürzt. Die Zulage war auch nicht mehr ruhegehaltsfähig. 1933 fiel sie schließlich ganz weg.

Therapien

Die Möglichkeiten, psychische Erkrankungen zu heilen oder doch zu lindern, waren in den dreißiger Jahren noch sehr beschränkt. Nach neuen Therapien wurde gesucht. So hatte Raether 1930 die systematische Behandlung von Postenzephalitikern mit Atropin, Heilturnen und Gartenarbeit eingeführt. Entscheidende Durchbrüche wurden damit aber allem Anschein nach nicht erzielt, auch wenn die Mehrzahl der Kranken durch diese Therapie positiv beeinflusst wurde. »Diese leichten Besserungen scheinen uns aber nicht über das Maß dessen hinaus zu gehen, was auch ohne Atropin – durch psychotherapeutische Maßnahmen erreicht werden kann.«[37]

Ein erheblicher Teil der Patienten in Bedburg-Hau litt an progressiver Paralyse, dem Spätstadium der Syphilis. Die Behandlung knüpfte an die Forschungen von Julius Wagner-Jauregg (1857–1940) an, der entdeckt hatte, dass man durch künstlich herbeigeführte Malariafieberanfälle deutliche Erfolge gegen die progressive Paralyse erzielen konnte, und der dafür 1927 den Nobelpreis für Medizin erhalten hatte. In Bedburg-Hau versuchte man es mit einer Kombination dieser Therapie und dem Einsatz von Salvarsan.

Malaria-Salvarsan Behandlungen[38]

Fälle	**vollkommen**	**unvollkommen**	**leicht**	**unbeeinflusst**	**schlechter**	**gest.**
27	4	7	6	2	7	1
100 %	15 %	26 %	22 %	7 %	26 %	4 %

Wie die Zahlen belegen, ließen sich in der Mehrzahl der Fälle Besserungen erreichen. Die Versagerquote zeigt aber auch, dass die Erfolgsaussichten nicht besonders hoch waren. Zudem war die Behandlung für die Patienten sehr belastend.

Seit Juni 1937 wurde in der PHP Bedburg-Hau die »Insulinkur« bei Schizophrenie angewandt. Sie war 1933 von Manfred Sakel (1900–1957) entwickelt worden. Der Patient

36 Stellenplan und Besoldungsplan der Provinzialverwaltung der Rheinprovinz. Rechnungsjahr 1935 (Düsseldorf o. J.), S. 20.

37 ALVR 14718.

38 ALVR 14731.

wurde durch Injektionen von Insulin künstlich unterzuckert. Er fiel ins Koma, das von einem Krampfanfall begleitet werden konnte. Nach kurzer Zeit wurde der Patient dann durch eine Medikamentengabe wieder zu Bewusstsein gebracht. Oft zeigte sich dann eine deutliche Verbesserung des Gesundheitszustandes, ohne dass die genaue Wirkungsweise bekannt war. Der Klinikarzt Dr. Heuschen erprobte in Bedburg-Hau diese Methode an 43 Patienten und dokumentierte die Ergebnisse. Klinikleiter Dr. Trapet war von dem Ergebnis begeistert. »In annähernd 50 % der Fälle war ein durchaus befriedigendes Resultat der Behandlung zu erzielen.« Des Weiteren sagte er über die bisherigen Erfahrungen mit der Methode: »Sie sind so gut, daß wir dieses bisher wirkungsvollste Mittel im Kampf gegen die Schizophrenie nicht mehr entbehren möchten.« Er gestand allerdings auch zu, dass das Verfahren einen hohen finanziellen, ärztlichen und pflegerischen Aufwand mit sich brachte. Das Risiko für den Patienten erwähnte er nicht.[39]

Krieg und NS-Euthanasie[40]: Transporte 1939

Der Beginn des Zweiten Weltkrieges hatte zunächst vergleichsweise geringe Auswirkungen auf die PHP Bedburg-Hau. Die Einberufungen von Ärzten, Pflege- und Verwaltungspersonal führten zwar zu manchen Engpässen, diese konnten jedoch einigermaßen ausgeglichen werden. Da 1939 fast die Hälfte aller Krankenhausbetten in Deutschland sich in psychiatrischen Kliniken befanden, war zu erwarten gewesen, dass eine erhebliche Anzahl dieser Betten im Kriegsfall zur Versorgung verletzter Soldaten herangezogen werden würde.[41] Dies galt für Bedburg-Hau um so mehr, als hier auch chirurgische Einrichtungen vorhanden waren. Vor diesem Hintergrund ist es zu verstehen, dass man in der Verwaltung des Provinzialverbandes erleichtert darüber war, dass im November 1939 nur 356 Patientinnen und Patienten verlegt werden mussten, um Platz zu machen für ein Heereslazarett.

39 ALVR 14854, Teil 1. Die Wirksamkeit der Methode, die heute aus der psychiatrischen Praxis verschwunden zu sein scheint, ist umstritten. Die Auswertung historischer Krankenakten spricht eher für die Wirkungslosigkeit dieser Therapie, vgl. Jan Leygraf: Die Behandlung der Schizophrenie vor der Einführung antipsychotischer Medikamente (im Zeitraum 1928–1940) (Diss. med. Münster 2006), S. 42 (http://miami.uni-muenster.de/servlets/DerivateServlet/Derivate-3584/diss_leygraf.pdf).

40 Vgl. den Forschungsüberblick von Uwe Kaminsky: Die »NS-Euthanasie«. Ein Forschungsüberblick, in: Klaus-Dietmar Henke (Hrsg.): Tödliche Medizin im Nationalsozialismus. Von der Rassenhygiene zum Massenmord (Köln 2008), S. 269–290.

41 Raul Hilberg: Täter, Opfer, Zuschauer. Die Vernichtung der Juden 1933–1945 (Frankfurt/M. 1992), S. 82.

42 Hermeler, a. a. O. S. 52.

Verlegungen aus Bedburg-Hau 1939[42]

Transporttag	Männer	Frauen	Insgesamt	Verlegungsziel
21.11.1939	40	50	90	Göttingen
22.11.1939	25	66	91	Hildesheim
23.11.1939	80	—	80	Ilten
24.11.1939	—	70	70	Liebenburg
27.11.1939	—	25	25	Himmelsthür
			356	

Darüber hinaus gab es schon Pläne, die »schwierigsten Fälle« abzutransportieren, »also die Bewahrungsbedürftigen (60–65), die Typhusbazillenträger, die Leprakranken und vielleicht auch die gemäß § 42 StGB. überwiesenen Kranken (über 100)«.[43] Dies geschah jedoch zunächst nicht, weil es an gesicherten Transportmitteln und geeigneten Aufnahmeanstalten fehlte.

Währenddessen hatte Adolf Hitler zu Kriegsbeginn seinen Arzt Karl Brandt und den Leiter der Kanzlei des Führers, Philipp Bouhler, schriftlich zur Tötung unheilbar Kranker ermächtigt. Auf der Grundlage dieses formlosen Schreibens bauten die beiden Männer eine Organisation auf, deren Aufgabe die Tötung von Geisteskranken war. Sie führte schließlich die Tarnbezeichnung »T4«. Sie bestand aus der »Gemeinnützigen Stiftung für Anstaltspflege«, die sich um die Bereitstellung von Tötungsanstalten, Tötungsmittel und Personal kümmerte. Die »Reichsarbeitsgemeinschaft Heil- und Pflegeanstalten« sorgte für die formularmäßige Erfassung von Kranken und deren Begutachtung (auf Leben oder Tod) durch Fachpsychiater. Die »Gemeinnützige Krankentransportgesellschaft GmbH« (kurz: Gekrat) übernahm Versand und Kontrolle der Transportlisten, die auf der Basis der Entscheidung der Psychiater zusammengestellt worden waren. Sie übernahm auch den Transport der Patienten und Patientinnen in die Tötungsanstalten. 1941 kam noch die »Zentralverrechnungsstelle Heil- und Pflegeanstalten« dazu, die die Abrechnung der Pflegegelder übernahm, die bis dahin zwischen Abgabe- und Aufnahmeanstalt direkt erfolgt war. Sie perfektionierte außerdem den Abrechnungsbetrug, indem sie für bereits ermordete Kranke noch Pflegegelder einforderte. Die formalrechtlichen Voraussetzungen für das Tätigwerden von »T4« gegenüber staatlichen, kommunalen oder kirchlichen Einrichtungen wie Erlasse und Verordnungen wurden durch die Einschaltung des Reichsministers des Innern geschaffen.

43 Hermeler, a. a. O. S. 55.

Krieg und NS-Euthanasie: Transporte 1940

Im Frühjahr 1940 überschnitten sich zwei Aktionen. Die Fortführung der aggressiven Kriegspolitik Hitlers machte die Bereitstellung von noch mehr Lazarettraum notwendig. In der PHP Bedburg-Hau sollte daher ein riesiges Marine-Reservelazarett eingerichtet werden. Alle Patienten bis auf diejenigen, die man zum Unterhalt der Anstalt brauchte, sollten verlegt werden. In die Verlegungsaktion sollten nun auch Personen eingeschlossen werden, die nach § 42b StGB in psychiatrische Anstalten gebracht worden waren. Solche befanden sich im Rheinland in den Bewahrungshäusern in Düren und Bedburg-Hau.

Von den Plänen bekam »T4« eher zufällig Kenntnis und schaltete sich in den Ablauf ein.[44] Rund 2.200 Patienten wurden innerhalb einer Woche, in der Zeit vom 26. Februar bis zum 4. März 1940, von einer aus Berlin angereisten Ärztekommission überprüft. In der darauf folgenden Woche wurden über 1.700[45] von ihnen aus der Rheinprovinz hinausverlegt, der überwiegende Teil direkt in den Tod nach Brandenburg und Grafeneck. Opfer dieser Aktion wurden auch 150 »kriminelle Geisteskranke« aus Bedburg-Hau und weitere 150 aus Düren. Ihr Verlegungsziel war Waldheim in Sachsen. Von dort wurden die meisten von ihnen rasch nach Brandenburg weiterverlegt und starben in der Gaskammer.[46]

44 Zentrale Stelle der Landesjustizverwaltungen, Ludwigsburg (im folgenden: Zentrale Stelle), Ordner »Euthanasie«, Aussage von Werner Heyde am 7. November 1961. Bei dieser Blitzaktion spielten wahrscheinlich erbitterte Kompetenzkämpfe um die Zuständigkeit beim Patientenmord eine Rolle. Zu diesem Konkurrenzkampf vgl. allgemein Friedrich Karl Kaul: Nazimordaktion T4. Ein Bericht über die erste industriemäßig durchgeführte Mordaktion des Nazi-Regimes (Berlin 1973), S. 52–55. Das Kapitel trägt die Überschrift: »Der Wettlauf um den zwanzigfach größeren Mordauftrag«.

45 Addiert man die entsprechenden Transportzahlen, wie sie im Lewensteingutachten aufgeführt sind, waren es insgesamt 1632 Personen. Hermeler hat nachgewiesen, dass dem Aufnahmebuch »Frauen III« zufolge 101 Frauen mehr nach Görden transportiert worden sind als im Lewensteingutachten aufgeführt, vgl. Hermeler, a.a.O. S. 53 Anm. 9. Es ist also von mindestens 1733 Patienten auszugehen. Nach dem Krieg wurde die Zahl von 1742 Patienten genannt, vgl. Hermeler, a.a.O. S. 61. In einem abschriftlich erhaltenen Schreiben vom 6. August 1941 ist von 1792 im März 1940 abtransportierten Patienten die Rede, vgl. ALVR 16968, was den Frauentransport nach Düren einschließt.

46 Vgl. Sonja Schröter: Psychiatrie in Waldheim/Sachsen (1716–1946). Ein Beitrag zur Geschichte der forensischen Psychiatrie in Deutschland (Frankfurt/M. 1994), S. 141 f., sowie teilweise abweichend Achim Thom: Kriegsopfer der Psychiatrie. Das Beispiel der Heil- und Pflegeanstalten Sachsens, in: Norbert Frei (Hrsg.), Medizin und Gesundheitspolitik in der NS-Zeit (München 1991), S. 201–216, bes. S. 211.

47 Hermeler, a.a.O. S. 53 unter Berücksichtigung der dortigen Anm. 9.

Verlegungen aus Bedburg-Hau 1940[47]

Transporttag	Männer	Frauen	Insgesamt	Verlegungsziel
29.2.1940	—	50	50	Düren
5.3.1940	150	—	150	Waldheim
6.3.1940	30	20	50	Pfafferode
6.3.1940	30	25	55	Haldensleben
6.3.1940	157	160	317	Grafeneck
6.3.1940	—	140	140	Zwiefalten
7.3.1940	45	—	45	Eichberg
7.3.1940	21	47	68	Herborn
7.3.1940	60	54	114	Weilmünster
8.3.1940	54	54	108	Altscherbitz
8.3.1940	49	20	69	Jerichow
8.3.1940	70	212	282	Görden
8.3.1940	323	12	335	Brandenburg
			1783	

Die Beschäftigten der PHP hatten zunächst kaum einen Grund zu der Annahme, dass sich hinter dem Abtransport der Kranken etwas anderes verbarg als eine rein kriegsbedingte Räumungsmaßnahme. Aber anders als bei den Transporten im November 1939 war im Februar 1940 eine Gruppe von Ärzten und Schreibkräften aufgetaucht, die jeden Patienten in einem Erhebungsbogen beurteilte. Für eine reine Räumungsmaßnahme war dies ein völlig ungerechtfertigter Aufwand, der in kürzester Zeit geleistet werden musste. Dass es möglich war, diese Maßnahme in so kurzer Zeit durchzuführen, lässt nur den Schluss zu, dass das Personal in Bedburg-Hau sehr bereitwillig mitgemacht haben muss.

Vom 5. bis zum 8. März 1940 verließen die Abtransporte Bedburg-Hau nach Waldheim, Pfafferode, Haldensleben, Grafeneck, Zwiefalten, Eichberg, Herborn, Weilmünster, Altscherbitz, Jerichow, Görden und Brandenburg. Die Tatsache, dass viele Transporte von Pflegerinnen und Pflegern aus Bedburg-Hau begleitet wurden, die zum Teil die Patienten an den Zielorten noch eine Weile weiterbetreuten, mag dazu beigetragen haben, dass kein Verdacht aufkam. Auffällig aber war, dass die zahlenmäßig größten Transporte keine Begleitung aus Bedburg-Hau hatten. Deshalb erfuhr man dort zunächst auch nichts über die unmenschlichen Bedingungen des Transportes. Einen Tag und eine Nacht lang war der Zug unterwegs gewesen, als er gegen 8 Uhr morgens am Zielbahnhof Marbach bei Münsingen eintraf. Der Weitertransport nach Grafeneck erfolgte mit Krankenwagen und Lastwagen, was sich wegen des hohen Schnees besonders schwierig gestaltete. Viele Kranke waren nicht gehfähig. Das Ausladen des Zuges, das in drei Stunden abgewickelt sein sollte, zog sich sieben bis acht Stunden hin.[48] Die Mordkapazität der Tötungsanstalt war mit einer so großen Anzahl von Opfern überfordert. Die Ermordung so vieler Menschen und die Beseitigung ihrer Leichen muss mehrere Wochen lang gedauert haben.

Aus den Zielorten der nicht von Personal aus Bedburg-Hau begleiteten Transporte nach Brandenburg (335 Personen) und Grafeneck (317 Personen) trafen bald massenhaft Todesmeldungen ein, was großes Misstrauen erweckt haben muss. In der Zeit vom 1. bis 30. April 1940 wurden allein aus Grafeneck 276 Patienten und Patientinnen als verstorben gemeldet.[49] Sterbedatum und Sterbeort wurden in den Patientenbüchern registriert. Niemand, der diese über viele Seiten laufenden Einträge zu Gesicht bekam, konnte irgendeinen Zweifel daran haben, dass diese Menschen eines unnatürlichen Todes gestorben waren. Ein Sonderfall war der Abtransport der psychisch kranken Straftäter aus Bedburg-Hau und Düren im März 1940.[50] Sie waren zum Teil in besonders gesicherten Häusern, Bewahrungshäuser genannt, untergebracht. Ihre Verlegung war bereits für den November 1939 ins Auge gefasst worden. Nicht alle Patienten waren Straftäter. Etliche von ihnen waren nie straffällig geworden, aber in Bewahrungshäusern untergebracht, weil sie als besonders gefährlich galten. Andererseits gab es viele psychisch kranke Straftäter in den beiden Kliniken, die als so harmlos galten, dass sie in weniger stark gesicherten Häusern leben durften. Jeweils 150 von ihnen sollten aus Bedburg-Hau und Düren verlegt werden. In beiden Bewahrungshäusern waren weniger als diese vorgegebenen 150 Patienten untergebracht. Nur um die vorgegebene Zahl zu erreichen, wurden offenbar auch vergleichsweise harmlose Patienten in den Tod geschickt. Die Patienten wurden in Gefängniswaggons abtransportiert, die man an normale Personenzüge anhängte, und in das Zuchthaus Waldheim gebracht, das über eine »Irrenstation« verfügte. Deren Insassen waren vor Ankunft der rheinischen Patienten in der Gaskammer des ehemaligen Zuchthauses Brandenburg ermordet worden.

Während des Transportes nach Waldheim kam es zu einem Zwischenfall, an dem ein Patient aus Bedburg-Hau beteiligt war. Er galt als gefährlich aggressiv und hatte vermutlich Mitpatienten oder das Begleitpersonal angegriffen. Er erhielt vom Transportleiter eine tödliche Dosis Scopolamin gespritzt. Da in dieser frühen Phase der Patientenmorde die Abrechnung der Kosten noch über die PHP Bedburg-Hau lief, fragte diese nach, ob sie die Begräbniskosten übernehmen müsse. Die Landes-Heil- und Pflegeanstalt Waldheim beantwortete diese Anfrage damit, dass für diesen Patienten keine Begräbniskosten zu erstatten seien, »da seine Leiche nach der anatomischen Anstalt Leipzig überführt worden ist«.[51] Von den insgesamt 300 verlegten Patienten wurde einer entlassen und zurückver-

48 Ernst Klee: »Euthanasie« im NS-Staat. Die »Vernichtung lebensunwerten Lebens« (Frankfurt/M. 1983), S. 139 f.

49 Hermeler, a. a. O. S. 74.

50 Ich folge hier weitgehend der Darstellung von Hermeler, a. a. O. S. 75 u. 86–95.

51 ALVR 57008 Teil 1.

legt nach Düren, ein weiterer kam nach Brandenburg-Görden und verstarb dort nach Kriegsende. 13 Patienten starben noch in Waldheim, alle anderen in der Gaskammer der Tötungsanstalt Brandenburg.

Krieg und NS-Euthanasie: Transporte 1941

Die jüdischen Patienten waren die nächsten, die erfasst und abtransportiert wurden. Der Reichminister des Innern begründete diese Maßnahme so: »Der bisher bestehende Zustand, daß Juden mit Deutschen in Heil- und Pflegeanstalten gemeinsam untergebracht waren, hat, ganz abgesehen von der Tatsache, daß ein derartiges Zusammenwohnen Deutscher mit Juden auf die Dauer nicht tragbar ist, zu Beschwerden des Pflegepersonals und von Angehörigen deutschblütiger Kranker Anlass gegeben.«[52] Die jüdischen Patienten aus privaten und öffentlichen Kliniken wurden Anfang Februar 1941 in den PHPs in Andernach und Düsseldorf-Grafenberg zusammengeführt. Die aufnehmende PHP, hier Grafenberg, schrieb die PHPs und die Privatanstalten in ihrem Einzugsgebiet an und forderte sie zur Anlieferung der genannten Patienten am 12. Februar 1941 an.[53] Aus der PHP Bedburg-Hau wurden am 12. Februar 1940 sieben jüdische Patienten nach Düsseldorf-Grafenberg gebracht. Für die vorübergehende Unterbringung in der PHP Grafenberg steuerte die PHP Bedburg-Hau 100 Strohsäcke bei. Bis zum 15. Februar sind dann 140 Kranke mit Bussen der Gekrat von Andernach und Grafenberg aus vermutlich nach Hadamar gebracht und dort ermordet worden. Die Gesamtzahl wird an verschiedenen Stellen unterschiedlich angegeben.[54] Neben Zählfehlern könnte dabei eine Rolle spielen, dass Patienten im Zuge der Verlegungen verstorben sind oder wie zum Beispiel in einem Fall in Bedburg-Hau wegen unbekannter Staatsangehörigkeit zurückbehalten wurden. Als bürokratischer Schlussstrich wurden den Kostenträgern der jüdischen Patienten für diese zwangsweise durchgeführte Verlegung von der PHP Grafenberg für ihren Zwischenaufenthalt in der Klinik drei bzw. vier Tagessätze zu jeweils 3,80 RM in Rechnung gestellt.[55]

52 Zitiert nach Hermeler, a. a. O. S. 101 f.

53 ALVR 13070.

54 ALVR 13070. Bei Monica Kingreen: Jüdische Kranke als Patienten der Landesheilanstalt Hadamar (1909–1940) und als Opfer der Mordanstalt Hadamar (1941–1945), in: Uta George u. a. (Hrsg.): Hadamar. Heilstätte – Tötungsanstalt – Therapiezentrum (Marburg 2006), S. 189–215, hier S. 207 f., ist nur von sechs Patienten die Rede. Nach etlichen Patienten wurde noch gesucht, vgl. ALVR 13070. Ein Patient der Dr. von Ehrenwall'schen Kuranstalt in Ahrweiler befand sich am Tag seiner geplanten Abholung im Urlaub. Die Kuranstalt veranlasste nach seiner Rückkehr die direkte Überführung in die »israelitische Heil- und Pflegeanstalt in Sayn«, vgl. ALVR 13070.

55 ALVR 13070. Hier sind nur die Forderungen der PHP Grafenberg belegt. Die PHP Andernach dürfte jedoch genau so verfahren sein.

Der Massenmord an den Patienten und Patientinnen aus der PHP Bedburg-Hau und die weitgehende Umwandlung der Klinik in ein Marinelazarett hatten zur Folge, dass die Klinik mit der systematischen Erfassung der Patienten, die Mitte 1940 mit speziellen Meldebögen begann, nur noch begrenzt zu tun hatte. Immerhin wurden auch hier die Patienten erfasst, von denen rund 600 (mehr als die Hälfte der noch vorhandenen) für den Abtransport vorgesehen waren, was den Wirtschaftsbetrieb der Klinik und ihre Dienstleistungen für das Marinelazarett infrage stellte. Viele davon wollte der Chefarzt der PHP Bedburg-Hau deshalb zurückhalten.[56] Ob ihm das gelungen ist, ist unklar. Der Hinweis auf die Notwendigkeit, genügend arbeitsfähige Patienten in der Klinik zu behalten, darf nicht als verdeckter Widerstandsversuch gewertet werden. Er ist vielmehr Ausdruck einer bürokratischen Absicherung für den Fall, dass die Klinik ihren vertraglichen Verpflichtungen gegenüber der Marine nicht nachkommen könnte. Ansonsten arbeitete die Klinik bereitwillig mit und forderte am 6. August 1941 1.000 Meldebögen an. Außerdem verlegte sie im Einverständnis mit der Zentralverwaltung des Provinzialverbandes in eigener Initiative Patienten, die gar nicht von der Euthanasiezentrale angefordert worden waren.[57] Am 30. Juli 1941 wurden die zunächst letzten 157 Patienten (darunter elf nicht angeforderte) in die als Zwischenanstalt dienende PHP Galkhausen gebracht. Der Weitertransport in die Gaskammer von Hadamar sowie weitere Transporte unterblieben jedoch, weil Adolf Hitler die Patientenmorde beenden ließ, um Unruhe in der Bevölkerung zu vermeiden. Dabei spielte der am 22. Juni 1941 begonnene Krieg gegen die Sowjetunion ebenso eine Rolle wie die Predigten des Münsteraner Bischofs von Galen. Unmutsbekundungen aus der Bevölkerung zum Beispiel gegen einen »Euthanasie«-Arzt beim Abtransport von behinderten Kindern haben dabei auch eine Rolle gespielt.[58] Die Bevölkerung hatte rasch Kenntnis von den Patientenmorden erhalten. Auch wenn die Gerüchte aus Köln, Düsseldorf und Bonn nicht sehr genau und detailreich waren, zeigen sie doch, dass für die meisten Menschen diese Morde Gewissheit waren. Neben den Gegnern der Patientenmorde gab es aber auch solche, die sie für die richtige Lösung hielten.[59]

Verlegungen aus Bedburg-Hau 1941[60]

Transporttag	Männer	Frauen	Insgesamt	Verlegungsziel
12.2.1941	6	1	7	Grafenberg
30.7.1941	74	83	157	Galkhausen
			164	

56 ALVR 16968.

57 Hermeler, a. a. O. S. 109 f.

58 Hermeler, a. a. O. S. 109.

59 Landesarchiv NRW, Abt. Rheinland (Hauptstaatsarchiv Düsseldorf), RW 34–30.

60 Hermeler, a. a. O. S. 53 führt nur sechs Männer auf. Vgl. dagegen ALVR 13070.

Zwischenspiel: Die Rücktransporte

Die Abtransporte hatten zur Folge, dass es in den PHPs der Rheinprovinz zu Leerständen kam, die den Provinzialverband finanziell belasteten. Außerdem musste für die in andere Regionen Deutschlands verlegten Patienten und Patientinnen Pflegegeld bezahlt werden. Dieses Pflegegeld kam zum Teil aus den Kassen des Landesfürsorgeverbandes, dessen Aufgaben vom Provinzialverband der Rheinprovinz wahrgenommen wurden. Daher versuchte Medizinaldezernent Professor Creutz, die Betten in den PHPs zu füllen, indem er Patienten aus kirchlichen Einrichtungen abzog und verlegte Patienten wieder in die Rheinprovinz zurückholte. In der Zeit von August bis September 1941 wurden 66 Männer und 72 Frauen nach Bedburg-Hau zurückgeholt. Sie kamen aus den Anstalten in Altscherbitz, Görden, Göttingen, Haldensleben (einschließlich der Patienten aus Uchtspringe und Jerichow) und Pfafferode. Obwohl es auch in den folgenden Kriegsjahren noch Rücktransporte gab, waren diese sehr selten und betrafen nur noch ganz wenige Patienten.[61] Der Kriegsverlauf verhinderte die Rückholung von großen Gruppen von Patienten wie etwa den Abzug von 295 Pfleglingen aus Bethel.[62]

Krieg und NS-Euthanasie: Transporte 1942 bis 1944

Allerdings veränderte sich die Situation in Westdeutschland im Laufe des Jahres 1942 dramatisch. Anfang 1942 war die britische Luftwaffe so weit, dass sie Flächenbombardements auf deutsche Städte durchführen konnte. Die Flächenangriffe sollten die deutsche Arbeiterschaft dezimieren und demoralisieren, um auf diesem Weg die deutsche Kriegsproduktion zum Erliegen zu bringen. Nach ersten Angriffen auf Lübeck und Rostock griff die britische Luftwaffe in der Nacht vom 30. auf den 31. Mai mit (symbolträchtigen) 1.000 Bombern die Stadt Köln an. 1943 konzentrierten sich die Angriffe auf das Ruhrgebiet. Sie begannen Anfang März 1943 mit einem Angriff auf Essen, dem weitere Angriffe folgten, unter anderem ein 1.000-Bomber-Angriff auf Essen Anfang Juni 1943. Ergebnis dieser Luftangriffe war ein zweistufiger Verdrängungsprozess. Zur Versorgung von verletzten Luftkriegsopfern und zur Unterbringung Obdachloser wurden in den westdeutschen Städten stadtnahe Heime und Kliniken teilweise geräumt. Deren Insassen schob man in weiter entfernte Einrichtungen ab. Genau dies geschah mit 90 Kranken und 60 Kindern, die am 10. und 11. Mai 1943 aus dem Franz-Sales-Haus in Essen in die PHP Bedburg-Hau

61 Hermeler, a. a. O. S. 126–31.

62 Vgl. Wolfgang Franz Werner: Walter Creutz – Widerstandskämpfer?, in: Folgen der Ausgrenzung. Studien zur Geschichte der NS-Psychiatrie in der Rheinprovinz (Köln 1995), S. 173–195, hier S. 188 f.

gebracht wurden. Dasselbe gilt für die insgesamt 100 Patienten, die am 31. Mai bzw. 1. Juni 1943 aus der PHP Galkhausen kamen.

Parallel dazu lief bereits die zweite Stufe des Verdrängungsprozesses. Mit Schreiben vom 17. Juni 1943 konfrontierte der Geschäftsführer der »Reichsarbeitsgemeinschaft Heil- und Pflegeanstalten« den Medizinaldezernenten Creutz damit, dass er den Auftrag habe, sämtliche Heil- und Pflegeanstalten der Rheinprovinz wegen der bestehenden Luftkriegsgefährdung zu räumen. Diese Räumung lief aber zum Teil schon, weil in der Rheinprovinz selbst der Bedarf an Krankenhausraum dramatisch angestiegen war.[64] Bereits am 27. Juli 1942 mussten 100 Patienten provinzintern aus Bedburg-Hau nach Ebernach verlegt werden, weil das Marinelazarett mehr Betten brauchte.

Verlegungen aus Bedburg-Hau 1942/44[63]

Transporttag	Männer	Frauen	Insgesamt	Verlegungsziel
23.7.1942	100	—	100	Ebernach
28.4.1943	—	50	50	Altscherbitz
29.4.1943	50	—	50	Uchtspringe
30.4.1943	50	—	50	Uchtspringe
3.5.1943	50	—	50	Uchtspringe
4.5.1943	50	—	50	Uchtspringe
29.7.1943	—	60	60	Altscherbitz
30.7.1943	50	50	100	Goddelau
2.8.1943	—	40	40	Altscherbitz
12.7.1944	50	—	50	Meseritz-Obrawalde
5.10.1944		15	15	Düsseldorf-Grafenberg
			615	

Von den Frauen, die nach Altscherbitz gebracht wurden, überlebte nur eine das Kriegsende. Alle anderen starben entweder in Altscherbitz selbst oder in Anstalten wie Meseritz-Obrawalde, in die sie weiterverlegt wurden. Von den nach Uchtspringe verlegten 200 Patienten kamen mehr als drei Viertel in Uchtspringe selbst, in Magdeburg oder Meseritz-Obrawalde ums Leben. Alle direkt nach Meseritz-Obrawalde transportierten Patienten haben nicht überlebt. Die Patienten, die nach Goddelau gebracht wurden, sind nicht weitertransportiert worden. Von ihnen verstarben 15 Patientinnen und 31 Patienten bis Dezember 1945. Bis auf zwei Männer, die entlassen worden waren, lebten

63 ALVR 16968 (Lewensteingutachten).

64 Hermeler, a. a. O. S. 141 f.

die übrigen Ende 1945 noch im Philippshospital in Goddelau.[65] Bei den 15 Frauen, die am 5. Oktober 1944 nach Düsseldorf-Grafenberg gebracht wurden, handelte es sich um Zwangsarbeiterinnen, die von dort weiter transportiert wurden.[66] Später behauptete die Provinzialverwaltung, viel für die rheinischen Patienten getan zu haben, die in den Osten verlegt worden waren, etwa durch Bereitstellung von Wolldecken usw. Was in Wirklichkeit davon zu halten ist, zeigt der Fall Meseritz-Obrawalde. Zahlreiche Patienten aus dem Rheinland waren in der zweiten Kriegshälfte hierhin verlegt worden. Die dortige Heil- und Pflegeanstalt erhielt vom Provinzialverband Wolldecken, Bettwäsche, Kleidung und Geschirr im Wert von 4.978,75 RM zur Verfügung und in Rechnung gestellt.[67]

Exkurs: Schuld ohne Sühne

Den leitenden Mitarbeitern des Provinzialverbandes war klar, dass sie sich für ihre Beteiligung am Patientenmord würden verantworten müssen. Der Leiter der PHP Galkhausen und damit der dortigen Zwischenanstalt Dr. Leonard Winkel, vor dieser Funktion Erster Oberarzt der PHP Bedburg-Hau, hat offenbar deswegen noch vor Kriegsende Selbstmord begangen. Aus der Zeit Ende 1945 stammen erste Aussagen, in denen sich die Verantwortlichen für die Beihilfe zum Patientenmord äußerten. Von Direktor Dr. Trapet stammt eine solche Aussage vom 27. Oktober 1945, in der bereits die Geschichte von den Widerstandsversuchen geschildert wurde, mit der sich die Verantwortlichen durch alle Instanzen manövrieren sollten. Trapet hat den Prozess selbst nicht mehr erlebt.

Am 27. Januar 1950 sprach das Landgericht Düsseldorf in letzter Instanz den ehemaligen Medizinaldezernenten Prof. Dr. Creutz, die in der Zwischenanstalt Galkhausen eingesetzten Ärzte Dr. Rohde und Dr. Weißenfels sowie die Professoren Pohlisch (Leiter der PHP Bonn) und Panse (Leiter des Erbbiologischen Institutes Bonn) auch in ihrer Eigenschaft als »T4«-Gutachter frei. Das Gericht sah es als erwiesen an, dass die Angeklagten sich zwar der Beihilfe an den Tötungsaktionen schuldig gemacht hatten, dies aber tun mussten und getan hatten, um eine viele schnellere, radikalere Durchführung der Patientenmorde zu verhindern. Die Angeklagten hatten angeblich durch ihr Tun mehr Patienten gerettet als dem Tod übergeben. Am 28. Juli 1950 urteilte das Landgericht Koblenz ähnlich gegen die Leiter der PHP und Zwischenanstalt Andernach, Dr. Recktenwald,

65 Archiv des Landeswohlfahrtsverbands Hessen, Best. 18, Tagebücher der Kranken in Goddelau 1943–1945. Freundliche Auskunft von Georg Lilienthal.

66 Hermeler, a. a. O. S. 141 ff.

67 ALVR 14295 Teil 1, Rechnung vom 13.7.1944. Die Formulierungen im Beischreiben lassen erkennen, dass es sich dabei um gebrauchte Materialien begrenzter Qualität handelte. Vgl. auch Wolfgang Schaffer: Krankenhaus des Todes – die rheinischen Verlegungstransporte und die Tötungsanstalt Meseritz-Obrawalde, in: Folgen der Ausgrenzung. Studien zur Geschichte der NS-Psychiatrie in der Rheinprovinz (Köln 1995), S. 157–172.

und seinen Abteilungsarzt Dr. Kreisch. Entscheidend für die Freisprüche war die Überzeugung der Gerichte, dass es eine NS-Euthanasie an rheinischen Patienten nur 1941 gegeben habe. Die Ermordung der Patienten und Patientinnen aus Bedburg-Hau 1940 blieb unberücksichtigt. Sachlich ist dies bis zu einem gewissen Grad nachvollziehbar, weil die Ärzte und Pfleger in Bedburg-Hau 1940 nicht wissen konnten, was mit den zu verlegenden Patienten passieren würde. Beim Massensterben der Patienten ab 1943 ist in der Rückschau nicht nachvollziehbar, wieso es den Angeklagten gelang, sie als normale Begleiterscheinung kriegsbedingter Verlegungen hinzustellen.

Abb. 5: Medizinaldezernent Prof. Dr. Walter Creutz. Foto: ALVR 14854

Das Düsseldorfer Landgericht sah es als erwiesen an, dass Creutz, zum Wehrdienst einberufen, erst im Spätsommer 1940 gerüchteweise von Patientenmorden in Mitteldeutschland erfahren habe. Der Erste Landesrat Kitz habe sich zur Abwehr des Patientenmordes dann beim gemeinsamen Chef, Landeshauptmann Haake, dafür eingesetzt, Creutz vom Militär zurückzuholen. Dies sei gelungen und Creutz sei am 1. Dezember 1940 wieder im Dienst gewesen und habe sogleich eine Reihe von Maßnahmen zur Abwehr der Patientenmorde in Angriff genommen. Alle Versuche seien jedoch letztlich gescheitert, weil in der entscheidenden Aussprache mit Vertretern von »T4« sich Landeshauptmann Haake von Professor Heyde umstimmen ließ. Dieser zeigte ihm eine Kopie von Hitlers Euthanasie-Ermächtigung, worauf Haake jeden Widerstand aufgab. Von da an blieb nur noch die Möglichkeit, sabotierend in den Ablauf der Patientenmorde einzugreifen. Das sei auch erfolgreich gewesen und habe mehrere Tausend Menschen vor dem Tod bewahrt.[68]

Das Düsseldorfer (wie das Koblenzer) Urteil hat lange Zeit die historische Aufarbeitung geprägt, nicht zuletzt, weil die archivische Überlieferung äußerst lückenhaft ist. Das abschließende Urteil in einem Verfahren durch alle Instanzen besitzt ein hohes Maß an Autorität, die lange die kritische Hinterfragung verhindert hat. Auffällig war bei näherer Betrachtung zum Beispiel, dass fast alle Patienten und Patientinnen (mit Ausnahme der jüdischen), die 1941 aus der Rheinprovinz nach Hadamar verlegt worden waren, aus den provinzialverbandseigenen Heil- und Pflegeanstalten stammten. Zu Verlegungen aus den konfessionell gebundenen Einrichtungen kam es dann nicht mehr. Landesrat Creutz hatte also nicht vermocht, die ihm direkt anvertrauten Patienten zu schützen. Hinterfragt

68 Hermeler, a. a. O. S. 185–226 mit ausführlicher Würdigung der Verfahren.

wurde auch die Verzögerungstaktik, weil diese sich nirgendwo wirklich nachweisen ließ. Es wurde immer offensichtlicher, dass die vermeintliche Rettung zahlreicher rheinischer Patienten schlicht dadurch zustande gekommen war, dass die Rheinprovinz erst relativ spät in die Mordaktion einbezogen worden war. Mitten in die laufende Aktion platzte Hitlers Euthanasie-Stopp. Seine Entscheidung verlängerte die Lebenserwartung der rheinischen Patienten, nicht irgendwelcher Widerstand rheinischer Psychiater.

Ein wesentlicher Beitrag zur Bestätigung der These von Ernst Klee, dass die Geschichte vom kollektiven Widerstand rheinischer Psychiater gegen die NS-Euthanasie eine »schamlose Legende« ist, ist von Ludwig Hermeler geleistet worden. Ihm gelang über die Analyse der Feldpostnummern der Nachweis, dass sich Creutz 1940 als Soldat in der Rheinprovinz bzw. an ihren Grenzen aufgehalten hat. Noch wichtiger war, dass Hermeler mit Aktenfunden belegen konnte, dass sich Creutz von spätestens Mitte März bis Anfang Mai 1940 auf Arbeitsurlaub vom Militär befand.[69] In dieser Zeit nahm er seine zivile Funktion als Landesrat wahr. Es ist genau die Phase, in der das Massensterben der nach Grafeneck und Brandenburg verlegten Patienten bekannt wurde. Creutz muss also schon damals Bescheid gewusst haben und nicht erst ein halbes Jahr später.

Der Schlüssel zum Verständnis dessen, was damals wirklich abgelaufen ist, liegt in einer Panne, die Anfang 1941 passierte.[70] Nach dem Neuaufnahmestopp für jüdische Patienten hatte sich der Reichsminister des Innern mit zwei Erlassen (vom 10. Januar 1941) an den Oberpräsidenten der Rheinprovinz gewandt mit dem Ersuchen, die in den Erlassen genannten Anstalten anzuweisen, ihre jüdischen Patienten in die PHPs Andernach und Düsseldorf-Grafenberg zu bringen. Dort sollten sie von der Gekrat abgeholt werden. Die entsprechenden Erlasse waren rechtzeitig auf den Dienstweg gegeben worden, jedoch im Oberpräsidium in Koblenz aus unbekannten Gründen hängen geblieben und nicht an die Verwaltung des Provinzialverbandes nach Düsseldorf weitergeleitet worden. So kam es, dass die Gekrat am 15. bzw. 16. Januar 1941 bei den Direktoren der genannten Heilanstalten brieflich vorstellig wurde, um die Abholung der jüdischen Patienten anzukündigen und die Erstellung einer Patientenliste in vierfacher Ausfertigung zu verlangen. Telefonische und schriftliche Rückfragen klärten die Situation. Es kam zu einem typischen Konkurrenzgerangel. Im Erlass des RMI hieß es: »Die vorgenannten Anstalten werden angewiesen, die in Frage kommenden Patienten in der Zeit vom 8. bis 10. Februar nach Andernach zu transportieren.« Creutz versah diese Passage mit der Randnotiz »von wem?«. Es ging ihm um die Zuständigkeit. Die sah er ganz klar bei sich. Im Geschäftsverteilungsplan der Rheinischen Provinzialverwaltung von 1940 war festgelegt, dass in die Zuständigkeit des Sachbearbeiters Referat VE (Prof. Dr. Creutz) nicht nur die

69 Hermeler, a. a. O. S. 166 f.

70 Weitere Belege für die hier vorgetragenen These finden sich in Wolfgang Franz Werner: Die rheinischen Zwischenanstalten und die Mordanstalt Hadamar, in: Uta George u. a. (Hrsg.): Hadamar. Heilstätte – Tötungsanstalt – Therapiezentrum (Marburg 2006), S. 216–233.

Verwaltung der eigenen PHPs fiel, sondern auch die »Belegung und Überwachung nicht provinzialeigener Anstalten auf dem Gebiete der Irrenfürsorge«.[71] Diese Position brachte er der Gekrat gegenüber unmissverständlich zur Sprache und drängte darauf, dass alle über die PHPs abzuwickelnden Maßnahmen über ihn, Creutz, zu laufen hatten. Wie die weitere Entwicklung zeigte, setzte er sich damit durch. Die Transporte wurden von ihm koordiniert, über seinen Schreibtisch lief die Abrechnung der Transport- und Tagegeldkosten für die jüdischen Patienten, die er schließlich dem RMI in Rechnung stellte. Die Rechnungen belegen auch die Transporttermine und zeigen, dass die Aktionen wie geplant am 8. Februar 1941 begannen und mit den Abtransporten aus Andernach und Grafenberg am 11. bzw. am 14. und 15. Februar endeten.

Merkwürdigerweise versandte Landeshauptmann Haake am 10. Februar 1941 eine Anweisung an alle seine PHPs: »Ich mache besonders darauf aufmerksam, daß Verlegungen von Kranken in eine andere Anstalt nach wie vor nur auf meine ausdrückliche Anordnung erfolgen dürfen. Falls von anderer Seite [Unterstreichung vom Empfänger] eine Verlegung von Kranken verlangt wird, ist mir unverzüglich zu berichten und erst auf Grund meiner Entscheidung zu handeln.«[72] Bei den Verlegungen kann es sich nicht mehr um den Abtransport jüdischer Patienten gehandelt haben, denn dort war schon alles geregelt. Auch die Formulierung »nach wie vor« legt die Vermutung nahe, dass es hier um eine andere Verlegungsaktion ging. Damit konnte nur der Abtransport der übrigen rheinischen Psychiatriepatienten gemeint sein. Die »T4«-Organisation hatte beim Verlegen der jüdischen Patienten nachgegeben, weil dies ein schwieriger Sonderfall war. Diese Patienten waren vereinzelt und verstreut über die gesamte Rheinprovinz untergebracht und stellten ein besonders schwieriges logistisches Problem dar, für dessen Lösung der Provinzialverband ein guter Partner war. Bei den »normalen« Transporten hatten »T4« bzw. die Gekrat schon über ein Jahr Erfahrung und sahen daher keinen Grund, die Verwaltung des Provinzialverbandes zu beteiligen. Dieser Normalfall sah so aus, dass die Gekrat die Zentralverwaltung eines Provinzialverbandes von den geplanten Transporten in Kenntnis setzte, die Transporte aber dann direkt mit den Direktoren der Heil- und Pflegeanstalten abwickelte. Die Direktoren erhielten die Transportlisten und hatten dafür Sorge zu tragen, dass die Patienten termingerecht zur Abholung bereitstanden.[73]

Am 12. Februar 1941 trafen sich hochrangige Mitglieder von »T4« mit Landeshauptmann Haake und Spitzenvertretern des Provinzialverbandes. Angeblich wollten letztere die Psychiatriepatienten der Rheinprovinz vor dem Zugriff von »T4« schützen. Das ging

71 Rheinprovinz 16 (1940), S. 33.

72 ALVR 14365.

73 Peter Sandner: Verwaltung des Krankenmordes. Der Bezirksverband Nassau im Nationalsozialismus (Gießen 2003), S. 444 mit einem Beispiel des Provinzialverbandes Sachsen sowie Ernst Klee (Hrsg.): Dokumente zur »Euthanasie« (Frankfurt/M. 1985), S. 108 f. mit einem Beispiel des Provinzialverbandes Brandenburg.

schief. Professor Heyde als Leiter von »T4« soll Landeshauptmann Haake umgestimmt haben, indem er ihm eine Kopie von Hitlers Euthanasie-Ermächtigung zeigte. Er setzte sogar die Einrichtung von zwei Zwischenanstalten in Galkhausen und Andernach bei Haake durch. Diese Version kann aber nicht stimmen. Es gab für die neuen Zwischenanstalten aus der Sicht der Gekrat keinen Grund. Aus den Ende November 1940 eingerichteten nassauischen Zwischenanstalten in Eichberg, Herborn, Weilmünster und Kalmenhof/ Idstein waren allein im Januar 1941 fast 600 Patienten und Patientinnen nach Hadamar gebracht und ermordet worden.[74] Mit dem Abtransport dieser »Ursprungskranken« war ausreichend Platz in diesen Zwischenanstalten für »Durchgangskranke«. Das ergibt sich auch aus einem Schreiben der Gekrat. »Nach Freiwerden von Betten in diesen beiden Anstalten [gemeint sind Andernach und Galkhausen] könnte dann mit den Verlegungen l[aut] den Ihnen übersandten Listen begonnen werden. In den Anstalten Eichberg, Idstein, Herborn und Weilmünster ist aber sofort [!] eine grössere Anzahl [!] von Betten für Verlegungen verfügbar, so daß Sie bereits sofort [!] mit Verlegung von Kranken beginnen könnten.«[75] Wenn »T4« aber über ausreichend Platz in den nassauischen Zwischenanstalten verfügte, hatte diese Organisation keinen Grund, weitere Zwischenanstalten zu fordern. Dann bleibt nur übrig, dass die andere Gesprächspartei, die Leute vom Provinzialverband der Rheinprovinz, diese Forderung aufgestellt hat. Unter dem Aspekt der Zuständigkeit ist dies nur folgerichtig. Zudem bedeutete dies, dass Pflegegelder, die der Provinzialverband aufbringen musste, länger in der Rheinprovinz blieben. Außerdem bot sich hier die Möglichkeit, sich für größere Aufgaben im NS-Staat zu empfehlen.

Der bruchstückhaft (in Abschrift) erhaltene Schriftwechsel zwischen Gekrat und Provinzialverband bestätigt diese Interpretation. So betont Haake den Teil der Abmachung, der für ihn wichtig ist: »Antwortlich Ihres Schreibens teile ich Ihnen mit, dass abgemacht ist, dass Reichsamtsleiter Pg. Brack die hier zuständigen Reichsverteidigungskommissare von den durch mich [!] zu treffenden Massnahmen unterrichtet, und dass ich von dort ein entsprechendes Formular auf Anordnung des zuständigen Reichsverteidigungskommissars etc. übermittelt erhalte, nach dem dann die Abtransporte veranlasst werden können.«[76] In dem Schreiben der Gekrat vom 6. März 1941 heißt es: »Ich werde dafür sorgen, dass Ihnen in den nächsten Tagen weitere Verlegungslisten der Ihnen [!] unterstehenden Anstalten zugehen, so dass für die Verlegungen genügend Namenslisten in Ihrem Besitz sind.«[77] Auch hier wird noch einmal ausdrücklich die Zuständigkeit betont. Der Aspekt der Zuständigkeit und damit verbunden die aktive Mithilfe des Verbandes lässt sich auch am Beispiel der »Kinderfachabteilung« in Waldniel belegen. Sie war zur Ermordung

74 Berechnet nach der Aufstellung bei Dorothee Roer u. a. (Hrsg.): Psychiatrie im Faschismus. Die Anstalt Hadamar 1933–1945 (Bonn 1986), S. 367.

75 ALVR 16968.

76 ALVR 16968 (Abschrift).

77 ALVR 16968 (Abschrift).

psychisch kranker Kinder eingerichtet worden und unterstand dienstrechtlich der Provinzial-Heil- und Pflegeanstalt in Süchteln. Nachdem der vom »Reichsausschuss zur wissenschaftlichen Erfassung von erb- und anlagebedingten schweren Leiden« gestellte ärztliche Leiter Dr. Renno seine Tätigkeit aus gesundheitlichen Gründen aufgeben musste, hatte Medizinaldezernet Creutz mit Hermann Wesse einen rheinischen Arzt für diese Aufgabe ausbilden lassen, der dann vom 1. Oktober 1942 mit den Kindesmorden begann und sie bis zur Schließung im Juli 1943 durchführte. Er stand in dieser Zeit auf der Gehaltsliste des Provinzialverbandes der Rheinprovinz, genau so wie alle Mitarbeiterinnen und Mitarbeiter der Kinderfachabteilung. Die Verlegungsanweisungen bei Auflösung der Kinderfachabteilung kamen vom Provinzialverband, nicht vom Reichsausschuss.[78] Der Provinzialverband der Rheinprovinz hat nicht gezwungenermaßen, sondern aus eigenem Antrieb und in eigenständiger Zuständigkeit Beihilfe zum tausendfachen Mord geleistet.

Wehrmachtslazarett: Das andere Gesicht der PHP

Über das, was in den Wehrmachtslazaretten innerhalb der PHP Bedburg-Hau geschah, ist nur wenig bekannt. Das Ende 1939 kurzfristig eingerichtete Feldlazarett umfasste 200 Betten. Dann kam ein Reservelazarett mit zunächst 800, dann 1.000 Betten. Das Feldlazarett wurde rasch aufgelöst, weil es keine Kampfhandlungen in der Region gab. Zeitweise wurden viele Krankenhäuser als Truppenunterkünfte benutzt, ehe dann im Mai 1940 das Marinereservelazarett in Betrieb genommen wurde, welches 1941 in ein Marinelazarett umgewandelt und bis Herbst 1944 betrieben wurde.[79] Die PHP war auf 3.300 Betten ausgelegt, von denen etwas über 2.400 für das Marinelazarett bereitgestellt wurden. Die Zahl der benötigten Betten schwankte im Verlauf des Krieges.[80]

Die erhalten gebliebenen »Diensttagebücher«[81], zwei dünne Schulhefte, zweier evangelischer Militärpfarrer geben kleine Einblicke in das Alltagsleben des Marinelazaretts. Die Einträge sind summarisch und beziehen sich zumeist auf religiöse Themen. Hauptaufgabe des Militärpfarrers war die seelsorgerische Betreuung der verletzten Soldaten. Er notierte die Stationen, die er an jedem Tag besuchte. Er hielt Gottesdienste und Bibelstunden ab, verteilte religiöse Schriften, bot Gespräche an (»Soldatenkreis«) und beteiligte sich zum Beispiel durch Beschaffen von Spielen an der allgemeinen Betreuung der Verwun-

78 Zur Kinderfachabteilung vgl. Andreas Kinast: »Das Kind ist nicht abrichtfähig …«. Euthanasie in der Kinderfachabteilung Waldniel 1941–1943 (Köln ²2011). Die Verlegungsanweisung befindet sich auf S. 65. Zum Einkommen vgl. ALVR, Personalkarten Hermann Wesse.

79 ALVR 14854, Teil 1. Bundesarchiv Militärarchiv Freiburg, RM 26/197; Josef Joerissen: Chronik der Gemeinde Bedburg-Hau (Bedburg-Hau 1990), S. 210 f.

80 Hermeler, a. a. O. S. 136.

81 Bundesarchiv Militärarchiv Freiburg, RM 26/196 u. 197.

deten. Daneben kümmerte er sich auch um die Krankenschwestern. Der Militärpfarrer betreute auch evangelische Zivilisten in der näheren Umgebung der PHP. Gottesdienste, Konfirmationsunterricht und Trostbesuche bei den Hinterbliebenen gefallener Soldaten gehörten zu seinen Tätigkeitsfeldern. Es gibt allerdings keine Anzeichen dafür, dass auch die evangelischen Patienten der PHP in die seelsorgerische Betreuung einbezogen worden wären. Die einzige, immer wiederkehrende kirchliche Amtshandlung für Patienten der PHP heißt in den Aufzeichnungen lapidar: »Beerdigung eines Geisteskranken«.[82]

Die religiösen Veranstaltungen fanden allerdings nicht immer den gewünschten Anklang. Varieté- und Musikveranstaltungen überschnitten sich immer wieder terminlich mit Gottesdiensten oder Gesprächskreisen, und zwar sehr zum Nachteil der geistlichen Veranstaltungen. Auch gutes Wetter führte zu stärkerer Abwesenheit.[83] Den verwundeten Soldaten stand eine Bibliothek zur Verfügung, die offenbar vom Militärpfarrer betreut wurde. Dem missfiel, dass es dort ein Exemplar des Buches von Willi Börger mit dem Titel »Vom deutschen Wesen« gab, das antichristliche Bemerkungen enthielt. Börger war einer der Hauptagitatoren gegen die christlichen Kirchen. Von ihm stammten Sprüche wie »Besser ein Maschinengewehr unter dem Kopfkissen, als ein Gebetbuch auf dem Nachttisch«.[84] Er gehörte als Staatsrat, Ministerialdirektor, Reichstreuhänder der Arbeit und wegen seiner Mitgliedschaft in der SS zu den Prominenten in der NS-Zeit. Trotzdem entsprach der Chefarzt dem Wunsch des Militärgeistlichen und ließ das Buch einziehen. Ob es einen Zusammenhang zwischen der Einziehung dieses Buches und dem etwa ein halbes Jahr später erfolgten Besuch eines Parteifunktionärs gibt, ist unklar. Der Militärpfarrer notierte: »Ein Mann von der Partei kontrolliert das Bibliothekswesen.« Sogar mit der Kreisleitung der NSDAP musste wegen der Bücherei verhandelt werden, ehe der Pfarrer dann einen Monat später notieren kann, dass das Bibliothekswesen geregelt sei. Auch mit anderen Formationen der NSPAP scheint es Spannungen gegeben zu haben. »Am Donnerstag kann ich schlecht in die Häuser gehen, da dann die NS-Frauenschaften der Umgegend die Verwundeten und Kranken besuchen.«[85]

Dass es für derlei Animositäten noch Raum gab, muss angesichts der Kriegsentwicklung überraschen. Er rückte in Form des Luftkrieges 1942 näher an die PHP Bedburg-Hau heran. Am 29. Juli 1942 notiert der Militärgeistliche: »wegen Alarm fällt der Soldatenkreis aus, wie überhaupt durch den dauernden Alarm alles etwas durcheinander kommt.« Am 7. August 1942 wird in aller Stille ein englischer Flieger beerdigt. Ab 1943 mehren sich nicht nur die Klagen über dauernde Alarme, sondern es melden sich immer mehr Bombengeschädigte und suchen Trost und Rat. Dasselbe gilt auch für Angehörige gefallener Soldaten. Am 17. September 1944 schließlich kam der Krieg ganz nah. In der »Region

82 Bundesarchiv Militärarchiv Freiburg, RM 26/196.
83 Bundesarchiv Militärarchiv Freiburg, RM 26/196.
84 Zitiert nach Cornelia Schmitz-Berning: Vokabular des Nationalsozialismus (Berlin 1998), S. 81.
85 Bundesarchiv Militärarchiv Freiburg, RM 26/196.

Emmerich Kranenburg« gingen alliierte Luftlandetruppen nieder. Das löste die Aktion »Absprung« aus, mit der das Marinelazarett nach Oldenburg in Holstein und später nach Fehmarn verlagert wurde. Militäroberpfarrer von Wächter entschied sich, mit einigen Ärzten auszuharren, und schloss am selben Tag sein Diensttagebuch. Der Abzug zog sich bis zum 6. November 1944 hin. Bei dem Abzug wurden kurzerhand Auflagematratzen, Wolldecken und weiteres Inventar der PHP mitgenommen, so dass fast 1.000 Betten nicht mehr belegbar waren. In der späteren Auseinandersetzung um dieses Inventar behauptete das Marine-Sanitätsamt, bei dem Abtransport der Inventargegenstände habe es sich um »die Bergung von wertvollem Staatseigentum« angesichts der heranrückenden Front gehandelt. Creutz kommentierte diese Aussage so: »Die Unverschämtheit, mit der das Raubrittertum bemäntelt wird, ist kaum zu überbieten.«[86]

Der Krieg kommt an: Untergang

Die Lebensverhältnisse in der PHP waren immer schlechter geworden. Der Druck auf die Patienten nahm zu. Die Arbeitsverwaltung versuchte Arbeitskräfte abzuziehen, die verdeckt weiter arbeitende »T4«-Aktion versuchte Patienten abzutransportieren. Unterbringungsmöglichkeiten für Opfer des Bombenkrieges wurden gesucht zu Lasten der Psychiatriepatienten. Die Ernährungslage hatte sich 1942 allgemein deutlich verschlechtert. Die damals vorgenommenen Rationenkürzungen waren 1943 teilweise wieder rückgängig gemacht worden. Die Verschlechterung der Lebensverhältnisse schlägt sich aber nur bedingt in der Statistik nieder.

Sterberaten in der PHP 1940–1943[87]

Jahr	1940	1941	1942	1943
Sterberate	9,40 %	3,80 %	9,80 %	6,90 %

Bei Vorkriegssterberaten von 7 bis 8 Prozent wirken die Zahlen 1940–1943 erstaunlich günstig, wenn man damit zum Beispiel die Sterberaten von 21,7 Prozent in der PHP 1917/18 vergleicht.[88] Man kann daraus schließen, dass arbeitsfähige Patienten, deren psy-

86 Bundesarchiv Militärarchiv Freiburg, RM 26/196; Jörissen, a. a. O. S. 217; Hermeler, a. a. O. S. 137; ALVR 16968.

87 Hermeler, a. a. O. S. 179 f. Hermeler setzt den Krankenbestand in Relation zu den Verstorbenen. Daher sind seine Zahlen verfahrensbedingt etwas höher als die Zahlen, die der Provinzialverband früher ermittelt hat. Der Provinzialverband setzte den Krankenbestand zu Beginn des Berichtsjahres plus den Zugang an Patienten in Relation zu den Verstorbenen. Da sich die Zugänge in der Kriegszeit in engen Grenzen hielten, dürften die Berechnungsunterschiede aber nicht groß sein.

88 Bericht des Provinzialausschusses über die Ergebnisse der Provinzialverwaltung. Rechnungsjahr vom 1. April 1921 bis 31. März 1922 (Düsseldorf [1922]), S. 147.

chischer Zustand einigermaßen stabil war, gute Überlebenschancen hatten. Ansonsten sind die scheinbar günstigen Zahlen weitgehend Resultat der Abtransporte von Patienten. Es waren immer die schwierigsten und schwächsten Patienten, die fortgeschafft wurden. Ihr Tod etwa in Meseritz-Obrawalde belastete die Statistik in Bedburg-Hau nicht.

Noch schlechter wurden die Lebensverhältnisse, als der Krieg am Niederrhein ankam. Mit der am 17. September 1944 begonnenen »Operation Market Garden« versuchten alliierte Truppen eine Ausgangsbasis für den Angriff auf das Ruhrgebiet zu gewinnen. Im Zuge der Operation wurde Kleve nach mehreren kleineren Luftangriffen im September am 7. Oktober 1944 von 335 Flugzeugen angegriffen. Sie warfen 1.728 Tonnen Sprengbomben und 4,5 Tonnen Brandbomben und zerstörten die Stadt fast vollständig. Der Krieg war in der Region angekommen. Bereits am 6. Oktober war die erste Bombe auf das Gelände der PHP gefallen. Außer einem Trichter von acht Meter Durchmesser und zwei gesprungenen Scheiben gab es jedoch keine Schäden.[89] Die Folge der fast vollständigen Zerstörung Kleves war ein stetiger Zustrom von »ausgebomten« und verletzten Menschen, die in den vom Marinelazarett bereits geräumten Gebäuden untergebracht wurden. Betreut wurden diese Menschen vom Marinelazarett und der NSV. Das St. Antonius-Hospital Kleve musste einen Teil seiner Patienten in die PHP verlagern. Im Dezember 1944 waren es allein 342 Patienten.[90] Die Angst vor der Zukunft nahm zu. Wer es sich leisten konnte, verließ die Gegend, wie die Ehefrauen und Kinder zweier Ärzte der PHP. Weil Kohlelieferungen durch die Kriegslage immer schwieriger wurden, konnten die Krankenhäuser nur unzureichend geheizt werden.[91] In Erwartung des Rückzuges deutscher Truppen begann die »Organisation Todt« im November damit, unmittelbar hinter der Anstalt (hinter dem Bewahrungshaus) Auffangstellungen (Laufgräben von etwa 1,50 Metern Tiefe) auszuheben, die zum Teil quer durch die Äcker der Anstalt verliefen. 400 bis 500 Meter von der Anstalt entfernt wurden Vorbereitungen für den Bau von Panzergräben getroffen.[92]

Alle Versuche, die PHP aus dem Stellungsbau herauszuhalten und bereits begonnene Grabenanlagen wieder zuzuschütten, scheiterten. Der Bau der Befestigungsanlagen sollte sogar weitergetrieben werden. Creutz setzte seine Hoffnung darauf, dass der weitere Ausbau am schlechten Wetter scheitern würde.[93] Die verlustreiche alliierte Operation erreichte ihr Hauptziel, einen Brückenkopf (bei Arnheim) zu errichten, jedoch nicht. Ein erneuter Versuch unter dem Namen »Operation Veritable« begann am 8. Februar 1945. Als erstes wurden Goch und Kleve (oder was davon übrig war) aus der Luft bombardiert. Dabei kamen viele im Gefängnis eingeschlossene polnische und russische Zwangsarbeiter

89 ALVR 16968.
90 Hermeler, a. a. O. S. 137.
91 ALVR 16968.
92 ALVR 16968.
93 ALVR 16968.

Abb. 6: Skizze der geplanten Laufgräben. Foto: ALVR 16968 Kart. 1

ums Leben. Die, die überlebten, flüchteten sich in die PHP Bedburg-Hau, wo sie, so gut es ging, eine Erstversorgung erhielten.[94]

In der PHP Bedburg-Hau waren zwei Feldlazarette eingerichtet worden, in denen Verwundete aus Luftwaffe und Heer versorgt wurden. Im Dezember 1944 standen dafür in der PHP 1.065 Betten zur Verfügung. »Beide Formationen rückten beim Näherkommen der Kampfhandlungen bei Nacht und Nebel ab; das Luftwaffenlazarett ließ 40 nicht transportfähige Soldaten ohne ärztliche Aufsicht und ohne Pflegepersonal zurück, natürlich ohne die Anstalt davon in Kenntnis zu setzen.« Nach der Ankunft der alliierten Truppen wurden die Lazarette zur Versorgung von Kriegsgefangenen genutzt.[95] Am 12. Februar 1945 rückten britische Truppen in das Anstaltsgelände ein. Die PHP war seit dem 9. Februar 1945 immer wieder von der britischen Artillerie beschossen worden, weil

94 Jörissen, a. a. O. S. 216 u. 219.

95 Jörissen, a. a. O. S. 218 u. 258; ALVR 14854; Hermeler, a. a. O. S. 137.

sich deutsche Truppen befehlswidrig auf das Gelände der Anstalt zurückgezogen hatten. Es soll etwa 1.500 Einschläge gegeben haben. Patienten und Personal hatten sich in die Kellerräume geflüchtet und harrten dort, mit eisernen Rationen ausgestattet, aus. Trotz des Beschusses konnte der viehwirtschaftliche Betrieb aufrecht erhalten werden. Patienten sind bei dem Beschuss nicht getötet worden. Das geschah erst am 13. Februar 1945, als deutsche Artillerie die eingenommene Anstalt unter Beschuss nahm und dabei sechs Patienten tötete.[96]

Auf dem Anstaltsgelände befanden sich noch etwa 1.000 Psychiatriepatienten, außerdem das verbliebene Personal und deren Angehörige und sonstige Zivilisten, die sich während der mehrwöchigen Kämpfe auf das Anstaltsgelände gerettet hatten. Die Gesamtzahl für Mitte Februar 1945 wird auf 4.500 Menschen geschätzt. Ende Februar 1945 sollen es schon 8.000 gewesen sein. »Alles war bis zum Dachboden belegt.« Dennoch ging der Zustrom in die Anstalt weiter. Die Alliierten veranlassten die Internierung der Bevölkerung des Kreises in der PHP Bedburg-Hau. Ziel der Aktion war, den Übergang über den Rhein so vorzubereiten, dass darüber weder Informationen durch die deutsche Zivilbevölkerung weitergeleitet werden konnten noch dass diese Bevölkerung dabei freiwillig oder unfreiwillig stören konnte. Rings um die PHP entstand eine Zeltstadt, in der etwa 8.000 Menschen untergebracht wurden, so dass etwa 15.000 Zivilisten hier Zuflucht gefunden haben. Die Zahl stieg in der zweiten Monatshälfte des März 1945 auf 24.000 und erreichte schließlich den Höchststand von 28.000. Die Versorgung so vieler Menschen stellte die Verwaltung der PHP vor kaum lösbare Aufgaben. Englische Truppen sorgten dafür, dass Nahrungsmittel aus der Umgebung herbeigeschafft wurden. Die Lebensverhältnisse waren katastrophal. Durchschnittlich starben in dieser Zeit täglich im Lager sechs Menschen, zumeist Säuglinge und ältere Menschen.[97]

Die Auflösung des Internierungslagers begann am 26. März 1945 und war am 21. April 1945 abgeschlossen. Die Räumung entspannte die Situation in der PHP keineswegs. Zwar kehrten die deutschen Zivilisten aus dem Kreisgebiet in ihre Wohnorte zurück, dafür musste die PHP nun in großer Zahl ausländische Zwangsarbeiter, »displaced persons«, aufnehmen und versorgen, eine Belastung, die bis weit in die Nachkriegszeit weiterbestand. Diese »displaced persons« wurden in erster Linie für das »Ausplündern der Abteilungen unter Mitnahme von elektrischen Einrichtungen, Türklinken und ganzen Fenstern« verantwortlich gemacht, die sie gegen Lebensmittel eintauschten. Auch Lebensmitteldiebstähle von den Feldern und aus der Gärtnerei lastete man ihnen an. Das Lager

96 Kleine, a. a. O. S. 97 f.

97 Jörissen, a. a. O. S. 230. Im Jahresbericht 1946/47 stellte die Verwaltung der PHP Bedburg-Hau fest, dass die Höchstzahl der durch das Flüchtlingslager verpflegten Personen am 22. März 1945 erreicht wurde und 26.427 Personen betrug, vgl. ALVR 14854, Teil 1, vgl. auch http://www.heimat-kleve.de/geschichte/chronik/18.htm.

Abb. 7: Lagerleben 1945. Foto: StadtA Kleve Inv. Nr. 3876

für »displaced persons« wurde erst am 1. April 1952 aufgelöst.[98] Es belegte insgesamt 14 Krankenhäuser. Das aus Kleve ausgelagerte St. Antonius-Krankenhaus war in fünf Krankenhäusern untergebracht. Die Strafanstalt Kleve war in das Bewahrungshaus eingezogen. Das deutsche Lazarett nahm zwei Krankenhäuser in Anspruch. Sieben Häuser mit Dienstwohnungen hatte die Besatzungsmacht für sich beschlagnahmt, etliche weitere Dienstwohnungen waren durch »anstaltsfremde Personen« belegt. Das Verwaltungsgebäude, das Gesellschaftshaus sowie die Feuer- und Lokomotivschuppen nahm die Besatzungsmacht ebenfalls für sich in Anspruch. Nur etwa zehn Krankenhäuser waren für die Psychiatriepatienten übrig geblieben. Weitere Gebäude konnten wegen erheblicher Beschädigungen zunächst nicht genutzt werden, obwohl die Verwaltung des Krankenhauses sich gleich nach dem Einmarsch der alliierten Truppen an die Beseitigung der Schäden gemacht hatte. Vor allem war es darum gegangen, die Gebäude winterfest zu machen. Da es an Material fehlte, hatte man Nebengebäude ausgeschlachtet. Durch die Maßnahmen war es gelungen, die größten Dach- und Mauerschäden zu beseitigen und die Gebäude wieder zu verglasen. Die Wege mussten erneuert, Drahtsperren und Splitterschutzwände entfernt werden. Das Einsammeln von Kriegsmaterial und Munition stellte keine so große Gefahr dar wie die verminten Felder. Die Panzer- und Laufgräben zu beseitigen

98 ALVR 14854, Teil 1; Der Landschaftsverband Rheinland. Ein Handbuch mit Bericht der Verwaltung über den Zeitraum von der Gründung bis zum 31. März 1958 ([Düsseldorf 1959]), S. 261. Vgl. auch die Ausführungen in dem folgenden Beitrag von Frank Sparing.

dauerte einige Zeit. Dies führte dazu, dass große Flächen nicht landwirtschaftlich genutzt und bestellt werden konnten. Die Zeltlager und Sportplätze der Alliierten und die Zeltlager der deutschen Internierten schränkten die landwirtschaftliche Nutzung ebenfalls ein. Erst 1947/48 sollte es wieder möglich sein, alle Felder zu bestellen.[99] Der Viehbestand war sehr stark reduziert, die Vorratslager waren weitgehend ausgeplündert. Die Lage war katastrophal, für Hoffnung gab es keinen Anlass.

99 ALVR 14854, Teil 1.

Frank Sparing

Von der Provinzial-Heil- und Pflegeanstalt zur Rheinischen Landesklinik

Psychiatrie in Bedburg-Hau von der Nachkriegszeit bis zur Psychiatriereform

Durch den Vorstoß britischer und kanadischer Truppenverbände aus dem Raum Nijmwegen auf Kleve, Anfang Februar 1945, zeichnete sich auch für die Provinzial-Heil- und Pflegeanstalt (= PHP) Bedburg-Hau das Kriegsende ab. Allerdings sollte das Anstaltsgelände zuvor noch massiv durch am 7. Februar einsetzendes Artillerie-Trommelfeuer beschossen werden und schließlich zum Teil sogar zum Schauplatz von Kämpfen werden.[1] Zu Beginn des Artillerie-Feuers waren die Granaten zunächst nur in der näheren Umgebung der Anstalt eingeschlagen. Nach zwei Tagen wurde die Anstalt dann jedoch auch unter direkten Beschuss genommen. Der damalige Verwaltungsoberinspektor Pauen berichtete nach dem Krieg: »Vom 9. bis zum 12. Februar lag der gesamte Anstaltskomplex unter Artilleriebeschuß. Nach einer niedrigen Schätzung dürften mindestens eineinhalbtausend Artillerietreffer in die Anstalt gefallen sein. [...] Sämtliche Kranken und alles Personal waren in den Kellerräumen der Anstalt untergebracht. Von der Verwaltung waren eiserne Rationen für vier Tage ausgegeben worden, die aus konserviertem Fleisch und Zwieback bestanden.«[2]

Deutsche Truppenverbände hatten sich seit dem 9. Februar 1945 auf das Gelände der PHP zurückgezogen, obwohl diese eigentlich unter dem Schutz des Roten Kreuzes stand.[3] Verteidigungsgräben und Panzersperren waren schon seit November 1944 in 400 bis 500 Metern Abstand vor der Anstalt sowie auf den zu dieser gehörenden Äckern hinter dem Friedhof und auf den Weiden von »Gutshof 2« ausgehoben worden.[4] Nachdem die deutschen Einheiten zunächst die Stellungen vor der Anstalt bezogen hatten,

1 Zu den Kriegsereignissen rund um die Heil- und Pflegeanstalt Bedburg-Hau vgl. Wilhelm Michels/Peter Sliepenbeek: Niederrheinisches Land im Krieg. Ein Beitrag zur Geschichte des Zweiten Weltkrieges im Landkreis Kleve (Kleve 1964); Josef Jörissen: Chronik der Gemeinde Bedburg-Hau (Kleve 1990), S. 221–261; Gerd Rübo: Die Provinzial Heil- und Pflegeanstalt Bedburg-Hau 1945 (Bedburg-Hau 2008), S. 22 ff.

2 Zeitzeugenbericht Verwaltungsoberinspektor Pauen, zit. nach Wilhelm Kleine: 50 Jahre Bedburg-Hau, in: Rheinische Anstaltspsychiatrie. Festschrift zum 50jährigen Bestehen des Rheinischen Landeskrankenhauses Bedburg-Hau (Köln 1962), S. 85–104, hier S. 97.

3 Jörissen, a. a. O. S. 221.

4 Archiv des LVR in Pulheim-Brauweiler (= ALVR) 16968.

Abb. 1: Zivilinternierte warten in der PHP Bedburg-Hau auf die Zuweisung einer Unterkunft, Ende Februar 1945. Foto: StadtA Kleve Inv. Nr. 3887

setzten sie sich schließlich in den Gräben in der Nähe des Gutshofes fest. Nach erneuten, heftigen Artillerie-Vorbereitungen zog dann aber am Abend des 12. Februar 1945 alliierte Infanterie in die PHP ein, worauf die Beschießung eingestellt wurde. Da die Kämpfe südlich der Anstalt ihre Fortsetzung fanden, durchquerten sie rund 300 alliierte Panzer, mehrere kanadische Artillerie-Batterien wurden auf dem Gelände aufgestellt und die Häuser der Anstalt mit Truppen belegt. Während der mehrere Tage anhaltenden Kämpfe in der näheren Umgebung mussten die Kranken, das Personal und sonstige Zivilisten ohne Verpflegung in den Kellerräumen ausharren. Seit dem 13. Februar wurde die Anstalt nun wiederum von deutscher Artillerie unter Beschuss genommen, bei dem noch sechs Kranke zu Tode kamen.[5] Die Kampfpausen waren von alliierten Soldaten wie auch von Anstaltskranken und Zivilpersonen genutzt worden, um die unbeaufsichtigten Vorratsräume zu plündern. Dabei wurden sämtliche Lebensmittel und alle vorhandenen Reinigungsmittel sowie große Teile der Wäsche- und Bekleidungsvorräte entwendet.[6]

5 Jörissen, a. a. O. S. 224f.

6 Kleine, a. a. O. S. 98.

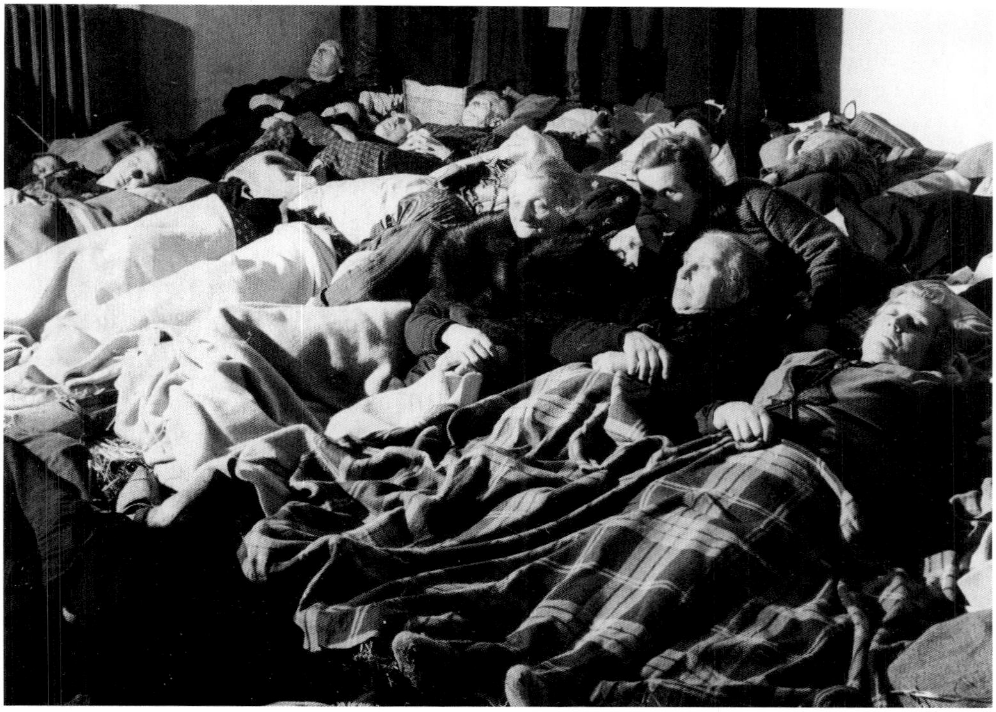

Abb. 2: Belegung der Krankengebäude mit Zivilinternierten, Ende Februar 1945. Foto: StadtA Kleve Inv. Nr. 3893

Nach dem Rückzug der deutschen Truppenverbände bereiteten die Alliierten den Rheinübergang bei Wesel vor, weshalb die Zivilbevölkerung in den Grenzgebieten sofort interniert wurde. Alle Zivilisten aus dem Gebiet des unteren Niederrheins wurden bereits wenige Tage nach dem Ende der Kämpfe um Kleve zur PHP Bedburg-Hau gebracht. Diese wurde deshalb für die Internierung gewählt, weil sie über die nötige Infrastruktur für die Versorgung einer großen Menge Menschen verfügte und zum Teil über ausreichend Raum für ihre Unterbringung. Ende Februar 1945 waren hier bereits rund 8.000 Personen interniert.[7] Die Lagerinsassen durften sich nur im direkten Umkreis der Häuser bewegen, in denen sie untergebracht wurden, weshalb diese mit weißen Bändern abgegrenzt waren. Während weiterhin immer mehr Zivilinternierte in die Anstalt strömten, wurde Ende Februar die Frauenseite mit Stacheldraht abgezäunt und für das 77. britische General Hospital genutzt, das sechs Wochen in Betrieb blieb. Die Kranken hatten ihre Betten innerhalb von zwei Stunden räumen müssen und nur das mitnehmen können, was sie tragen konnten.[8]

7 Rübo, a. a. O. S. 31 f.; Michels/Sliepenbeek, a. a. O. S. 159.

8 ALVR 13064; Kleine, a. a. O. S. 98.

Nach der Einnahme von Xanten durch die Alliierten am 8. März wurden immer mehr Zivilisten nach Bedburg-Hau gebracht, so dass sich am 23. März 1945 schließlich ca. 28.000 Personen auf dem Anstaltsgelände befanden, davon rund 8.000 in Mannschaftszelten der britischen Streitkräfte, die auf den Weiden hinter dem »Gutshof 2« aufgestellt worden waren. Als Toiletten dienten ausgeworfene Gruben mit Sitzvorrichtungen aus zusammengefügten Balken.[9] Zur Versorgung der Internierten wurden von den Briten sowohl Lebensmittel aus Armeevorräten bereitgestellt als auch in der Umgebung aufgefundene Nahrungsmittel und Viehbestände für die Verpflegung im Lager beschlagnahmt. Durch die Bäckerei und die Kochküchen der Anstalt wurden Tag und Nacht in drei Schichten die vorgesehenen Essensrationen zubereitet, die jedoch völlig unzureichend blieben.

Infolge der beengten Wohnsituation, der schlechten hygienischen Verhältnisse und mangelhafter Ernährung kam es zum Ausbruch von epidemischen Erkrankungen wie Krätze, Ruhr und Diphtherie, die aber trotz kaum vorhandener Medikamente weitgehend unter Kontrolle gehalten werden konnten.[10] Anfang April wurde schließlich die Rückkehr der ersten Internierten in ihre Heimatorte gestattet und das Lager dann am 20. April 1945 endgültig aufgelöst.[11]

Fremdnutzung

Durch die britische Verwaltung war bereits kurz nach Errichtung des Internierungslagers eine provisorische Lagerverwaltung mit einem Bürgermeister an der Spitze eingesetzt worden, die den Alltag in Bedburg-Hau zu organisieren hatte. Nach Auflösung des Lagers wurde der Bürgermeister zum Landrat des Kreises Kleve ernannt, und das neue Landratsamt bezog vorläufig Räume in der ersten und zweiten Etage des Verwaltungsgebäudes.

Das von der Militärverwaltung genutzte Untergeschoss wurde im November 1945 wieder an die Anstalt zurückgegeben – im Kellergeschoss wurde allerdings ein Ausweichquartier für die Polizeiwache Hasselt eingerichtet. Die ebenfalls von der britischen Militärregierung beschlagnahmten Häuser FC und F7 wurden am 15. Februar 1946 bzw. Ende Juli 1947 geräumt, um anschließend jedoch sofort von der Kreisverwaltung bezogen zu werden. Da bis 1950 kein Mietvertrag zwischen der PHP und dem Kreis Kleve bestand, wurde durch das Sozialministerium des Landes Nordrhein-Westfalen noch jahrelang mit dem Kreis Kleve um die ausstehende Miete gestritten. Erst im Verlauf des Jahres 1950

9 Rübo, a.a.O. S. 32f.; Jörissen, a.a.O. S. 230.

10 Michels/Sliepenbeek, a.a.O. S. 161f.; Rübo, a.a.O. S. 33 u.S. 47f.

11 Michels/Sliepenbeek, a.a.O. S. 164; Rübo, a.a.O. S. 50f.

wurden die durch die Kreisverwaltung genutzten Häuser F7, M2 und M3 an die Anstalt zurückgegeben.[12]

Bereits seit dem 27. September 1944 war das bei einem Luftangriff auf Kleve am Vortag schwer getroffene St. Antonius-Hospital mit 250 Patienten in die Häuser M1, M2, M11 und M12 der PHP Bedburg-Hau verlegt worden. Die Hospitalkranken wurden seit November 1944 durch diese mitverpflegt.[13] Ab Mitte Oktober 1947 wurde die Verpflegung der Belegschaft und der Kranken dann jedoch durch das St. Antonius-Hospital selbst durchgeführt.[14] Die Ursache für diese Veränderung lag darin begründet, dass das St. Antonius-Hospital den vereinbarten Zahlungen für die Nutzung der Anstaltsgebäude und die Verpflegung durch die Anstalt nicht nachkam. Trotz Herabsetzung des vereinbarten Pflegesatzes und Ermäßigung der aufgelaufenen Schulden blieb das Hospital auch weiterhin mit den vereinbarten Zahlungen im Rückstand.[15] Erst im November 1950 wurden die durch das St. Antonius-Hospital genutzten Häuser M1, M2, M11 und M12 an die Anstalt zurückgegeben.[16] Allerdings blieb das von dem Hospital seit Kriegsende genutzte Isolierhaus, das der Absonderung von Tuberkulösen und akut Infektionskranken aus dem Raum Kleve diente, weiterhin belegt. Da die PHP dringend eigenen Bedarf anmeldete und das Isolierhaus kaum durch das St. Antonius-Hospital belegt war, wurde schließlich auf Vermittlung des Sozialministeriums Nordrhein-Westfalen die Einigung erzielt, das Isolierhaus in der Mitte zwischen Anstalt und Hospital zu teilen.[17] Daraufhin konnten im Februar 1952 Typhus-, Paratyphus- und Diphtheriekranke aus der Anstalt untergebracht werden, die bis dahin notdürftig auf der Tbc-Station untergebracht worden waren.[18]

In den Gebäuden der PHP Bedburg-Hau befand sich bei Kriegsende überdies noch kurze Zeit das deutsche »Feldlazarett 296«, in dem verwundete oder erkrankte kriegsgefangene Wehrmachtsangehörige versorgt wurden.[19] Außerdem wurde noch 1945 durch Verlegung des Personals eines in Dänemark tätigen Feldlazaretts eine Auffangstation für die medizinische Nachbehandlung von entlassenen Kriegsgefangenen eingerichtet. Die als »Deutsches Lazarett-Provinzial-Krankenhaus« bezeichnete Einrichtung nutzte das Haus MC als chirurgische Station und das Haus MD als Innere Station. Durch Schwestern des Deutschen Roten Kreuzes wurden in 200 Betten Heimkehrer aus sowjetischer Kriegsgefangenschaft betreut, die im Wesentlichen an Erschöpfungszuständen und Nährstoffmangelschäden litten. Da die Zahl der Heimkehrer ab 1949 nachließ, wurden nun auch Patienten und Patientinnen aus der Umgebung in das Lazarett aufgenommen, das

12 Rübo, a. a. O. S. 52 ff.; Kreisarchiv Kleve, Best. O 613.
13 ALVR 16968; 13047.
14 ALVR 13047.
15 ALVR 13047.
16 ALVR 13047.
17 ALVR 13047.
18 ALVR 13049.
19 Rübo, a. a. O. S. 56.

jedoch im April 1950, da kaum noch entlassene Soldaten zu behandeln waren, endgültig geschlossen wurde.[20]

Außerdem waren unmittelbar nach Auflösung des Internierungslagers die von Zivilinternierten bewohnten Häuser der Anstalt und anfangs auch ein Teil der Zelte durch die britische Militärregierung mit so genannten »Displaced Persons« (DP's) belegt worden.[21] Als Displaced Persons wurden zunächst alle Personen bezeichnet, die aufgrund von Krieg und Verfolgung ihre Herkunftsgebiete hatten verlassen müssen und ohne Hilfe nicht zurückkehren konnten. In erster Linie handelte es sich um Kriegsgefangene sowie ehemalige Konzentrationslagerhäftlinge und Zwangsarbeiter, aber auch zu einem kleineren Teil um Flüchtlinge und Kollaborateure des NS-Regimes. Insgesamt befanden sich nach Kriegsende schätzungsweise 6,5 Millionen Displaced Persons in den westlichen Besatzungszonen. Bis September 1945 konnten bis auf 1,2 Millionen alle repatriiert werden, da die Rückführung der Menschen aus Nord-, West- und Südeuropa zügig und ohne Schwierigkeiten möglich war. Die Repatriierung von Zwangsarbeitern aus Osteuropa verzögerte sich indes zum Teil deutlich, da sowjetische Staatsbürger befürchten mussten, nach ihrer Rückkehr unter dem Vorwurf der Kollaboration erneuter Verfolgung ausgesetzt zu werden. Daneben wurde die Rückkehr von Polen dadurch verzögert, dass ihnen zunächst der Weg durch die Sowjetische Besatzungszone versperrt blieb. Die Repatriierung kam im Winter 1945/46 fast vollständig zum Erliegen, und ab 1947 wurde daher versucht, die nicht zurückgekehrten DP's in westlichen Staaten neu anzusiedeln. Die verbliebenen oder zurückgekehrten Displaced Persons, darunter viele Juden, mussten zum Teil jahrelang in Lagern leben, bevor sich für sie als Staatenlose eine Lösung fand.[22]

Durchschnittlich befanden sich etwa 1.000 Ausländer in insgesamt zwölf Häusern der Anstalt.[23] Infolge der langen Verweildauer und der Beschäftigungslosigkeit der Insassen des DP-Lagers wirkte sich ihr Aufenthalt – der Anstaltsleitung zufolge – beunruhigend und störend auf den Anstaltsbetrieb aus, zumal sie sich angeblich »über jede Ordnung« hinwegsetzten.[24] In Bedburg-Hau befanden sich unter den Displaced Persons auch viele ehemalige Häftlinge aus den Konzentrationslagern Bergen-Belsen und Buchenwald, besonders auch Jüdinnen, die wegen ihres elenden Zustandes auf medizinische Versorgung angewiesen waren, welche durch das auf dem Gelände befindliche St. Antonius-Hospital Kleve geleistet wurde.[25]

20 ALVR 14854; Rübo, a. a. O. S. 54 ff.

21 Michels/Sliepenbeek, a. a. O. S. 165.

22 Vgl. Wolfgang Jacobmeyer: Vom Zwangsarbeiter zum heimatlosen Ausländer (Göttingen 1985).

23 ALVR 14166. Mit »Displaced Persons« waren die Häuser F, FA, F1, F3, F8, F9, M, MC, M6, M7, M8 und M9 belegt.

24 ALVR 14854.

25 ALVR 13064; Michels/Sliepenbeeck, a. a. O. S. 165.

Das Bewahrungshaus der PHP Bedburg-Hau war nach dem Einmarsch der Alliierten von der Militärregierung zunächst für die Einrichtung eines Militärgefängnisses beschlagnahmt worden. Seit dem 15. November 1945 wurde es durch die Justizverwaltung als Ausweichunterkunft für die während des Krieges völlig zerstörte Haftanstalt in Kleve genutzt. Untergebracht waren durchschnittlich 137 Untersuchungs- und Strafhäftlinge, die durch die Anstalt mitverpflegt wurden.[26]

Nachdem im April 1950 das Provinzial-Krankenhaus aufgelöst worden war und die beiden Häuser MC und MD an die Anstalt zurückgegangen waren, erfolgte im November 1950 der Auszug des St. Antonius-Hospitals Kleve und die Rückgabe der Häuser M1, M2, M11 und M12. Im gleichen Jahr erfolgte zudem die Rückgabe einiger als DP-Lager von der britischen Militärregierung genutzter Häuser (FL, F3, FA und F-Aufnahme) sowie von der Kreisverwaltung Kleve genutzter Gebäude.[27] Die durch Kriegs- und Nachkriegszeit über Gebühr beanspruchten Häuser befanden sich allerdings zunächst in sehr abgenutztem und teilweise kaum mehr bewohnbarem Zustand.[28]

Trotz der für April 1950 zugesagten Räumung des Bewahrungshauses verzögerte sich der Neubau des Gefängnisses in Kleve derart deutlich, dass die Justizverwaltung das Bewahrungshaus erst am 1. August 1951 an die Anstalt zurückgab. Nach Renovierungsarbeiten konnte das Bewahrungshaus am 29. November 1951 mit der Belegung von 40 psychisch kranken Straftätern aus der Landesheilanstalt Düren dann neu eröffnet werden.[29]

Im Jahr 1951 befanden sich schließlich nur noch das Haus FC in Fremdbenutzung durch die Kreisverwaltung Kleve und in M8 ein kleiner Rest des DP-Lagers sowie eine Hälfte des Isolierhauses in Benutzung des St. Antonius-Hospitals.[30] Im August 1952 wurde auch das Haus FC durch die Kreisverwaltung Kleve an die Anstalt zurückgegeben, wobei durch den Kreis noch erforderliche Rückbau- und Renovierungsarbeiten durchzuführen waren.[31] Nach Fertigstellung des Isolierhauses am Neubau des St. Antonius-Hospitals in Kleve wurde die belegte Hälfte des Isolierhauses der Landesheilanstalt Bedburg-Hau dann schließlich am 1. Januar 1955 zurückgegeben, worauf das Haus durch die Anstalt einer gründlicher Renovierung unterzogen wurde.[32] Als letzter Fremdnutzer räumte im Laufe des Jahres 1956 schließlich auch die Polizeistation Hasselt das Untergeschoss des Verwaltungsgebäudes.[33]

26 ALVR 14166.
27 ALVR 23133.
28 ALVR 23133.
29 Vgl. ALVR 14166; 23133.
30 ALVR 23133.
31 ALVR 13049.
32 ALVR 13049; 23133.
33 ALVR 23133.

Von der »Heil- und Pflegeanstalt« zur »Landesheilanstalt«

Am 10. Dezember 1945 befanden sich insgesamt 786 Patienten und Patientinnen in der PHP Bedburg-Hau, nachdem seit September wieder ganz vereinzelte Neuaufnahmen erfolgt waren.[34] Erst im Dezember 1945 wurde durch die Verwaltung des Provinzialverbandes beim Oberpräsidenten der Nord-Rheinprovinz eine Erhöhung der Rationen für die Insassen von Heil- und Pflegeanstalten durchgesetzt. Bis dahin waren die Anstaltspfleglinge noch aufgrund der einschlägigen Erlasse und Verordnungen der Nationalsozialisten wesentlich schlechter mit Lebensmitteln versorgt worden als die übrige Bevölkerung. Dabei verfügten sie anders als die außerhalb von Anstalten lebenden Menschen über keinerlei Möglichkeiten, sich die zusätzlich benötigte Nahrung anderweitig zu beschaffen. Im Dezember 1945 erfolgte allerdings lediglich eine Gleichstellung der Anstaltspfleglinge, die nun die normalen Zuteilungen ohne Abstriche gewährt bekamen. Für den Fall, dass das Krankheitsgeschehen besondere Ernährung notwendig mache, oder dass neben der geistigen Krankheit eine körperliche Einschränkung vorliege, konnten nun »Krankenhauszuschläge« beantragt werden.[35] Für die überwiegende Anzahl der Patienten der PHP Bedburg-Hau waren daraufhin Krankenhauszuschläge beantragt worden, die offenbar auch bewilligt wurden.[36]

Allerdings wurde der Hunger in den rheinischen Anstalten dadurch lediglich ein wenig vermindert, weil die Anstaltspfleglinge nach wie vor ausschließlich mit den Rationen der jeweiligen Zuteilungsperioden auskommen mussten, die gerade in der britischen Besatzungszone häufig nicht ausreichten, um die Gesundheit zu erhalten. Bis zum Jahre 1947 betrugen die fett- und eiweißarmen Tagesrationen für Normalverbraucher zum Teil unter 1.000 Kalorien, womit ein Überleben nicht gesichert werden kann.[37]

Dennoch wurde der Gesundheitszustand der Patienten in Bedburg-Hau, trotz »der zeitbedingten Ernährungs-, Bekleidungs- und Heizungseinschränkungen« 1947 als »relativ zufriedenstellend« skizziert, da keinerlei Hungerödeme oder sonstige schwere Mangelernährungsschäden aufgetreten seien. Allerdings waren zeitweise im Gefolge verminderter Brot- und Kartoffelrationen durchaus Gewichtsabnahmen festgestellt worden, so dass in größerem Umfang Eiweiß-, Lebertran- und Vitaminpräparate verabreicht und eine körperliche Schonung der Kranken angeordnet wurde.[38]

Infolge der Verbesserung der Versorgungslage war dann aber seit Mitte 1948 »eine stetige Gewichtszunahme« festzustellen, die »sich auch in einer erhöhten Widerstandskraft

34 ALVR 23042.

35 ALVR 23042.

36 Vgl. ALVR 23042.

37 Vgl. Günter J. Trittel: Hunger und Politik. Die Ernährungskrise in der Bizone (1945–1949) (Frankfurt/M. 1990).

38 ALVR 14854.

gegenüber den Infektionskrankheiten« ausdrückte. Daneben habe eine bessere Versorgung mit Bekleidung und Schuhzeug sowie die Verbesserung der »Seifen- und Warmwasserverhältnisse« einen erheblichen Rückgang der Hauterkrankungen bewirkt.[39] Erst im Frühjahr 1950 konnte die Direktion der Heil- und Pflegeanstalt Bedburg-Hau aber über eine spürbare Verbesserung der Lebensmittelversorgung berichten: »Besonders wird allgemein von den Kranken die bessere Verpflegung dankbar empfunden und die Jagd nach einem Stück Brot hat aufgehört. Es muss vielmehr jetzt schon wieder darauf geachtet werden, dass Lebensmittel nicht verderben.«[40]

Obwohl der größte Teil der Anstalt noch für andere Zwecke genutzt wurde, stieg die Anzahl der in Bedburg-Hau versorgten psychisch Kranken und geistig Behinderten zum 1. April 1947 wieder auf 910 Patienten und Patientinnen an. Da zunächst lediglich zehn Häuser für die Belegung zur Verfügung standen, herrschten offenbar äußerst beengte Verhältnisse, die sich jedoch auch nach der Rückgabe von fünf weiteren Häusern im Laufe des Jahres 1947 und ihrer umgehenden Belegung mit Kranken nur für kurze Zeit ein wenig entspannten.[41] Bereits am 1. April 1948 wurden 1.080 und ein halbes Jahr später, am 1. Oktober 1948, schon 1.213 psychisch Kranke betreut.[42]

Die Unterbringung der Kranken erfolgte in den durch Kriegseinwirkung schwer beschädigten und infolge ihrer starken Auslastung in katastrophalem Zustand befindlichen Häusern. Die Anstrengungen zur Beseitigung der sehr umfangreichen Schäden waren zunächst durch große Schwierigkeiten bei der Beschaffung des erforderlichen Baumaterials behindert, und insbesondere dringend erforderliche Dachreparaturen konnten vorläufig nicht ausgeführt werden. Eine Verbesserung trat erst im Anschluss an die Währungsreform im Juni 1948 ein, da jetzt erst wieder Baumaterial in ausreichenden Mengen verfügbar wurde.[43]

Infolge der Fremdbenutzung eines großen Teiles der Krankenhäuser der Anstalt und der nach Rückgabe dringend erforderlichen Instandsetzungs- und Renovierungsarbeiten blieb die Anzahl der mit psychisch Kranken und geistig Behinderten belegbaren Betten zunächst sehr eingeschränkt. Entsprechend stagnierte die Zahl der Anstaltsinsassen von 1949 bis 1951 zwischen 1.200 und ca. 1.300 Patienten. Zum 1. April 1949 befanden sich insgesamt 1.217 und im Frühjahr 1951 insgesamt 1.308 Patienten und Patientinnen in der Anstalt Bedburg-Hau.[44]

39 ALVR 14854.
40 ALVR 23133.
41 ALVR 14854.
42 ALVR 14854; 23092.
43 ALVR 14854.
44 Vgl. die in den Verwaltungsberichten mit Stichtag 1. April angegebenen Belegungszahlen, in: ALVR 23133.

Die Heil- und Pflegeanstalten im Rheinland waren im November 1950 in »Landesheilanstalten« umbenannt worden, um dadurch nicht zuletzt einen Neuanfang in der psychiatrischen Versorgung zu dokumentieren.[45] In Bedburg-Hau konnte aber aufgrund der beengten Unterbringung der Patienten noch 1950 lediglich ein Teil der an die Anstalt zurück übertragenen Häuser instandgesetzt werden, während der andere Teil »gezwungenermaßen« sofort belegt wurde und erst später renoviert werden sollte.[46] Durch den starken Zugang waren die Gebäude der Anstalt derart überbelegt, dass »zum Teil Veranden und Bäder in Anspruch genommen« werden mussten.[47] Als im Juli und August 1951 mehrere Transporte mit Kranken aus der für ein britisches Lazarett vorgesehenen Abteilung Waldniel der Anstalt Johannistal nach Bedburg-Hau verlegt wurden, mussten nicht nur das erforderliche Pflegepersonal, sondern außerdem auch die für die Kranken benötigten Betten, Matratzen, Bettwäsche und Bekleidung mitgeschickt werden.[48]

In Bedburg-Hau waren während dessen große Anstrengungen unternommen worden, um die durch Krieg und Nachkriegszeit stark beanspruchten Gebäude wiederherzurichten, so dass bis Frühjahr 1952 neun weitere Krankenhäuser »unter Aufwendung namhafter Mittel« wieder instandgesetzt und renoviert waren.[49] Daraufhin stieg die Belegung in schnellen Schritten an, und bereits im Frühjahr 1954 war die beim Bau der Anstalt vorgesehene Belegstärke von 2.200 Kranken überschritten. Am 1. April 1955 betrug die Anzahl der untergebrachten Patienten und Patientinnen bereits 2.522 und stieg bis zum 1. April 1958 auf insgesamt 2.888 Kranke an.[50]

Der drastische Belegungsanstieg in den rheinischen psychiatrischen Krankenhäusern wurde durch den 1953 gegründeten Landschaftsverband Rheinland auf verschiedene Faktoren zurückgeführt. Der absolute Anstieg der hospitalisierten Kranken wurde mit dem Bevölkerungszuwachs im Gebiet Nordrhein-Westfalens, von Mitte der 1950er Jahre bis Anfang der 1960er Jahre um ca. eine Million Einwohner, in Zusammenhang gebracht. Zugleich hatte sich aber auch der relative Anteil psychiatrisierter Menschen von 1,81 von Tausend auf 1,91 von Tausend erhöht. Die günstige wirtschaftliche Entwicklung hatte dazu geführt, dass die Erwerbstätigkeit in den Familien nicht mehr auf die Männer beschränkt blieb und infolgedessen die Bereitschaft zur Pflege psychisch auffälliger oder geistig behinderter Angehöriger deutlich zurückging. Entsprechend war ein besonders starker Anstieg des Anteils der psychischen Störungen des höheren Lebensalters sowie der geistig Behinderten unter den Patienten der psychiatrischen Krankenhäuser im Rheinland

45 Landschaftsverband Rheinland (Hrsg.): Rheinische Landesklinik Bedburg-Hau. 75 Jahre (Köln 1987), S. 33.

46 ALVR 23233.

47 ALVR 14166.

48 Vgl. die Vorgänge zur Verlegung der Patienten von Waldniel und Bedburg-Hau, in: ALVR 14825.

49 ALVR 23133.

50 Mit Stichtag 1. April lag die Belegung 1952 bei 1934 Patienten, 1953 bei 2158 Patienten und 1954 bei 2227 Patienten. Vgl. ALVR 23132; 23133.

festzustellen. Da zudem ein großer Teil der noch in den 1920er und 1930er Jahren belegten Betten in caritativen Pflegeanstalten infolge zwischenzeitlich erfolgter Umwandlung in Krankenhäuser fortgefallen war, musste der Landschaftsverband von seiner Gründung bis 1960 insgesamt 2.500 zusätzliche psychiatrische Krankenbetten schaffen.[51]

Kinder- und Jugendpsychiatrie

Bereits im Mai 1943 waren aus dem durch Bomben beschädigten Franz-Sales-Haus in Essen 65 geistig behinderte Jungen unter pflegerischer Betreuung durch Ordensschwestern im Haus F5 untergebracht worden. Nachdem die Kinder mit den Schwestern im August 1947 nach Essen zurückkehren konnten, war das Haus F5 zunächst mit 17 männlichen Kleinkindern aus dem St. Vinzenzhaus in Kerpen belegt worden. Schnell erhöhte sich die Anzahl der Kinderaufnahmen auf 114, so dass im Juli 1948 in den Häusern F5 und F4 jeweils eine Jungen- und eine Mädchenabteilung mit 60 Betten eingerichtet wurden.[52] Bis Frühjahr 1952 hatte sich die Belegzahl auf 83 Knaben und 54 Mädchen erhöht, weshalb die Kinderabteilung nach vollständiger Renovierung im Haus M10 zusammengefasst wur-

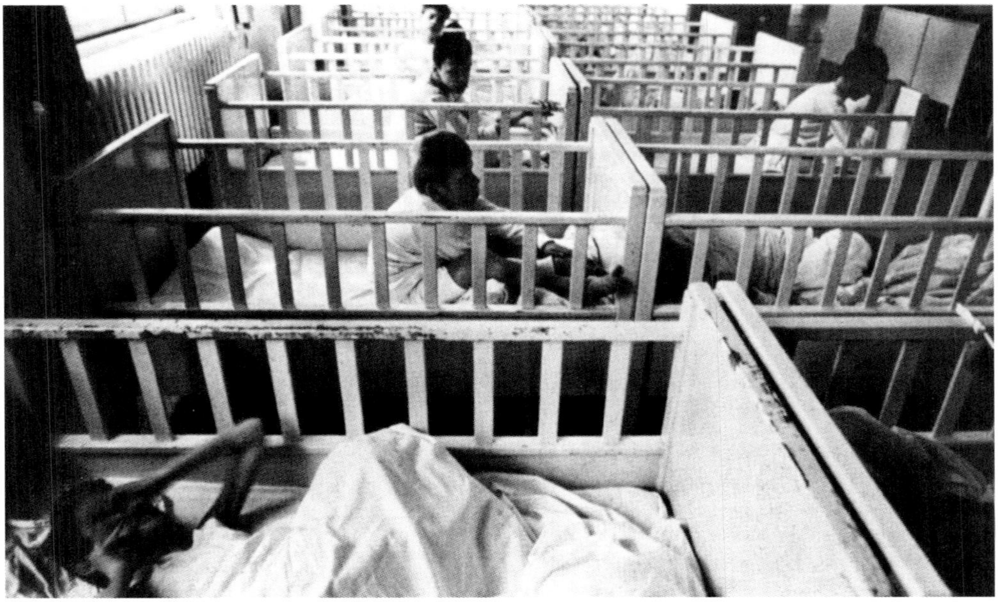

Abb. 3: Bettenbelegung in der Kinderpsychiatrie Anfang der 1960er Jahre. Aus: 75 Jahre Rheinische Landesklinik Bedburg-Hau (Bedburg-Hau 1986), S. 37

51 Hans-Werner Müller/Gerhard Scheurle: Rheinische Anstaltspsychiatrie, in: Landschaftsverband Rheinland (Hrsg.), Rheinische Anstaltspsychiatrie. Festschrift zum 50jährigen Bestehen des Rheinischen Landeskrankenhauses Bedburg-Hau (Köln 1962), S. 7–52, hier S. 18 ff.

52 Kleine, a. a. O. S. 102; ALVR 14854.

Abb. 4: Weihnachtsfeier in der Kinderpsychiatrie 1964. Foto: ALVR, Bildarchiv Pressestelle 850–64/346/8

de.[53] Da zunehmend auch »bildungsfähige schwachsinnige Kinder« in der Kinderabteilung Aufnahme fanden, wurde nach dem Umzug auch eine Unterrichtsmöglichkeit geschaffen: »Seit dem 1.10.1952 besteht in der Kinderabteilung eine Sammelklasse, in der durch eine Pflegerin 20 Kinder (12 Knaben und 8 Mädchen) in den Grundbegriffen des Lesens, Schreibens und Rechnens unterwiesen werden. Die Kinder erhalten ferner Anschauungsunterricht und Religionsstunden. Die Einrichtung hat sich für die Förderung der dafür geeigneten Kinder als recht nützlich und fruchtbringend erwiesen, zumal durch die Überbelegung der Schwachsinnigen-Bildungsanstalten eine Verlegung in solche Institute ausserordentlich schwierig ist.«[54]

Im Frühjahr 1957 befanden sich bereits 223 Kinder in der Heil- und Pflegeanstalt Bedburg-Hau, weshalb zusätzlich drei weitere Häuser (M8, M6 und M7) mit geistig behinderten Mädchen und Jungen belegt wurden.[55] Die »bildungsfähigen« Kinder waren nach und nach in caritative Kinderanstalten mit Schuleinrichtungen überwiesen worden, während diese wiederum »ihre schwersten Pflegefälle« nach Bedburg-Hau verlegt hatten.[56]

Über die in der Anstalt untergebrachten geistig behinderten Kinder wurde im Frühjahr 1957 berichtet: »Von den am 31.3.57 untergebrachten 223 Kindern können infolge ihres erheblichen geistigen Entwicklungsrückstandes 142 Kinder nicht sprechen bzw. haben auch kein Sprachverständnis. 140 Kinder müssen bei den Mahlzeiten gefüttert werden. 162 Kinder bedürfen ständiger fremder Hilfe beim An- und Auskleiden. 132 Kinder sind mit ihren Bedürfnissen bei Tag und in der Nacht unsauber. 34 Kinder zerstören Wäsche und Bekleidungsstücke.«[57] Auch in den Folgejahren habe bei 90 Prozent der Kinder ein »tiefstehender Schwachsinn vom Grad der Idiotie bzw. Imbezillität« vorgelegen. Die zumeist hirngeschädigten Kinder seien vielfach nicht nur geistig, sondern auch körper-

53 ALVR 23133.
54 ALVR 23133.
55 ALVR 23133; Kleine, a. a. O. S. 102.
56 Kleine, a. a. O. S. 102.
57 ALVR 23133.

lich stark behindert gewesen. Eine große Anzahl sei »nicht zu fixieren«, reagiere nicht auf Fremdzuwendung und müsse mit der Flasche ernährt werden.[58]

Daneben waren seit Kriegsende auch wieder – wie bereits in den 1920er Jahren – etwa 30 bis 40 Jugendliche beiderlei Geschlechts in die Anstalt eingewiesen worden, denen neben »Schwachsinnzuständen« etwa »erhebliche Charakteranomalien« oder »psychopathische Konstitution« attestiert wurden. Die Jugendlichen wurden durchweg als besonders störend für den Anstaltsbetrieb wahrgenommen und waren wiederholt Gegenstand heftig vorgetragener Klagen durch die Direktion.[59] Dank eines »grösseren Zuwachses« von jugendlichen »Schwachsinnigen« aus der Abteilung Waldniel der Heil- und Pflegeanstalt Johannistal erhöhte sich ihre Anzahl auf mehr als 60, weshalb auf der Männerseite eine eigene Abteilung für Jugendliche eingerichtet wurde.[60] Durch weitere Verlegungen aus Waldniel stieg die Anzahl der Jugendlichen auf ca. 80, wobei ihre Betreuung offenbar nach wie vor große Schwierigkeiten bereitete. Anfang 1953 hieß es über die jugendlichen Patienten: »Die Pflege und Wartung dieser Kranken ist nach wie vor eine schwere Belastung für die Anstalt. Die Zahl der benötigten Pfleger ist größer als bei der Pflege der Erwachsenen und der Verbrauch an Wirtschaftsgütern wesentlich höher.«[61] Auch in den Folgejahren hielten die Klagen über den bei den Jugendlichen erhöhten Pflegeaufwand an, obwohl die Abteilung durchaus Schwankungen in der Belegung aufwies.[62]

Das Bewahrungshaus

Das Bewahrungshaus in Bedburg-Hau war entgegen der ursprünglichen Absicht nicht im April 1950 durch die Justizbehörde zurückgegeben worden, da sich der Neubau des Gefängnisses in Kleve verzögert hatte. Dennoch wurden wegen der Überbelegung der Forensik in der Heil- und Pflegeanstalt Düren 45 Patienten von dort nach Bedburg-Hau übernommen und provisorisch auf einer »gesicherten Abteilung« im Haus M3 untergebracht.[63] Infolge finanzieller Schwierigkeiten beim Gefängnisneubau in Kleve erfolgte die Rückgabe des Bewahrungshauses schließlich erst am 1. August 1951. Nach Renovierungsarbeiten wurde das Bewahrungshaus dann am 29. November 1951 wieder eröffnet und am gleichen Tage mit 40 aus Düren verlegten forensischen Patienten belegt. Mit der Leitung

58 Ilse van Kaam: Zur Ätiologie des tiefstehenden Schwachsinns, in: Abteilung Gesundheitspflege des Landschaftsverbandes Rheinland (Hrsg.): 3. Ärztliche Fortbildungstagung des Landschaftsverbandes Rheinland am 12. und 13. Oktober 1961 im Rheinischen Landeskrankenhaus Bedburg-Hau (Köln 1961), S. 85–87, hier S. 85.

59 Vgl. die Verwaltungsberichte in ALVR 23133.

60 ALVR 23133.

61 ALVR 23133.

62 Vgl. die Verwaltungsberichte in ALVR 23133.

63 ALVR 23133.

des Bewahrungshauses wurde der von der Landesheilanstalt Bonn nach Bedburg-Hau versetzte Dr. Thambusch-Meyer betraut. Daneben blieb aber auch die »gesicherte Abteilung« zur Unterbringung von »leichteren Fällen« als Forensik erhalten.[64]

Bereits am 1. April 1952 war die Anzahl gerichtlich untergebrachter Patienten und Patientinnen in Bedburg-Hau auf 109, zum 1. April 1953 auf 143 und zum 1. April 1954 auf 212 Personen angestiegen, die sowohl im Bewahrungshaus als auch auf einer gesicherten Station untergebracht wurden.[65] Ende 1953 wurden die Renovierungsarbeiten im Bewahrungshaus abgeschlossen und das Haus auf einen Bestand von 70 Betten aufgefüllt. Die Belegung erfolgte, neben den laufenden Aufnahmen, mit im November und Dezember eintreffenden gerichtlich eingewiesenen Kranken aus den Landesheilanstalten Düren und Langenfeld-Galkhausen. Daneben wurden 10 Prozent der Plätze mit »anstaltsgefährlichen Geisteskranken« aus Bedburg-Hau belegt. Am 1. Februar 1954 wurde außerdem in M4 ein weiteres Haus mit gerichtlich eingewiesenen Patienten belegt, so dass diese weitgehend von den übrigen Anstaltskranken getrennt untergebracht waren.[66]

Im Frühjahr 1957 war das Bewahrungshaus mit durchschnittlich 89 Patienten belegt, darunter 10 bis 15 Prozent »anstaltsgefährliche Geisteskranke«, während sich insgesamt 245 gerichtlich eingewiesene Patienten in der Anstalt befanden. Seit Sommer 1956 waren mit Tütenkleben, Knopfarbeiten und der Herstellung von Bimspresssteinen Beschäftigungsmöglichkeiten für alle »arbeitsfähigen und -willigen Patienten« des Bewahrungshauses geschaffen.[67] Etwa die Hälfte der von 1950 bis 1960 gerichtlich in der Anstalt Bedburg-Hau untergebrachten Patienten war wegen eines Sexualdeliktes eingewiesen worden. Größtenteils wurde bei ihnen durch die behandelnden Psychiater »Schwachsinn« oder »psychopathische Charakterabartigkeit« diagnostiziert. Hinsichtlich der aufgrund des Homosexuellen-Paragraphen § 175 eingewiesenen Patienten wurde zumeist von einer Unterbringung in den gesicherten Abteilungen abgesehen, da ihre gemeinsame Unterbringung »die Gefahr einer Fortsetzung homosexueller Handlungen« wahrscheinlicher machte, als wenn sie verteilt auf verschiedenen Abteilungen untergebracht waren, wo sie besser überwacht werden konnten.[68]

64 ALVR 23133.

65 Vgl. die Zahlenangaben in den Verwaltungsberichten der LHA Bedburg-Hau für die Rechnungsjahre 1951/52 bis 1953/54, in: ALVR 23133.

66 ALVR 23133.

67 ALVR 23133.

68 Reinhard Mangliers: Erfahrungen mit gerichtlich wegen Sexualdelikten untergebrachten Personen, in: Abteilung Gesundheitspflege des Landschaftsverbandes Rheinland (Hrsg.): 3. Ärztliche Fortbildungstagung des Landschaftsverbandes Rheinland am 12. und 13. Oktober 1961 im Rheinischen Landeskrankenhaus Bedburg-Hau (Köln 1961), S. 115–118, hier S. 115.

Personallage

Nach Kriegsende war ein großer Teil der Bediensteten der PHP Bedburg-Hau an andere Anstalten versetzt oder noch nicht aus dem Krieg zurückgekehrt. So befanden sich zum 1. April 1946 noch 61 Anstaltbedienstete in Kriegsgefangenschaft, und zum 1. April 1947 waren es noch 34 Betriebsangehörige.[69] Im Zuge der »Entnazifizierung« forschten die britischen Besatzungsbehörden außerdem seit Sommer 1945 mit Hilfe von Fragebögen nach der politischen Vergangenheit der Bevölkerung in ihrer Besatzungszone. Zunächst wurde unter Ausschluss deutscher Stellen eine repressive und schematische Säuberungspolitik umgesetzt, die zur Entlassung aller vor dem 1. April 1933 eingetretenen NSDAP-Mitglieder, aller Funktionäre der Partei und ihrer Nebenorganisationen sowie höherer Verwaltungsbeamter und Angehöriger des Generalstabes, der Gestapo und des Sicherheitsdienstes der SS führen sollte. Mit einer Entlassung gingen die Einstellung der Gehaltszahlungen und die Sperrung des Privatvermögens einher. Seit Januar 1946 wurde dann mit einer systematischen »Entnazifizierung« unter Einbeziehung von aus Deutschen gebildeten »Entnazifizierungsausschüssen« begonnen. Die Überprüfungen waren ebenfalls auf Fragebögen gestützt, und die Entscheidungen erfolgten in der Regel nach einer Anhörung der Betroffenen. Die Ausschüsse stuften die Überprüften daraufhin in eine von fünf Kategorien ein: I) Hauptschuldige, II) Belastete, III) Minderbelastete, IV) Mitläufer und V) Entlastete.

Nachdem anfangs von den Ausschüssen entsprechende Empfehlungen an die britischen Besatzungsbehörden zur Entscheidung vorgelegt wurden, erhielten die deutschen Entnazifizierungsausschüsse seit April 1947 das Recht, individuell abgestufte Sanktionen, Vermögenssperren und Berufsbeschränkungen zu verhängen.[70] In der Heil- und Pflegeanstalt Bedburg-Hau wurden in den Jahren 1945/46 insgesamt 24 Betriebsangehörige aufgrund der Entnazifizierung entlassen, wobei sich die Anstaltsleitung sehr für ihre Wiedereinstellung und Rehabilitierung einsetzte, und daher durch die Besatzungsbehörden einzelne Entscheidungen wieder revidiert wurden.[71] Mitte Dezember 1946 wurde noch die Entlassung von insgesamt 17 Betriebsangehörigen und daneben eine Zurückstufung einiger Ober- und Erstpfleger aufrecht erhalten. Infolgedessen entstanden insbesondere auf den Frauenabteilungen personelle Engpässe, da der Bedarf an Pflegerinnen wegen der Einrichtung bis dahin beschlagnahmter Krankenabteilungen zur Auflockerung der Belegdichte besonders hoch war.[72] Für drei Verwaltungsbeamte konnte Direktor Dr. Trapet

69 Kleine, a.a.O. S. 99; ALVR 14854.

70 Vgl. Wolfgang Krüger: Entnazifiziert! Zur Praxis der politischen Säuberung in Nordrhein-Westfalen (Wuppertal 1982); Clemens Vollnhals (Hrsg.): Entnazifizierung. Politische Säuberung und Rehabilitierung in den vier Besatzungszonen 1945–1949 (München 1995).

71 ALVR 14854.

72 ALVR 23140.

einen Aufschub der Entlassung bis Mitte Januar 1947 erreichen, da sie zur Aufrechterhaltung des Anstaltsbetriebes unentbehrlich seien.[73]

Ende Januar 1947 teilte der Oberkreisdirektor in Kleve Trapet mit, dass er Rücksprache mit dem zuständigen »Entnazifizierungsoffizier« genommen habe und in Kürze eine erneute Überprüfung der Fälle beabsichtigt sei: »Mit einiger Sicherheit ist damit zu rechnen, dass die erneute Überprüfung für die Betroffenen ein besseres Ergebnis zeitigen wird.«[74] Durch die Anstaltsleitung waren die zu entlassenden Pflegekräfte bis zur endgültigen Entscheidung im Berufungsverfahren zum Teil bereits kurzerhand im Stundenlohn als Arbeiter weiterbeschäftigt worden.[75] Tatsächlich erbrachte die Überprüfung, dass lediglich noch für einen Arzt, eine Oberpflegerin und drei sonstige Bedienstete eine Pflichtentlassung verfügt wurde.[76]

Die britische Entnazifizierungspolitik im Gesundheitswesen war vor allem pragmatisch ausgerichtet und hatte in erster Linie die Sicherstellung der medizinischen Versorgung im Blick, so dass letztlich nur noch »alte Kämpfer« der NSDAP konsequent aus dem Dienst entfernt wurden.[77] Bis zum Frühjahr 1950 waren in der Anstalt Bedburg-Hau jedenfalls bis auf zwei Betriebsangehörige alle im Zuge der Entnazifizierung Entlassenen wieder in ihr altes Beschäftigungsverhältnis eingesetzt.[78]

Mit dem schrittweisen Rückgang der relativ hohen Nachkriegsarbeitslosigkeit erhöhten sich auch die Schwierigkeiten, für die psychiatrischen Anstalten geeignete Pflegekräfte zu rekrutieren. Bereits in der ersten Hälfte der 1950er Jahre gelang die Anstellung ausreichender Mitarbeiter nur mit Mühe und wurde aufgrund ungünstiger Arbeitszeiten, schlechter Unterbringung und Entlohnung sowie des geringen Sozialprestiges der »Irrenpflege« zunehmend schwieriger. Lebens- und Arbeitsumfeld waren kaum getrennt und gestatteten nur wenig Privatsphäre, während der Verdienst geringer ausfiel als in der Krankenhauspflege und kaum Aufstiegsmöglichkeiten bot.[79]

Noch 1947 befanden sich unter den insgesamt 180 Pflegekräften der Anstalt Bedburg-Hau allein 148 männliche Pfleger.[80] Bis Mitte der 1950er Jahre verschob sich das Verhältnis aber langsam zugunsten der weiblichen Pflegekräfte, so dass 1955 ein nahezu ausgeglichenes Verhältnis erreicht wurde. Allerdings war die Anzahl der in der Anstalt beschäftigten männlichen Pfleger nun auf 116 gefallen, da seit Ende der 1940er Jahre

73 ALVR 23140.
74 ALVR 23140.
75 ALVR 14854.
76 ALVR 23140.
77 Hans-Ulrich Sons: Gesundheitspolitik während der Besatzungszeit. Das öffentliche Gesundheitswesen in Nordrhein-Westfalen 1945–1949 (Wuppertal 1983), S. 52–66.
78 ALVR 23133.
79 Sabine Hanrath: Zwischen »Euthanasie« und Psychiatriereform. Anstaltpsychiatrie in Westfalen und Brandenburg: Ein deutsch-deutscher Vergleich (1945–1964) (Paderborn 2002), S. 286f.
80 ALVR 14854.

fortlaufend einzelne Pfleger aus dem Dienst ausgeschieden waren. Größtenteils war das Ausscheiden offenbar aus Altersgründen erfolgt, da der Altersdurchschnitt der männlichen Pflegekräfte gegenüber den zumeist neueingetretenen weiblichen Pflegekräften deutlich höher lag.[81] Mitte der 1950er Jahre hatte auch bundesweit die überwiegende Mehrheit der Pfleger das 45. Lebensjahr bereits überschritten, und gleichzeitig kündigten sich aufgrund der ungünstigen Arbeitsbedingungen zunehmende Schwierigkeiten bei der Nachwuchswerbung an, so dass ein großer Mangel an Pflegepersonal zu erwarten stand.[82]

Ein großer Teil der Planstellen im Pflegebereich konnte in Bedburg-Hau nicht besetzt werden, da sich keine geeigneten Bewerber fanden. Daher wurde insbesondere die Anstellung von Lernpflegepersonal vorgenommen, dessen Arbeit sich seit Anfang der 1950er Jahre – trotz hoher Fluktuation – fortlaufend erhöhte. Die Anstaltsleitung berichtete hierüber Mitte der 1950er Jahre an den Direktor des Landschaftsverbandes Rheinland: »In Bedburg-Hau ist nach Kriegsende mit der ständigen Zunahme belegter Krankenbetten eine stete Vermehrung des Lernpflegepersonals erfolgt und hat zu einer erheblichen Umschichtung im Verhältnis des geprüften zum Lernpflegepersonal geführt. [...] Bei der Unmöglichkeit überhaupt das notwendige Personal zu finden, ist eine Auswahl bei den sich meldenden Schülern sehr erschwert. Seit Jahren ist es nicht mehr möglich, die für die Anstalt nach dem vorgeschriebenen Verteilungsschlüssel genehmigten Planstellen zu besetzen. Zur Zeit sind z. B. 15 Stellen unbesetzt, das Verhältnis des geprüften zum Lernpersonal beträgt 2/3 zu 1/3.«[83]

Bestrebungen der Bundesregierung, durch staatliche Anerkennung der Geisteskrankenpflege den Nachwuchsschwierigkeiten und der hohen Fluktuation des Personals zu begegnen, wurden durch die Psychiater allgemein begrüßt.[84] Im Vorgriff auf eine bundeseinheitliche Regelung hatte der Landschaftsverband Rheinland sich bereits in den Jahren 1954/55 bei den zuständigen Regierungspräsidenten in Düsseldorf, Köln und Aachen erfolgreich um die Zulassung staatlicher Krankenpflegeschulen an den Landesheilanstalten bemüht, die zum 1. Januar 1956 ihren Betrieb aufnehmen konnten.[85] In Bedburg-Hau wurde die Krankenpflegeschule jedoch bereits im Mai 1956 wieder geschlossen und ihre Tätigkeit bis auf weiteres ausgesetzt, da sich gezeigt hatte, dass der während der Arbeitszeit erteilte Krankenpflege-Unterricht zu viele Arbeitsstunden des Lernpflegepersonals beanspruchte und infolgedessen der Pflegebetrieb nicht mehr aufrecht erhalten werden konnte.[86]

81 Vgl. die Zahlenangaben in den Verwaltungsberichten der Anstalt Bedburg-Hau, in: ALVR 23133. Die darin mitgeteilten Dienstjubiläen erlauben auch Schlussfolgerungen für die Altersverteilung innerhalb des Pflegepersonals.

82 Hanrath, a. a. O. S. 296.

83 ALVR 13058.

84 Hanrath, a. a. O. S. 296 f.

85 Vgl. ALVR 13058.

86 Vgl. ALVR 13058.

Abb. 5: Unterricht in der Krankenpflegeschule 1971. Foto: ALVR, Bildarchiv Pressestelle 850–71/46/6

Am 15. Juli 1957 wurde durch den Bundestag das Krankenpflegegesetz verabschiedet, das am gleichen Tag in Kraft trat. Der Beruf der Krankenpflege – der auch die Geisteskrankenpflege umfasste – wurde nun gesetzlich geschützt. Die Ausbildung konnte künftig nur noch an staatlich anerkannten Schulen erfolgen, dauerte drei Jahre und wurde mit einer Prüfung vor einer staatlichen Kommission abgeschlossen. Für die Geisteskrankenpflege war als Übergangsregelung vorgesehen, dass alle Personen, die bei Inkrafttreten des Gesetzes mindestens zehn Jahre in dem Beruf tätig waren und an einer Anstalt in Geisteskrankenpflege geprüft worden waren, beantragen konnten, die Berufsbezeichnung ohne Ausbildung und Prüfung zu führen. Pflegekräfte, die mindestens fünf Jahre in der Geisteskrankenpflege tätig waren, erhielten hingegen die Möglichkeit, binnen zwei Jahren nach Inkrafttreten des Gesetzes ohne weiteres die staatliche Prüfung abzulegen.[87] Durch das Krankenpflegegesetz wurde die Geisteskrankenpflege erstmals den anderen Bereichen der Krankenpflege gleichgestellt, um durch eine staatliche Anerkennung den sozialen Status des Pflegepersonals in der Psychiatrie anzuheben und den Beruf damit attraktiver zu machen.

In Bedburg-Hau wurde daraufhin am 1. Juli 1957 erneut eine staatliche Krankenpflegeschule eröffnet. Allerdings beklagte man weiterhin, dass die Anzahl der Lernschwestern unverhältnismäßig hoch sei und es nach wie vor sowohl bei den Schwestern wie auch bei den Lernschwestern eine große Fluktuation gebe. Anfang der 1960er Jahre waren in

87 Gesetz über die Ausübung des Berufes der Krankenschwester, des Krankenpflegers und der Kinderkrankenschwester (Krankenpflegegesetz) vom 15. Juli 1957, in: BGBl. (1957), Tl. I, S. 716.

Bedburg-Hau bereits seit Jahren etwa ein Drittel der Schwesternstellen nicht besetzt, weshalb die Sicherstellung eines geordneten Pflegebetriebes nur durch zahlreiche Überstunden möglich war.[88] Durchschnittlich waren 80 Schwesternstellen vakant, die auch durch intensive Werbung nicht gewonnen werden konnten, da im Raum Kleve zahlreiche Industriezweige vorhanden waren, die vor allem Frauen beschäftigten.[89]

Um die Situation des Pflegepersonals attraktiver zu gestalten, wurde zur Verbesserung der Unterbringung im Mai 1960 ein neues Schwesternwohnheim eingeweiht. Insgesamt fanden 86 der 240 Pflegerinnen in individuellen Wohnschlafzimmern eine neue Bleibe und konnten sich außerdem jeweils zu acht eine »Freizeitküche« teilen.[90] Angesichts des Pflegekräftemangels in der Psychiatrie wich die vormals strenge soziale Kontrolle, die sich auf den gesamten Lebens- und Arbeitsbereich der Anstaltsbediensteten erstreckt hatte, einer zunehmenden Trennung von Arbeits- und Privatsphäre.[91]

Anknüpfen an die Reformpsychiatrie der 1920er Jahre

Durch Bezugnahme auf die vermeintlich unbelasteten Traditionen der Weimarer Reformpsychiatrie wurde nach Kriegsende versucht, Kontinuitäten zu konstruieren, die mithelfen sollten, die Verbrechen des Nationalsozialismus auszublenden, indem die Psychiatrie scheinbar dort wiederanknüpfte, wo sie vor der NS-Machtübernahme aufgehört hatte.[92] In der Diskussion genossen die »aktivere Therapie« nach Hermann Simon, also die therapeutisch begründete Heranziehung von Patienten und Patientinnen zur Arbeit, und die psychiatrische Außenfürsorge nun wieder einen sehr hohen Stellenwert, wenn auch – wie bereits in den 1920er Jahren – die therapeutischen Gesichtspunkte gegenüber ökonomischen Beweggründen recht bald wieder in den Hintergrund treten sollten.

Der seit Kriegsende herrschende Mangel an Arznei, die Personalnot und die Überbelegung der teilweise baufälligen Krankenabteilungen reduzierte das Behandlungsangebot in der ersten Nachkriegszeit auf die Mitte der 1920er Jahre eingeführte Arbeitstherapie. Ziel der so genannten »aktiveren Therapie« war es, durch individuelle Förderung die Arbeits- und Leistungsfähigkeit psychisch Kranker wieder herzustellen, um so eine Rückkehr in die Gesellschaft vorzubereiten. Tatsächlich wurden die Patienten und Patientinnen in den Heil- und Pflegeanstalten bis Ende der 1940er Jahre in anstaltseigenen Betrieben und der Landwirtschaft eingesetzt, um das tägliche Überleben zu sichern. Der wirtschaftli-

88 Kleine, 50 Jahre, S. 103.

89 Müller/Scheurle, a. a. O. S. 46.

90 »Ein beneidenswert schönes Wohnheim«, in: Rheinische Post vom 12.5.1960.

91 Hanrath, a. a. O. S. 300.

92 Hanrath, a. a. O. S. 115.

Abb. 6: Arbeit in der Landwirtschaft Anfang der 1960er Jahre. Foto: ALVR, Bildarchiv Pressestelle 850–64/312/8

che Nutzen der Patientenarbeit stand jedoch zunächst eindeutig im Vordergrund.[93]

In Bedburg-Hau wurden die Patienten in der unmittelbaren Nachkriegszeit in der Gärtnerei und der Landwirtschaft auf den anstaltseigenen Gutshöfen eingesetzt, wobei weibliche Kranke vor allem mit Näh- und Flickarbeiten beschäftigt wurden. Die Heranziehung von Patienten zur Arbeit war jedoch zunächst nur eingeschränkt möglich, da infolge ungenügender Ernährung eine Schonung der Kranken erforderlich wurde und auch durch den Mangel an Schuhwerk ein »voller Einsatz« nicht immer möglich war. Daneben war die Beschäftigung in der Hausindustrie bei der Herstellung von Bürsten, Besen und Korbwaren wegen Mangels an Rohmaterial stark eingeschränkt.[94] Nach der Währungsreform gelang es zwar, die Hausindustrie wieder in Gang zu setzen und dort einen Teil der Kranken zu beschäftigen, allerdings ist auffällig, dass der Anteil der arbeitenden Kranken an der in den 1950er Jahren stetig wachsenden Anstaltspopulation zahlenmäßig stabil blieb, prozentual aber stark rückläufig war.[95] Offenbar machten die zu bewältigenden Schwierigkeiten bei der Instandsetzung der Anstaltsgebäude und ihre Überbelegung sowie ein Mangel an Pflegekräften eine Wiederaufnahme der »Arbeitstherapie« in größerem Umfang unmöglich.

Durch die Einführung von neuen Psychopharmaka in den 1950er Jahren wurde auf doppelte Weise ein Wandel in der Patientenbeschäftigung begünstigt: Hatte die traditionelle Arbeitstherapie stets auch der Beruhigung der Kranken gedient, so konnte dies nun weitaus wirksamer durch Medikamente erreicht werden. Daneben verkürzten die Psychopharmaka die durchschnittliche Verweildauer der Kranken erheblich, so dass eine Heranziehung zu regelmäßiger Arbeit immer weniger sinnvoll erschien.[96] Parallel zur Umgestaltung des Anstaltsmilieus veränderte sich der Fokus von der Arbeitstherapie hin

93 Hanrath, a. a. O. S. 111 ff.

94 ALVR 14854.

95 Vgl. ALVR 14854; zur Entwicklung der Arbeitstherapie in Bedburg-Hau vgl. die Zahlenangaben in den Verwaltungsberichten, in: ALVR 23133.

96 Hanrath, a. a. O. S. 321.

zu einer Beschäftigungstherapie. Das ältere Konzept der Arbeitstherapie beabsichtigte, gesunde Persönlichkeitsanteile zu fördern und die kranken zurückzudrängen, indem sie von den Patienten Anpassungsleistungen durch Arbeit forderte, wodurch ihr ein stark disziplinierender Aspekt anhaftete. Dem gegenüber erstreckte sich der Anspruch der Beschäftigungstherapie nun vor allem auf eine sinnvolle Gestaltung der Lebensbezüge der Patienten und Patientinnen, ohne aber auf die Wiederherstellung der Arbeitsfähigkeit als Behandlungsziel zu verzichten.[97]

Im Frühjahr 1950 war außerdem mit dem Wiederaufbau der Ende der 1920er Jahre eingeführten, aber während des Nationalsozialismus wieder eingestellten psychiatrischen Außenfürsorge begonnen worden. Den Anlass bildete offenbar die zunehmende Auslastung der Anstalten, wodurch die Möglichkeit der Aufnahme für »gebesserte, harmlose und keine großen Ansprüche stellende« Patienten eingeschränkt werden musste. Daher wurde zunächst der Wiederaufbau der »Familienpflege« in Angriff genommen, um damit eine kostengünstigere Unterbringung von Kranken zu erreichen, die keiner fachärztlichen Behandlung oder krankenpflegerischer Maßnahmen bedürften. Etwa die Hälfte der Familienpfleglinge wurde in den eigenen Familien gepflegt, während die übrigen in fremden Familien untergebracht waren, wo sie in der Landwirtschaft oder im Haushalt mitarbeiteten.[98] Seit 1953 wurde auch wieder eine psychiatrische Außenfürsorge im eigentlichen Sinne aufgebaut, und wurden an 22 verschiedenen Arbeitsplätzen in den Bezirken der Gesundheitsämter Geldern, Kleve, Rees, Dinslaken und Moers in regelmäßigem Turnus Sprechstunden abgehalten. Über die Durchführung der psychiatrischen Außenfürsorge wurde berichtet: »Die Außenfürsorge wird bis jetzt von einem Arzt und einem Pfleger, der gleichzeitig Fahrer und Bürokraft ist, durchgeführt; allerdings unter letzter Inanspruchnahme der Arbeitskraft dieser beiden Männer. Aussenfürsorgerisch betreuen wir das ganze Niederrheingebiet. Infolge der Grösse dieses Gebietes haben wir verhältnismässig lange Anfahrtwege. Daher kommt es dass wir monatlich rund 1.800 Km fahren.«[99]

Aufgrund der starken Arbeitsbelastung wurde die Außenfürsorge 1956 um einen Kraftfahrer ergänzt und damit eine anderweitige Beschäftigung des Krankenpflegers möglich, der nun neben dem zuständigen Arzt ebenfalls Hausbesuche bei anstaltsentlassenen Patienten und Patientinnen vornahm. Durch Einbeziehung der Fürsorgerinnen der Gesundheitsämter wurden die auswärtigen Sprechstundentage zugunsten von Hausbesuchen auf 13 bis 14 Sprechstunden monatlich reduziert. Mit 627 Hausbesuchen hatte sich im Rechnungsjahr 1956/57 die Anzahl gegenüber dem Vorjahr mit 328 Hausbesuchen fast

97 Hanrath, a. a. O. S. 317 ff.

98 Kleine, a. a. O. S. 102 f. Zum Wiederaufbau der psychiatrischen Außenfürsorge im Rheinland seit 1950 vgl. ALVR 13059.

99 ALVR 23133.

verdoppelt, und im Vergleich zu 1954/55 waren mehr als die doppelte Anzahl Hausbesuche durchgeführt worden.[100]

Die Schwerpunktverlagerung der Außenfürsorge von den Sprechstunden zu Hausbesuchen stand in engem Zusammenhang mit dem spürbaren Anstieg der Belegung in der Anstalt. Zu einem großen Teil wurden die Sprechstunden nämlich von Personen wahrgenommen, die bislang noch nicht in einer Anstalt gewesen waren, während die Hausbesuche in erster Linie der Vorbereitung auf eine Entlassung aus der Anstalt oder der Betreuung von bereits Anstaltsentlassenen dienten.[101] Damit wurde die Außenfürsorge verstärkt als Hilfsinstrument für die Verringerung der Anstaltbelegung eingesetzt.

Therapeutisches Instrumentarium

Auch nach Kriegsende entsprach das therapeutische Instrumentarium der Psychiater im Wesentlichen den bereits in den 1920er Jahren angewandten Methoden wie Dauerbädern, feuchten Einpackungen oder medikamentöser Ruhigstellung mit Schlaf- und Beruhigungsmitteln, die zum Teil schon Mitte des 19. Jahrhunderts angewandt worden waren.[102] Eine Erweiterung war zunächst lediglich durch die in den 1930er Jahren in die klinische Psychiatrie eingeführten Schocktherapien erfolgt, die durch einen künstlich ausgelösten Schock eine »Umstimmung des Organismus« und infolge dessen eine Veränderung der Stimmungslage veranlassen sollten. Neben den seit Mitte der 1930er Jahre praktizierten Schockbehandlungen mit Insulin oder Cardiaziol wurde seit 1939 auch die durch den italienischen Psychiater Ugo Cerletti (1877–1963) erstmals angewandte Elektroschocktherapie eingesetzt, die zunächst nur zur Behandlung Schizophrener, später aber auch bei Depression zur Anwendung kam. Durch am Kopf angebrachte Elektroden wurden den Patienten Krampf auslösende Stromstöße verabreicht, um einen Stimmungswechsel hervorzurufen. Allerdings hatte bereits eine 1939 veröffentlichte Statistik über die Behandlungserfolge der Schocktherapien nachgewiesen, dass die Remissionsrate in etwa dem Prozentsatz spontaner Heilungen entsprach.[103]

In Bedburg-Hau wurde die Elektroschockbehandlung seit mindestens 1949 angewendet, bis Mitte der 1950er Jahre bei durchschnittlich 70 bis 80 Patienten. Auffällig ist, dass die Therapie mit etwa zwei Dritteln der Fälle bedeutend häufiger bei Frauen als bei

100 ALVR 23133.

101 ALVR 31348.

102 Hans-Walter Schmuhl: Kontinuität oder Diskontinuität? Zum epochalen Charakter der Psychiatrie im Nationalsozialismus, in: Franz-Werner Kersting/Karl Teppe/Bernd Walter (Hrsg.), Nach Hadamar. Zum Verhältnis von Psychiatrie und Gesellschaft im 20. Jahrhundert (Paderborn 1993), S. 112–136, hier S. 136.

103 Hans-Ludwig Siemen: Menschen blieben auf der Strecke … Psychiatrie zwischen Reform und Nationalsozialismus (Gütersloh 1987), S. 160.

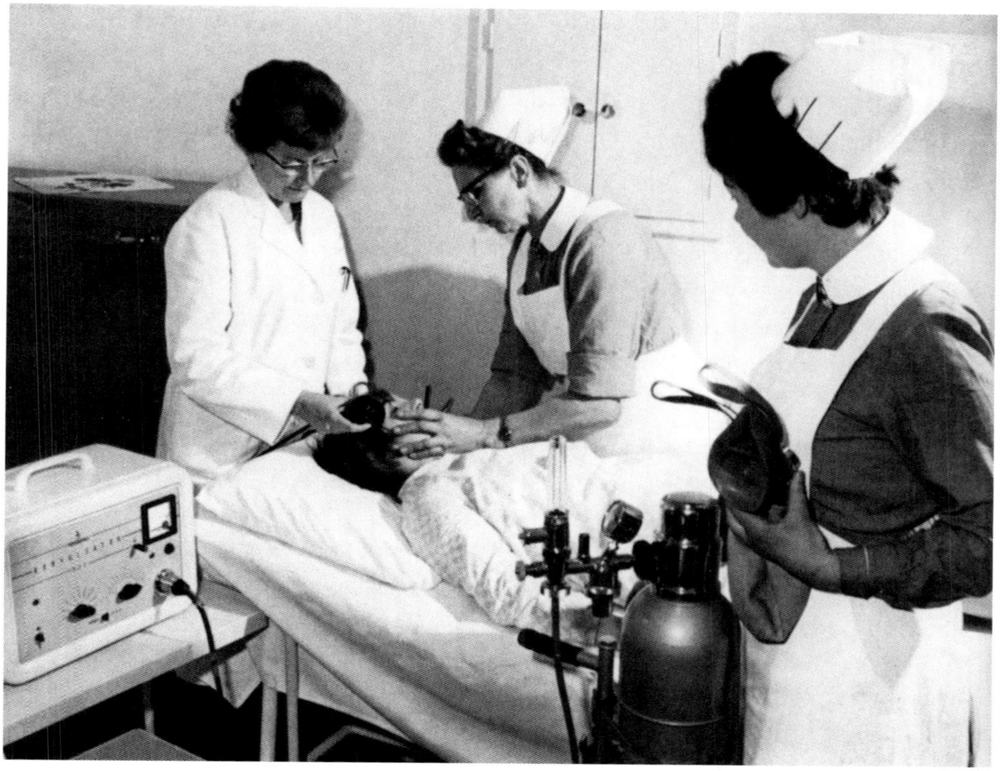

Abb. 7: Elektroschockbehandlung im LKH Bedburg-Hau Anfang 1960er Jahre. Aus: Rheinische Anstaltspsychiatrie. Festschrift zum 50jährigen Bestehen des Rheinischen Landeskrankenhauses Bedburg-Hau (Köln 1962), nach S. 52

Männern eingesetzt wurde. In der Regel wurden den Kranken während einer Behandlung zwischen acht und zehn Elektroschocks verabfolgt. Besonders gute Erfolge wurden bei Depression und »schweren akuten Erregungszuständen« konstatiert. Unabhängig von der Diagnose wurde darüber hinaus bei einigen Anstaltspflegebedürftigen offenbar erfolgreich versucht, eine »Besserung des sozialen Verhaltens« durch Elektroschocks hervorzurufen. Zumindest in den Rechnungsjahren 1950/51 und 1951/52 kam es bei der Anwendung der Elektroschocktherapie vereinzelt zu komplizierten Knochenbrüchen bzw. bedrohlichen Kreislauf- und Atemstörungen.[104]

Ab 1953 wurden in Bedburg-Hau bei einigen Frauen, die »ohne wesentlichen Erfolg« mit Elektroschocks »vorbehandelt« worden waren, bis zu vier Cardiazolschocks verabreicht, die aber nur ganz vereinzelt zur »Besserung des Zustandes« der Patientinnen führ-

104 Vgl. die in den Verwaltungsberichten der Rechnungsjahre von 1949/50 bis 1956/57 abgegebenen Berichte zur Elektroschockbehandlung, in: ALVR 23133.

ten.[105] Die Cardiazolschocktherapie war 1934 erstmals durch den ungarischen Psychiater Ladislas von Meduna (1896–1964) angewandt worden, der mit Injektionen des Kampherpräparats Cardiazol künstliche Krampfanfälle bei Schizophrenen ausgelöst hatte. Im Zeitraum zwischen der Injektion und den eintretenden Krämpfen durchlebten die Patienten Todesängste und ein starkes Vernichtungsgefühl, weshalb die Therapie als besonders qualvoll empfunden wurde.[106] Die Schockbehandlungen waren nicht nur sehr schmerzhaft und qualvoll für die Betroffenen, sondern setzten sie überdies dem Risiko von Herz- und Atemstillständen, schweren Hirnschädigungen sowie Knochenbrüchen und Luxationen an den Wirbelkörpern aus. Die Therapie knüpfte damit an Denkmuster an, die das Ziel, die psychische Erkrankung zu bekämpfen, letztlich höher bewertete als die körperliche Unversehrtheit und das Leben der Patienten.[107]

Erst 1957 wurde auf der Direktorenkonferenz der psychiatrischen Anstalten des Landschaftsverbandes Rheinland damit begonnen, die Gabe von Beruhigungsmitteln oder Muskelrelaxantien vor einer Elektroschockbehandlung zu diskutieren, um damit die Risiken der Therapie zu verringern. Zu diesem Zeitpunkt wurde in den psychiatrischen Anstalten des Landschaftsverbandes jedoch bereits ein allgemeiner Rückgang der Elektroschockbehandlung festgestellt, zumal die Therapie den Ärzten vermehrt als gefährliches Verfahren erschien, dem »ein Zug von Inhumanität« anhafte.[108]

In erster Linie war dieser Rückgang allerdings auf eine überraschend eintretende grundlegende Erweiterung der psychiatrischen Therapie Anfang der 1950er Jahre zurückzuführen. Ausgelöst durch die 1952 von den französischen Psychiatern Jean Delay (1907–1987) und Pierre Deniker (1917–1998) veröffentlichte Beobachtung, dass Chlorpromazin manische und schizophrene Psychosen günstig beeinflusse, begannen neuentwickelte Psychopharmaka die bis dahin angewandten somatischen Therapien nach und nach zu verdrängen.[109] Chlorpromazin kam in den Rheinischen Anstalten bereits seit Mitte 1953 in Form des Präparates Megaphen zur Anwendung, allerdings zunächst in derart hohen Dosierungen, dass die Patienten künstlich ernährt und abgeführt werden mussten.[110]

105 ALVR 23133.

106 Schmuhl, a.a.O. S. 125; Eleonore Middelmann: Die Entwicklung der Therapie im Rheinischen Landeskrankenhaus – Psychiatrische Klinik der Universität Düsseldorf von 1876 bis 1976 (Diss. med. Düsseldorf 1978), S. 38.

107 Hans C. Bangen: Geschichte der medikamentösen Therapie der Schizophrenie (Berlin 1992), S. 56–62; zu den Risiken der Elektroschockbehandlung vgl. Peter Roger Breggin: Elektroschock ist keine Therapie (München/Wien/Baltimore 1980).

108 Vgl. ALVR 31318.

109 Zur Entdeckungsgeschichte und zur Verbreitung der Chlorpromazin-Präparate vgl. Judith P. Swazey: Chlorpromazine in Psychiatry. A Study of therapeutic Innovation (Cambridge/Mass. 1974); Thomas A. Ban/David Healey/Edward Shorter (Hrsg.): The Rise of Psychopharmacology (Budapest 1998).

110 Middelmann, a.a.O. S. 61 u.S. 71.

Die später als Neuroleptika bezeichneten Substanzen stellten zugleich das zentrale wie auch das vegetative Nervensystem ruhig. Nebenwirkungen wie Kollapsneigung, Herzrhythmusprobleme, Schweißausbrüche und Speichelfluss sowie als quälend empfundene Einschränkungen der Beweglichkeit und ein Parkinsonsyndrom, das nach längerer Medikation irreversibel blieb, wurden zwar bereits früh beschrieben, gerieten dann aber in der Folgezeit wieder nahezu in Vergessenheit.[111]

Kurz nach der Einführung des Megaphen war das aus der indischen Rauwolfia-Pflanze gewonnene Alkaloid Reserpin von der schweizerischen Ciba AG unter dem Handelsnamen Serpasil auf den Markt gebracht worden. Das zu den Tranquilizern gerechnete Medikament wirkte auf das vegetative Nervensystem und hatte eine Ruhigstellung des zentralnervösen Apparates zur Folge. Ähnlich dem Chlorpromazin wurde durch das Reserpin die Symptomatik paranoid-schizophrener Schübe abgeschwächt und verkürzt. Allerdings klang die Wirkung nach Absetzen der Medikation erst nach Tagen oder auch Wochen ab. Die Nebenwirkungen des Serpasil waren ähnlich wie bei Megaphen und konnten außerdem noch depressive Symptome hervorrufen.[112]

Über den Umfang der Anwendung der neuen Psychopharmaka in Bedburg-Hau und die dabei gemachten Erfahrungen in den 1950er Jahren geben die Quellen wenig Auskunft. Es wird lediglich berichtet, dass nach Gaben von Serpasil vereinzelt ein Parkinsonsyndrom beobachtet worden sei.[113] Durch die Haushaltsplanung des Landschaftsverbandes Rheinland für die Landesheilanstalten konnten die neuen Therapiemöglichkeiten mit Psychopharmaka nicht vorausgesehen werden, so dass der Arzneimitteletat bis Ende der 1950er Jahre regelmäßig deutlich überschritten wurde. Die Direktoren der Anstalten wurden infolgedessen angehalten, die Medikation mit Megaphen und Serpasil einer genauen Erfolgskontrolle zu unterziehen, um so Einsparungen im Arzneimitteletat zu erzielen. Daneben wurde angeregt, vermerkt wieder auf kostengünstigere Therapien wie die Elektroschockbehandlung zurückzugreifen.[114]

Obwohl die Risiken der Elektroschocktherapie durch Gabe von Beruhigungsmitteln und Muskelrelaxantien nun vermindert wurden, konnte dadurch der Rückgang der Schockbehandlungen in den Anstalten nicht aufgehalten werden.[115] Die neuen Psychopharmaka machten auch Kranke mit schwersten psychischen Störungen für psycho- und soziotherapeutische Interventionen zugänglich, wodurch die Anzahl der an Rehabilita-

111 Bangen, a.a.O. S. 86; Matthias Dose: Unerwünschte psychische Wirkungen der Neuroleptika. Beobachtungen aus der Frühphase der Einführung der Neuroleptika, in: Schriftreihe der Deutschen Gesellschaft für Geschichte der Nervenheilkunde 2 (1997), S. 59–65.

112 Matthias M. Weber: Die Entwicklung der Psychopharmakologie im Zeitalter der naturwissenschaftlichen Medizin. Ideengeschichte eines psychiatrischen Therapiesystems (München 1999), S. 154 f.

113 ALVR 31318.

114 ALVR 31318.

115 ALVR 31318.

tionsmaßnahmen teilnehmenden Patienten enorm gesteigert werden konnte, während zugleich bis dahin gängige »Sicherungen« weitgehend verzichtbar wurden. Neben den positiven Auswirkungen auf das therapeutische Milieu in den Anstalten machte sich aber auch die Tendenz bemerkbar, dem Mangel an therapeutischem und betreuendem Personal durch übermäßigen Medikamenteneinsatz zu begegnen.[116]

Das »Rheinische Landeskrankenhaus«

Die »Landesheilanstalten« im Rheinland wurden 1960 in »Landeskrankenhäuser« umbenannt, wodurch programmatisch das Ziel, wieder »Anschluss an den Stand der internationalen Psychiatrie zu gewinnen«, sowie der aufgrund neuer Möglichkeiten gewachsene Heilanspruch unterstrichen werden sollten. Die Patienten und Patientinnen sollten nun möglichst aus der stationären Behandlung herausgenommen und in erster Linie – wie in einem Krankenhaus – einer ambulanten Behandlung unterzogen werden.[117] Maßgeblich für diese Entwicklung waren keineswegs nur humanistische Motive, sondern insbesondere Sachzwänge, die sich aus der stetigen Höherbelegung der Anstalten seit den 1950er Jahren ergaben, die bereits zu einer dramatischen Überbelegung der psychiatrischen Versorgungseinrichtungen im Rheinland geführt hatten.

Die Zustände in den psychiatrischen Krankenhäusern des Landschaftsverbandes Rheinland wurden Anfang der 1960er Jahre folgendermaßen beschrieben: »Die Landeskrankenhäuser sind überfüllt, die Betten stehen in den Schlafzimmern so dicht, daß die dichte Belegung ein Hemmnis für die Therapie geworden ist. Die Tagesräume sind zu klein. In einzelnen Landeskrankenhäusern mußten wegen der Überfüllung die Festsäle als Schlafräume zweckentfremdet werden.«[118] In Bedburg-Hau befanden sich 1963 durchschnittlich 3.460 Patienten und Patientinnen, im Frühjahr 1964 waren es 3.511, darunter 230 Kinder und 160 Jugendliche. Durchschnittlich waren die »Landeskrankenhäuser« im Rheinland damit bereits um 26 Prozent überbelegt. Dabei waren in Bedburg-Hau seit Anfang der 1960er Jahre bereits 68 Prozent der Neuaufnahmen nach drei Monaten und 86 Prozent nach einem Jahr wieder entlassen worden.[119]

116 Matthias M. Weber: Die Entstehung der modernen Psychopharmakologie. Heilanspruch und Heilvermögen eines psychiatrischen Therapiesystems aus medizinhistorischer Sicht, in: Medizin, Gesellschaft und Geschichte 19 (2000), S. 123–142, hier S. 136; Weber 1999, a. a. O. S. 148.

117 75 Jahre Rheinische Landesklinik Bedburg-Hau, a. a. O. S. 33; »Mit den Waffen der Menschlichkeit«, in: RP vom 6.10.1963.

118 Müller/Scheurle, a. a. O. S. 41.

119 »Patienten nützlich beschäftigt«, in: NRZ vom 31.12.1963; »Für die meisten gibt es Heilung«, in: WZ vom 15.4.1964; »Das Haus der Bewahrung wird zu einem Haus der Genesung«, in: RP vom 15.4.1964.

Infolge der zunehmenden Überfüllung der Landeskrankenhäuser wurde dann zum 1. Januar 1965 eine aufsehenerregende Entscheidung durch den Landschaftsverband getroffen, der erstmals in seiner Geschichte einen Aufnahmestopp für bestimmte Patientengruppen erließ. Zu diesem Zeitpunkt waren die bestehenden sechs Landeskrankenhäuser im Rheinland mit 11.500 Patienten um 32 Prozent überbelegt, so dass zahlreiche Kranke auf Matratzen und Liegen in Fluren, Treppenhäusern und Aufenthaltsräumen untergebracht waren. Die Aufnahmesperre sollte sich auf folgende sechs Patientengruppen erstrecken: psychisch Alterskranke, die ihre Behandlung und Pflege selber fortsetzen könnten, Alkoholiker und Süchtige, Pflegefälle bei organischen Nervenleiden, »unkomplizierte Schwachsinnige«, für die anderweitig Betreuungsmöglichkeiten vorhanden waren, sowie psychopathische und neurotische Patienten, die nicht unbedingt stationärer Behandlung bedürften.[120]

Trotz Aufnahmestopp war das Landeskrankenhaus (= LKH) Bedburg-Hau 1965 mit durchschnittlich 3.608 Patienten und Patientinnen und 1966 sogar mit 3.693 Kranken belegt worden, wobei die Zahl der Neuaufnahmen von 1537 auf 1.740 ganz erheblich angestiegen war, da das LKH nun auch den Aufnahmebezirk Essen zugewiesen bekommen hatte.[121] Im Jahre 1967 stieg die Belegung erneut auf 3.783, wobei die Zahl der Aufnahmen sogar auf 1.870 angestiegen war, wenn auch das Verhältnis von Aufnahmen und Entlassungen in etwa ausgeglichen blieb.[122] Durch weitere Überbelegung der Krankenstationen hatte das LKH Bedburg-Hau bereits 1966 ein Bettendefizit von 300 Betten zu verkraften, so dass der ärztliche Direktor Dr. Scheurle erklärte, dass »das System des Bettenzusammenstellens nunmehr am Ende« sei.[123]

Abb. 8: Bettenbelegung im LKH Bedburg-Hau 1969. Foto: ALVR, Bildarchiv Pressestelle 850–69/96/11

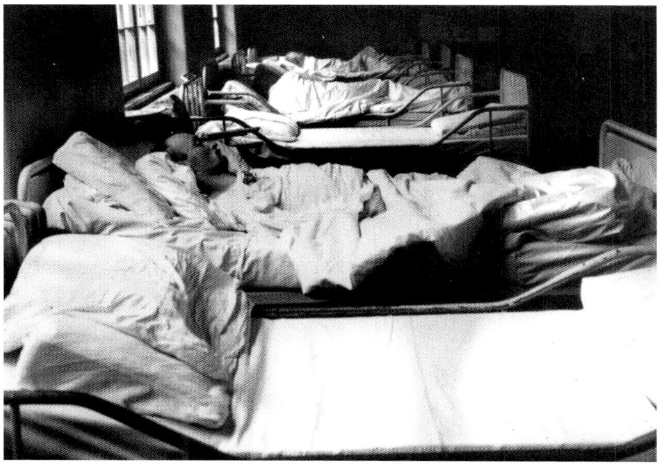

120 »Zu wenig Platz für Geisteskranke«, in: RP vom 17.12.1964; »Anstalten fehlt der Platz für Süchtige«, in: NRZ vom 17.12.1964.

121 »Überbelegung bereitet Sorgen«, in: RP vom 30.12.1966.

122 »Immer neue Wege zur Behandlung der psychischkranken Menschen«, in: RP vom 30.12.1967.

123 »Überbelegung bereitet Sorgen«, in: RP vom 30.12.1966.

Im Jahre 1969 war das LKH Bedburg-Hau durchschnittlich mit 3.785 Patienten und Patientinnen belegt, allerdings lagen die Entlassungen in diesem Jahr geringfügig über der Anzahl der Neuaufnahmen.[124] Im Jahr darauf war die durchschnittliche Belegung des LKH auf 3.858 angestiegen und zugleich auch die Anzahl der Neuaufnahmen von 2.133 im Vorjahr auf 2.471 erheblich angestiegen. Besonders hoch war die Zunahme der Suchtkranken, von denen wöchentlich zwischen 12 und 15 aufgenommen wurden, darunter stets auch ein bis zwei Jugendliche.[125] Nachdem im Jahre 1972 ein Belegungshöchststand in Bedburg-Hau erreicht worden war, wurde in der Folge durch Ablehnung weiterer Aufnahmen von Alterskranken ohne schwerwiegende psychische Krankheitszeichen und die vermehrte Entlassung dieser Patientengruppe in Altersheime erreicht, dass der durchschnittliche Gesamtbestand an Patienten auf 3.556 im Jahre 1973 vermindert wurde.[126] Im Anschluss daran begann, auch infolge verschiedener anderer Maßnahmen, die Belegung in Bedburg-Hau weiter zu sinken.

Bauliche Modernisierung

Um der bereits akuten Überbelegung zu begegnen und zugleich dem gewachsenen Heilungsanspruch zu genügen, wurde seit Anfang der 1960er Jahre eine ganze Reihe von Neubauten geplant. Die fertigen Pläne sahen 1962 vor, vier neue Kinderabteilungen mit insgesamt 100 Betten, eine Süchtigen-Abteilung mit 200 Betten, eine neue Aufnahmeklinik mit 100 Betten sowie ein neues Bewahrungshaus mit 90 Plätzen zu errichten. Darüber hinaus war die Schaffung von Häusern für psychisch Alterskranke im Umkreis von Bedburg-Hau vorgesehen, deren »Aufenthalt im Krankenhaus« nicht gerechtfertigt erschien.

Die Neubaupläne sollten aber nicht nur die Aufnahmekapazitäten erhöhen, bereits ihre Anlage trug programmatische Züge, welche die Umwandlung von der »Anstalt« zum »Krankenhaus« unterstreichen sollte. So sollten sowohl das neue Bewahrungshaus als auch die Aufnahmeklinik außerhalb des Anstaltsgeländes errichtet werden. Das geplante neue Bewahrungshaus sollte deswegen verlegt werden, weil eine auch zur Sicherung vor weiteren Straftaten dienende Abteilung angesichts des vorgesehenen Krankenhauscharakters für Bedburg-Hau als störend empfunden wurde. Die neue Aufnahmeklinik hingegen sollte sich deshalb am Rande des LKH-Geländes befinden, weil aufgrund der deutlich gesunkenen Verweildauer der Patienten ein großer Teil nicht mehr auf Langzeitabteilungen zu verlegen sei.[127] In der Rheinischen Post wurde die Funktion der geplanten Auf-

124 »Weiterhin Ärztemangel im Landeskrankenhaus«, in: RP vom 30.12.1969.

125 »Ärztemangel bereitet große Sorgen«, in: NRZ vom 30.12.1970.

126 Gerhard Scheurle: Rückblick und Ausschau, in: Bedburger Rundschau Februar/März 1974.

127 »Nicht mehr nur Bewahrungsanstalt«, in: Die Welt vom 14.9.1962; »Landeskrankenhaus plant Bau einer Aufnahmeklinik«, in: NRZ vom 17.11.1962.

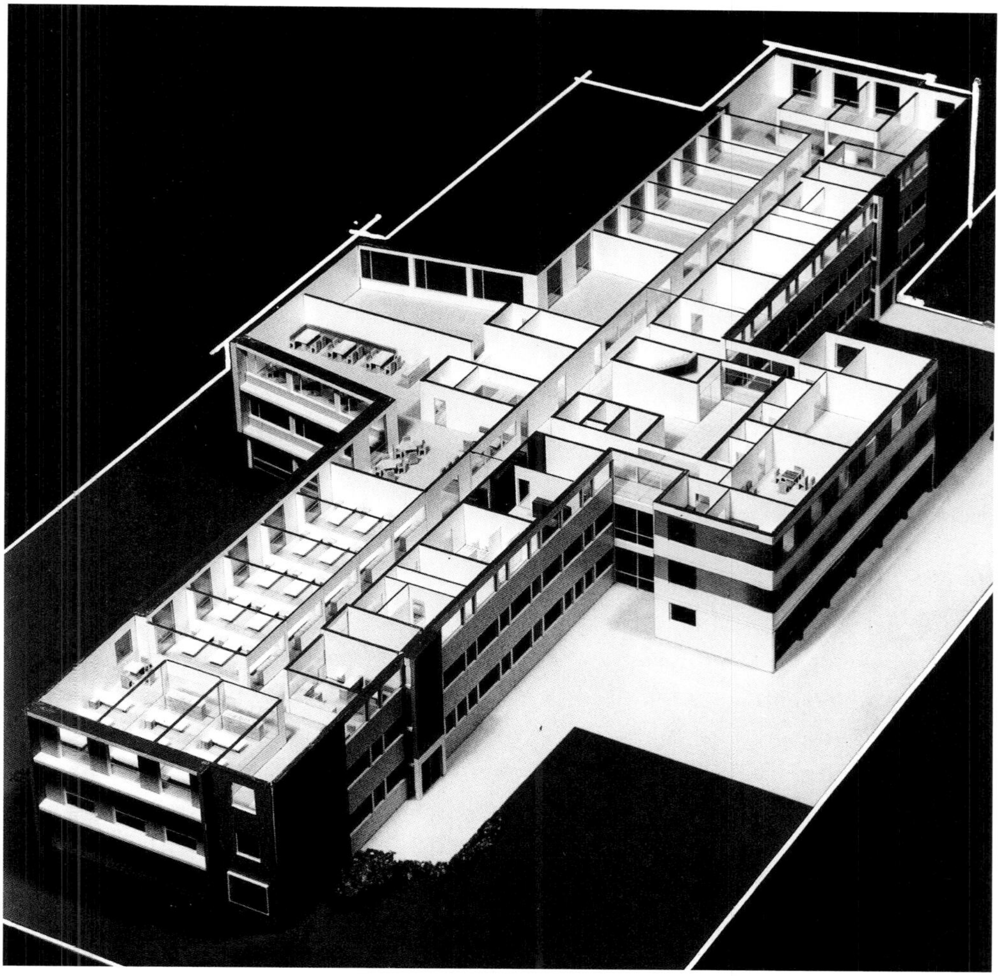

Abb. 9: Modell der geplanten Aufnahmeklinik Anfang der 1960er Jahre. Foto: Fotosammlung der LVR-Klinik Bedburg-Hau

nahmeklinik folgendermaßen skizziert: »Die Neuaufnahmen, vor allem Frischerkrankte sollen hier durch eine intensive Behandlung einer schnellen Heilung zugeführt werden. Die Lage an der Peripherie des Geländes mit besonderen Zufahrtsmöglichkeiten und einer Abtrennung von den übrigen Gebäuden fördert in starkem Maße die bisher schon erfreuliche Abkehr von der ‚Anstalt'.«[128] Mit dem Bau eines Hauses für Beschäftigungstherapie mit Werkstätten, einer Bastelstube und Strickereien für 50 bis 60 Personen war 1962 bereits begonnen worden.[129]

128 »Psychiatrie geht neue Wege«, in: RP vom 14.11.1964.
129 »Landeskrankenhaus plant Bau einer Aufnahmeklinik«, in: NRZ vom 17.11.1962.

Abb. 10: Außenansicht eines der Kinderkrankenhäuser 1973. Foto: ALVR, Bildarchiv Pressestelle 850–73/53

Bis Frühjahr 1964 waren die Planungen noch um ein Wechselkrankenhaus mit 80 Betten erweitert worden, um während der beabsichtigten Umbauten in den älteren Häusern vorübergehend Kranke aufzunehmen.[130] Von den geplanten Kinderkrankenhäusern wurden Anfang Dezember 1964 erst zwei fertig gestellt. Vorgesehen waren vier eingeschossige Pavillons, um auch den gehbehinderten Kindern gerecht zu werden; die Pavillons waren mit je 30 Betten in Drei- und Sechsbettzimmern ausgestattet, wobei an jedem Pavillon ein Spielplatz angebaut sein sollte. In der Mitte der vier Kinderkrankenhäuser sollte darüber hinaus ein Spielhaus entstehen, damit für die Kinder ausreichend Beschäftigungsmöglichkeiten angeboten werden konnten. Die fertig gestellten Kinderkrankenhäuser wurden allerdings erst 1966 bezogen.[131]

Mitte der 1960er Jahre waren außerdem zwei Häuser durch die Anstalt angemietet worden, die in erster Linie der Unterbringung von Alterskranken dienen sollten: Seit März 1964 wurde der bis dahin als Förderschule genutzte Borgartshof in Pfalzdorf bei Kleve mit Patienten und Patientinnen des Landeskrankenhauses Bedburg-Hau belegt. Etwa 80 als »ruhige Fälle« erachtete Kranke, die keine Nachtwache erforderten, wurden in die neue Außenstelle verlegt. Auf die Langzeitpatienten und älteren Patienten wirkte sich die ländliche Umgebung und familiäre Atmosphäre den Psychiatern zufolge äußerst günstig aus.[132] Daneben wurde 1966 ein Gebäude des St. Nikolaus-Hospitals in Kalkar

130 »Neue Aufnahmeklinik großzügig geplant«, in: NRZ vom 15.4.1964.

131 »Neue Aufnahmeklinik geplant«, in: NRZ vom 15.4.1964; »Psychiatrie geht neue Wege«, in: RP vom 14.11.1964; »Überbelegung bereitet Sorgen«, in: RP vom 30.12.1966.

132 »Borgartshof jetzt ein Heim für Kranke«, in: NRZ vom 6.3.1964; »Angenehme Umgebung hilft Kranke heilen«, in: RP vom 20.10.1966.

Abb. 11: Pockenklinik 1967. Foto: ALVR, Bildarchiv Pressestelle 850–67/142/1

angemietet und dort eine psychiatrisch-neurologische Außenstelle mit 40 Betten eingerichtet.[133]

Außerdem war ab 1966 beabsichtigt, noch ein weiteres Schwesternheim zu errichten, in welchem sich in zwei Türmen auf jeder Etage sechs Appartements und Einzelzimmer für insgesamt 60 Pflegerinnen sowie Besuchsraum, Küche, Bad und Toiletten befinden sollten. Im Erdgeschoss sollte die Krankenpflegeschule mit Hörsaal und Unterrichtsraum für das Praktikum untergebracht werden.[134] Entgegen den ursprünglichen Planungen waren die Aufnahmeklinik, das Wechselkrankenhaus und das Schwesternhaus, mit dem vor allem ein Bettengewinn durch Freimachung der durch Pflegepersonal auf den Krankenstationen belegten Zimmer erwartet wurde, bis Ende 1966 noch nicht fertig gestellt.[135]

Um die dringend benötigten Bettenkapazitäten sicher zu stellen, wurde im Sommer 1967 sogar auf die eigentlich nicht zum LKH gehörende »Pockenbehandlungsstelle« zurückgegriffen. Nachdem 1961/62 in Nordrhein-Westfalen eine kleinere Pockenepidemie in Düsseldorf und der Eifel ausgebrochen war, hatte die Landesregierung beschlossen, sechs »Pocken-Kliniken« zur Absonderung, Pflege und Behandlung pockenkranker und krankheitsverdächtiger Personen an die Kliniken der Landschaftsverbände Rheinland und Westfalen anzugliedern. So entstand seit 1964 auch in Bedburg-Hau eine »Pockenbehandlungsstelle«, die aber infolge baulicher und technischer Verzögerungen erst am 19. Juli 1967 feierlich eröffnet werden konnte. Bereits Anfang 1967 war wegen der Überbelegung des LKH um 30 Prozent aber erreicht worden, dass die Pockenklinik unter der Voraus-

133 »Hundert Betten für psychisch Kranke?«, in: RP vom 19.1.1971.

134 »Beruf aus Berufung«, in: RP vom 28.1.1966.

135 »Überbelegung bereitet Sorgen«, in: RP vom 30.12.1966.

setzung, dass eine Räumung innerhalb von vier bis fünf Stunden jederzeit möglich sei, als Innere Abteilung des LKH mit 36 Betten genutzt werden konnte.[136]

Im Laufe des Jahres 1967 wurde außerdem das umgebaute und renovierte Haus MB als Abteilung für suchtkranke Männer und Frauen aus dem gesamten Rheinland in Betrieb genommen. Die Abteilung bestand aus einer geschlossenen Aufnahmeabteilung mit 60 Betten und einer halboffenen mit 30 Betten für Männer sowie einer Frauenabteilung mit 35 Betten, wobei das Haus so eingerichtet worden war, dass eine intensivere Gruppentherapie vor allem mit den zur Erstbehandlung kommenden Süchtigen möglich wurde.[137] Daneben waren zwei Abteilungen zur Behandlung psychisch Alterskranker modernisiert worden, um eine zweckmäßige Unterbringung und verbesserte Betreuung zu ermöglichen; zudem war eine weitere Abteilung zur Intensivbetreuung chronisch schizophrener Kranker umgestaltet worden.[138] Aus Finanzgründen musste jedoch die dringend notwendige Renovierung und Modernisierung der Altbauten 1967 unterbrochen werden, während zugleich der Bau eines zweiten Wechselkrankenhauses und der Kinderabteilungen 3 und 4 in Angriff genommen wurde.[139]

In September 1968 erfolgte die Inbetriebnahme der seit 1963 im Bau befindlichen Aufnahmeklinik. Die Fertigstellung hatte sich aufgrund von zwei offenbar aus Finanzierungsgründen erfolgten Bauunterbrechungen deutlich verzögert. Der kreuzförmige, zweistöckige Bau beherbergte im Erdgeschoss ein klinisches Zentrum für Diagnose und Therapie mit einem Labor, je einem Röntgen- und einem Operationsraum und einer Ambulanz sowie Einrichtungen für die Beschäftigungstherapie. Im ersten Stockwerk waren zu beiden Seiten des Flures für Männer und Frauen getrennt Dreibettzimmer für jeweils 25 unruhige Neuaufnahmen angelegt. Zur Vereinfachung der Beaufsichtigung waren die Räume mit gläsernen Wänden versehen. In einem Seitenflügel befanden sich ein großer Aufenthaltsraum und ein Besucherraum. Im zweiten Stockwerk wurden bei gleicher Raumaufteilung die ruhigen und bereits kurz vor ihrer Entlassung stehenden Patienten untergebracht. In der Presse wurde betont, dass in dem Neubau bewusst eine »richtige Krankenhausatmosphäre« geschaffen worden sei.[140]

Im Laufe des Jahres 1969 wurde ein Wechselkrankenhaus fertig gestellt und bezogen, und zwei weitere Kinderstationen standen kurz vor der Fertigstellung.[141] Die Kinderpavillons wurden 1970 bezogen, und weitere Kinderkrankenhäuser sowie zwei neue Wech-

136 Vgl. ALVR 31243; 31244; 31245.

137 »Heilerfolge wachsen an«, in: RP vom 3.1.1966; »So wurde ich zum Trinker. Patienten geben Interviews«, in: Velberter Zeitung vom 12.5.1968.

138 »Immer neue Wege zur Behandlung psychisch kranker Menschen«, in: RP vom 30.12.1967.

139 Ebd.

140 »Neue Aufnahmeklinik macht technisch perfekten Eindruck«, in: NRZ vom 11.9.1968; »Eine Krankheit wie jede andere«, in: RP vom 11.9.1968; »Neuere Chancen in der neuen Klinik«, in: RP vom 12.11.1968.

141 »Weiterhin Ärztemangel im Landeskrankenhaus« in: RP vom 30.12.1969.

selkrankenhäuser befanden sich in Planung, während daneben ältere Krankenstationen renoviert werden sollten, da fast 70 Prozent der 3.888 Patienten und Patientinnen in nichtrenovierten Gebäuden untergebracht waren.[142] Seit Anfang der 1960er Jahre war mit einer Modernisierung und Renovierung der Wohn- und Tagesräume auf den Abteilungen begonnen worden. Die Krankenabteilungen sollten »nach neuzeitlichen Gesichtspunkten umgebaut« und die großen Säle, »selbst in den Wachstationen«, in Einzelräume aufgelöst werden.[143] Über die beabsichtigte Modernisierung der Krankenabteilungen berichtete die Rheinische Post Anfang Januar 1963: »Es gelte die bestehenden Krankenabteilungen zu modernisieren und auf den Lebensstandard von heute zu bringen. Man müsse den Kranken eine zivile und intime Atmosphäre bieten, frei vom Anstaltsmilieu früherer Zeiten. Man müsse sie unter Ausnutzung der modernen medikamentösen Therapie und durch entsprechende Beschäftigung und Freizeitgestaltung aus ihrer krankheitsbedingten Versunkenheit der Umwelt wieder zuwenden.«[144]

Erst die sinkende Stationsbelegung seit Anfang der 1970er Jahre ermöglichte aber eine Verbesserung der Unterbringungsbedingungen in den Häusern des LKH. So wurden bis 1980 auf 13 Stationen insgesamt 22 große Schlafsäle in 47 kleinere Bettenräume mit durchschnittlich vier Betten unterteilt.[145] Im Bericht einer Besuchskommission im Sommer 1979 wurde die Renovierung und Modernisierung der Stationen folgendermaßen beschrieben: »Die Besichtigung des Hauses 2 ergab, daß dort die grossen Schlafsäle in kleinere Schlafräume unterteilt worden sind. Der Grundriß der beiden Stationen im Erd- und Obergeschoß gestattet allerdings nicht eine rigorose Unterteilung in lauter kleine Schlafräume. Vielmehr finden sich dort auf der Station noch je ein Acht-Betten-Zimmer, 2 Sechs-Betten-Zimmer und ein Fünf-Betten-Zimmer. In einem der ehemaligen Schlafsäle sind das Fünf-Betten-Zimmer, das Sechs-Betten-Zimmer und die beiden Zwei-Betten-Zimmer nur durch eine dreiviertelhohe Wand von dem in der Mitte gelegenen Flur getrennt worden. Den Patientinnen stehen auf jeder Station drei Tagesräume zur Verfügung. Ausserdem ist noch ein Besuchszimmer vorhanden.«[146]

142 »Ärztemangel bereitet große Sorgen«, in: NRZ vom 30.12.1970; »Über die Hälfte der Ärztestellen sind unbesetzt«, in: RP vom 30.12.1970.

143 »Patienten nützlich beschäftigt«, in: NRZ vom 31.12.1963; »Heilerfolge wachsen an«, in: RP vom 3.1.1966; »Anstalt wurde Krankenhaus« in: RP vom 22.5.1965.

144 »Personalmangel wird bekämpft«, in: RP vom 2.1.1963.

145 Gerhard Scheurle: Rückblick und Ausschau – Bericht der Betriebsleitung auf der Personalfeier am 27.12.1980, in: Bedburger Rundschau, März 1981.

146 ALVR 31079.

Pflegesituation

Anfang der 1960er Jahre war die Pflegesituation in Bedburg-Hau immer noch von einem großen Mangel an Personal gekennzeichnet, so dass ein geordneter Pflegebetrieb nur durch die Leistung zahlreicher Überstunden überhaupt gesichert werden konnte. Seit jener Zeit wurde dem Mangel an Pflegepersonal durch Anwerbung von Ausländern abgeholfen, die innerhalb des Anstaltsgeländes in Heimen untergebracht wurden. So hatten sich die Anfang 1962 noch unbesetzten Schwesternstellen im Laufe des Jahres auf 43 vermindert, da vor allem spanische Hilfsschwestern eingestellt worden waren. Bis Mitte der 1960er Jahre waren bereits 80 Pflegekräfte nichtdeutscher Nationalität in Bedburg-Hau tätig, und es wurde insbesondere für diesen Teil der Belegschaft ein neues Wohnheim mit 60 Plätzen errichtet.[147]

Im Frühjahr 1964 waren insgesamt 856 Beschäftigte, darunter 630 Pflegekräfte und 23 Ärzte, am Landeskrankenhaus Bedburg-Hau tätig.[148] Im Jahr darauf war der Pflegeschlüssel um 144 Planstellen erhöht worden, damit eine individuelle Behandlung möglich würde – allerdings blieben vorerst 90 Planstellen unbesetzt.[149] Auch 1966 blieb die Anzahl unbesetzter Stellen weitgehend konstant, dennoch erklärte der ärztliche Direktor Scheurle, dass die verbesserte Pflegesituation auf nahezu allen Abteilungen eine »Besserung des therapeutischen Klimas und eine Verbesserung der Entlassungsquote« zur Folge gehabt habe.[150] Zur Wirkung des erhöhten Pflegeschlüssels erklärte Scheurle Ende 1967: »Die Gruppentherapie ist ein wesentlicher Faktor für die Resozialisierung der psychisch Kranken. Wir glauben, dass die Verkürzung der durchschnittlichen Aufenthaltsdauer der hiesigen Patienten um rund 5 Prozent im Jahre 1967 gegenüber 1966 auf die verstärkte Intensität pflegerischer und ärztlich-psychologischer Bemühungen auf Grund der besseren Personalbesetzung zurückzuführen ist. Wir hoffen daher zuversichtlich, dass es in den nächsten Jahren gelingen wird, den Personalschlüssel auf dem ärztlichen und pflegerischen Sektor nicht nur auf dem jetzigen Stand zu halten, sondern zu verbessern.«[151]

Ende 1968 waren in Bedburg-Hau aber von 721 vorgesehenen Planstellen für Pflegepersonal 119 unbesetzt, so dass die Pflegekräfte im LKH monatlich zwischen 3.000 und 4.000 Überstunden leisten mussten. Dabei hatte sich zwischenzeitlich die Bezahlung soweit verbessert, dass sie über den Tarifen von allgemeinmedizinischen Krankenhäusern lag, während in der Psychiatrie zugleich wesentlich bessere Aufstiegsmöglichkeiten

147 »Personalmangel wird bekämpft«, in: RP vom 2.1.1963; »Ausländer wurden in Bedburg heimisch«, in: NRZ vom 29.8.1964.

148 »Für die meisten gibt es Heilung«, in: WZ vom 15.4.1964.

149 »Beruf aus der Berufung«, in: RP vom 28.1.1966.

150 »Überbelegung bereitet Sorgen«, in: RP vom 30.12.1966.

151 »Immer neue Wege zur Behandlung der psychisch kranken Menschen«, in: RP vom 30.12.1967.

vorhanden waren.[152] An der Wende von den 1960er zu den 1970er Jahren hatte trotz deutlicher Erhöhung der Stellenpläne und einer wirtschaftlichen Hochkonjunktur die Anwerbung von Pflegekräften weitgehend Schritt halten können.

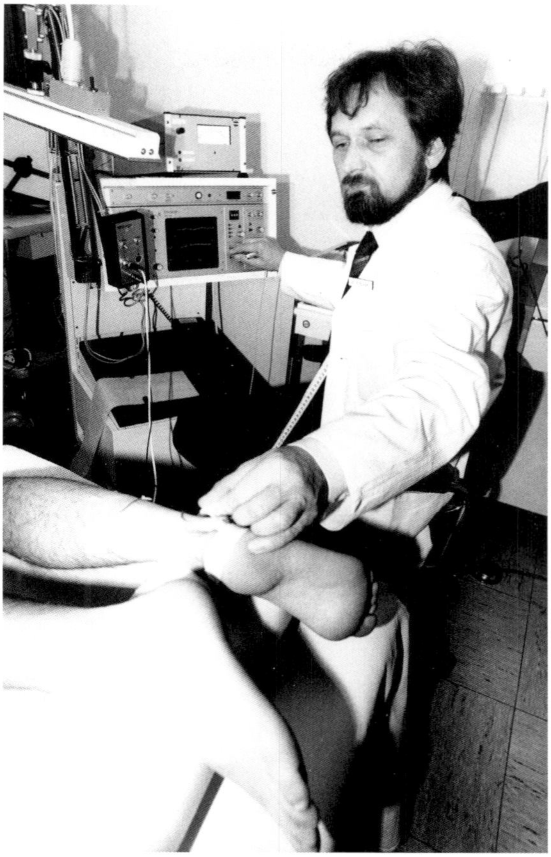

Abb. 12: Behandelnder Psychiater 1970er Jahre.
Foto: Fotosammlung LVR-Klinik Bedburg-Hau

Spürbare Personalprobleme entstanden nun durch einen Ärztemangel, da die Abgeschiedenheit von Bedburg-Hau und die Größe der Klinik die Einstellung von Psychiatern deutlich erschwerte. Trotz intensiver Bemühungen gelang es nur, wenige Ärzte aus anderen, besser besetzten Landeskrankenhäusern für jeweils einige Wochen nach Bedburg-Hau abzuordnen. Bemühungen um eine dauerhafte Abordnung blieben jedoch ohne Erfolg. Infolge der deutlichen Verbesserung des Stellenschlüssels für das ärztliche Personal Anfang der 1970er Jahre wurde der Mangel an Psychiatern besonders augenfällig: Noch 1969 waren in Bedburg-Hau von 37 Planstellen nur 33 besetzt, wobei der Stellenschlüssel für 1970 nun zwar eine Erhöhung auf 68 Ärzte vorsah, doch konnte keine einzige Neueinstellung erfolgen. Da angesichts des zu dieser Zeit bestehenden Ärztemangels auch in der Verwaltung des Landschaftsverbandes Klarheit darüber bestand, dass eine kurzfristige Besetzung der für die Landeskrankenhäuser vorgesehenen Mehrstellen nicht ohne weiteres möglich sein würde, wurden mehrere Maßnahmen zur Erleichterung der Werbung von Ärzten ergriffen: So sollten die Entlohnung verbessert und monatliche Zulagen gezahlt werden, sowie eine verstärkte Personalwerbung im westlichen Ausland durchgeführt und eine Studienförderung für klinische Semester an den Universitäten gegen eine fünfjährige Verpflichtung beim Landschaftsverband gewährt werden. Für die Besetzung der offenen Ärztestellen in Bedburg-Hau war die Zuteilung zusätzlicher Stellen an anderen Landeskrankenhäusern unter der Voraussetzung geplant, dass die Bewerber

152 »Kleine Patienten auf der Warteliste«, in: RP vom 27.9.1968.

sich für sechs bis zwölf Monate zur Arbeit in Bedburg-Hau verpflichteten. Noch Ende 1971 waren aber von nunmehr 70 vorgesehenen Planstellen in Bedburg-Hau immer noch lediglich 33 besetzt.[153]

Differenzierung der Therapie

Seit dem 1. Juli 1960 war die psychiatrische Außenfürsorge um eine »soziale Krankenhausfürsorge« erweitert worden. Durch eine Krankenhausfürsorgerin wurden zur Vorbereitung von Patienten und Patientinnen auf ihre Entlassung Resozialisierungsmaßnahmen eingeleitet und für diese eine wirtschaftlich möglichst abgesicherte Situation hergestellt.[154] Durch Einstellung einer zweiten Krankenhausfürsorgerin wurde der »sozialpsychiatrische Dienst« im Laufe des Jahres 1966 verstärkt, und insgesamt konnten zusammen mit den Ärzten der psychiatrischen Außenfürsorge 1.550 Sprechstunden und 550 Hausbesuche durchgeführt werden.[155]

Seit Anfang der 1960er Jahre wurde durch die Klinikleitung in Bedburg-Hau außerdem versucht, die Arbeitstherapie zu intensivieren, so dass 1963 bereits wieder für zehn Firmen Lohnarbeiten durch Patienten und Patientinnen verrichtet wurden, um diese so »auf ihre Rückführung in das Erwerbsleben vorbereiten zu können«.[156] Die Arbeit in den Handwerks- und Wirtschaftsbetrieben sowie auf den zur Anstalt gehörenden drei Gutshöfen und in der Gärtnerei machte nach wie vor einen nicht unwesentlichen Teil der Behandlung aus.[157] Unter dem Titel »Die Arbeit als Medizin« berichtete im Januar 1965 die Neue Rhein Zeitung: »70 Prozent der Männer und 60 Prozent der Frauen widmen sich in regelmäßiger Arbeitszeit einer Tätigkeit, die ihren Fähigkeiten entspricht. Die Skala reicht von mechanischen Arbeiten über die industrielle Fertigung bis zur künstlerischen Betätigung. In dieser Hinsicht sehen wir höchst staunenswerte Ergebnisse. Wäscherei und Nähstube sind Bereich der Frauen, aber vor allem die Handwerklichen Berufe bilden starke Gruppen. Polsterer, Schneider, Schuhmacher, Schlosser, Korbflechter, Anstreicher, das sind nur einige der Sparten, in denen Berufsunkundige angelernt werden. Durch diese Arbeiten kann das größte Landeskrankenhaus im Rheinland viel zur eigenen Versorgung beitragen.«[158]

153 »Weiterhin Ärztemangel im Landeskrankenhaus«, in: RP vom 30.12.1969; »Ärzte fehlen im LKH Bedburg-Hau«, in: RP vom 18.12.1970; »Wir müssen mehr Ärzte hierhin holen«, in: NRZ vom 21.10.1971.

154 Kleine, a. a. O. S. 103.

155 »Überbelegung bereitet Sorgen«, in: RP vom 30.12.1966.

156 Kleine, a. a. O. S. 103 f.; »Patienten nützlich beschäftigt«, in: NRZ vom 21.12.1963.

157 »Für die meisten gibt es Heilung«, in: WZ vom 15.4.1964.

158 »Die Arbeit als Medizin«, in: NRZ vom 21.1.1965.

Durch die Verringerung der durchschnittlichen Verweildauer und die im Wesentlichen medikamentöse Beruhigung der Kranken machte die Heranziehung von Patienten und Patientinnen zur Arbeit immer weniger Sinn, so dass sich die »aktivere Therapie« zur »Beschäftigungstherapie« weiterentwickelte. In Bedburg-Hau waren Anfang der 1960er Jahre jeweils auf der Männer- und der Frauenseite Arbeitsräume eingerichtet worden, wo insbesondere neu aufgenommene Kranke zur Anfertigung von feineren Handarbeiten und kunstgewerblichen Gegenständen angehalten wurden.[159] Daneben wurden auf den Stationen Freizeitaktivitäten wie Krankensport, Basteln, Kegeln und Schachturniere für die Patienten und Patientinnen eingeführt.[160] Ende 1965 wurde schließlich ein gesondertes Haus für Beschäftigungstherapie fertig gestellt und infolgedessen eine wesentliche Aktivierung dieses Behandlungszweiges möglich.[161] Die Betreuung der Arbeiten erfolgte zunächst weiterhin durch Angehörige des Pflegepersonals, allerdings wurde 1969 im Zuge der Ausdifferenzierung der Klinik auch damit begonnen, die Beschäftigungstherapie als eigenen Arbeitsbereich zu verselbstständigen und zu professionalisieren.[162] Insgesamt waren in der Beschäftigungstherapie in diesem Jahr 65,2 Prozent der Männer und 58,1 Prozent der Frauen mit verschiedensten Tätigkeiten befasst.[163]

Die weitere Verminderung der durchschnittlichen Verweildauer der Patienten und Patientinnen in den Landeskrankenhäusern sowie ein Rückgang der Rentabilität stellten Anfang der 1970er Jahre sogar den weiteren Betrieb der Gutshöfe zur Disposition. Durchschnittlich waren nur noch 40 Kranke dort beschäftigt, wobei diese Form der Arbeitstherapie nun durch einen Teil der Ärzte grundsätzlich in Frage gestellt wurde. Da die Gutshöfe darüber hinaus unrentabel geworden waren, wurden sie schließlich im Laufe des Jahres 1972 aufgelöst.[164] Die Intensivierung sozialpsychiatrischer Aktivitäten und die individuelle Förderung im Zuge der Beschäftigungstherapie dokumentierten und beförderten zugleich eine stärkere Hinwendung zu den einzelnen Patienten und Patientinnen im Landeskrankenhaus Bedburg-Hau.

Seit 1969 bestand ein eigener, mit vier Psychologen besetzter »Psychologischer Dienst«, der für die Durchführung von therapeutischen Gruppengesprächen und die Betreuung der »Patientenclubs« in Essen und Oberhausen zuständig war.[165] Im Jahre 1968 wurde im LKH Bedburg-Hau auch erstmals in der Geschichte der deutschen Psychiatrie eine Patientenbefragung durchgeführt, die insbesondere eine gewandelte Wahrnehmung der Kranken durch die Psychiater dokumentiert, da ihnen nun – zumindest teilweise – das

159 Kleine, a. a. O. S. 103 f.

160 »Personalmangel wird bekämpft«, in: RP vom 2.1.1963.

161 »Heilerfolge wachsen an«, in: RP vom 3.1.1966.

162 Jahresbericht der Beschäftigungs- und Arbeitstherapie, in: Bedburger Rundschau 2/3 (1975) S. 11.

163 »Weiterhin Ärztemangel im Landeskrankenhaus«, in: RP vom 30.12.1969.

164 »Landeskrankenhaus ohne Gutsbetrieb?«, in: NRZ vom 14.12.1971.

165 »Weiterhin Ärztemangel im Landeskrankenhaus«, in: RP vom 30.12.1969.

Recht zur Kritik eingeräumt wurde. Durch den Psychologen Franz-Josef Goertz war ein Katalog von 185 Fragen entwickelt worden, der von den Patienten und Patientinnen anonym auf ihren Stationen beantwortet werden sollte. Der Rücklauf der Fragebögen betrug sieben Prozent, wobei allerdings Patienten auf geschlossenen Abteilungen, Kinder und Jugendliche sowie die »hochgradig Schwachsinnigen« von vorneherein von der Befragung ausgeschlossen waren. Daneben wurden allein 52 der beantworteten 300 Fragebögen ausgesondert, da in ihnen die Aussage »wenn ich meine Meinung über das Landeskrankenhaus offen sagen würde, würde ich Schwierigkeiten bekommen« als zutreffend erachtet wurde. Den meisten dieser Patienten wurde jedoch im Zuge der Auswertung Verfolgungswahn attestiert.

In 71 Prozent der in die Auswertung eingegangenen Fragebögen wurde erklärt, dass die Befragten Vertrauen zu ihrem Abteilungsarzt hätten, 75 Prozent waren mit der medikamentösen Therapie einverstanden und 80 Prozent antworteten, sie hätten sich ein psychiatrisches Krankenhaus vor ihrer Einlieferung viel schlimmer vorgestellt. Die Suchtkranken hegten nach dem Ergebnis der Befragung ein sehr viel stärkeres Misstrauen gegen ihre Betreuer als die übrigen Patienten. Das Ergebnis wurde so interpretiert, dass die oftmals hart empfundene Entziehungskur auf die verantwortlichen Ärzte und Pflegekräfte zurückfalle. Allerdings wurde in insgesamt 68 Prozent der in die Auswertung eingegangenen Fragebögen auch der Wunsch geäußert, häufiger als bisher mit dem Arzt zu sprechen, und zwei Drittel der Befragten glaubten, dass die Abneigung eines Arztes gegen einen Patienten dessen Entlassung verzögere. Von den durch Gerichtsbeschluss eingewiesenen Patienten erklärten 28 Prozent offenherzig, man würde vielleicht weglaufen, wenn man mehr Freiheit und Ausgang hätte. Schließlich verneinten 82 von hundert Befragten den Satz: »Ich bin hier besser aufgehoben als zu Hause, und möchte gern noch lange hier bleiben«, energisch.[166]

Eine Verbesserung der individuellen Betreuung der Patienten und Patientinnen sollte schließlich auch eine Ende der 1960er Jahre eingeleitete strukturelle Veränderung der psychiatrischen Versorgung im Rheinland erbringen. Seit Januar 1969 wurde das LKH Bedburg-Hau in Anlehnung an einen Modellversuch im LKH Düsseldorf-Grafenberg in weitgehend selbstständige Funktionsbereiche unter der Leitung eines Arztes ausdifferenziert. Die Aufgliederung in selbstständige Klinikbereiche sollte zugleich der Verbesserung der Überschaubarkeit und der Spezialisierung der Arbeitsbereiche dienen, um damit die Qualität der Therapie zu optimieren. Zunächst wurden 1969 der klinische Bereich, je ein Bereich für männliche und weibliche Langzeitpatienten, ein Bereich für psychisch Alters-

166 »Viele wollen öfter mit dem Arzt reden«, in: NRZ vom 17.10.1968; »Patienten fürchten Spott der Gesunden«, in: RP vom 17.10.1968; »Fragen an die Geisteskranken«, in: FAZ vom 22.10.1968. Zu den Ergebnissen der Befragung vgl. auch Wilhelm Goebels: Meinungsumfrage in einem psychiatrischen Krankenhaus, dargestellt am Beispiel des Rheinischen Landeskrankenhauses Bedburg-Hau, in: Rheinisches Ärzteblatt H. 1 u. 2 (1969).

kranke, die Kinder- und Jugendpsychiatrie, die Forensik und die Sondereinrichtungen, wie die Innere- und die Infektionsabteilung sowie andere Abteilungen, verselbstständigt. Im Laufe des Jahres 1970 wurden die großen Abteilungen weiter aufgegliedert, so dass in jedem Bereich maximal 550 Patienten versorgt wurden. Ab 1971 waren insgesamt elf Abteilungen geschaffen, darunter nun auch eine für Suchtkranke und für die psychiatrische Außenfürsorge. Dem Direktor des LKH Bedburg-Hau Dr. Scheurle zufolge wirkte sich die Ausdifferenzierung positiv auf die Zunahme von Aktivität, Initiative und Selbstständigkeit der Mitarbeiter aus.[167]

Psychiatrie-Enquete

Die Studentenrevolte und die Kulturrevolution um das Jahr 1968 hatten ein gesellschaftliches Klima entstehen lassen, das zugleich Kritik an althergebrachten Strukturen wie auch eine erhöhte Sympathie für »Randgruppen« beförderte, wodurch günstige Bedingungen auch für eine Reform der psychiatrischen Versorgung geschaffen wurden.[168] Daneben löste Ende 1969 die Sozialliberale Koalition die Große Koalition ab, und sozialpolitische Aktivitäten, die sich an Leitbildern wie Teilhabe, Chancengleichheit und Lebensqualität orientierten, nahmen exponentiell zu. In Verbindung mit einer wirtschaftlichen Hochkonjunktur wurden im kurzen Zeitraum von 1970/71 die Bestrebungen zur Reform der Psychiatrie entschieden dynamisiert.[169] Im November 1970 wurde in Hannover die »Deutsche Gesellschaft für Soziale Psychiatrie« gegründet, die sich mit ihrem multiprofessionellen Anspruch und ihrem gesellschaftskritischen Grundverständnis klar von der Standesorganisation der »Deutschen Gesellschaft für Psychiatrie und Nervenheilkunde« absetzte.[170] Im Januar 1971 wurde durch eine Gruppe von Ärzten und Politikern die »Aktion Psychisch Kranke« gegründet, um Reformvorhaben besser auf der Ebene der

167 »Angst der Kranken wird bei der Arbeit überwunden«, in: NRZ vom 18.7.1969; »Weiterhin Ärztemangel im Landeskrankenhaus«, in: RP vom 30.12.1969; »Großkrankenhaus aufgeteilt in Einzelkliniken«, in: RP vom 14.7.1970; »Aufgliederung der Krankenhäuser dient verbesserten Therapien«, in: NRZ vom 13.7.1970; »Therapie verbessert«, in: Informationen des Landschaftsverbandes Rheinland 2/71.

168 Franz Werner Kersting: Psychiatriereform und 68, in: Westfälische Forschungen 48 (1998), S. 283–295; Heinz Häfner: Die Inquisition der psychisch Kranken geht ihrem Ende entgegen. Die Geschichte der Psychiatrie Enquete und Psychiatriereform in Deutschland, in: Franz-Werner Kersting (Hrsg Psychiatriereform als Gesellschaftsreform. Die Hypothek des Nationalsozialismus und der Aufbruch der sechziger Jahre (Paderborn 2003), S. 113–140, hier S. 125.

169 Cornelia Brink: Grenzen der Anstalt. Psychiatrie und Gesellschaft in Deutschland 1860–1980 (Göttingen 2010), S. 463.

170 Brink, a.a.O. S. 463f.; Häfner, a.a.O. S. 126.

Bundespolitik durchsetzen zu können. Den Vorsitz übernahm der Psychiater Prof. Dr. Caspar Kulenkampff (1922–2002), der klare sozialpsychiatrische Positionen vertrat.[171]

Seit Anfang 1970 war die Lage in der Psychiatrie bereits Gegenstand eingehender Debatten im Bundestag geworden. Am 28. Juni 1971 beschloss das Parlament dann, die Regierung mit der Durchführung einer Enquete über die Lage der Psychiatrie in der Bundesrepublik zu beauftragen. Die Verwaltung der Kommissionsarbeit wurde der gerade einmal seit fünf Monaten bestehenden »Aktion Psychisch Kranke« übertragen, und auf Einladung von Caspar Kulenkampff fand eine erste vorbereitende Sitzung der Enquete-Kommission am 16. Juli 1971 in der Zentrale des Landschaftsverbandes Rheinland in Köln statt. Sowohl in der Sachverständigenkommission als auch in den neun angeschlossenen Arbeitsgruppen überwog der Anteil der Psychiater gegenüber nichtärztlichen Professionen deutlich.[172]

Es dauerte zwei Jahre, bis die Enquete-Kommission am 19. Oktober 1973 einen Zwischenbericht vorlegen konnte. Darin blieb die stationäre Behandlung Ausgangspunkt einer in die Allgemeinmedizin zu integrierenden psychiatrischen und psychotherapeutischen Versorgung, wenn auch die psychiatrischen Krankenhäuser deutlich verkleinert und an gemeindenaher Versorgung durch Vorsorge, Krisenintervention, Nachsorge und Rehabilitation orientiert werden sollten. Es dauerte dann noch einmal zwei Jahre, bis im November 1975 der »Bericht über die Lage der Psychiatrie« an die Abgeordneten des Bundestages verteilt werden konnte, womit erstmals eine genaue empirische Bestandsaufnahme der psychiatrischen Versorgung in der Bundesrepublik vorgelegt wurde. Als Ziele wurden die langfristige Verkleinerung der stationären Behandlungseinrichtungen durch Ausdifferenzierung und ergänzende teilstationäre und ambulante Einrichtungen formuliert und daneben die Schaffung komplementärer und rehabilitativer Einrichtungen wie Übergangs-, Vor- oder Nachsorgeeinrichtungen und eigenständige Heime für besondere Patientengruppen gefordert. Damit hatte sich zwar eine sozialpsychiatrische gegenüber der älteren kustodialen Denkweise durchgesetzt, allerdings blieben die Anstalten als Knotenpunkte der psychiatrischen Versorgung ebenso unangetastet wie das ausschließlich auf das Individuum zielende medizinische Handlungsmodell.[173]

171 Brink, a.a.O. S. 465.

172 Brink, a.a.O. S. 466ff.

173 Brink, a.a.O. S. 468ff.

Rheinische Landesklinik

Aufgrund der Zunahme des öffentlichen Interesses und der vermehrten Kritik an der Situation der psychiatrischen Versorgung in der Bundesrepublik Ende der 1960er Jahre wurde Anfang Dezember 1970 im nordrhein-westfälischen Landtag einstimmig der Beschluss gefasst, die Landesregierung zu ersuchen, einen »Plan zur Versorgung von psychisch Kranken und Schwachsinnigen« für das Land Nordrhein-Westfalen vorzulegen. Infolgedessen wurde auch der Landschaftsverband Rheinland durch Beschluss von 11. November 1971 durch den Landschaftsausschuss beauftragt, einen solchen Versorgungsplan zu erarbeiten.[174]

In Nordrhein-Westfalen beeinflusste die Diskussion um die psychiatrische Versorgung schließlich auch das »Krankenhausgesetz des Landes Nordrhein-Westfalen (KHG NW)« vom 25. Februar 1975, welches in Verbindung mit der »Verordnung über den Betrieb gemeindlicher Krankenhäuser – Gemeindekrankenhausbetriebsverordnung« vom 12. Oktober 1977 eine völlig neue gesetzliche Grundlage für den Betrieb der Landeskrankenhäuser schuf. Die Vorschrift, dass kommunale Krankenhäuser organisatorisch und wirtschaftlich als eigenständige Betriebe zu führen seien, führte zu durchgreifenden Veränderungen in der Struktur der rheinischen Landeskrankenhäuser.[175] Infolgedessen wurde in Bedburg-Hau eine neue Betriebssatzung verabschiedet, die am 1. Februar 1978 in Kraft trat. Das LKH führte nun die Bezeichnung »Rheinische Landesklinik Bedburg-Hau«, und der ärztliche Direktor wurde durch eine aus dem leitenden Arzt, der leitenden Pflegekraft und dem Leiter des Wirtschafts- und Verwaltungsdienstes zusammengesetzte kollegiale Betriebsleitung abgelöst. Die seit Anfang Januar 1975 als selbstständige »Landesklinik für Kinder- und Jugendpsychiatrie« geführte Einrichtung wurde als Fachbereich wieder in die Klinik eingegliedert, während die Einrichtungen für geistig Behinderte nun als wirtschaftlich und organisatorisch selbstständige Einrichtungen geführt wurden.[176]

Noch im Januar 1979 war die Unterbringung der geistig Behinderten in den Behindertenbereichen der Kliniken als »durchweg unbefriedigend« bezeichnet worden, wobei Bedburg-Hau mit einer durchschnittlichen Stationsgröße von 42,5 Betten auch im Verhältnis zu den anderen rheinischen Kliniken besonders hohe Belegungszahlen aufwies.[177] Es war aber beabsichtigt, schrittweise einen besonderen Bereich für geistig Behinderte mit 255 Betten aufzubauen und zunächst mit der Belegung von zwei Stationen zu beginnen.[178] Im

174 75 Jahre Landesklinik Bedburg-Hau, a. a. O. S. 33 f.

175 Vgl. Gottfried Friedrich/Ingrid Robbers: Krankenhausgesetz und Gemeindekrankenhausbetriebsverordnung Nordrhein-Westfalen (Köln u. a. ²1979).

176 Eduard Satter: Seit dem 1.2.1978 Rheinische Landesklinik Bedburg-Hau, in: Bedburger Rundschau, Dezember 1978; 75 Jahre Landesklinik Bedburg-Hau, a. a. O. S. 34 ff.

177 ALVR 31079.

178 ALVR 31079.

Januar 1980 waren bereits 245 geistig Behinderte auf sechs Stationen in drei Häusern der Klinik untergebracht, allerdings wurde bezüglich des Personals nach wie vor ein großer Fehlbedarf beklagt.[179] Bis dahin war die Betreuung geistig Behinderter fast ausschließlich Aufgabe des Pflegepersonals, und erst ab 1980 wurden verstärkt auch Psychologen, Pädagogen und Sozialpädagogen für den Behindertenbereich eingestellt.[180]

Im Sommer 1980 wurde schließlich mit der seit der neuen Betriebssatzung vorgesehenen Ausgliederung des Behindertenbereichs in eigenständige »Heilpädagogische Heime« begonnen. Über den bestehenden Zustand und die beabsichtigten Schritte wurde Folgendes berichtet: »Nach einer Erhebung der Rheinischen Landesklinik Bedburg-Hau befinden sich insgesamt 1.200 geistig Behinderte in stationärer Unterbringung in der rheinischen Landesklinik Bedburg-Hau. Von ihnen werden etwa 400 im Jahre 1981 im Behindertenbereich sein. Die Rheinische Landesklinik plant, jährlich weitere 150 in den Behindertenbereich zu verlegen; es wird unbedingt notwendig sein, geeignete Einrichtungen zu suchen bzw. zu schaffen, um eine hinreichende Zahl von Behinderten zu entlassen oder zu verlegen und dadurch einem Riesenwuchs des heilpädagogischen Heims vorzubeugen.«[181]

Am 1. Januar 1981 wurden im neugeschaffenen Heilpädagogischen Heim 406 Plätze eingerichtet, die im ersten Jahr zu 90 Prozent belegt waren. Durch den Umbau weiterer Häuser wurden 1984 noch einmal 480 Behinderte aus der Rheinischen Landesklinik in das Heilpädagogische Heim verlegt. Seit 1983 war außerdem mit der Einrichtung von Außenwohngruppen begonnen worden, in denen durchschnittlich acht Behinderte in Ein- und Zweibettzimmern untergebracht waren.[182] Durch die Ausgliederung des Behindertenbereiches verminderte sich die Belegung der Rheinischen Landesklinik Bedburg-Hau erheblich: Lag sie 1979 noch bei 3.450 Patienten, so verringerte sie sich durch Verlegungen in das Heilpädagogische Heim auf 2.600 im Jahre 1981.[183]

In welchem Umfang die Anstrengungen zur Modernisierung und Reform der Psychiatrie bis Mitte der 1980er Jahre tatsächlich auch bei den Patienten zur angestrebten Verbesserung ihrer Versorgung geführt haben, muss allerdings kritisch beurteilt werden. Beispiele aus der Kinder- und Jugendpsychiatrie wirken da ernüchternd. Dort wurden Impulse zur Veränderung erst infolge von massivem Druck durch Ärzte und Psychologen gesetzt, die sich im Januar 1980 mit einem Protestschreiben gegen den Betrieb der einzigen geschlossenen Aufnahmestation mit extrem verhaltensgestörten, delinquenten und dissozialen Jugendlichen in Bedburg Hau wandten: »Aufgrund dieser Erfahrungen

179 ALVR 31079.

180 ALVR 31079.

181 ALVR 31079.

182 Vgl. ALVR 31079.

183 75 Jahre Krankenpflege in Bedburg-Hau, in: Landschaftsverband Rheinland (Hrsg.), Rheinische Landesklinik Bedburg-Hau. 75 Jahre (Köln 1987), S. 46–55, hier S. 52.

drängt sich die Frage auf, welche Motivation es geben kann, die schwierigsten Kinder und Jugendlichen in die Klinik mit dem wohl niedrigsten Pflegesatz, einer unzweifelhaft äußerst ungünstigen personellen Besetzung und daraus folgend mangelhaften therapeutischen Möglichkeiten zu überweisen, die zudem die gemeindefernste Einrichtung ist, die sich innerhalb des Landschaftsverbandes befindet. Uns scheint gerade hier, in Bezug auf die eingangs erwähnten Jugendlichen – bei denen aufgrund der gegebenen Situation oftmals Medikamentengabe, Freiheitsentzug und Isolation anstelle von Zuwendung und Therapie stehen muß – der Begriff der Ausgrenzung psychisch Kranker und Behinderter angebracht.«[184]

Die Klinikleitung widersprach zwar energisch dem Vorwurf eines Verwahrungscharakters der Kinder- und Jugendpsychiatrie, allerdings war der Protest der Ärzte und Psychologen insofern erfolgreich, als die geschlossene Aufnahmestation ab Mai 1984 als offene Station geführt wurde.[185] Fast zeitgleich wurde im Mai 1984 durch die Kinder- und Jugendpsychiatrie berichtet, dass unter den bestehenden personellen Versorgungsbedingungen in der Abteilung eine verantwortungsbewusste oder gar angemessene mittelfristige oder Langzeitbehandlung im Sinne von heilpädagogischen Maßnahmen nicht angeboten werden könne. Das habe zu der Situation geführt, dass bei Neuaufnahmen nur eine Akutbehandlung leistbar sei, weshalb die Unterbringung den Charakter des Verwahrens trage, wie es bei den schwer-geistig bzw. mehrfach-behinderten Patienten »noch leider in einem erheblichen Ausmaß der Fall« sei.[186]

184 ALVR 42980.

185 Vgl. die Vorgänge in ALVR 42980.

186 ALVR 42980.

Peter Köring

Rheinisches Landeskrankenhaus – Rheinische Landesklinik Bedburg-Hau 1965 bis 1980

Erinnerungen

Im Frühjahr 1965 kam ich als junger Assistenzarzt nach Bedburg-Hau.[1] Die Zeit davor habe ich im Alexianer-Krankenhaus Neuss gearbeitet, einem keineswegs kleinen psychiatrischen Krankenhaus; es hatte immerhin mehrere hundert Betten. Erwähnenswert ist, dass dort ausschließlich psychisch kranke Männer behandelt wurden. Das Landeskrankenhaus – LKH genannt – hatte im Vergleich dazu ganz andere Dimensionen. Es war zu der Zeit das größte psychiatrische Krankenhaus Deutschlands – manche sagen, es sei das größte Europas gewesen. Es dauerte eine ganze Weile, bis ich mich auf diesem großen Gelände zurecht fand.

Die Aufteilung und Gliederung dieses riesigen Komplexes war indes relativ einfach und überschaubar. An der Spitze stand der Direktor des LKH: das war seit 1963 Dr. Scheurle. Er war der Vorgesetzte aller Bediensteten, nicht nur der im ärztlichen und pflegerischen Bereich Tätigen, sondern auch der Bediensteten in der Personal- und Wirtschaftsverwaltung. Ihm zur Seite standen im ärztlichen Bereich drei so genannte Seitenärzte. Das Landeskrankenhaus war aufgeteilt in die Männerseite (Seitenarzt war Herr Dr. Thambusch-Meyer), die Frauenseite, zu der auch die Kinderstationen gehörten (Seitenarzt Herr Dr. Holzer) und schließlich die Häuser der Forensik (zuständiger Arzt Herr Dr. Mangliers). Die Trennungslinie zwischen Männer- und Frauenseite war »die Mulde« – beginnend rechts neben der Anstaltskirche.

Dieses direktoriale System, das in dieser schwierigen Zeit auch viele Vorzüge hatte, wurde den Bestimmungen des Krankenhausgesetzes (KHG NW) folgend 1978 beendet bzw. abgelöst. Am 1. Februar 1978 wurde die erste Betriebsleitung gebildet, bestehend aus einer Art Triumvirat: dem leitenden Arzt, dem Pflegedienstleiter und dem Leiter des Wirtschafts- und Verwaltungsdienstes. Leitender Arzt blieb Dr. Scheurle bis zu seinem Ausscheiden aus dem Dienst im Januar 1981. Inzwischen gab es nicht nur eine Männer-

1 Verwendet wurden für diesen Beitrag u. a. Hans-Werner Müller/Gerhard Scheurle: Rheinische Anstaltspsychiatrie. Festschrift zum 50jährigen Bestehen des Rheinischen Landeskrankenhauses Bedburg-Hau (Köln 1962), sowie vor allem Aufzeichnungen von Uwe Horschig, dem Leiter des LVR-Klinikmuseums der Klinik Bedburg-Hau, über die Entwicklung der Klinik nach 1945.

und eine Frauenseite, sondern eine differenziertere Gliederung mit elf Abteilungen. Die Bezeichnung des Krankenhauses änderte sich; es hieß ab 1978: Rheinische Landesklinik Bedburg-Hau.

Was mir im Vergleich zum Alexianer-Krankenhaus Neuss am meisten auffiel, war die erhebliche Überbelegung auf allen Stationen. Eine der vielen Gründe dafür war die völlig andere Aufnahmepraxis, die ich als Dienst habender Arzt sehr schnell kennen lernte. Jeder Patient, jede Patientin aus dem Aufnahmegebiet des LKH musste aufgenommen werden ohne Rücksicht darauf, ob Platz vorhanden war oder nicht. In Neuss dagegen und auch in den anderen psychiatrischen Krankenhäusern in freier Trägerschaft wurden nur so viele Patienten und Patientinnen aufgenommen, wie Betten zur Verfügung standen; es gab also keine Aufnahmepflicht für diese Einrichtungen. Das führte freilich zu einer negativen Entwicklung, nämlich einer Selektierung, das heißt, die schwerer gestörten Kranken gelangten in die Landeskrankenhäuser, die weniger gestörten in die Krankenhäuser in freier bzw. kirchlicher Trägerschaft. Das spiegelte sich auch wider in den Arten der Unterbringung: Die Mehrzahl der Patienten in den Krankenhäusern freier Trägerschaft kam freiwillig zur Aufnahme. Dagegen war der Anteil der Patienten, die gegen ihren Willen eingewiesen wurden, in den Landeskrankenhäusern sehr viel höher. Es mussten das Landesunterbringungsgesetz (LUG, Vorläufer des PsychKG) angewendet oder vormundschaftsgerichtliche Maßnahmen eingeleitet werden. Die eklatante Überbelegung hat uns Ärzte, aber mehr und mehr auch die verantwortlichen Politiker, über viele Jahre beschäftigt, so dass nun näher darauf eingegangen werden soll.

Gebaut worden war die PHP Bedburg-Hau für 2.200 Patienten und Patientinnen. Mitte der 1960er Jahre waren bereits ca. 3.600 psychisch Kranke und geistig Behinderte in dieser nun als Landeskrankenhaus bezeichneten Einrichtung untergebracht. Bis 1970 stieg die Zahl der Patienten auf 3.820 bei 2.457 Aufnahmen in diesem Jahr. Als Beispiel sei das Haus FA angeführt (heute Haus 2), das jetzt als Psychiatrie-Museum zu besichtigen ist. Konzipiert war dieses Haus von den Erbauern für 88 Frauen auf zwei Etagen. 1967 waren hier 134 Frauen untergebracht.

Ganz besonders brisant und kaum zumutbar war die Lage in den Aufnahmestationen. Herausgegriffen sei das Haus F5 (heute Haus 16), das mir bestens bekannt ist, weil ich viele Jahre auf dieser Station als Stationsarzt gearbeitet habe. Es war eine Aufnahmestation für unruhige bzw. erhöht überwachungsbedürftige Frauen; aus diesem Grund war nachts eine Doppelwache eingerichtet. 1970 waren hier bis zu 60 Frauen »zusammengepfercht«. Zumutbar wären allenfalls 30 gewesen. Ausgenutzt wurde jeder Quadratmeter – auch die Dachgeschosse wurden mit einbezogen (an Brandschutz war wegen des Platzmangels nicht zu denken). Die Zahl der Aufnahmen pro Tag war zu dieser Zeit hoch. Jeden Morgen war es die Aufgabe des Stationsarztes, freie Betten in den anderen Häusern zu finden, um Patientinnen dorthin zu verlegen, um Platz zu schaffen für die zu erwartenden Aufnahmen. Die Verlegungen erfolgten also nicht, wie es eigentlich sein sollte, aus therapeutischen Gründen, sondern hauptsächlich aus Platzgründen. Für suchtkranke Frauen gab es übrigens zu dieser Zeit noch keine gesonderte Station, so dass diese Frauen zusammen mit den psychisch kranken Frauen untergebracht werden mussten, was die Therapie freilich sehr erschwerte. Gegen Ende der 1960er Jahre wurde speziell für suchtkranke Patientinnen eine gesonderte Station in dem Haus MB (heute Haus 36) eingerichtet.

Auch die Kinderstationen F3 (Haus 12) und M10 (heute Haus 20) waren in einem erheblichen Maß überbelegt. In großen Wachsälen stand Bett neben Bett. Die Pflege und Betreuung der zum Teil zusätzlich körperbehinderten Kinder war enorm schwierig. Der Geräuschpegel war, wie man sich denken kann, hoch, so dass praktisch dauernd eine allgemeine Unruhe herrschte. Trotz dieser misslichen Situation versuchte das Pflegepersonal mit Ideenreichtum und Engagement das Beste daraus zu machen. In den beiden Häusern wurden zum Beispiel je nach dem Grad der Behinderung tagsüber zumindest stundenweise kleinere Gruppen gebildet. Man nannte sie Fördergruppe, Spielgruppe und Pflegegruppe. So konnte – wenn auch in bescheidenem Umfang – Therapie stattfinden. In diesen Gruppen waren übrigens nicht nur Krankenschwestern und Pfleger tätig, sondern auch Kindergärtnerinnen, was in den damaligen Zeiten schon etwas Besonderes war.

Die negativen Folgen der Überbelegung wurden auf vielen Stationen dadurch gemildert und erträglicher, dass werktags ein großer Teil der Patienten und Patientinnen an der Arbeits- und Beschäftigungstherapie teilnehmen konnte. Wie wichtig diese in Bedburg-Hau traditionell gut entwickelten und breit gefächerten Angebote waren, zeigte sich unter anderem ganz besonders an den Wochenenden, wenn es eben keine Arbeits- und Beschäftigungstherapie gab. Die Unruhe auf den Stationen nahm zu; es kam vermehrt zu aggressiven Verhaltensweisen und Zwischenfällen, den so genannten »besonderen Vorkommnissen«. Wenn ein oder zwei Patienten laut und erregt waren, sprang die Unruhe wie ein Lauffeuer auf die anderen Patienten über, weil es eben wegen der Überbelegung und Enge keine Rückzugsmöglichkeiten gab. Hinzu kam auf manchen Stationen, etwa in F4 (Haus 17) die unglückliche Mischung von Patientinnen mit unterschiedlichsten Diagnosen, die eigentlich jeweils ein spezielles Therapiekonzept benötigt hätten. Gemeinsam untergebracht waren auf dieser Station geistig behinderte Frauen mit erheblichen Verhaltensauffälligkeiten. Viele von ihnen neigten zu Aggressionen und Selbstbeschädigungen. Eine weitere Gruppe bestand aus chronisch psychisch kranken Frauen mit zum Teil akuten Krankheitserscheinungen, die erhöht überwachungsbedürftig waren. Eine dritte Gruppe setzte sich zusammen aus geistig leicht behinderten bzw. lernbehinderten jungen Frauen mit verschiedensten Persönlichkeitsstörungen, die man nach alter Nomenklatur Psychopathinnen nannte (dieser früher seriöse Ausdruck hat in der Umgangssprache einen Wandel durchgemacht: er bekam einen abwertenden Beigeschmack und wurde nach und nach aufgegeben). Wegen ihrer Verhaltensstörungen, vor allem aber auch wegen der Entweichungstendenzen waren sie auf dieser Unruhestation untergebracht. Zugewiesen wurden sie aus Erziehungsheimen (überwiegend in konfessioneller Trägerschaft). Dort galten diese Mädchen bzw. jungen Frauen als »nicht tragbar«. Eine Rückverlegung in die Heime kam kaum je in Frage; sie wurde von den Heimleitungen abgelehnt. Hinzu kam, dass es zwar damals noch geschlossene Erziehungsheime gab, sich diese aber im Zuge der Liberalisierung mehr und mehr in offene Einrichtungen wandelten. Das führte natürlich zu einer vermehrten Zuweisung in die Landeskrankenhäuser, wo diese jungen Menschen letztendlich fehlplatziert waren.

Auf derartigen obendrein noch überfüllten Häusern war es für die Ärztinnen und Ärzte enorm schwierig zu erkennen bzw. voneinander zu scheiden: Welche psychischen Auffälligkeiten sind krankheitsbedingt, welche sind milieubedingt, also als Folge der Hospitalisierung anzusehen, und schließlich welche Störungen und Symptome sind möglicherweise medikamentös bedingt. Denn je weniger Lebensraum den Patientinnen und Patienten zur Verfügung stand, umso mehr Reibungspunkte und Konflikte gab es. Die Krankheitserscheinungen nahmen zu, und die Dosierung der Medikamente musste erhöht werden. Doch je höher die Dosis, mit umso mehr Nebenwirkungen – besser gesagt: unerwünschten Arzneimittelwirkungen (UAW) – musste man rechnen, teils körperlicher, teils neurologischer, teils psychischer Art.

Dramatisch war auch die Überbelegung auf den geronto-psychiatrischen Stationen, die zu jener Zeit noch Siechenstationen genannt wurden. Ein großer Teil dieser Patienten und Patientinnen wurde aus Altersheimen zugewiesen, in denen überwiegend körperlich gebrechliche alte Menschen betreut und gepflegt wurden. Sobald sich bei ihnen psychische Auffälligkeiten zeigten wie zum Beispiel Demenz, Verwirrtheit, Unruhe oder Erregung, erfolgte die Einweisung in das zuständige Landeskrankenhaus. Spezielle geronto-psychiatrische Pflegeheime gab es damals noch nicht. Rückverlegungen waren eher selten, selbst wenn sich das Krankheitsbild unter der Therapie gebessert hatte. Die drangvolle Enge in diesen Stationen herrschte Tag und Nacht, da diese Patienten aufgrund ihres Alters an der Arbeitstherapie nicht teilnehmen konnten.

Ganz besonders in den Häusern der Gerontopsychiatrie, aber auch auf allen andern Stationen kam es zu körperlichen Erkrankungen – besonders aus dem Gebiet der Inneren Medizin. Internistisch versorgt und behandelt wurden diese Patienten von der einzigen Internistin des LKH, Frau Dr. Pöppe. Die internistischen Behandlungen erfolgten in den meisten Fällen auf der Station, auf der der Patient bzw. die Patientin untergebracht war. Verlegungen in das Klever Krankenhaus waren die Ausnahme. Somit war Dr. Pöppe den ganzen Tag unterwegs, eilte mit dem Fahrrad, später mit ihrem Pkw von Haus zu Haus. Zum Glück bekam sie Ende der 1960er Jahre Verstärkung durch Dr. Krings, Facharzt für Lungenerkrankungen. Die Röntgen-Abteilung befand sich in einem Anbau des Hauses M1 (heute Haus 23); das klinische Labor war in Räumen des Isolierhauses, des »IH« untergebracht (heute Haus 28). Mit der Eröffnung der Aufnahmeklinik (Haus 42) wurden das Labor und die Röntgenabteilung in das Erdgeschoss dieses Neubaues verlagert.

Deutlich besser wurde die internistische Versorgung mit dem Bau der Pockenklinik, des heutigen Hauses Fahnenkamp, im Jahr 1972. Dieses Haus diente von nun an als internistische Krankenstation. Das bedeutete, dass die psychisch Kranken mit zusätzlichen internistischen Erkrankungen auf diese Station verlegt wurden – ein Segen für diese Patienten und Patientinnen, aber auch für die Mitarbeiter aus dem Pflegedienst.

In der Schublade lag ein Räumungsplan, der es ermöglicht hätte, die Station bei einem Pockenalarm binnen weniger Stunden zu räumen. Aber zum Glück wurde diese Station niemals zur Behandlung von an Pocken Erkrankten benutzt.

Wie kam es nun zu dieser massiven Überbelegung in den psychiatrischen Krankenhäusern des Landschaftsverbandes? Mehrere Faktoren wirkten hierbei zusammen. Schon in den 1950er und 1960er Jahren erfolgten aus zwingenden Platzgründen Verlegungen aus den stadtnah gelegenen Landeskrankenhäusern des LVR in die ländlich gelegenen Landeskrankenhäuser, zum Beispiel Bedburg-Hau und Viersen (damals noch LKH Süchteln). Bei den verlegten Patienten und Patientinnen handelte es sich um psychisch Kranke mit chronischen Verläufen (»Langzeitpatienten«) und geistig Behinderte, die ganz überwiegend schwer gestört waren und dementsprechend schwierig im Umgang. Das Hauptübel aber war das sehr große Einzugsgebiet des LKH Bedburg-Hau. Kein Patient, der zur Einweisung kam, konnte abgewiesen werden; es bestand Aufnahmeverpflichtung. 1965 umfasste das Aufnahmegebiet die Städte Essen und Oberhausen, dazu die linksrheinischen Teile der Stadt Duisburg, das Gebiet des heutigen Kreises Wesel und natürlich den Kreis Kleve. In diesem großen Gebiet war die Versorgung mit psychiatrischen Krankenhausbetten sehr mangelhaft. In Essen gab es psychiatrische Krankenstationen bzw. Krankenhäuser, zum Beispiel in den städtischen Krankenanstalten Essen und im Philippus-Stift – bezogen auf die Einwohnerzahl viel zu wenige! In der Großstadt Duisburg gab es zu der Zeit kein einziges psychiatrisches Krankenhaus. So kam es, dass die krankenhausbehandlungsbedürftigen Patienten aus Essen zwar in den genannten Einrichtungen aufgenommen, wenig später aber, oft noch am selben Tag, nach Bedburg-Hau verlegt wurden. Das geschah per Sammeltransport. In roten Omnibussen wurden etwa sechs, manchmal auch mehr Frauen und Männer von Essen nach Bedburg-Hau transportiert, begleitet von einer Person des Ordnungsamtes. Diese Transporte waren zwar praktisch, aber für die psychisch kranken Menschen in diesem Bus eine arge Belastung und Zumutung. Sie waren auch in ihren Auswirkungen fatal; führten sie doch aufgrund der großen Entfernung zu einer Trennung der psychisch Kranken von ihren Familien und Bezugspersonen. Seltene oder ganz ausbleibende Besuche, Kontaktverlust und Entfremdung von den Angehörigen waren die Folge, was sich auf den Krankheitsverlauf eher ungünstig auswirkte.

Der Arzt vom Dienst verteilte die Patienten auf die entsprechenden Aufnahme-Stationen: die Männer auf die mit »M« gekennzeichneten Stationen (südlich der Mulde), die Frauen auf die »F«-Stationen (nördlich der Mulde). Auf den Männerstationen arbeiteten übrigens damals ausschließlich Pfleger, auf den Frauenstationen ausschließlich Frauen. Lediglich auf den Kinderstationen gab es gemischtgeschlechtliche Teams. Solche gemischten Teams auf Erwachsenenstationen gab es erst viel später – beginnend auf den geronto-psychiatrischen Stationen. Die Trennung der Geschlechter war zu der Zeit keine Besonderheit der Psychiatrie. Ältere Bürger werden sich gut daran erinnern, dass es diese Trennung ebenso in den Allgemeinen Krankenhäusern gab, also auf den Chirurgischen und Internistischen Stationen.

Ein weiterer Grund für die hohe Zahl der Krankenhausaufnahmen war die unzulängliche psychiatrische Nachsorge. So lag die Zahl der Wiederaufnahmen über der Zahl der Neuaufnahmen – mit andern Worten: Die Rückfallquote war hoch. Man nannte dieses Phänomen Drehtür-Psychiatrie. Es gab viel zu wenige niedergelassene Nervenärzte bzw. Fachärzte für Psychiatrie ganz besonders in den ländlichen Regionen. Im Kreis Kleve zum Beispiel gab es nur einen einzigen niedergelassenen Nervenarzt, im damals noch bestehenden Kreis Geldern ebenfalls nur einen. Die Nachbehandlung der entlassenen Patienten lag also ganz überwiegend in den Händen der Hausärzte. Gemildert wurde diese missliche Situation durch die Außenfürsorge der Landeskrankenhäuser. Dr. Pfau, der Außenfürsorgearzt von Bedburg-Hau, hielt regelmäßig Sprechstunden in den Gesundheitsämtern der Kreise ab. Er machte auch Hausbesuche. Mit den behandelnden Hausärzten stand er in engem Kontakt und beriet sie in psychiatrie-spezifischen Fragen. Durch sein Wirken hat er ganz sicher so manche Wiederaufnahme verhindert. Ihm zur Seite stand eine Fürsorgerin, die zudem für die gesamte Klinik zuständig war; später kam ein Pfleger hinzu, der in der Außenfürsorge mitwirkte. Die Aufgaben der Krankenhausfürsorgerin wurden später von den Sozialarbeitern und Sozialarbeiterinnen übernommen und mehr und mehr ausgeweitet.

Man muss sich klar machen, dass es in den 1960er Jahren und auch lange Zeit danach keine Institutsambulanzen gab, keine Tageskliniken, keine Werkstätten für chronisch psychisch kranke Menschen, auch keine geeigneten Heime, in die man entlassungsfähige Patienten hätte entlassen können. Zwar gab es einige Altersheime, auch Heime in Essen, die bereit waren, Langzeitpatienten bei sich aufzunehmen. Aber die Konzepte dieser Einrichtungen waren in keiner Weise abgestimmt auf diesen Personenkreis. Das hatte zur Folge, dass die meisten der dorthin verlegten Patienten wieder akut erkrankten und nach Bedburg-Hau zurückverlegt werden mussten.

Die Außenfürsorge war übrigens auch zuständig für die Familienpflege. Sie war im Krieg völlig zusammengebrochen, wurde aber ab 1950 allmählich wieder aufgebaut. Bis 1962 waren bereits wieder 85 Patienten bzw. Patientinnen in Familienpflege. Die meisten von ihnen waren im mittleren Lebensalter und körperlich gesund. Die Männer wohnten und arbeiteten hauptsächlich auf Bauernhöfen, die Frauen lebten und arbeiteten hauptsächlich in Haushalten, manche auch in gastronomischen Betrieben. Regelmäßig wurden die in Familienpflege lebenden Patienten vom Außenfürsorgearzt oder der Krankenhausfürsorgerin aufgesucht; die Pflegefamilien wurden von ihnen entsprechend beraten. Diese Art der Familienpflege war aber ein auslaufendes Modell. Viele Jahre lag sie darnieder; auch die Außenfürsorge gab es nicht mehr. Etwa Mitte der 1980er Jahre wurden neue Konzepte entwickelt, die aber erst mit Beginn der Enthospitalisierung (1990) zum Tragen kamen und immer weiter entwickelt wurden. Heute sieht die Familienpflege völlig anders aus als vor etwa 40 Jahren.

Ein schwieriges und über lange Jahre sich hinziehendes Problem in den 1960er und 1970er Jahren war der katastrophale Mangel an Ärzten und Ärztinnen für Psychiatrie. Es gab Zeiten, in denen in Bedburg-Hau nur die Hälfte der vorhandenen Planstellen besetzt war. Sofern ein Arzt oder eine Ärztin eine Aufnahme-Station zu versorgen hatte, musste er/sie zusätzlich Langzeitstationen mit übernehmen, hatte somit an die 100 psychisch Kranke zu behandeln und zu versorgen. War ihm/ihr keine Aufnahme-Station zugeordnet, war ein Arzt bzw. eine Ärztin für bis zu 300 Patienten zuständig; in Urlaubs- und Krankheitszeiten sah es noch übler aus. Der Ärztemangel ging ganz besonders zu Lasten der Kranken, die auf den Langzeitstationen untergebracht waren. Notgedrungen wurden so manche ärztliche Aufgaben an das Pflegepersonal delegiert. Da den Ärzten und Ärztinnen erfahrenes und tüchtiges Personal zur Seite stand, funktionierte das im Großen und Ganzen gut. Es war aber eben nur ein Notbehelf und auf lange Sicht nicht verantwortbar. Psychiater und Psychiaterinnen für das LKH Bedburg-Hau zu gewinnen war enorm schwierig. Ebenso wenig gelang es, Assistenzärzte zu bekommen. Der Beruf des Psychiaters war zu jener Zeit nicht sonderlich attraktiv. Die Gesellschaft stand der Psychiatrie skeptisch, zum Teil sogar ablehnend gegenüber. Die Vorurteile gegen Geisteskranke wurden gewissermaßen auf die in der Psychiatrie Tätigen übertragen. Hinzu kam die Entlegenheit des LKH Bedburg-Hau, so dass viele Ärzte und Ärztinnen die stadtnah gelegenen psychiatrischen Krankenhäuser bevorzugten. Eine gewisse Entlastung des ärztlichen Personals ergab sich dadurch, dass zunehmend mehr Psychologen und Psychologinnen eingestellt wurden.

Etwa Ende der 1970er Jahre besserte sich so ganz allmählich die Situation im ärztlichen Bereich. Es kamen nun junge Ärzte und Ärztinnen nach Bedburg-Hau mit dem Ziel, hier die Ausbildung zum Facharzt für Psychiatrie bzw. Neurologie zu absolvieren. Mit wachen und kritischen Augen nahmen sie die oben dargestellten Missstände wahr und äußerten ihre Kritik, ihren Unmut und ihre Ungeduld ganz offen. Das führte zu mancherlei Konflikten und Verstimmungen, andererseits aber bewog es zu kritischer Auseinandersetzung. Diese Diskussionen um die Fragen der Psychiatrie und der Versorgung der psychisch Kranken waren keine Besonderheit der Landesklinik Bedburg-Hau, sondern sie wurden bundesweit geführt, darüber hinaus auch in andern europäischen Ländern. Man denke nur an die Antipsychiatrie-Bewegung in Italien, die darin gipfelte, dass große psychiatrische Krankenhäuser abgeschafft wurden. Solch radikale Maßnahmen gab es hier zum Glück nicht. Vielmehr setzte man ganz besonders hier im Rheinland auf kontinuierliche Weiterentwicklung und Verbesserung der Lage der psychisch kranken Menschen – sowohl der akut erkrankten als auch der chronisch kranken.

Neben dem Ärztemangel gab es auch einen Mangel an weiblichem Pflegepersonal. 1961 waren 80 Schwesternstellen nicht besetzt. Das hing wohl damit zusammen, dass es damals im Kreis Kleve zahlreiche Betriebe gab, in denen viele Frauen einen Arbeitsplatz fanden (Lebensmittelindustrie, Schuhfabriken). Um diesen Mangel zu mildern, wurden 1961 14 Hilfsschwestern aus Spanien eingestellt. 1966 oder 1967 kamen ausgebildete Krankenschwestern aus Korea hinzu. Ich kann mich gut an den Tag erinnern, als ich sie in dem großen Bus begleitete, der sie vom Flughafen Köln abholte. Es bot sich mir ein buntes Bild, weil die jungen Frauen in ihrer Landestracht gekleidet waren. Neben ihrer

Muttersprache sprachen sie Englisch, aber nur gebrochen Deutsch. Sehr schnell lernten sie die deutsche Sprache und integrierten sich in erstaunlich kurzer Zeit.

In der Festschrift zum 50-jährigen Bestehen des LKH Bedburg-Hau befassten sich Landesrat Müller und Dr. Scheurle mit der »Rheinischen Anstaltspsychiatrie«, insbesondere auch mit der Überbelegung. Wörtlich heißt es da: »[...] die damit verbundene Unterbringung psychisch kranker Menschen kann nicht mehr länger hingenommen werden.« Zur Behebung dieser Zustände wurde von den beiden Autoren eine Reihe von Vorschlägen und Zielvorstellungen unterbreitet, unter anderem der Bau von Aufnahmekliniken als diagnostische und therapeutische Zentren, der Neubau einer Kinder- und Jugendabteilung in Bedburg-Hau, außerhalb der Kliniken die Errichtung von Pflegeheimen für psychisch Alterskranke, Heimen für geistig behinderte Kinder und Jugendliche, spezielle Abteilungen für Suchtkranke, weiter die Errichtung von Übergangsheimen für Rehabilitation und Resozialisation von an sich entlassungsfähigen Patienten, die Schaffung von Tages- und Nachtkliniken. Ganz besonders wiesen die Autoren auf die unzuträgliche Situation hin, dass psychisch Kranke aus den Großstädten in die ländlichen Landeskrankenhäuser transportiert wurden – weit weg von ihren Angehörigen. Daher forderten sie mit Nachdruck den Bau eines psychiatrischen Krankenhauses im rheinischen Teil des Ruhrgebietes, etwa in Essen, Mülheim oder Oberhausen, und zwar in der Größe, dass es die Region psychiatrisch voll versorgen könnte.

Betrachtet man nun im Rückblick die Zeitspanne von 1962 bis 1980, muss man feststellen, dass ein wichtiger Teil der oben dargestellten Pläne und Zielvorstellungen realisiert wurde, worauf im Folgenden näher eingegangen wird. Der Akzent lag allerdings hauptsächlich auf dem Gebiet der klinischen Psychiatrie; das bedeutet, dass am meisten die Aufnahmebereiche von den Baumaßnahmen und strukturellen Veränderungen profitierten. Zwar gab es in dieser Zeitspanne auch Verbesserungen in den Langzeitbereichen schon allein durch die Reduzierung der Bettenzahl. Doch blieb die Lebenssituation der Patienten und Patientinnen auf den meisten dieser Stationen unbefriedigend.

Im Jahr 1966 wurde das Josefshaus in Kalkar angemietet, die ehemalige Infektionsstation des Kalkarer Krankenhauses. Es wurde umgebaut und fungierte als eine offene Aufnahmestation für psychisch kranke Frauen und Männer, aber auch Patienten mit neurologischen Erkrankungen wurden hier stationär behandelt. Das war zugleich von großer Bedeutung für die Ausbildung von Assistenzärzten und Assistenzärztinnen, die den Facharzt für Neurologie und Psychiatrie anstrebten. Der Ruf dieser Außenstelle des LKH Bedburg-Hau war bei der Bevölkerung sehr gut, so dass auch Patienten aus dem westlichen Teil Westfalens um Aufnahme baten und, wenn es der Platz erlaubte, auch aufgenommen wurden. Im selben Jahr wurde das Hoffmann-Haus in Kleve eingerichtet, ein ehemaliges Lehrlingsheim der Schuhfabrik Hoffmann. Gedacht war es als Übergangsheim für Patienten und Patientinnen mit längerem Krankheitsverlauf, bei denen eine spätere Entlassung noch möglich erschien. Bedingung war, dass die betreffenden Patienten regelmäßig in Betrieben der Arbeitstherapie auf dem Klinikgelände beschäftigt waren. Im Laufe der Jahre entwickelte sich das Hoffmann-Haus aber mehr zu einem Wohnheim für Langzeitpatienten, und das ist es bis auf den heutigen Tag.

In diese Zeit fällt auch der Neubau der Kinderstationen. Es handelte sich um vier eingeschossige Flachbauten, die man »K1«, »K2«, »K3« und »K4« nannte (heute Haus 43 bis 46). Endlich konnten die alten Häuser F3 und M10 (Haus 12 und Haus 20), die baulich gesehen für Kinder gar nicht geeignet waren, freigemacht werden. Durch diese Maßnahme konnte die drangvolle Enge in einigen Langzeitstationen etwas gemildert werden. Zu dieser Zeit handelte es sich bei den Kindern und Jugendlichen ganz überwiegend um geistig Behinderte, viele von ihnen auch mit schweren körperlichen Behinderungen (Anfallsleiden, spastische Lähmungen usw.). Das änderte sich erst nach und nach im Laufe der 1980er und 1990er Jahre einmal durch die Bildung der heilpädagogischen Heime mit ihren Außenwohngruppen, aber auch dadurch, dass außerhalb der großen Landeskrankenhäuser mehr Einrichtungen für geistig Behinderte geschaffen wurden.

Um die Lebenssituation in den großen mehrgeschossigen Altbauten zu verbessern, wurden Sanierungen und Umbauten geplant; die betreffenden Häuser sollten zu diesem Zweck geräumt werden. Doch wohin mit den Patienten während der Umbaumaßnahmen? Es wurden so genannte Wechselkrankenhäuser auf dem Klinikgelände gebaut; es waren Flachbauten zu ebener Erde. Das erste dieser Art war FF und MF – also ein Trakt für Männer, einer für Frauen, das heutige Haus 32. Es folgten etwa baugleich die Häuser 40 und 41. Wechselkrankenhäuser, wie geplant, sind sie nie gewesen. Sie wurden schnell belegt einzig und allein aus dem Grund, um möglichst rasch die unwürdige und kaum zumutbare Überbelegung in den Langzeitstationen und den Häusern der Gerontopsychiatrie zurückzufahren.

Ein sehr großer Fortschritt insbesondere für die klinische Psychiatrie war die Inbetriebnahme der Aufnahmeklinik (AK) Ende der sechziger Jahre. Es ist das Haus 42, heute Föhrenbachklinik genannt. Im Erdgeschoss dieses Neubaus wurden Labor, Röntgen-Abteilung, EKG- und EEG-Labor eingerichtet, außerdem eine gut ausgebaute Bäder-Abteilung, in der Massagen und eine vielseitige Physiotherapie zum therapeutischen Angebot gehörten. In der ersten Etage der AK befand sich eine Aufnahmestation für Frauen, in der zweiten Etage baugleich eine für Männer. Jeweils eine Hälfte jeder Etage war eine geschlossene Aufnahmestation, die andere Hälfte eine offene. Sobald sich der psychische Zustand der Patienten stabilisiert hatte, wurden sie von der geschlossenen auf die offene Seite verlegt. Die Verlegungen erfolgten also nicht mehr wie in früheren Zeiten aus Platzgründen, sondern aus therapeutischen Gründen. Große Wachsäle wie in den Altbauten gab es hier nicht mehr. Die neu aufgenommenen Patienten oder Patientinnen kamen in einen so genannten Wachbereich. Das waren mehrere Räume, die durch Wände voneinander getrennt waren. Wegen der besseren Überwachungsmöglichkeit waren sie allerdings mit Glasscheiben versehen. Die anderen Zimmer auf diesen Stationen – hauptsächlich Dreibettzimmer – sahen in etwa so aus wie Krankenzimmer in Allgemeinkrankenhäusern zu dieser Zeit. Nasszellen hatten sie damals noch nicht. Die Toiletten und Badezimmer befanden sich auf dem Flur gegenüber den Krankenzimmern.

Ein weiterer wenig spektakulärer Schritt, der aber doch zu einer merklichen Verbesserung der Lebenssituation von Patientinnen aus dem Langzeitbereich führte, war die teilweise Umfunktionierung des »Schwesternheims 1« im Jahr 1975. Nachdem das »Schwesternheim 2« fertig gestellt war, wurden zwei Trakte im »Schwesternheim 1« für Patientinnen frei gemacht, die Stationen 51.1 und 51.2. Es handelte sich in diesem Bau aus dem Jahr 1960 um kleine Appartements, die bis 1975 von je einer Krankenschwester oder Schülerin bewohnt wurden. Weil immer noch große Überbelegung herrschte, mussten sich zwei Patientinnen je ein Zimmer teilen. Dadurch gab es in dem Haus 51 Platz für insgesamt 90 Patientinnen; das war natürlich zugleich eine große Entlastung für die abgebenden Stationen. Im Laufe der Jahre wurden aus den Frauenstationen gemischtgeschlechtliche Stationen.

Haus 51 war und blieb bis zu seiner Auflösung 2011 eine offene Station. Gegenüber den Ausgangsstationen war die Verlegung nach Haus 51 eine enorme Verbesserung. Man kann sagen: Während die Frauen in den alten Häusern »untergebracht« waren, konnten sie hier wohnen. Viele Frauen richteten sich ihre Zimmer nach ihrem eigenen Geschmack ein, und sie hatten hier doch so etwas wie einen privaten Bereich. Ganz klar, dass eine Verlegung in dieses Haus von den Frauen als sehr positiv erlebt wurde und nicht selten auch zu einem günstigeren Krankheitsverlauf führte. Nebenher sei bemerkt, dass zu dieser Zeit bei den Verlegungen die Kostenträgerschaft keine Rolle spielte. Etwa 15 Jahre später konnten – bedingt durch die Enthospitalisierungsmaßnahmen – nach und nach die Zweibettzimmer als Einzelzimmer zur Verfügung gestellt werden, was für die Bewohner und Bewohnerinnen eine weitere deutliche Verbesserung ihrer Lebensqualität bedeutete.

1974 wurde mit dem Neubau eines 160-Betten-Hauses begonnen, des Hauses 50, der heutigen Wadtberg-Klinik. Dieser mehrgeschossige Bau wurde in gleicher Bauweise ebenfalls in anderen Landeskliniken des LVR errichtet. 1976 konnte dieses Haus bezogen werden. Die verschiedenen Einheiten des Hauses 50 wurden teils als offene, teils als geschlossene Stationen geführt. Diese Baumaßnahme kam sowohl den Aufnahme-Stationen als auch den Langzeit-Stationen zugute und führte zu einem weiteren Abbau der Überbelegung. Im Obergeschoss dieses Hochhauses wurde die erste Tagesklinik der Landesklinik Bedburg-Hau eingerichtet. Durch die Bettenreduktion auf den Langzeit-Stationen konnten nun endlich Baumaßnahmen durchgeführt werden, die das Leben der Patienten in diesen Häusern erleichtern sollten. Dieses Maßnahmenpaket nannte sich »Sofortprogramm«. Es lief so etwa bis 1980. Bis dahin waren durch den Einbau von Zwischenwänden in 13 Stationen 22 große Schlafsäle mit sieben bis 16 Betten in 47 kleinere Bettenräume mit maximal vier Betten unterteilt worden. Freilich blieb die Gesamtsituation irgendwie kasernenmäßig. Denn nach wie vor waren die sanitären Bereiche in diesen Häusern unbefriedigend. Die Badezimmer waren große Räume mit vielen Waschbecken dicht nebeneinander und mit mehreren Badewannen, so dass es so etwas wie eine private oder intime Sphäre einfach nicht gab. Gleichwohl bedeuteten diese Baumaßnahmen gegenüber dem Zustand zuvor doch eine merkliche Verbesserung.

Aber es gab ja nicht nur ein Leben innerhalb der Krankenstationen, sondern auch außerhalb. So wurde seit 1973 ein »therapeutisches Aktivierungs- und Unterhaltungsprogramm für die Patienten« ausgebaut und neu organisiert. Es wurden nun regelmäßig Veranstaltungen für die Patientinnen und Patienten durchgeführt, zum Beispiel Karnevalsveranstaltungen, Modenschauen im Gesellschaftshaus, bei denen Pflegepersonal und Patienten aktiv zusammen wirkten. Zweimal im Monat fand eine Diskothek statt. Initiiert und in Schwung gebracht wurde die Diskothek vom Bedburger Amateur Studio – kurz BAS genannt. Das waren Krankenschwestern und Pfleger, die diese Veranstaltung in ihrer Freizeit vorbereiteten, organisierten und durchführten. Später wurde die Zeit, die sie für das BAS tätig waren, auf die Dienstzeit angerechnet. Nicht zu vergessen sind die großen Sportfeste, die nicht nur bei den Patientinnen und Patienten sehr beliebt waren, sondern auch bei der Bevölkerung großen Anklang fanden und entsprechend gut besucht waren. Sie fanden im Föhrenbach-Stadion statt – dort, wo heute ein großer Parkplatz und zwei Supermärkte die Landschaft zieren.

Jedes Jahr fand auf der Festwiese das Sommerfest statt. Bei den vielen Menschen, die damals auf dem Klinikgelände lebten, war dieses Fest natürlich sehr gut besucht, wie man es auf alten Fotografien sehen kann. Zum Tanz spielte die Kapelle der Landesklinik auf unter der Leitung von Jan Dahmen. Die geladenen Gäste, die Ärztinnen und Ärzte und der Direktor der Klinik saßen auf der »Empore«, oben auf dem Pavillon (»Bau 842«), und sahen von dort aus dem bunten Treiben auf der Festwiese zu. Bei den heutigen Sommerfesten sitzen die Gäste und die Mitarbeiter der Klinik mitten unter den Patientinnen und Patienten – vielleicht ein Zeichen dafür, wie sich das Verhältnis von gesunden zu psychisch kranken Menschen gewandelt hat.

Wichtig für den Alltag der Patientinnen und Patienten war, was sonst noch außerhalb der Krankenstationen angeboten wurde. Dazu gehörte zum Beispiel die Cafeteria, die in den 1960er Jahren in einem Seitentrakt des Gesellschaftshauses eingerichtet war. Später wurde sie viel größer und schöner dahin verlagert, wo heute das Sozialzentrum steht. Ganz dicht dabei gab es im Kellergeschoss unter der Beschäftigungstherapie einen Verkaufsladen, in dem nicht nur Lebensmittel, sondern auch Gegenstände des täglichen Bedarfs, Hygieneartikel, Kosmetika usw. angeboten wurden. Betrieben wurde dieses Geschäft nicht von der Klinik, sondern vom »Sozialwerk e. V.«. Nicht nur Patienten, sondern auch Bedienstete und Bürger der Gemeinde kauften hier preisgünstig ein. Supermärkte gab es damals in der näheren Umgebung noch nicht. 1981 wurde übrigens der Grundstein für das noch heute bestehende Sozialzentrum gelegt.

Im gleichen Jahr begann die Abtrennung des Heilpädagogischen Heims (HPH) von der Landesklinik. Der Tatsache, dass geistig behinderte Menschen andere Therapiekonzepte benötigen als psychisch kranke, wurde dadurch endlich Rechnung getragen. Zunächst wurden dem HPH Krankenstationen auf dem Klinikgelände zugeordnet; doch schon bald wurden nach und nach Patientinnen und Patienten, die man nun Bewohner und Bewohnerinnen nannte, in die ersten Außenwohngruppen verlegt. So wurde von den HPHs vorweg genommen, was sehr viel später auf den Langzeitstationen der Landesklinik stattfand, nämlich die Dezentralisierung. Insgesamt hat sich die Abtrennung der Heilpädagogischen Heime sowohl für die geistig Behinderten als auch für die psychisch Kranken positiv ausgewirkt.

Nicht nur das, was sich innerhalb der Klinik tat (intramural), sondern auch das, was sich außerhalb der Klinik (extramural) vollzog, hatte Rückwirkungen auf die Landesklinik. So wurde 1973 die Stadt Oberhausen aus dem Pflichtaufnahmegebiet von Bedburg-Hau herausgenommen, was einen leichten Rückgang der Aufnahmen zur Folge hatte. Erst neun Jahre später wurden die linksrheinischen Teile von Duisburg abgetrennt und der Landesklinik Viersen zugeordnet, was zu einem weiteren und auch so gewollten Rückgang der Aufnahmezahlen führte. Das Ziel war, die immer noch bestehende Überbelegung weiter abzubauen. Die Aufnahmen bzw. Verlegungen aus Essen waren zwar rückläufig. Doch es dauerte noch Jahre, bis die Stadt Essen so viele Psychiatrie-Betten vorhielt, dass sie sich selbst versorgen konnte und auf Verlegungen nach Bedburg-Hau nicht mehr angewiesen war.

Zwei Institutionen müssen hervorgehoben werden, die das Los der psychisch kranken Menschen im Landeskrankenhaus bzw. der Landesklinik Bedburg-Hau erleichtert, Horizonte erweitert, Brücken gebaut haben zwischen der Welt im psychiatrischen Krankenhaus und der Welt außerhalb der Krankenhausmauern. Gemeint sind die Psychiatrischen Hilfsgemeinschaften. 1971 wurde die Psychiatrische Hilfsgemeinschaft Kleve gegründet. Ihr Ziel war, psychisch Kranke und Behinderte ideell und auch materiell zu unterstützen. Auch hatte sie es sich zur Aufgabe gemacht, die Bevölkerung über das Wesen seelischer Krankheiten und geistiger Behinderungen aufzuklären und auf diese Weise Vorurteile abzubauen. Gefördert wurden von ihr Laienhelfergruppen wie zum Beispiel die katholische Frauengemeinschaft, die evangelische Familienhilfe und Wohlfahrtsverbände. Diese Frauen waren besonders aktiv auf den so genannten Langzeitstationen. Sie besuchten Patientinnen und Patienten, die sonst keinen Besuch mehr bekamen, übernahmen auch Patenschaften, sie organisierten aber auch viele Gemeinschaftsaktionen. So wurden Kaffee- und Ausflugsfahrten durchgeführt, auch Schifffahrten auf dem Rhein usw. Aus eigener Anschauung kann ich nur sagen, dass diese Aktionen in und außerhalb der Klinik bei den Patientinnen und Patienten sehr gut ankamen und viel Freude bereitet haben.

Von der Hilfsgemeinschaft wurden auch Kleinbusse finanziert. Sie wurden den Krankenstationen zur Verfügung gestellt, so dass das Pflegepersonal in eigener Regie Ausflugsfahrten mit den Patienten in die nähere Umgebung unternehmen konnte. Es handelte sich aber nicht nur um Vergnügungsfahrten, sondern manchmal auch um Einkaufsfahrten. So konnten sich die Frauen ihre Kleidung in Textilgeschäften nun selbst aussuchen und waren nicht mehr auf das Kleider-Magazin der Klinik angewiesen. Derartige Maßnahmen hatten freilich auch einen großen soziotherapeutischen Effekt. Anfang der 1980er Jahre wurden von der Psychiatrischen Hilfsgemeinschaft die ersten Wohngemeinschaften in Kleve eingerichtet mit etwa je drei Patienten bzw. Patientinnen. Eine der Voraussetzungen für das Leben in einer WG war, dass die betreffenden Personen tagsüber in der

Arbeitstherapie der Klinik beschäftigt waren. Die Psychiatrische Hilfsgemeinschaft Kleve existiert mit etwas veränderter Aufgabenstellung bis auf den heutigen Tag.

Ebenfalls in den 1970er Jahren wurde eine ähnliche Laienhelfergruppierung in Essen gegründet: die »Essener Kontakte e. V.«. Waren doch die Essener Patientinnen und Patienten aufgrund der großen Entfernung von ihrer Heimat und ihren Verwandten und Freunden getrennt. Die Besuche der Angehörigen waren dementsprechend selten, bei manchen Patienten mit langwierigem Verlauf blieben die Besuche oft ganz aus. Hier haben die Essener Kontakte sehr segensreich gewirkt. Es wurden Patenschaften übernommen und Besuchsdienste eingerichtet. Schließlich wurde von den Essener Kontakten ein Bus gechartert, der alle 14 Tage von Essen in das Landeskrankenhaus Bedburg-Hau fuhr. So wurde den Angehörigen die Möglichkeit geboten, nun ihre psychisch kranken Angehörigen regelmäßig zu besuchen, was sich auch auf den Krankheitsverlauf günstig auswirkte. Die Verbindungen mit den öffentlichen Verkehrsmitteln waren damals nicht so gut, wie sie es heute sind; und auch die Motorisierung war nicht so weit fortgeschritten wie heute. Zu erwähnen ist, dass Anfang der 1990er Jahre in Essen Heime und Wohngemeinschaften in Trägerschaft der Essener Kontakte entstanden, die ganz auf die Bedürfnisse psychisch kranker Menschen abgestimmt waren. Das hatte zur Folge, dass Rückverlegungen in psychiatrische Kliniken eher die Ausnahme waren.

Die Fortschritte ganz besonders in der klinischen Psychiatrie sind nicht denkbar ohne die medikamentöse Behandlung der Psychosen. Die Basis, auf der die vielen anderen therapeutischen Verfahren aufbauen, war und ist eine fachgerechte Psychopharmakotherapie. Als besonders wirksam hat sie sich erwiesen bei der Beherrschung der akuten Krankheitserscheinungen wie zum Beispiel Sinnestäuschungen, wahnhafte Erlebnisse, Unruhe, Aggressionen und Angst. Weniger wirksam war und ist sie bei den so genannten Minus-Symptomen wie etwa emotionale Einengung, Verlangsamung, Antriebsminderung und sozialer Rückzug. Bei diesen Störungen, die man früher auch Defekt-Symptome nannte, stehen bei der Therapie eher soziotherapeutische Maßnahmen im weitesten Sinne im Vordergrund.

Begonnen hatte die Ära der Psychopharmakotherapie 1952 mit der Entdeckung des Chlorpromazin – in Deutschland besser bekannt unter dem Handelsnamen Megaphen. In den folgenden Jahrzehnten wurden diese Stoffgruppen weiter entwickelt, neue chemische Strukturen kamen hinzu, zum Beispiel das bekannte Haldol (Haloperidol). In den späten fünfziger Jahren kam das erste Antidepressivum auf den Markt (Tofranil). Ein Meilenstein war auch die Einführung eines Salzes in die Behandlung der manisch-depressiven Krankheiten, der so genannten phasisch verlaufenden Erkrankungen. Es handelt sich um die Lithium-Salze. Sie dienten nicht nur der Behandlung der akuten Erkrankung, sondern das Lithium war das erste Medikament, das auch einen vorbeugenden Effekt hatte. Sofern es nach Abklingen der akuten Phase regelmäßig weiter eingenommen wurde, traten die Krankheitsphasen seltener auf, oder sie verliefen deutlich milder als vor der Lithium-Therapie. Günstigstenfalls blieben die Phasen sogar ganz aus. Eines steht fest: Seit dem Beginn der Psychopharmakotherapie konnten Patienten aus der stationären Behandlung entlassen werden, bei denen man zuvor an eine Entlassung gar nicht zu denken gewagt hatte. Bei den neu aufgenommenen Patientinnen und Patienten wurde die Krankenhausverweildauer, wie aus den Statistiken hervorgeht, von Jahr zu Jahr immer kürzer. Allerdings kam es aus den verschiedensten Gründen, wie bereits dargestellt, auch zu häufigen Rückfällen, so dass erneute Einweisungen notwendig wurden – der so genannte Drehtüreffekt.

Mit dem Ausbau der ambulanten Dienste und der Zunahme der Zahl niedergelassener Fachärzte für Psychiatrie in den achtziger Jahren besserte sich die Situation nach und nach. Es bedeutete, dass die Verweildauer im Krankenhaus weiter abnahm und die Zeitspanne zwischen Entlassung und gegebenenfalls erneuter Aufnahme immer länger wurde. So verlagerte sich die Behandlung psychisch kranker Menschen immer mehr vom stationären in den ambulanten Bereich. Als die Psychopharmaka in die Behandlung eingeführt wurden, herrschte großer Optimismus. Je länger sie eingesetzt wurden und je mehr Erfahrungen man sammelte, umso nüchterner und auch kritischer wurde die medikamentöse Behandlung betrachtet. Ein großes Problem waren die unerwünschten Arzneimittelwirkungen (UAW). Es wurden daher im Laufe der Jahre Medikamente entwickelt, die besser verträglich waren, die so genannten atypischen Neuroleptica.

Trotz der segensreichen Wirkung dieser Medikamente muss man sich in aller Bescheidenheit darüber im Klaren sein, dass die Psychopharmakotherapie keine Therapie ist, die an den Ursachen der seelischen Erkrankungen ansetzt (kausale Therapie). Denn die Ursachen der häufigsten psychischen Krankheiten wie Schizophrenie oder manisch-depressive Krankheit sind bis heute nicht bekannt. Wohl weiß man, dass verschiedene Botenstoffe (Neurotransmitter) bei diesen Erkrankungen eine Rolle spielen, und hier setzen die Psychopharmaka an. Sie beseitigen also die Krankheit nicht, sind aber in der Lage, Krankheitserscheinungen zu unterdrücken, zu mildern, zu entaktualisieren und geben so dem psychisch Kranken die Möglichkeit, zur Realität zurück zu finden (symptomatische Therapie). Sehr schlagfertig und anschaulich schilderte mir eine Patientin diese symptomatische Wirkung der Psychopharmaka. Sie litt unter quälenden Sinnestäuschungen und einer schrecklichen inneren Unruhe. Daraufhin änderte ich die Medikation und fragte sie nach einigen Tagen, ob die Unruhe nun weg sei. Sie antwortete knapp und freundlich: »Nein, Herr Doktor, weg ist sie nicht, sie schlummert nur.« Wie dem auch sei, die symptomatische Therapie ist keine Besonderheit der Psychiatrie, sondern es gibt sie in allen Fachrichtungen der Körpermedizin, ganz besonders auch in der Inneren Medizin. Man kann sagen: Ohne symptomatische Therapie wäre eine wirksame Behandlung vieler Krankheiten und Leiden überhaupt nicht möglich.

Abschließend sei noch einmal auf den Forderungskatalog und die Zielvorstellungen verwiesen, die Dr. Scheurle und Landesrat Müller in der Festschrift zum 50-jährigen Bestehen des LKH Bedburg-Hau (1962) formuliert haben. Acht Jahre später beschäftigten sich der Deutsche Ärztetag mit der psychiatrischen Versorgung, in den Jahren danach die Deutsche Gesellschaft für Soziale Psychiatrie (DGSP) und die »Aktion Psychisch Kranke e. V.« Lange hat es gedauert, bis die Politik begann, sich mit den Fragen und Problemen der psychiatrischen Versorgung auseinander zu setzen. Es wurde eine Kommission eingesetzt, die 1975 einen »Bericht über die Lage der Psychiatrie in der BRD« erstellte, die man kurz Psychiatrie-Enquete nannte. In einem Zwischenbericht dieser Kommission aus dem Jahr 1973 heißt es wörtlich: »[...] daß eine sehr große Anzahl psychisch Kranker und Behinderter in den stationären Einrichtungen unter elenden, z.T. als menschenunwürdig zu bezeichnenden Umständen leben müssen.« In der Psychiatrie-Enquete wurden Empfehlungen ausgesprochen, wie die dargestellten Missstände behoben werden sollten. Genannt wurden unter anderem eine gemeindenahe Versorgung, Umstrukturierung der großen psychiatrischen Krankenhäuser, getrennte Versorgung für psychisch Kranke und geistig Behinderte, Gleichstellung von körperlich Kranken und psychisch Kranken, Förderung der Aus-, Fort- und Weiterbildung der in der Psychiatrie Beschäftigten und Etliches mehr.

Die Verbesserungen und Fortschritte, die es hier im Landeskrankenhaus Bedburg-Hau sowohl vor der Veröffentlichung der Enquete als auch danach gegeben hat, lagen schwerpunktmäßig in dem Bereich der klinischen Psychiatrie, das heißt, sie wurden besonders auf den Aufnahmestationen deutlich und sichtbar. Zwar gab es, wie oben ausführlich dargestellt, auch eine ganze Reihe von Verbesserungen auf den so genannten Langzeitstationen. Doch blieb die Lebenssituation der psychisch kranken Menschen in diesen Häusern unbefriedigend und bedrückend. Es herrschten immer noch Überbelegung und Enge, wenn auch nicht mehr in einem so extremen Ausmaß wie in den sechziger Jahren. Zwei renommierte Psychiater aus Süddeutschland, die Professoren Helmut Siedow (1922–2003) und Rudolf Degkwitz (1920–1990), haben immer wieder auf die missliche Situation der Langzeitpatienten hingewiesen: »Das Kernproblem der Psychiatrie ist die Versorgung der chronisch Kranken, und die Art und Weise, wie das geschieht, stellt den Maßstab dar für die Qualität jeglichen psychiatrischen Versorgungssystems.«

Wie lange hat es doch gedauert, bis Gesellschaft und Politik das erkannt und in politisches Handeln umgesetzt haben! Die wirklich dramatische Wende zum Positiven war realisierbar, nachdem das 70,5 Millionen DM-Programm beschlossen wurde, und das war 1990/91. Jetzt endlich konnten Maßnahmen in Gang gesetzt werden, die ohne diese finanziellen Mittel nicht möglich gewesen wären. Man fasste sie zusammen unter dem Begriff Enthospitalisierung der chronisch psychisch Kranken oder auch unter dem Begriff Dezentralisierung. Durch dieses Maßnahmenpaket verbesserte sich die Lebens- und Wohnsituation für die psychisch Kranken mit langwierigen Verläufen ganz entscheidend – eine Entwicklung, die die Heilpädagogischen Heime schon zehn Jahre früher auf den Weg gebracht hatten.

Karl-Peter Röhl

Der Wandel der psychiatrischen Versorgung

Es wäre eine Anmaßung, wollte ich den gesamten Wandel der psychiatrischen Versorgung der letzten 30 Jahre in einem Artikel beschreiben. Ich will aber versuchen, meine persönlichen Erfahrungen mit der umfangreichen Reform dieser Jahre in Verbindung zu bringen, die landesweit, in der LVR-Klinik Bedburg-Hau und im Umfeld der Klinik stattgefunden hat. Hierbei begrenze ich mich auf den Bereich der Allgemeinpsychiatrie.

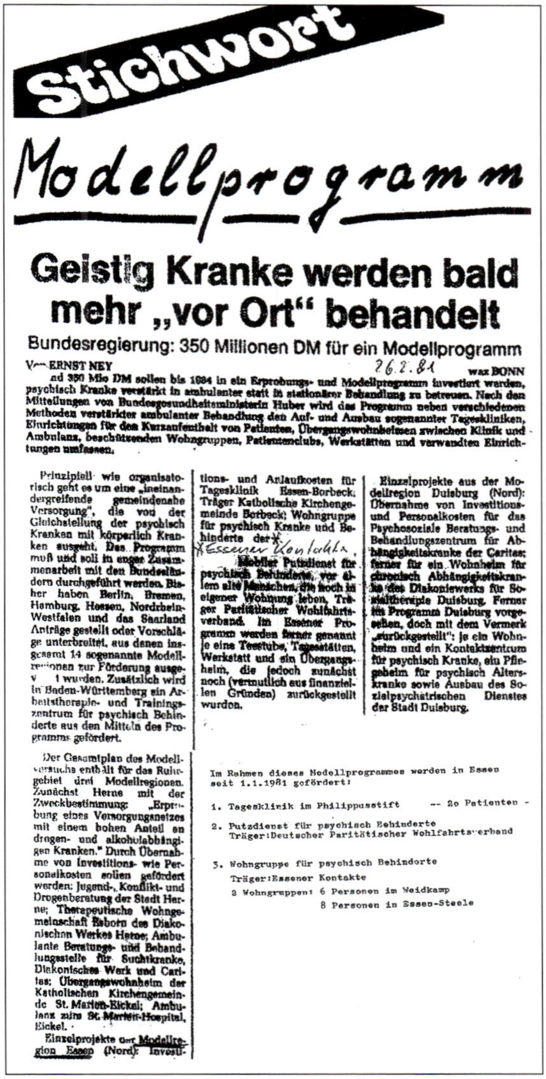

Stichwort

Modellprogramm

Geistig Kranke werden bald mehr „vor Ort" behandelt

Bundesregierung: 350 Millionen DM für ein Modellprogramm

Von ERNST NEY 26.2.81 wax BONN

Rund 350 Mio DM sollen bis 1984 in ein Erprobungs- und Modellprogramm investiert werden, psychisch Kranke verstärkt in ambulanter statt in stationärer Behandlung zu betreuen. Nach den Mitteilungen von Bundesgesundheitsministerin Huber wird das Programm neben verschiedenen Methoden verstärkter ambulanter Behandlung den Auf- und Ausbau sogenannter Tageskliniken, Einrichtungen für den Kurzaufenthalt von Patienten, Übergangswohnheimen zwischen Klinik und Ambulanz, beschützenden Wohngruppen, Patientenclubs, Werkstätten und verwandten Einrichtungen umfassen.

Prinzipiell wie organisatorisch geht es um eine „ineinandergreifende gemeindenahe Versorgung", die von der Gleichstellung der psychisch Kranken mit körperlich Kranken ausgeht. Das Programm muß und soll in enger Zusammenarbeit mit den Bundesländern durchgeführt werden. Bisher haben Berlin, Bremen, Hamburg, Hessen, Nordrhein-Westfalen und das Saarland Anträge gestellt oder Vorschläge unterbreitet, aus denen insgesamt 14 sogenannte Modellregionen zur Förderung ausgewählt wurden. Zusätzlich wird in Baden-Württemberg ein Arbeitstherapie- und Trainingszentrum für psychisch Behinderte aus den Mitteln des Programms gefördert.

Der Gesamtplan des Modellversuchs enthält für das Ruhrgebiet drei Modellregionen. Zunächst Herne mit der Zweckbestimmung: „Erprobung eines Versorgungsnetzes mit einem hohen Anteil an drogen- und alkoholabhängigen Kranken." Durch Übernahme von Investitions- wie Personalkosten sollen gefördert werden: Jugend-, Konflikt- und Drogenberatung der Stadt Herne; Therapeutische Wohngemeinschaft Eborn des Diakonischen Werkes Herne; Ambulante Beratungs- und Behandlungsstelle für Suchtkranke, Diakonisches Werk und Caritas; Übergangswohnheim der Katholischen Kirchengemeinde St. Marien-Eickel; Ambulanz zum St. Marien-Hospital, Eickel.

Einzelprojekte der Modellregion Essen (Nord): Investitions- und Anlaufkosten für Tagesklinik Essen-Borbeck; Träger Katholische Kirchengemeinde Borbeck; Wohngruppe für psychisch Kranke und Behinderte der * *Essener Kontakte*.

Mobiler Putzdienst für psychisch Behinderte, vor allem alte Menschen, die noch in eigener Wohnung leben, Träger Paritätischer Wohlfahrtsverband. Im Essener Programm werden ferner genannt je eine Teestube, Tagesstätten, Werkstatt und ein Übergangsheim, die jedoch zunächst noch (vermutlich aus finanziellen Gründen) zurückgestellt wurden.

Einzelprojekte aus der Modellregion Duisburg (Nord): Übernahme von Investitions- und Personalkosten für das Psychosoziale Beratungs- und Behandlungszentrum für Abhängigkeitskranke der Caritas; ferner für ein Wohnheim für chronisch Abhängigkeitskranke des Diakoniewerks für Sozialtherapie Duisburg. Ferner im Programm Duisburg vorgesehen, doch mit dem Vermerk „zurückgestellt": je ein Wohnheim und ein Kontaktzentrum für psychisch Kranke, ein Pflegeheim für psychisch Alterskranke sowie Ausbau des Sozialpsychiatrischen Dienstes der Stadt Duisburg.

Im Rahmen dieses Modellprogrammes werden in Essen seit 1.1.1981 gefördert:

1. Tagesklinik im Philippusstift -- 2o Patienten -
2. Putzdienst für psychisch Behinderte
   Träger:Deutscher Paritätischer Wohlfahrtsverband
3. Wohngruppe für psychisch Behinderte
   Träger:Essener Kontakte
   2 Wohngruppen: 6 Personen im Weidkamp
   8 Personen in Essen-Steele

Abb. 1: Artikel aus Essener Kontakte Rundbrief 14, Sommer 1981

Meinen beruflichen Einstieg hatte ich genau zu der Zeit (1976), als nach der Veröffentlichung der Psychiatrie-Enquete in der alten Bundesrepublik die Diskussion über die psychiatrische Versorgung begann und Reformvorhaben eingeleitet wurden. Es war auch die Zeit, als die ersten gemeindepsychiatrisch orientierten Hilfsvereine entstanden waren und komplementäre Einrichtungen aufbauten. In der Stadt Essen war ich über meine Beschäftigung beim Gesundheitsamt Mitglied der Psychosozialen Arbeitsgemeinschaft (PSAG), eines losen Zusammenschlusses der verschiedenen Anbieter der psychosozialen Versorgung. Die PSAG in Essen, aber auch mein Arbeitgeber Gesundheitsamt, war eingebunden in die ersten Projektplanungen für die Psychiatriereform. Anfang 1980 wurde von der damaligen sozialliberalen Bundesregierung als Ergebnis der Diskussionen zur Psychiatrie-Enquete ein Modellprogramm in 14 Regionen in der Bundesrepublik aufgelegt. Essen als Heimatstadt der damaligen Gesundheitsministerin Antje Huber war eine dieser Regionen. Bevor ich nach Bedburg-Hau kam, hatte ich die Einleitung der ersten kleinen positiven Veränderungen in der Behandlung und Betreuung von psychisch kranken Menschen miterlebt und die ersten Anzeichen einer Abkehr von der Anstaltspsychiatrie zur Gemeindepsychiatrie gesehen. Durch meine enge Zusammenarbeit mit dem Verein »Essener Kontakte« konnten drei Klienten, die ich im Wohnheim betreut hatte, in die erste Wohngemeinschaft umziehen, die im Rahmen des Modellprogramms eine Anschubfinanzierung erhielt.

1980 waren meine beruflichen Vorstellungen sehr konkret: Nach vier Jahren Berufserfahrung als Sozialarbeiter des Sozialpsychiatrischen Dienstes beim Gesundheitsamt in Essen und der Tätigkeit in einem großen Wohnheim für chronisch psychisch Kranke wollte ich in einem psychiatrischen Krankenhaus arbeiten, um meine Kenntnisse aus dem ambulanten und komplementären Bereich mit speziellen Kenntnissen der stationären psychiatrischen Behandlung zu ergänzen. Danach wollte ich mir wieder einen anderen Arbeitsplatz im Bereich der Sozialpsychiatrie suchen.

Von der Großstadt Essen in ein kleines Dorf am Niederrhein sind wir als Familie gezogen, damit unsere Kinder in ländlicher Umgebung aufwachsen konnten. Eine Stelle im Landeskrankenhaus, wie es damals hieß, zu bekommen war nicht schwer. Durch meine Tätigkeit beim Gesundheitsamt in Essen war ich häufiger in Bedburg-Hau, um Patienten zu besuchen. Dadurch kannte ich die Kolleginnen und Kollegen des Sozialdienstes, wusste auch, dass von 20 Planstellen nur sieben besetzt waren.

Ich begann am 1. Oktober 1980 als Sozialarbeiter in der Rheinischen Landesklinik Bedburg-Hau und war zuständig für elf Stationen. Psychologen und Sozialdienstmitarbeiter hatten ihre Büros gemeinsam in einem Haus (Haus 35) und gingen von dort nach Bedarf oder Nachfrage, regelmäßig oder ab und zu, zu den Stationen, führten dort Sprechstunden durch oder waren verabredet zu Gesprächen mit den Ärzten. Die zahlenmäßige Zuständigkeit war enorm: Acht Sozialdienstmitarbeiter waren für über 3.000 Patientinnen und Patienten zuständig. Dieser desolate Betreuungsschlüssel hat sich – wie vieles andere auch – im Laufe von 30 Jahren deutlich verbessert: 1981 ein Sozialdienstmitarbeiter auf rund 380 Patienten, acht Stellen bei 3.096 Patienten – 2010 ein Sozialdienstmitarbeiter auf rund 27 Patienten, 35,7 Stellen bei 988 Patienten/Bewohnern.

Eigentlich wollte ich ja nur zwei bis drei Jahre Erfahrungen in der stationären Psychiatrie sammeln, »normal« arbeiten und ein angenehmes Leben führen. Ich fand dann aber eine Situation vor, in der mir ein »bequemes« Arbeiten nicht möglich war. Ich hatte das Gefühl, mich einbringen zu müssen, und schloss mich der so genannten Ärzteinitiative an. Eine Gruppe von jungen Ärzten, einigen Psychologen, Sozialarbeitern und Krankenpflegekräften war seit Anfang 1980 aktiv und hatte sich zum Ziel gesetzt, die Standards in der Klinik in allen Bereichen zu verbessern und Forderungen der Sozialpsychiatrie umzusetzen. Die Stationen – häufig geschlossen – waren überfüllt, mit schlechter Ausstattung, teilweise nur mit einem Bad für 40 Patienten, einem Tagesraum, ansonsten überwiegend

Rheinische Gesellschaft für

SOZIALE PSYCHIATRIE

Regionalgruppe Kleve

Die Regionalgruppe der Rheinischen Gesellschaft für Soziale Psychiatrie lädt zu einer Podiumsdiskussion mit dem Thema

Psychiatrie -	Ausgrenzung in Großkrankenhäusern oder Eingliederung in der Gemeinde ?

am 15.11.1980 um 20.^{00} Uhr in der Klever Stadthalle ein.

Für das Podium sind eingeladen:

- Frau Dr.M.Rave-Schwank,Leiterin des psychiatrischen Krankenhauses in Riedstadt,früher beim Landschaftsverband Rheinland verantwortlich für die Fortbildung des Pflegepersonals,
- die Essener Kontakte,
- E.Kleinlützum,Sozialarbeiter und Mitglied des Personalrates der Landesklinik Mönchengladbach,die über ein umfassendes Angebot vor- und nachstationärer Einrichtungen verfügt,
- J.Rave,Krankenpfleger,der nach mehrjähriger Tätigkeit an einer Landesklinik nun an einer Sozialstation tätig ist,
- E.Stoy-Beckers,Sozialarbeiterin von der Arbeiterwohlfahrt in Kleve,die die Bildung von Selbsthilfegruppen unterstützt.

Zum Mitdiskutieren,Mithelfen und Mitnachdenken sind alle Klever Bürger,sowie die in der Psychiatrie und Sozialfürsorge Beschäftigten,insbesondere die Mitarbeiter der Landesklinik Bedburg-Hau herzlich eingeladen.

Die Deutsche Gesellschaft für Soziale Psychiatrie (DGSP)und die Landesverbände sind eine gemeinnützige Gesellschaft,in der Angehörige aller in der Psychiatrie tätigen Berufsgruppen und interessierte Laien zusammen an der Entwicklung einer menschengerechten psychiatrischen Versorgung arbeiten.Wir halten eine Versorgung,die darauf gründet,daß die Patienten in weit entlegene Großkrankenhäuser eingewiesen werden,für unmenschlich.In solchen Großkliniken,wie auch in Bedburg-Hau, muß das Personal - trotz erreichter Verbesserungen - oft unter schwierigsten Bedingungen arbeiten und auf Patienten wirkt sich diese Art von Unterbringung oft krankheitsfördernd aus.

Abb. 2: Flugblatt Rheinische Gesellschaft für Soziale Psychiatrie

Abb. 3: Gemeinschaftsbad mit zwei Wannen und einer Dusche. Foto: Fotosammlung der LVR-Klinik Bedburg-Hau

Abb. 4: Tagesraum. Foto: Fotosammlung der LVR-Klinik Bedburg-Hau

Mehrbettzimmer, Schlafkabinen oder Wachsäle. Es gab kaum therapeutische Angebote. Offene Diskussionen in den Teams oder in Konferenzen fanden nicht statt.

Die Initiative traf sich zunächst »konspirativ« entweder privat oder in einer Szenegaststätte in Kleve. Unter dem Dach der Rheinischen Gesellschaft für Soziale Psychiatrie (RGSP) wurden Veranstaltungen mit sozialpsychiatrischen Themen, Demonstrationen und offene Diskussionen organisiert. Die erste große Podiumsdiskussion fand am 15. November 1980 in der Stadthalle in Kleve statt. Vorausgegangen war eine äußerst eindrucksvolle Kundgebung auf dem Münsterplatz in Bonn im Oktober 1980. Dort forderte Prof. Dr. Dr. Klaus Dörner die Öffentlichkeit auf, die in der Psychiatrie Tätigen »auf allen Ebenen zu unterstützen; denn irren ist zwar menschlich, oft aber auch ziemlich unmenschlich. Daher haben wir alle die Pflicht, den Betroffenen jegliche zusätzliche unnötige Unmenschlichkeit zu ersparen und statt dessen die Last entweder gar nicht erst entstehen zu lassen oder auf möglichst viele Schultern zu verteilen und gemeinsam zu tragen.«

Die Ansichten und Argumente der Deutschen Gesellschaft für Soziale Psychiatrie und Thesen zur Auflösung und Verkleinerung der großen Anstalten wurden von der Initiative aufgegriffen. Von der Klinikleitung kamen Hinweise, dass die Teilnahme für die Mitglieder der Initiativgruppe an bestimmten Aktivitäten oder Veranstaltungen arbeitsrechtliche Konsequenzen haben könnte. Über die Aktionen wurde mehr und mehr intern gesprochen und in der örtlichen Presse berichtet. In der Hauszeitschrift »Bedburger Rundschau«, Ausgabe Dezember 1980, schrieb die damalige Betriebsleitung in ihrem Grußwort zum Jahreswechsel 1980/1981: »In diesem Jahr wurden die Angriffe kleiner Gruppen gegen die psychiatrischen Einrichtungen im Rheinland und die darin Tätigen verstärkt fortgesetzt, bedauerliche Einzelfälle verallgemeinert und zu einem generellen Missstand aufzubauschen versucht. […] Die Zerschlagung der Großkrankenhäuser, die von einigen teils offen, teils verdeckt propagiert wird, würde das mühsam Aufgebaute zunichte machen.« Der Personalrat kam in der gleichen Ausgabe zu der Schlussfolgerung: »Mit aller Entschiedenheit müssen wir uns nicht realisierbaren Ideen verschließen.« – Der Landschaftsverband Rheinland als Träger der Klinik schaltete sich ein. Von Seiten der Trägerverwaltung wurden manche Forderungen der Initiativgruppe positiv aufgegriffen. Durch Prof. Caspar Kulenkampff, Vorsitzender der Psychiatrie-enquete und von 1971 bis 1983 zuständiger Landesrat beim LVR, wurden verschiedene Arbeitsgruppen eingerichtet.

Erste Veränderungen

Die ersten sichtbaren Veränderungen in der Klinik kamen dann ab 1981. Mit der schon länger vorbereiteten Überführung von zunächst rund 400 Betten des so genannten Behindertenbereiches in die eigenständige Einrichtung HPH (Heilpädagogisches Heim Bedburg-Hau, heute LVR-Heilpädagogische Hilfen Netz Niederrhein) wurden über einen

Zeitraum von drei Jahren Krankenhausstationen mit dem einfachen Akt, dass Schilder an den Häusern geändert wurden, in Heime für geistig behinderte Menschen umgewandelt. Die Patientinnen und Patienten waren von heute auf morgen Heimbewohner, die Krankenpflegekräfte Mitarbeiterinnen und Mitarbeiter eines Heimes. Damit begann ein enormer Veränderungsprozess in der Betreuung von geistig behinderten Menschen.

Mit dieser Abkoppelung kam es einerseits zu einer deutlichen Reduzierung in der Belegung der Klinik, andererseits aber auch zu ersten Reorganisationen in den Strukturen des psychiatrischen Krankenhauses. Für mich persönlich änderte sich die Arbeitssituation insofern positiv, als ich es erreichen konnte, nicht mehr für elf Stationen, sondern im Schwerpunkt nur noch für zwei geschlossene Aufnahmestationen (Station 23 und Station 42.3) zuständig zu sein. Da dort auch die Patienten aus Essen behandelt wurden, war es nahe liegend, dass ich als ehemaliges Mitglied der PSAG Essen die Klinik dort weiter vertreten konnte.

Ausrichtung nach draußen

Der Belegungsrückgang im Allgemeinen war Anfang der 1980er Jahre spürbar. Die ersten kleinen »Erfolge« durch die so genannte Ärzteinitiative gingen aber im Arbeitsalltag verloren. Engagierte Kolleginnen und Kollegen des ärztlichen Dienstes wechselten zu »moderneren« Kliniken. Die alten Direktoren und Anstaltsleiter galten als Bewahrer überholter Traditionen, mit denen eine Psychiatrie-Reform nicht möglich war. Anfang der achtziger Jahre kamen in anderen Kliniken – auch beim Landschaftsverband Rheinland – die »Sozialpsychiater« in die Positionen als ärztliche Leiter, die die Reform, die Gemeindepsychiatrie, die Enthospitalisierung und Dezentralisierung umsetzen wollten. Sie gründeten Tageskliniken und Institutsambulanzen, vernetzten sich mit dem außerstationären Bereich oder gründeten selbst Hilfsvereine, um Betreuungsangebote schaffen zu können, für die das Krankenhaus keinen Auftrag hatte.

In Bedburg-Hau war zu diesem Zeitpunkt für eine Reihe von Mitarbeiterinnen und Mitarbeiter der Beginn der Reformen nicht zu erkennen. Dadurch hatten andere und ich als Klinikmitarbeiter zeitweise resigniert und unsere gemeindepsychiatrischen Aktivitäten in die Gründung von Vereinen und den Aufbau von Projekten gesteckt. Es entstanden im Kreis Kleve zwei Vereine, die ambulante und komplementäre Angebote konzipierten und ab 1985 die ersten Versorgungseinheiten eröffneten (Wohnheim für psychisch Kranke, Kontakt- und Beratungsstelle, Betreutes Wohnen).

Die Rolle der PSAG

1982 wurde auf dem Umweg über einen Wohlfahrtsverband durch Klinikmitarbeiter die Gründung einer Psychosozialen Arbeitsgemeinschaft (PSAG) für den Kreis Kleve angeregt. In der ersten Sitzung, zu der der Kreis Kleve die wenigen Institutionen eingeladen hatte, wurde hervorgehoben, dass es darauf ankomme, »gemeinsame Anregungen, Gedanken und Aktivitäten zu erarbeiten und aufeinander abzustimmen«. Das erste Treffen der PSAG, Arbeitsgruppe Allgemeinpsychiatrie, fand Ende 1983 in kleinem Kreis statt. Diese Arbeitsgruppe orientierte sich an den Empfehlungen der Sachverständigenkommission der Psychiatrieenquete und sah ihre Aufgaben darin, die Behandlungs- und Betreuungsangebote für psychisch Kranke zu verbessern und Beiträge zu leisten »zur Bewältigung der vielfältigen Aufgaben der Integration, Kooperation und Koordination sowie im Bereich der Planung«. Da ich Erfahrungen aus der PSAG in Essen hatte, wurde ich von der Klinikleitung für dieses Gremium als Vertreter benannt.

In den ersten Jahren führte diese Arbeitsgruppe eine Erhebung zur Frage der Versorgung psychisch Kranker im Kreis Kleve durch und konnte daraufhin in Kooperation mit der Kreisverwaltung das »Psychosoziale Adressbuch« herausgeben. In den damit verbundenen Diskussionen wurde deutlich, dass in Teilbereichen der ambulanten und komplementären Versorgungseinrichtungen noch ein erheblicher Fehlbedarf bestand. Die mangelhafte Versorgungssituation war ständiger Diskussions- und Erörterungspunkt bei den Arbeitsgruppensitzungen. Ende der achtziger Jahre wurde nach umfassenden Recherchen, Analysen und Bewertungen ein Diskussionspapier zur Versorgung psychisch Kranker im Kreis Kleve fertig gestellt, in dem vor allem die Weiterentwicklung der ambulanten und komplementären Angebote gefordert wurde. Diese Stellungnahme fand im Wesentlichen Berücksichtigung im ersten Psychiatrieplan des Kreises Kleve.

Ab Anfang der neunziger Jahre war festzustellen, dass sich die »Versorgungslandschaft« in vielen Bereichen verbesserte. Die Elemente einer regionalen Versorgungsstruktur, die auch 1989 von der Expertenkommission der Bundesregierung gefordert wurde, waren ab dieser Zeit im Kreis Kleve anzutreffen, jedoch mit der Einschränkung, dass diese Angebote bezüglich ihrer Quantität nicht immer ausreichend waren und sich fast ausschließlich auf den nördlichen Teil des Kreises Kleve konzentrierten. Aus diesem Grund befasste sich die Arbeitsgruppe Allgemeinpsychiatrie in den 1990er Jahren vermehrt und intensiv damit, dass ein angemessenes regionalisiertes Angebot auch im südlichen Teil des Kreises Kleve geschaffen wurde. Dies geschah in enger Kooperation mit der LVR-Klinik und dem Landschaftsverband Rheinland. Heute gibt es im Südkreis wie im Nordkreis umfangreiche Angebote, die in der Regel von den Mitgliedsorganisationen der PSAG aufgebaut wurden.

Es kann resümiert werden, dass die PSAG als Zusammenschluss aller Einrichtungen der psychosozialen Versorgung einen nicht unerheblichen Beitrag zur Verbesserung der Behandlungs- und Betreuungsbedingungen für psychisch kranke Bürger des Kreises Kleve geleistet hat. Das zukünftig vorrangige Ziel im Sinne einer gemeinde- und bürgernahen

Psychosoziales Versorgungssystem

bis 1980	ab 1980
Landeskrankenhäuser	Psychiatrische Kliniken
Universitätskliniken	Universitätskliniken
	Psychiatrische Abteilungen
Nervenärzte	Ärzte für Psychiatrie/Psychotherapie Ärzte für Neurologie Ärzte für Kinder- und Jugendpsych.
	Institutsambulanzen
Wohnheime	Wohnheime, Übergangsheime
	Wohngruppen, Außenwohngruppen
	Wohngemeinschaften, Betreutes Wohnen
	Kontakt- und Beratungsstellen
	Integrationsfachdienste/Berufsbegleitende Dienste
	Tagesstätten
	Ambulante psychiatrische Pflege
Werkstätten für Behinderte	Werkstätten für psychisch behinderte Menschen

Abb. 5: Psychosoziales Versorgungssystem. Grafik erstellt von K.-P. Röhl, LVR-Klinik Bedburg-Hau

Versorgung wird sein, das Angebot zu optimieren und alle Angebote, bezogen auf Inhalte und Bürgernähe, dem sich ändernden Bedarf anzupassen.

Natürlich gehört es auch dazu, aufzuzeigen, was nicht erreicht wurde. Es gibt:
- keine flächendeckende Einbindung von Selbsthilfeorganisationen der Psychiatrieerfahrenen;
- keine organisierte Angehörigenvertretung außerhalb von Angeboten der Institutionen. Der Angehörigenverband war nur von 1999 bis 2002 aktiv in der PSAG beteiligt;
- keinen ausreichenden Wohnraum für das Betreute Wohnen;
- keine regulären Arbeitsplätze für psychisch kranke Menschen;
- (noch) kein Aktionsprogramm für die Umsetzung der UN-Konvention für die Rechte behinderter Menschen mit der Zielsetzung der Inklusion.

Warten auf den Wandel – Drinnen

Bevor 1990 in Bedburg-Hau mit der Enthospitalisierung und Dezentralisierung unter der Leitung von Dr. Elmar Spancken eine neue Ära begann, habe ich immer sehnsüchtig zu anderen Kliniken geschaut, zum Beispiel zur Reformklinik nach Mönchengladbach. Gütersloh war in den 1980er Jahren mit der jährlichen Fortbildungswoche zur »Pilgerstätte« geworden. Dort hat mir Christine Teller, die damals Oberärztin bei Professor Dörner in der Westfälischen Landesklinik Gütersloh war, eine schöne Antwort gegeben. Ich hatte sie angesprochen und gesagt, dass sie es ja in Gütersloh bei diesem Chef einfach hätten, Reformen durchzuführen, dass dies mit den alten Klinikdirektoren nicht zu machen sei. Sie gestand mir ein, dass für alle Fortschritte der Chef zumindest ein »wohlwollendes Desinteresse« haben müsse. Ein wohlwollendes Desinteresse für einen Reformprozess, der sich auch auf außerklinische Bereiche erstrecken sollte, habe ich damals in Bedburg-Hau nicht erkennen können. Im Gegenteil: Gab es an anderen Orten schon positive Erfahrungen, warnte der damalige ärztliche Leiter Dr. Guido Graffelder (amt. 1981–1992) in Bedburg-Hau vor der Reformbewegung. Auf der Personalfeier zum Jahreswechsel 1986/1987 führte er an, »daß die früher allgemein verbreitete Euphorie über das Ausmaß einer ambulanten möglichen psychiatrischen Versorgung sich als unberechtigt erwiesen hat«. Weiter zitierte er einen Kollegen aus der Schweiz, der »den Verdacht hat, daß die zunehmende Aktivität vieler selbsternannter Fachleute und sog. Therapeuten zu Unruhe und vermehrter Belastung vieler psychisch Kranker mit der Folge einer Dekompensation geführt hat«. Darüber hinaus ist angeführt, »daß unangemessener Rehabilitationsdruck nicht nur zu erheblicher Verschlechterung des Krankheitsverlaufes, sondern auch zu Suiciden führen kann« (Bedburger Rundschau, Januar 1987).

Am 3. Juli 1987 wurde das 75-jährige Bestehen der Rheinischen Landesklinik gefeiert. In seiner Festrede (s. Bedburger Rundschau, September 1987) sprach der damalige Landesdirektor Dr. Bert Fischbach (amt. 1980–1987) über den Modellcharakter der Klinik zur Gründerzeit. Nicht alles sei schlecht gewesen: »So ganz unrecht können die, die damals planten und bauten [gemeint war der Anfang des 20. Jahrhunderts, Rö.], auch nicht gehabt haben, denn gerade hier in Bedburg-Hau ist bis auf den heutigen Tag der Zusammenhalt und das Zusammengehörigkeitsgefühl von Patienten und Mitarbeitern und Bevölkerung besonders intensiv.« Er führte dann weiter an, dass dies »jenen allzu radikalen Neuerern, die womöglich noch nie die Alltagsarbeit in der Psychiatrie erlebt haben, zu denken geben« sollte. Anhand von Zahlen stellte er die positive Entwicklung der letzten Jahre dar (Vergleiche zwischen 1970 und 1987) und gab zu, dass »Zahlen viel, aber nicht alles aussagen«, jedoch »eines mit Sicherheit zeigen: Innerhalb von 15 Jahren hat sich die Klinik Bedburg-Hau von einem überbelegten, mit ungeheuren Schwierigkeiten kämpfenden Haus, mit einer katastrophalen Personalausstattung zu einem modernen, auch personell wesentlich besser besetzten psychiatrischen Krankenhaus entwickelt.« An anderer Stelle heißt es: »Es gibt keine Bettensäle mit 40, 60 Betten mehr«, es bleibe aber »noch viel zu tun«.

Zwei Jahre später wurde aber durch eine vom Landschaftsverband selber veranlasste Untersuchung das Ausmaß der desolaten und teilweise unmenschlichen Zustände auf den Langzeitstationen der Klinik ermittelt. Wie unterschiedlich dies bewertet wurde, zeigen Aussagen auf, die im Rahmen der Personalfeier am 5. Januar 1990 vom Leitenden Arzt Dr. Graffelder und vom Personalratsvorsitzenden Wilfried Schumacher geäußert wurden (Bedburger Rundschau, Januar 1990). Dr. Graffelder: »[…] Mit Aussagen aus der letzten Sendung [Fernsehbeitrag im WDR, Rö.] wie ›eine Klinik, die nicht heilt‹ und ›findet Therapie kaum statt‹ ist der Boden auch nur andeutungsweiser Sachlichkeit verlassen, […] ist auf dieser Ebene jede Diskussion überflüssig. Auf dieses niedrige Niveau begeben wir uns nicht […].« Schumacher betonte, »daß gegen eine Dezentralisierung und Enthospitalisierung keine Einwände bestehen, wenn alle Voraussetzungen stimmen. […]

Gebt uns mehr Personal und geeignete Einrichtungen, dann können wir diese Aufgabe in Trägerschaft des LVR selbst weiter fortsetzen.« Die Diskussion, auch die öffentliche Diskussion in der Region und in allen Medien, führte dann schließlich ab 1990 zum mit 70,5 bzw. später mit 100,5 Millionen DM vom LVR geförderten Enthospitalisierungs- und Dezentralisierungsprogramm (siehe den folgenden Beitrag von Elmar Spancken).

Ich kann mich gut an eine Gesprächssituation erinnern, dies muss ebenfalls 1989 gewesen sein, in der mich Dr. Graffelder für meine gute Ausarbeitung über die psychosoziale Versorgung im Kreis Kleve lobte, gleichzeitig mir aber zu verstehen gab, dass alle konzeptionellen Aussagen nicht auf die Patienten unserer Klinik zuträfen, da diese viel zu krank seien, um durch ambulante oder komplementäre Einrichtungen betreut werden zu können. Umso mehr habe ich mich darüber gefreut, dass ich ab 1990 von meinen Aufgaben auf den Aufnahmestationen entbunden wurde und gestalterisch an dem Enthospitalisierungs- und Dezentralisierungsprogramm mitwirken konnte.

Wandel der Versorgung – Draußen

Zwei Grafiken veranschaulichen den Veränderungsprozess im Kreis Kleve:

Die Kreiskarte zeigt, dass sich die Angebote der psychosozialen Versorgung über das gesamte Kreisgebiet erstrecken.

Obwohl die Daten nicht hundertprozentig exakt ermittelt sind, ist erkennbar, dass sich eine erhebliche Verschiebung ergeben hat: der Abbau der Betten im Krankenhausbereich zu Gunsten ambulanter und so genannter komplementärer Einrichtungen. Vielleicht wird es langsam Zeit, die stationäre Krankenhauspsychiatrie als komplementär zu bezeichnen, da der Schwerpunkt der Behandlung und Betreuung heute außerhalb der Klinik liegt.

Zehn Jahre lang habe ich auf den Aufnahmestationen gearbeitet, Verbesserungen in der Personalausstattung und Umbaumaßnahmen mit Verkleinerungen der Stationen erlebt. In dieser Zeit waren die ersten Erfolge der Psychiatriereform zu erkennen. Überall im ehemaligen Einzugsgebiet der Klinik entstand eine Vielzahl von stationären, teilstationären und ambulanten Behandlungs- und Betreuungsangeboten: Psychiatrische Abteilungen an Allgemeinkrankenhäusern, Wohnheime für psychisch Kranke in den Herkunftsregionen, Betreutes Wohnen, Kontakt- und Beratungsstellen, Psychosoziale Dienste, Werkstätten für psychisch behinderte Menschen, deutlich mehr niedergelassene Psychiater.

1975 gehörten zum Pflichtversorgungsgebiet des Landeskrankenhauses Bedburg-Hau die Städte Essen, Duisburg und Oberhausen sowie die Kreise Wesel und Kleve mit rund 2,2 Millionen Einwohnern. Nach einem Veränderungsprozess von mehr als 25 Jahren ist die LVR-Klinik Bedburg-Hau seit 2002 im Bereich der Allgemeinpsychiatrie nur noch für den Kreis Kleve ohne die Städte Kalkar und Rees für rund 250.000 Einwohner zuständig.

Im Vergleich zu 1975 existieren heute im ehemaligen Einzugsgebiet zusätzlich psychiatrische Krankenhäuser und Abteilungen in Kalkar, Rheinberg, Dinslaken, Essen, Oberhausen und Duisburg. Noch deutlicher ist der Wandel im ambulanten und komplementären Bereich mit einem breit gefächerten Angebot der unterschiedlichsten Dienste für ambulante Behandlung und Betreuung in den Lebensbereichen Wohnen, Arbeit und Beschäftigung, Freizeit sowie soziale Beziehungen.

Wandel der Versorgung – Drinnen

Trotz der Kritik am Ausbleiben des Reformschwungs und des Eingestehens, vieles, was im Langzeitbereich der Klinik passierte, nicht wahrgenommen zu haben, gab es in den 1980er Jahren im Bereich der Akutpsychiatrie viele positive Entwicklungen. Die Krankenhausabteilungen wurden reorganisiert. Es erfolgte die »Umorganisation der Abteilungsgliederung mit dem Ziel möglichst differenziert gegliederter fachbezogener Therapiekonzepte« (Bedburger Rundschau, September 1992, S. 13). Darüber hinaus wurde ein neues Dokumentationssystem eingeführt. Sowohl in der personellen Ausstattung und im Aufbau multiprofessioneller Teams als auch in der räumlichen Ausstattung gab es Verbesserungen. Ab 1982/83 wurden jedes Jahr zwei, drei Häuser mit erheblichen Mitteln umgebaut oder renoviert. 1982 wurden das Sozialzentrum und die Patientenbibliothek eröffnet, 1983 die Werkstatt für industrieorientierte Arbeitstherapie als Vorgängerin für die spätere Werkstatt für psychisch Behinderte (Rosendahler Werkstätten). 1983 begann die Institutsambulanz mit ihrem Behandlungsangebot. Gruppentherapeutische Angebote, Angehörigen-Gruppen und die verschiedensten neuen Behandlungen wurden initiiert, Ergotherapie, Kreativtherapie, Sport- und Bewegungstherapie, Reittherapie. Für verschiedene Diagnosegruppen entstanden Spezialangebote, für alle Altersgruppen tagesklinische Behandlungen und Spezialambulanzen.

Innerhalb von 30 Jahren sank die Durchschnittsbelegung in der Klinik um mehr als zwei Drittel, von 3.096 Patienten 1980 auf 988 Patienten und Bewohner im Jahr 2010. Von Jahr zu Jahr gab es einen Rückgang durch die Abkopplung des HPH, durch den Aufbau von neuen Versorgungselementen im gesamten ehemaligen Pflichtversorgungsgebiet der Klinik, durch das Enthospitalisierungsprogramm und durch die Verkleinerung des Zuständigkeitsbereiches. Ab 2000 folgte ein weiterer Belegungsrückgang im Krankenhausbereich sowie in den Betriebsbereichen Soziale Rehabilitation und Pflegeheim, aber bedingt durch die Erweiterung in der Forensik und der Neuausrichtung in der Neurologie blieb die Gesamt-Durchschnittsbelegung der letzten zehn Jahre in der gleichen Größenordnung (991 im Jahr 2000, 988 im Jahr 2010).

Aus der Darstellung ist zu erkennen, dass sich das Verhältnis zwischen Patienten und Personal im Laufe der Jahre deutlich verbesserte.

Ab Anfang der 1990er Jahre gab es mehr Mitarbeiterinnen und Mitarbeiter als Patienten. Beispielweise verbesserte sich der Betreuungschlüssel beim gesamten Personal von 1:2,2 auf 1:0,8, beim Pflegepersonal von 1:3,1 auf 1:1,6, bei den Ärzten noch wesentlich deutlicher von 1:73,7 auf 1:14,1. 1980 gab es bei 3.096 Patienten (Durchschnittsbelegung) 42 Ärzte,

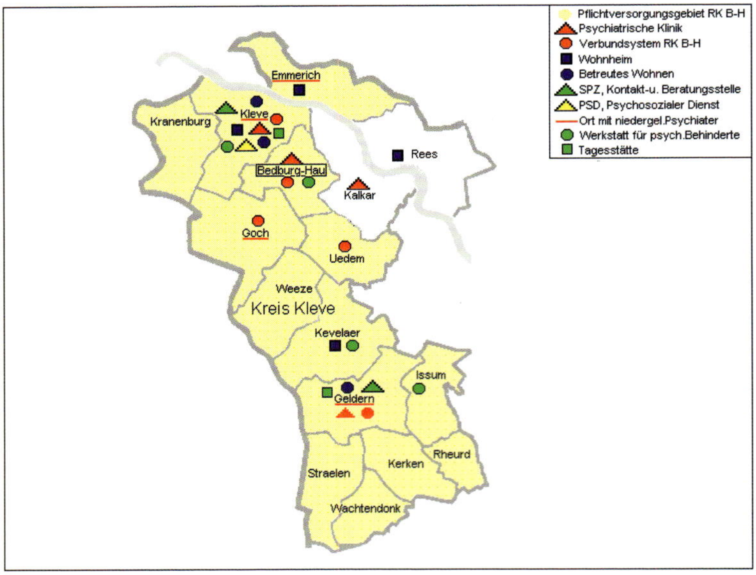

Abb. 6: Pflichtversorgungsgebiet der RK Bedburg-Hau. Grafik erstellt von K.-P. Röhl, LVR-Klinik Bedburg-Hau

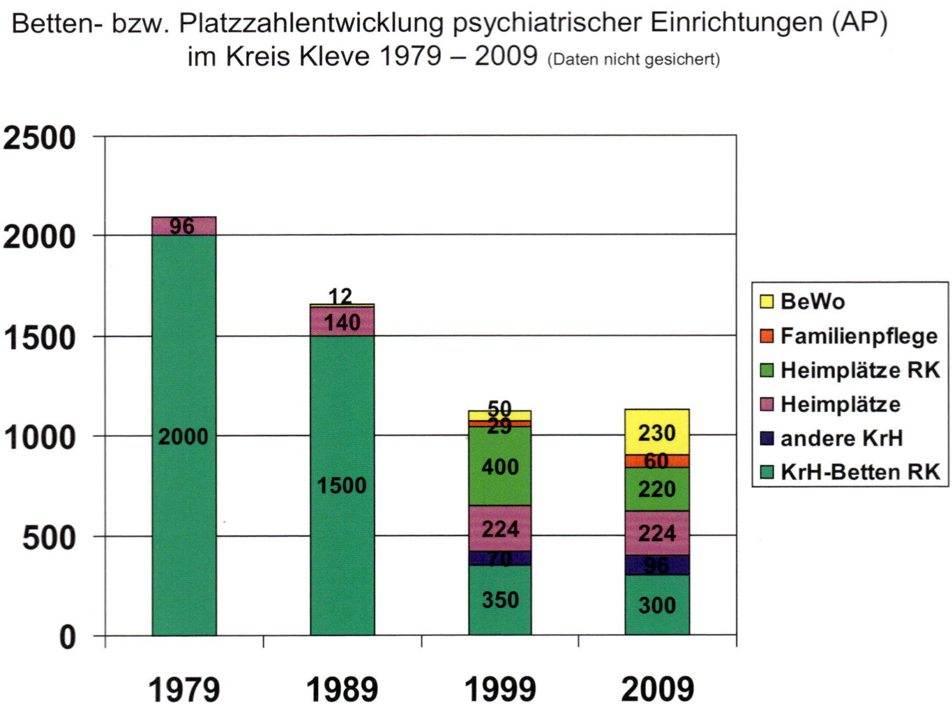

Abb. 7: Betten- und Platzzahlentwicklung psychiatrischer Einrichtungen im Kreis Kleve 1979–2009. Grafik erstellt von K.-P. Röhl, LVR-Klinik Bedburg-Hau

Abb. 8: Pflichtversorgungsgebiet der RK-Klinik Bedburg-Hau 1975. Grafik erstellt von K.-P. Röhl, LVR-Klinik Bedburg-Hau

Abb. 9: Pflichtversorgungsgebiet der RK-Klinik Bedburg-Hau 1985. Grafik erstellt von K.-P. Röhl, LVR-Klinik Bedburg-Hau

acht Sozialdienstmitarbeiter, zehn Psychologen, einige Arbeitstherapeuten, 994 Mitarbeiterinnen und Mitarbeiter des Pflegedienstes (davon rund 450 im Bereich für geistig Behinderte). 30 Jahre später (2010) wurden 988 Patienten/Bewohner (Durchschnittsbelegung) behandelt und betreut mit 70 Ärzten, 36 Sozialdienstmitarbeitern, 46 Psychologen, sieben Pädagogen, 41 Ergotherapeuten und Kreativtherapeuten, 22 Sport- und Bewegungstherapeuten und 627 Mitarbeiterinnen und Mitarbeitern des Pflegedienstes.

In meiner Berufsgruppe stieg die Zahl der Mitarbeiterinnen und Mitarbeiter in den letzten 30 Jahren von acht auf 36 Stellen. Also besserte sich der Betreuungschlüssel von rund 1:380 auf rund 1:27. Ähnliche Verbesserungen gab es bei den Ergotherapeuten, im Psychologischen Dienst sowie bei den Sport- und Bewegungstherapeuten. Einige Berufgruppen kamen neu hinzu (Kreativtherapeuten, Pädagogen).

Schlussfolgerung

Heute ist feststellbar, dass psychisch kranke Menschen einen bedeutend einfacheren Zugang zum psychiatrischen Hilfesystem haben und die Palette von Unterstützungs-, Beratungs-, Betreuungs- und Behandlungsangeboten deutlich gewachsen ist. Innerhalb unserer Klinik besteht jetzt ein differenziertes ambulantes, teilstationäres und stationäres Behandlungsangebot zur Behandlung aller psychiatrischen und neurologischen Erkrankungen. Zusätzlich besteht ein ausdifferenziertes Betreuungsangebot durch den Betriebsbereich Soziale Rehabilitation in Form von ambulanter und stationärer Wohnbetreuung und Angeboten der Tagesstruktur.

Im Kreis Kleve, der Versorgungsregion für die Allgemeinpsychiatrie der LVR-Klinik Bedburg-Hau, existiert ein gutes, bürgernahes Angebot der psychosozialen Versorgung. Die Dienste sind eng vernetzt und kooperieren auf den verschiedenen Ebenen.

Die Bettensäle in der weit entfernten Landesklinik gibt es nicht mehr. Patienten werden heute in ihrer Gemeinde, in ihrer Stadt, in ihrer Region behandelt. Psychiatrische Krankenhäuser, niedergelassene Psychiater und das breite Angebot an psychosozialen Betreuungseinrichtungen sind in der Nähe. Chronisch psychisch Kranke, die noch vor 20 Jahren auf Langzeitstationen versorgt wurden, leben heute zum allergrößten Teil in Einzelzimmern in Wohngruppen, Außenwohngruppen oder im ambulant betreuten Wohnen. Die nüchternen Wachsäle auf den Behandlungsstationen wurden abgelöst durch angemessene Räumlichkeiten. Das Gemeinschaftsbad für alle gehört der Vergangenheit an. Für alle Patienten und Bewohner gibt es individuelle Behandlungs- und Betreuungspläne. Die Verweildauer im Krankenhaus wurde enorm verkürzt. Die Kooperation zwischen der LVR-Klinik und den außerstationären Diensten wurde vertieft. Die Lebenssituationen für die betroffenen Patienten und Klienten haben sich deutlich verändert.

Wir müssen aber feststellen, dass es trotz moderner Behandlungsmethoden und einer Vielfalt von ambulanten Unterstützungsmaßnahmen auch heute immer noch zu schwersten chronischen Krankheitsverläufen kommt. Unsere Aufgabe wird darin beste-

Abb. 10: Pflichtversorgungsgebiet der RK-Klinik Bedburg-Hau 1995. Grafik erstellt von K.-P. Röhl, LVR-Klinik Bedburg-Hau

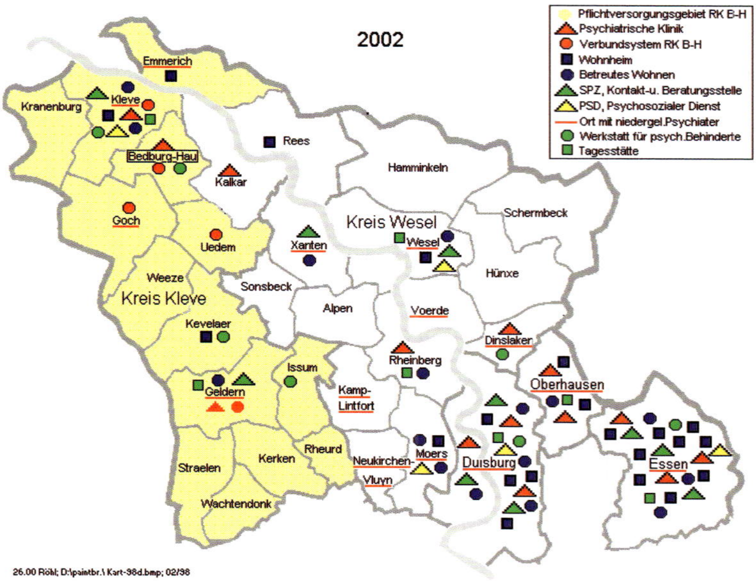

Abb. 11: Pflichtversorgungsgebiet der RK-Klinik Bedburg-Hau 2002. Grafik erstellt von K.-P. Röhl, LVR-Klinik Bedburg-Hau

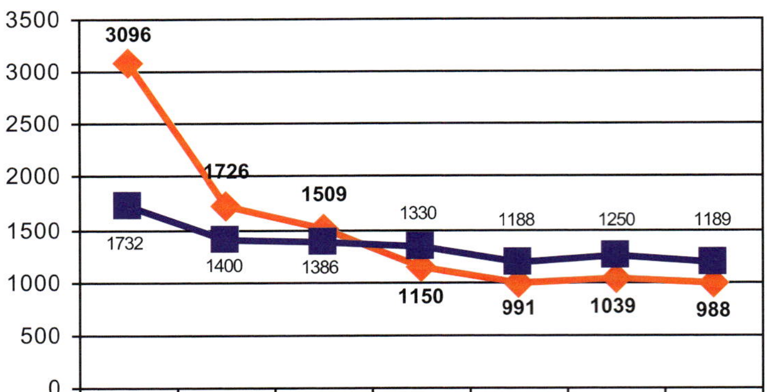

	1980	1985	1990	1995	2000	2005	2010
Pat/Bew	3096	1726	1509	1150	991	1039	988
Personal	1732	1400	1386	1330	1188	1250	1189

Abb. 12: Patienten- und Personalentwicklung 1980–2010. Grafik erstellt von K.-P. Röhl, LVR-Klinik Bedburg-Hau

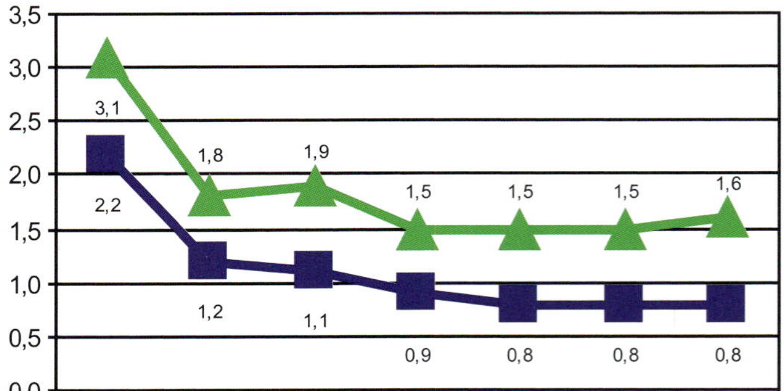

	1980	1985	1990	1995	2000	2005	2010
Personal	2,2	1,2	1,1	0,9	0,8	0,8	0,8
Pfleged.	3,1	1,8	1,9	1,5	1,5	1,5	1,6

Abb. 13: Personal- und Pflegedienstentwicklung 1980–2010. Grafik erstellt von K.-P. Röhl, LVR-Klinik Bedburg-Hau

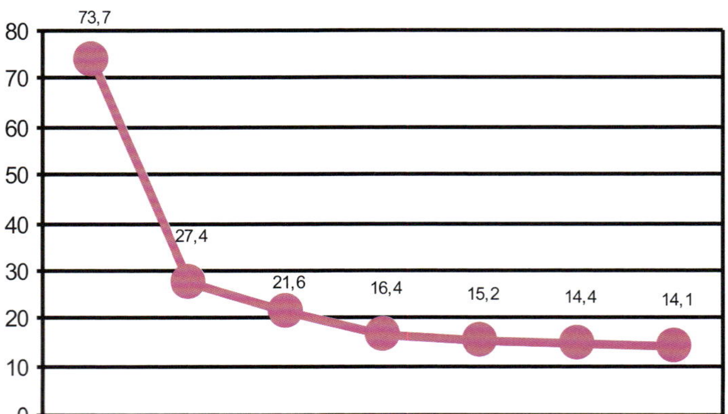

	1980	1985	1990	1995	2000	2005	2010
Ärzte	73,7	27,4	21,6	16,4	15,2	14,4	14,1

Abb. 14: Relation ärztliches Personal/ Patienten. Grafik erstellt von K.-P. Röhl, LVR-Klinik Bedburg-Hau

hen, allen Betroffenen die bestmöglichen Behandlungs- und Betreuungsmöglichkeiten zur Verfügung zu stellen und mit dazu beizutragen, dass Vorurteile und Barrieren abgebaut werden und es von vorneherein nicht zur Ausgrenzung kommt. Die UN-Behindertenrechtskonvention mit ihrem Auftrag zur Umsetzung der Inklusion wird neben der Verbesserung der psychiatrischen Behandlung und Betreuung die Herausforderung der Zukunft sein.

Elmar Spancken

Von der Enthospitalisierung zum Reha-Bereich

»Zusammenfassend ist festzustellen, dass [...] diese Klinik nur in Teilbereichen eine menschenwürdige Psychiatrie vertreten kann [...].« Dieses Urteil der Staatlichen Besuchskommission findet sich als Zitat in der Vorlage 8/LA vom 25. April 1989, die sich mit der »Weiterentwicklung und Dezentralisierung der Langzeitbereiche der RLK« befasst. In dieser detaillierten Bestandsaufnahme der Trägerverwaltung heißt es noch unter anderem: »Der über viele Jahre erlebte Stationsalltag hat bei den Patienten den Verlust von Privatleben, Eigenständigkeit und Selbstbestimmung zur Folge. [...] Hinzu kommt, dass die fehlende Intimität, das Zusammenleben zu vieler Patienten auf engstem Raum und die mangelnden Rückzugsmöglichkeiten Kompetenzverluste in allen Lebensbereichen verstärken.« Für Bedburg-Hau traf diese Beschreibung 1989 noch auf mehr als 900 chronisch Kranke in 20 Häusern und 39 Stationen zu. Allein auf die räumlichen Bedingungen bezogen kam man zu dem Ergebnis, dass, um nur den Mindeststandard von acht Quadratmetern pro Patient einhalten zu können, 350 Patienten hätten entlassen werden müssen. Wie konnte das sein, 15 Jahre nach der Psychiatrieenquete und einem Reformprozess, der gerade im Rheinland den Paradigmawechsel »von der Anstalt zur Gemeindepsychiatrie« entschlossen vorangetrieben hatte?

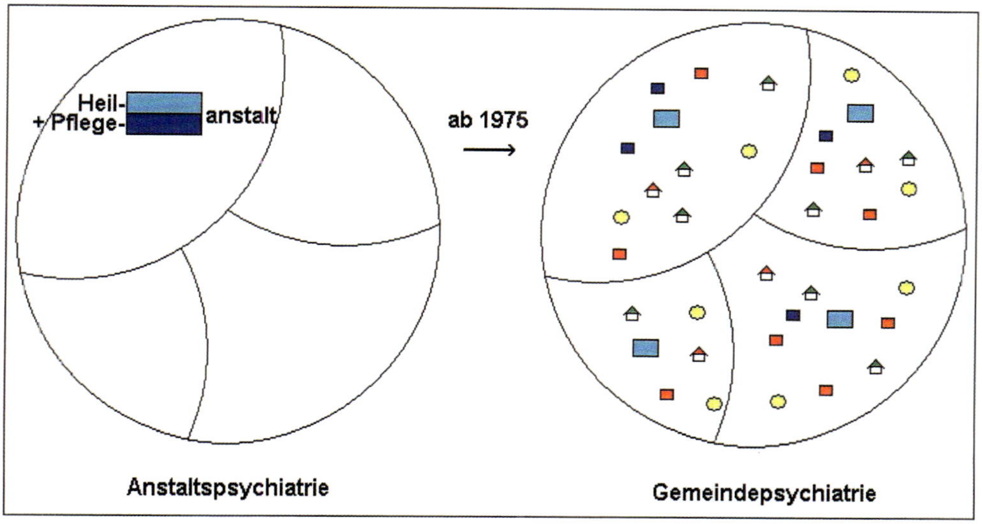

Abb. 1: Umgestaltung der Versorgungslandschaft seit 1975. Grafik von K.-P. Röhl, LVR-Klinik Bedburg-Hau

Die Umgestaltung der Versorgungslandschaft mit der Etablierung psychiatrischer Abteilungen in den Kommunen des ursprünglichen Einzugsbereiches war in erster Linie den Neuerkrankten zugute gekommen. Sie mussten aus Essen, Duisburg, Oberhausen und anderen Städten nicht mehr in das weit entfernte Bedburg-Hau gebracht werden. Hier »versiegte« allmählich der Zustrom aus den großen Ruhrgebietsstädten. Aus dem Blick geraten war aber das Schicksal der im Langzeitbereich alt gewordenen chronisch Kranken. Für ihre Rückkehr fehlten geeignete Betreuungsmöglichkeiten. Nach 20, 30 Jahren war ihre »Heimat« nun Bedburg-Hau.

Die offene und öffentliche, von Landesrat Rainer Kukla (amt. 1983–2007) offensiv für Veränderungen genutzte Diskussion über diesen Tatbestand führte schließlich zur Entscheidung für das große Projekt »Enthospitalisierung« und zum so genannten 70,5 Millionen DM-Programm. Nach der ersten Etappe der siebziger und achtziger Jahre bekam der Reformprozess im Rheinland damit eine notwendige Fortsetzung. Denn ohne die nunmehr überfällige Hinwendung zum Schicksal der chronisch Kranken wäre er unvollständig geblieben. Günstige Umstände kamen zusammen:

- Eine übergreifende Willensbildung und Beschlussfassung auf politischer Ebene;
- die Entschlossenheit der Trägerverwaltung zur Umsetzung des Programms für das ganze Rheinland;
- die Bereitschaft zur Veränderung in den Kliniken aus dem Gefühl heraus, dass »die Zeit reif war«.

Das 70,5 Millionen DM-Programm hatte abgesehen von seinem Umfang noch einen bemerkenswerten qualitativen Aspekt. Es zielte nicht in erster Linie auf ein numerisch-strukturelles Ergebnis, wie zum Beispiel »Bettenabbau« oder »Auflösung«, sondern stellte die Leitidee der Lebensqualität ganz oben an. In Bedburg-Hau erlaubte uns dieser allgemein gehaltene Rahmen die Entwicklung von einigen Leitgedanken, an denen entlang sich die Praxis der folgenden Jahre entwickelt hat:

- Aufbau von komplementären Wohnformen in den entfernteren Regionen (zum Beispiel Essen, Duisburg) durch Freie Träger (»Wiederbeheimatung);
- Aufbau von Verbundsystemen im Kreis Kleve in Kliniktträgerschaft;
- Verbesserung der Situation im Klinikgelände (individuelle Milieus, Tagesstätten, Begegnungsstätte Casablanca, ergotherapeutische Zentren und anderes);
- Prinzip der Freiwilligkeit und Rücknahmegarantie für die Patienten;
- Förderung von Eigenverantwortlichkeit in den Projekten (zum Beispiel durch Budgetierung);
- Erhalt von Beziehungskontinuität beim Umzug in klinikeigene Projekte;
- Stärkung der Rolle des Pflegepersonals in der Verantwortlichkeit;
- Vermeidung von Polarisierung im Hinblick auf »Tradition« und »Fortschritt«;
- enge Kooperation mit Freien Trägern bei Projekten der Wiederbeheimatung.

Bedburg-Hau im Sommer 1990. Zwei Beispiele.

In Haus 9 leben rund 70 chronisch Kranke auf engem Raum. Ihr Leben spielt sich in zwei Sälen ab. Tagsüber sitzen sie untätig im Aufenthaltsraum. Die Zeit vergeht mit Warten auf die Mahlzeiten. Abends wechseln sie in den Schlafsaal und liegen Bett an Bett in provisorisch abgeteilten Kojen. Morgens werden sie in einem notdürftig ausgestatteten Sanitärraum gruppenweise geduscht. Haus 9 ist eine geschlossene Station. Alle Patienten sind seit Jahren durch richterlichen Beschluss untergebracht. Einmal am Tag werden sie in ein umzäuntes Gartenkarree geführt, das sie auf einem Rundweg umkreisen.

Mit Haus 9, betreut durch engagiertes und risikobereites Pflegepersonal, sollte ein Anfang gemacht werden. Von heute auf morgen wurden die Stationen geöffnet, zur Verwunderung der Gerichte alle Unterbringungsbeschlüsse aufgehoben und der Zaun entfernt. Bemerkenswert war die Reaktion der Patienten am ersten Tag. Auf dem Weg in den nunmehr offenen Garten verharrten sie wie gewohnt vor dem aber nur noch imaginären Zaun. Der nächste Schritt in die »Freiheit« wurde nicht gewagt. Der Zaun war noch im Kopf, das »draußen« ungewiss und beängstigend. Wohin sollten die Schritte auch führen? Als das benachbarte Haus 8 frei wurde, haben wir dort das Café Casablanca eingerichtet, später in Haus 24 eine Tagesstätte. Nun hatten die Patienten ein Ziel und ein aktivierendes Tagesprogramm. Für viele führte der Weg aber auch weiter: nach Kleve-Kellen, Goch, Uedem oder Geldern, aber auch nach Essen oder Duisburg.

Haus 12 ist ein Beispiel für unterschiedliche Wahrnehmungen und die Kompliziertheit von »Auflösungsprozessen«. Auch hier leben 35 Patienten in einem geschlossenen Pavillon. Ein Tagesraum und zwei Schlafsäle gehen ineinander über. Die Betten stehen so dicht an dicht, dass für Nachtschränkchen kein Platz bleibt. Eine Veranda, ursprünglich offen, jetzt zum Platzgewinn geschlossen, ist mit Betten so vollgestellt, dass das letzte in der Ecke kaum noch erreichbar ist. Im Dachgeschoss hat Herr S., ein tüchtiger »Hausarbeiter« und seit ca. 40 Jahren in der Klinik, ein kleines Einzelzimmer.

Der erstmals nach Haus 12 kommende Besucher kann in dieser Situation auf den ersten Blick nur ein Beispiel für die Missstände im Langzeitbereich erkennen. Vorsichtige Äußerungen in diese Richtung, die Inaussichtstellung einer geplanten »Auflösung«, lösen aber Sorge und Beunruhigung bei Mitarbeitern und Patienten aus. Sie sehen ihre Situation offensichtlich ganz anders. Mit spürbarem Stolz beschreiben sie die Vielfalt ihrer Aktivitäten. Als eine der ersten Stationen haben sie wieder Kontakt zu Angehörigen aufgenommen, und man zeigt Bilder von festlichen Weihnachtsfeiern. In einem Kellerraum hat man liebevoll eine Bar eingerichtet, in der man Patientengeburtstage feiert. In einem Winkel des Speichers ist ein Werkraum eingerichtet, wo mit einigen Patienten Holzarbeiten gemacht werden. Besonders stolz aber ist man auf die jährliche Urlaubsreise in eine Familienpension im Sauerland mit allen Patienten der wie gesagt »geschlossenen« Station. Es entsteht das Bild einer großen und harmonischen Familie, die zusammengewachsen ist und zusammenbleiben will. Auch die Patienten drücken ihre Zufriedenheit aus.

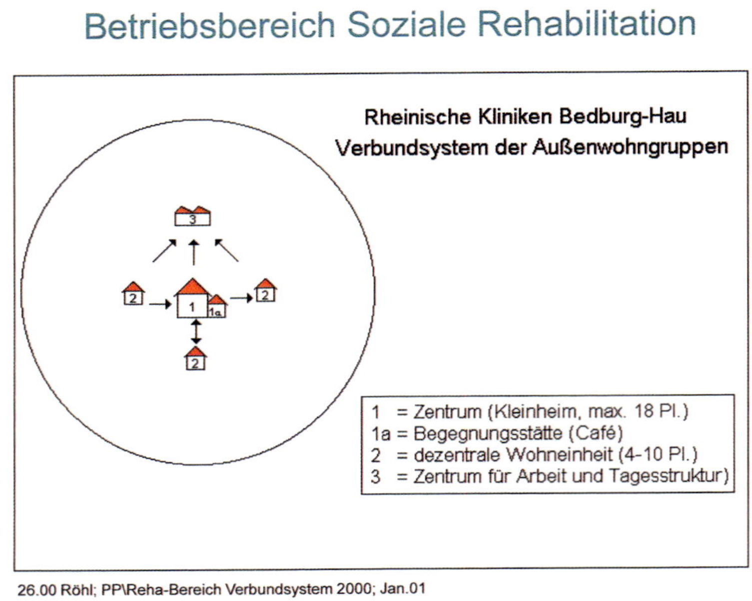

Abb. 2: Verbundsystem der Außenwohngruppen RK Bedburg-Hau. Grafik erstellt von K.-P. Röhl, LVR-Klinik Bedburg-Hau

Haus 12 steht damit für einige Eigentümlichkeiten des Hospitalismus. Wo eine Alternative zu den Rahmenbedingungen einer geschlossenen Station im übergeordneten Kontext der Klinik nicht zur Diskussion steht und die gegebene Situation von Patienten und Mitarbeitern als nicht beeinflussbar hingenommen werden muss, konzentrieren sich das Engagement und – wenn man so will – die humanen Intentionen des Pflegepersonals auf das institutionell Gegebene. Sie füllen den ärmlichen Rahmen emotional aus. So gesehen sind sie mit Recht stolz auf das Geleistete. Im Zuge der Auflösung von Haus 12 sind die meisten Patienten später nach Goch gezogen. Hier ist das »Verbundsystem Goch« entstanden. Um das Zentrum »Haus Wagner«, ein ehemaliges Hotel mit 18 Wohnplätzen, gruppieren sich drei dezentrale Wohneinheiten in der Wiesen- und Bahnhofstraße mit vier bis zehn Plätzen sowie das »Poffi-Haus«, ein ehemaliges Industriegebäude, als Zentrum für Arbeit und Beschäftigung.

Alle Patienten, die nun »Bewohner« geworden sind, haben dort ihr individuell gestaltetes Einzelzimmer. Herr S. fand darüber hinaus noch für einige Jahre eine »richtige« Arbeit in einer Gocher Gaststätte. Das Team aus Mitarbeitern der Krankenpflege und einem Diplom-Pädagogen betreut die vier Einheiten flexibel, je nach Bedarf, mit einem hohen Maß an Eigenverantwortlichkeit und verwaltet sein eigenes Budget.

Nach diesem Prinzip und aus den Mitteln des 70,5 Millionen DM-Programms entstanden nach und nach die Verbundsysteme und Kleinwohnheime in Kleve-Kellen, Uedem und Geldern. Auch die ehemaligen Ärztewohnungen in der Bahnstraße am Rand des Klinikgeländes wurden nach diesem Konzept für die chronisch Kranken genutzt. Letztlich waren auf diese Weise 150 gemeindeintegrierte Wohnplätze in den Zentren der Ortschaften des Kreises Kleve entstanden. Als Dependancen der Klinik bildeten sie zusammen mit den noch im Gelände verbliebenen Einheiten den Reha-Bereich der Rheinischen

Kliniken. Als sozialhilfefinanzierter Teilbereich der Gesamtklinik war er nun strukturell und budgetpolitisch vom so genannten KHG-Bereich abgegrenzt. Seine Bedeutung und Eigenverantwortlichkeit fand auch ihren Ausdruck darin, dass sich der Leiter des Reha-Bereiches als viertes Mitglied der Betriebsleitung die ärztliche Verantwortung für die Gesamtklinik mit dem Leiter des KHG-Bereiches teilte.

Dass der Reha-Bereich auch mit seinen Außenwohngruppen Teil der Klinik blieb, hatte unter anderem folgende Vorteile:

- Der befürchtete »Substanzverlust« der Klinik mit seinen Auswirkungen auf Arbeitsplätze und Infrastruktur wurde gemildert;
- durch das Prinzip »Mitarbeiter ziehen mit ihren Patienten um« konnten die Ängste jener Patientinnen und Patienten aufgefangen werden, die einen Abbruch vertrauter Beziehungen fürchteten. Den verunsicherten Mitarbeitern konnte zugleich eine neue und attraktive Aufgabe in Aussicht gestellt werden.

An dieser Stelle ist die innovative Rolle des Pflegepersonals hervorzuheben, jener Berufsgruppe, die über Jahre und Jahrzehnte die Betreuung der Patienten sicher gestellt und die intensivsten emotionalen Bindungen zu ihnen entwickelt hat. Sie waren nicht, wie man hätte vermuten können, die »Bremser«, sondern gehörten im Gegenteil zu den Protagonisten des Auflösungsprozesses. Stationspflegerinnen und -pfleger, 20 oder 30 Jahre im Dienst auf zumeist geschlossenen Stationen, übernahmen Leitungsverantwortung in den Außenwohngruppen und gestalteten in kollegialer Zusammenarbeit mit den anderen Berufsgruppen ein realistisches, an der alltäglichen Lebenspraxis orientiertes Milieu.

Dass der insgesamt sehr komplizierte Prozess relativ undramatisch ablief, lag nicht zuletzt daran, dass im Zusammenwirken der Berufsgruppen eine Konfrontation der Haltungen »rückständig« und »fortschrittlich« vermieden werden konnte. In diesem Zusammenhang erinnern wir uns dankbar an Heinz Müller. Er war in den entscheidenden Jahren bis 1995 als stellvertretender Pflegedienstleiter für den Reha-Bereich zuständig. Durch sein entschiedenes Eintreten für den Reformprozess hatte er maßgeblichen Anteil daran, dass die größte Berufsgruppe zu einer offensiven und eigenverantwortlich gestaltenden Rolle gefunden hat.

Einer der Leitgedanken des Programms war, den Langzeitkranken die Rückkehr in ihre Heimatgemeinden zu ermöglichen. Dieses Projekt »Wiederbeheimatung« betraf zum Beispiel noch mehr als 200 Kranke, die vor 20 oder 30 Jahren aus Essen gekommen waren. Ältere Mitarbeiter erinnerten sich noch, dass bis in die 1980er Jahre allwöchentlich ein Bus aus Essen kam, der jene Patienten der dortigen Hochschulklinik nach Bedburg-Hau brachte, die von Chronifizierung, das heißt dem Übergang von einer vorübergehenden zu einer dauerhaften Präsenz einer Erkrankung, bedroht waren. Selten führte der Weg zurück, soziale Bezüge brachen ab. Es war eine Gruppe Essener Bürger, die dafür Sorge trug, dass ihre Mitbürger und Angehörigen in Bedburg-Hau nicht vergessen wurden. Als Verein »Essener Kontakte« unter Leitung von Ingeborg Lindauer organisierten sie über Jahre hin regelmäßige Besuchsfahrten nach Bedburg-Hau. Das Projekt »Rückkehr nach

Essen« konnte an diese Initiative anknüpfen und der Verein »Essener Kontakte« wurde zum wichtigsten Kooperationspartner.

Das 70,5 Millionen DM-Programm sah ausdrücklich die Förderung jener Freien Träger vor, die sich an der Rückführung Bedburger Langzeitkranker beteiligen wollten. Sie konnten aus diesen Mitteln den Bau von Kleinwohnheimen finanzieren, wenn sie folgende Auflagen erfüllten:

- Nicht mehr als 25 Plätze pro Heim, ausschließlich in Einzelzimmern;
- Schaffung eines rehabilitativen, der Individualität Rechnung tragenden Milieus;
- Belegungspriorität auf lange Sicht für Bedburg-Hauer Langzeitkranke.

Allein aus Essen nahmen vier Träger diese Möglichkeit in Anspruch: »Essener Kontakte«, Arbeiter-Samariter-Bund, Evangelisches Heimstättenwerk, Erwerbsbehinderten-Arbeitsstätte. Die Aufgabenstellung war kompliziert. Wer von den 200 in Betracht kommenden Patienten kann und will zurück nach Essen und in welches der vier bereitgestellten Heime? – Auf die Frage »Möchten Sie wieder zurück nach Essen?« antworteten nur wenige mit einem eindeutigen »Ja«. Die Regel war eher ängstliche Unentschlossenheit. Bedburg-Hau stand nach den vielen Jahren für Sicherheit, Essen für das Unbekannte und Beängstigende. Oberstes Gebot war aber die Freiwilligkeit. Zwei Maßnahmen bzw. Grundhaltungen trugen zur Entscheidungsfindung bei:

- Das Projekt »Urlaub in Essen«. In einer zu diesem Zweck angemieteten Wohnung konnte eine Gruppe von »Kandidaten« ein oder zwei Wochen Urlaub machen, begleitet von Mitarbeitern aus Bedburg-Hau und einer Essener Einrichtung. Man besichtigte vertraute Orte und ließ Biografien wieder lebendig werden. Nun fiel die Entscheidung leichter. Man konnte sich die zukünftige Heimat vorstellen und zukünftige Bezugspersonen kennen lernen;
- das zugesagte Rückkehrrecht. Man konnte den Schritt um so eher wagen, je größer die Gewissheit war, »wenn es mir nicht gefällt, darf ich zurück nach Bedburg«.

Auf diese Weise und in enger Kooperation mit den Trägervereinen wurden aus gut 100 Bedburger Patienten wieder Essener Bürger. Ähnlich verlief der Prozess in weiteren Städten und mit anderen Freien Trägern: In Duisburg (Verein Regenbogen) mit 15 Plätzen, in Wesel (Verein Spix) mit 35 Plätzen, in Emmerich (Verein Papillon) mit 24 Plätzen.

Die erfolgreiche Mitwirkung der Vereine am Enthospitalisierungs-programm unterstreicht noch einmal die wichtige Rolle der Freien Träger im Prozess der Psychiatriereform im Rheinland. Nicht selten waren diese aus bürgerlichem Engagement entstandenen Vereine sogar die Initiatoren gemeindepsychiatrischer Projekte, lange bevor sie auf Klinik- oder Trägerebene zum Programm wurden. Beispielhaft mögen hier zwei Vereine genannt sein, deren Zusammenarbeit mit der Klinik nicht zuletzt deshalb besonders eng war, weil sie von engagierten Mitarbeitern gegründet und geleitet wurden: »Papillon« in Kleve/Emmerich, dessen Vorsitzender Karl-Peter Röhl zur Gründungszeit Sozialarbeiter im Akutbereich, später Leiter des Reha-Bereiches wurde, sowie »Spix« in Wesel, dessen

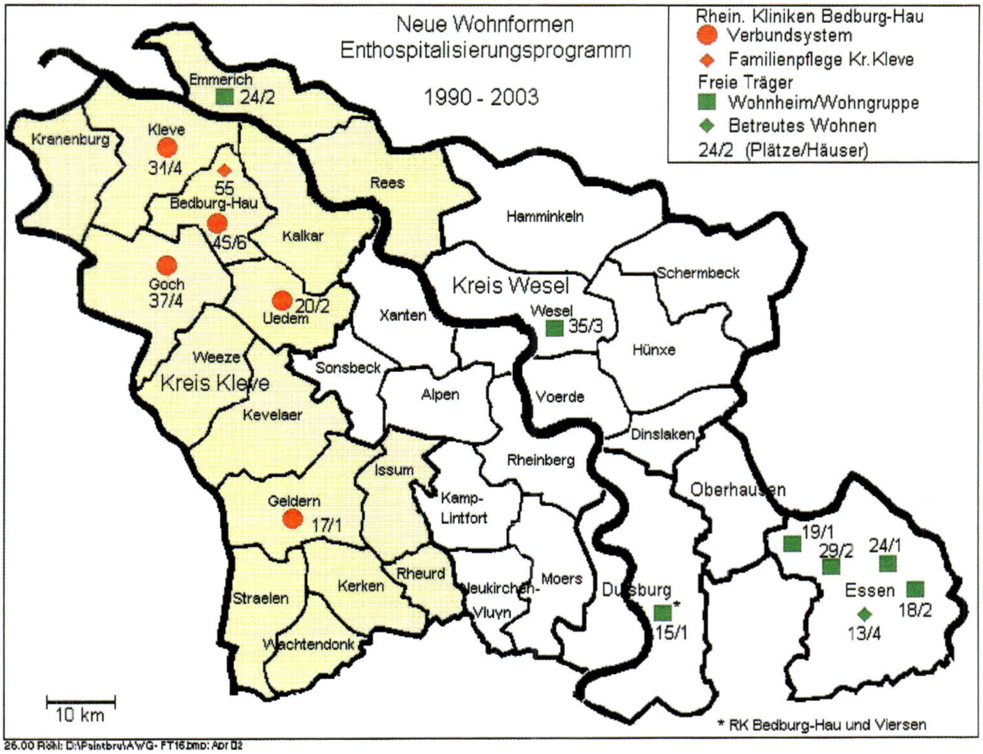

Abb. 3: Neue Wohnformen Enthospitalisierungsprogramm. Grafik erstellt von K.-P. Röhl, LVR-Klinik Bedburg-Hau

Vorsitzender Dr. Jo Becker sich im Reha-Bereich besonders für die schwierigen Patienten engagiert hat.

In Kooperation mit den Freien Trägern konnten letztlich 172 Plätze in Kleinheimen in den oben genannten Städten geschaffen werden. Insgesamt wurden bis Ende der 1990er Jahre mehr als 320 Plätze in eigener und freier Trägerschaft geschaffen. Im Hinblick auf die gemeindepsychiatrische Versorgungslandschaft waren damit zwei Perspektiven möglich geworden: Kurz- bis mittelfristig neue gemeindeintegrierte Wohnplätze für die alt gewordenen Langzeitkranken. Langfristig zeitgemäße Wohnformen für eine neue Generation psychisch Kranker, die auf beschützendere Betreuungsformen angewiesen sind.

Ihre Wiedergeburt erlebte ein traditionsreiches Konzept der Betreuung psychisch Kranker, das über Jahrzehnte in Vergessenheit geraten war: die Familienpflege. Möglich wurde sie durch ein Finanzierungssystem der Trägerverwaltung, das auch für interessierte Familien attraktiv war. In diese der Normalität am nächsten kommende Betreuungsform konnte das Familienpflegeteam mehr als 50 chronisch Kranke vermitteln. Nicht selten waren es sehr eigenwillige Persönlichkeiten, die sich in ein institutionelles Milieu nicht leicht integrieren ließen, aber im privaten Rahmen einer Gastfamilie gut zurecht kam.

Es war keineswegs das erklärte und vorrangige Ziel des Enthospitalisierungsprogramms, auch den letzten Langzeitkranken »nach draußen« zu entlassen. Schon die große Anzahl Betroffener ließ ein solches Ziel unrealistisch erscheinen. Es bestanden aber auch begründete Zweifel, ob eine solche forcierte Auflösung des gesamten geländeinternen Langzeitbereiches wirklich im wohlverstandenen Interesse aller Patienten gelegen hätte. Es gab eine Gruppe von Bewohnern, die mit der Einrichtung zu verwurzelt waren und sich ein Leben draußen nicht oder noch nicht vorstellen konnten. Für sie konnte durch die frei gewordenen Räume nun auch klinikintern ein menschenwürdiges Wohnmilieu geschaffen werden. Wer früher in Sälen leben musste, hatte nun sein Einzelzimmer.

Darüber hinaus war dem Tatbestand Rechnung zu tragen, dass viele der Langzeitkranken nun schon 80 Jahre und älter waren. Mitte der neunziger Jahre waren es ca. 150, bei denen die körperliche Pflegebedürftigkeit ganz im Vordergrund stand. Die Einführung der Pflegeversicherung machte es erforderlich, diesen Personenkreis, für den nun nicht mehr die Eingliederungshilfe, sondern die Pflegeversicherung zuständig war, vom übrigen Heimbereich abzugrenzen. Zwei Häuser wurden für diesen Zweck aufwändig renoviert, so dass sie die Standards eines zeitgemäßen Pflegeheimes erfüllten. Wer in Bedburg-Hau alt und pflegebedürftig geworden war, konnte nun auch seine letzten Lebensjahre in einer menschenwürdigen Situation und mit vertrauten Personen verbringen.

Ein Umgestaltungsprozess von diesem Ausmaß mit seinen weit reichenden Konsequenzen für Patienten und Mitarbeiter sowie mit erheblichen Auswirkungen auf die strukturellen und finanziellen Perspektiven der Gesamtklinik, ja sogar der kleinen Gemeinde Bedburg-Hau, kann nicht unumstritten sein. Kontroverse Diskussionen sowohl in der politischen Vertretung in der Gemeinde Bedburg-Hau und unter der Mitarbeiterschaft begleiteten mehr oder weniger vor allem die ersten Jahre. Die aus unterschiedlichen Motiven geäußerten Vorbehalte verbargen sich immer wieder hinter der Frage: »Handeln wir wirklich im Interesse unserer Patienten, wenn wir sie nach 20 oder 30 Jahren noch einmal umsiedeln und damit gewachsene Beziehungen zerreißen?« »Einen alten Baum verpflanzt man nicht«, war ein häufig zu hörendes Argument.

Um diese für die Legitimation des Vorhabens zentrale Frage zu beantworten, war die von Anfang an installierte Begleitforschung ein wichtiges Instrument. Die Sozialwissenschaftlerin Dr. Gwendolin Ropers hat in aufwändigen und detaillierten Forschungsszenarien Patienten und Mitarbeiter auf ihrem Weg begleitet. Ohne hier näher auf ihre differenzierten Ergebnisse eingehen zu können, sei hier nur die Auswertung des letztlich entscheidenden Kriteriums wiedergegeben: Mit der Frage konfrontiert, ob man, wie ja zugesagt, wieder in die Klinik zurückkehren möchte, antworteten mehr als 93,5 Prozent: »Auf gar keinen Fall.«

Auch auf die strukturelle und konzeptionelle Entwicklung der Gesamtklinik hatten die Maßnahmen im Reha-Bereich positive Auswirkungen. Im Zuge der Etablierung von Außenwohngruppen des Reha-Bereichs im Südkreis erweiterte sich diese Planung zum Projekt »Dezentralisierung auch des KHG-Bereiches in den Südkreis«. Folge war die

Errichtung von tagesklinischen und ambulanten Dependancen im bisher versorgungspolitisch »weißen Fleck« Südkreis.

Eng verknüpft mit dem Prozess der Enthospitalisierung, aber auch mit dem Rückzug der Zuständigkeit des KHG-Bereichs auf den Kreis Kleve, war die Frage nach der Zukunft des Klinikgeländes. Schon früh war absehbar, dass über kurz oder lang ein größerer Teil der Stationsgebäude leer stehen würde. Die Chance auf eine weitsichtige »visionäre« Lösung wurde leider schon Anfang der 1990er Jahre vergeben. Unter der Leitidee: »Patienten ziehen in die Gemeinde und die Gemeinde zieht in das Klinikgelände«, hatten führende Städteplaner und Architekten ein Brainstorming abgehalten und mit uns zahlreiche kreative Ideen entwickelt. Für ein Konzept, welches das parkartige Klinikgelände in eine langfristige Planung der Gemeinde für Wohn- und öffentliche Gebäude einbezogen hätte, war die Zeit offenbar noch nicht reif. Überrollt wurden alle Überlegungen dieser Art dann bald durch die Entwicklung in der Forensik mit ihrem sprunghaft ansteigenden Platzbedarf. Bald zogen forensische Patienten in jene Häuser ein, die die chronisch Kranken frei gemacht hatten. Wo zuvor Zäune abgerissen worden waren, wurden nun wesentlich höhere neu errichtet.

Zum Ende der neunziger Jahre und mit zunehmender Erfüllung der Zielvorgaben des Enthospitalisierungsprogramms trat mehr und mehr eine neue, sehr grundsätzliche Frage in den Vordergrund: Behält der Reha-Bereich in Bedburg-Hau eine spezielle zukunftsgerichtete Aufgabe jenseits der Enthospitalisierung? Oder wird seine völlige Auflösung eine zwangsläufige, wünschenswerte, mit einer zeitgemäßen Psychiatrie im Einklang stehende Perspektive? Diese Thematik war bis zuletzt auch innerhalb des Landschaftsverbandes Rheinland noch nicht ausdiskutiert, und die verschiedenen Kliniken vertraten hierzu auch unterschiedliche Standpunkte.

In Bedburg-Hau zeigte sich, dass es gute Gründe gab, einige Patienten, zehn oder zwölf im Jahr, aus den Akut- und forensischen Bereichen neu in den Reha-Bereich aufzunehmen. Es handelte sich um die so genannten »schwierigen«, eher jüngeren Patienten mit schweren chronifizierten Krankheitsverläufen und auffälligen Verhaltensweisen. Auch nach maximaler Ausschöpfung der Krankenhausbehandlungszeiten war eine Entlassung in Betreuungsformen außerhalb des Krankenhauses nicht oder noch nicht möglich. Es zeigte sich dann, dass es zumeist gelang, durch sehr individuell konzipierte Reha-Programme auch für diesen Personenkreis passende Plätze in komplementären Versorgungsformen zu finden. Als hilfreich und effektiv erwies sich dafür das Konzept des »Runden Tisches«, das alle Bezugspersonen zu einer abgestimmten Reha-Planung zusammenführte.

Das bestärkte uns in der Überzeugung, dass es sinnvoll und notwendig sei, auch nach Abschluss des Enthospitalisierungsprogramms für diese kleine, aber schwierige Gruppe chronisch Kranker die Verantwortung zu übernehmen. Die Problematik dieses Personenkreises schien um so mehr in den Blick zu kommen, je mehr sich ab den 1990er Jahren eine Tendenz in der Einstellung zur Behandlung psychisch Kranker bemerkbar machte, die neben positiven auch problematische Aspekte hatte: Mit dem Rückzug der Klinik auf die Akutbehandlung mit immer kürzer werdenden Behandlungszeiten konnten schwierige Patienten mit chronischen Verlaufsformen leicht aus dem Blick und damit aus der Verantwortung der Institution Psychiatrie kommen. Mit der Delegation des Chronischen an »die Gemeinde« drohte tendenziell das Zerreißen einer Verantwortungskontinuität für das Schicksal und den Lebensweg chronisch Kranker.

Deshalb trat Bedburg-Hau für eine Sichtweise ein, die dem Reha-Bereich auch langfristig eine sinnvolle Aufgabe im Gesamtkonzept der Klinik zuweist. Als kleine, auf den regionalen Bedarf abgestimmte und mit den Akutstationen eng kooperierende Bereiche können sie sehr spezifische Reha-Konzepte anbieten für eine Kerngruppe chronisch Kranker, deren Integration »in die Gemeinde« längerfristiger und geduldiger Findungsprozesse bedarf. In einem Milieu, das nicht unter dem Druck von Behandlungserfolgen und sozialer Anpassung steht, können Raum und Zeit gewonnen werden für das Herausfinden und Erproben individueller Wohnformen und Lebensstile.

Unter den Patientinnen einer Langzeitstation befand sich schon lange eine junge Frau, deren Verhalten über Jahre hin die anfangs durchaus engagierten Bemühungen vieler Mitarbeiter resignativ zum Erliegen gebracht hatte. Die umfangreiche Krankenakte dokumentierte eine große Zahl gescheiterter Reha-Pläne und etliche Entlassungsversuche in verschiedene Heime, die schnell wieder gescheitert waren. Die Situation änderte sich erst, als ein neuer, nicht minder schwieriger Patient auf die Station kam. Seine Integration in ein Wohnheim, das zu den engagiertesten und kompetentesten der Region gehörte, war ebenfalls gescheitert, die Zukunft ähnlich ungewiss. Zwischen beiden entwickelte sich bald ein partnerschaftliches Verhältnis. Zwar wurden die üblichen rehabilitativen Angebote, Tagesstrukturierung, Arbeitstherapie usw. nach wie vor abgelehnt, aber Verhalten und Stimmungslage harmonisierten sich. Nach einiger Zeit äußerten sie den Wunsch, ein kleines Appartement im Dachgeschoss des Stationsgebäudes beziehen zu dürfen. Der verantwortliche Psychologe ermöglichte trotz vorherrschender Skepsis im Team diesen Schritt. Es ging besser als gedacht. In Jahresfrist heirateten sie, wenig später wurden die gesetzlichen Betreuungen aufgehoben. Seit mehr als zehn Jahren leben sie in einer recht komfortablen ehemaligen Mitarbeiterwohnung am Rande des Klinikgeländes. Die Zimmer sind geschmackvoll eingerichtet. Sie führen ein weitgehend selbstständiges Leben mit kleinen Einschränkungen. Das Essen zum Beispiel beziehen sie nach wie vor aus der Klinikküche. Kontakt zu Mitarbeitern des Reha-Teams halten sie mehr oder weniger regelmäßig zur Klärung kleinerer Beziehungskrisen. Stationäre Aufnahmen gab es lange nicht mehr. An Geburtstagen und am Hochzeitstag laden sie Mitarbeiter zu Kaffee und Kuchen ein. Wenn es eine Grundhaltung, wenn man so will: eine »Philosophie« des Reha-Bereiches gibt, dann mag sie hierin zum Ausdruck kommen.

Viele der chronisch Kranken sind »Grenzgänger« wie diese beiden. Grenzgänger auf dem schmalen Grat zwischen Autonomie und Schutzbedürfnis, zwischen »drinnen« und »draußen«. Rehabilitation bedeutet für sie nicht so sehr Hinwirken auf Veränderungen nach einem Plan, vielmehr das optimistische Suchen nach einer individuell stimmigen Balance. Einer Balance zwischen der gerade noch lebbaren Unabhängigkeit und der notwendigen Geborgenheit im Chaos einer zu komplizierten Welt. Einer Balance auch zwischen dem, was sie im Zusammenleben mit uns und wir mit ihnen aushalten können. Soll dieser Prozess gelingen, bedarf es einer positiven emotionalen Grundhaltung derjenigen, die sie dabei begleiten. Dann kann das Leben zur Ruhe kommen oder sich weiterentwickeln in eine Richtung, die noch keiner kennt. Rehabilitation ist die Bereitstellung einer Kultur, die solche Entwicklungen ermöglicht.

Jack Kreutz

Die Geschichte der Forensik in der LVR-Klinik Bedburg-Hau am Beispiel des »Bewahrhauses«

»An geisteskranken Personen darf ein Todesurteil nicht vollstreckt werden.«
(§ 485 Abs. 2 StPO des Deutschen Reiches)

Einführung

Seit der Aufklärung ist unstrittig, dass Menschen – dank ihrer Vernunftbegabung – ihre persönliche Freiheit ausüben können. Vor diesem Hintergrund wird und wurde es abgelehnt, Zwangsmaßnahmen in der Psychiatrie durchzuführen. Andererseits ist bekannt, dass viele psychische Krankheiten einhergehen mit dem (zeitweiligen) Verlust eben jener persönlichen Freiheit; so können zum Beispiel schwere psychotische Störungen während akuter Krankheitsphasen die Realitätswahrnehmung einschränken, die Realitätsbeurteilung kann herabgesetzt oder gar aufgehoben sein. Dem trägt der Gesetzgeber ja auch Rechnung, da psychische Kranke, die – in manchen Fällen – »ohne Schuld« handeln, nicht bestraft werden können. In der forensischen Psychiatrie wird daher geprüft, ob der betroffene Mensch zur Zeit der ihm vorgehaltenen Straftat krankheitsbedingt nicht anders handeln konnte bzw. ob seine Handlungsfreiheit erheblich eingeschränkt war.

Es muss hervorgehoben werden, dass in der heutigen Zeit die zwangsweise Zuführung in eine Maßregel der »Besserung und Sicherung« eine »ultima ratio« bleiben muss, welche erst nach Ausschluss sonstiger Maßnahmen eingeleitet werden darf. Aber auch diesen zwangsweise zugeführten Patienten der Forensik sollen alle Behandlungsmöglichkeiten eines modernen psychiatrischen Krankenhauses zur Verfügung stehen. Dies gilt für die spezifischen medizinisch-therapeutischen Maßnahmen über so genannte »cotherapeutische« Maßnahmen wie etwa Sporttherapie, Ergotherapie, Kreativtherapie usw. Die Milieutherapie und die Soziotherapie sind sicherlich in forensischen Stationen schwierig, doch gerade in der Begegnung mit anderen (forensischen) Patienten von besonderer Bedeutung. Forensische Stationen sollen sich um eine freundlich-zugewandte Atmosphäre bemühen, um so die bei Zwangseingewiesenen oft nachgesagte Gespanntheit zu desaktualisieren. Das Misstrauen des zwangseingewiesenen Menschen kann und soll auch dadurch verringert werden, dass er im Blick seines therapeutischen Gegenübers einen verlässlichen und berechenbaren Partner findet, der ihn auf dem Weg der Besserung begleitet.

Es sollte jedoch nie aus dem Blick verloren werden, dass die zwangsweise Zuführung zu einer stationären Behandlung auf dem gravierenden Verlust der persönlichen Freiheit beruht und die Fortschritte der Therapie sich dann auch im Wiedergewinn individueller Freiheiten zeigen können. Forensische Psychiatrie steht somit in einem Spannungsfeld zwischen ärztlich-therapeutischem und gesellschaftlich-gesetzlichem Auftrag. An anderer Stelle dieser Festschrift ist auf die Fortschritte in der Psychiatrie, auch in der forensischen Psychiatrie, bereits eingegangen worden. Doch es stellt sich die Frage, wie hat sich die forensische Psychiatrie in der Klinik Bedburg-Hau, insbesondere ab 1970, entwickelt, wie wurde dieser Doppelauftrag, einerseits einen geschützten Lebensraum zu gewähren, andererseits eine optimale Behandlung durchzuführen, auch in der Vergangenheit erfüllt. Dieser Doppelauftrag ist in sich selbst nicht widerspruchsfrei und führte in der Geschichte, auch dieser Klinik, zu tragischen, zum Teil verbrecherischen Exzessen. Psychisch kranke Rechtsbrecher waren die ersten Patienten, die im Rahmen der so genannten »T4-Aktion« (Ermordung von psychisch Kranken) umgebracht wurden, wie bereits an anderer Stelle berichtet.

Geschichtliche Notizen

Im Sachsenspiegel (einem der ältesten Rechtsbücher des Deutschen Mittelalters) wurde als bestehendes Gewohnheitsrecht bereits 1225 schriftlich fixiert: »über rechten Toren und sinnlos Mann soll man nicht richten«. 200 Jahre später, im Jahre 1532, schrieb Kaiser Karl V. in der »Constitutio Criminalis Carolina«, dass ein geistesgestörter Straftäter straffrei bleiben solle, wenn er »seyner Sinne nit het«. Demzufolge waren Strafen für psychisch kranke Straftäter unzulässig, jedoch konnten außergerichtliche Maßnahmen ausgesprochen werden. Die Unterbringung von »kriminellen Irren« (so nannte man früher psychisch kranke Straftäter) erfolgte unter anderem in den »Zucht- und Tollhäusern«. Der Sicherungsgedanke stand deutlich im Vordergrund.

Erst durch das Preußische Allgemeine Landrecht und die Irrengesetze des 19. Jahrhunderts (1803 in Preußen) erfolgten Ansätze einer gesetzlichen Regelung, wie mit psychisch kranken Straftätern zu verfahren sei. Sie wurden von den übrigen Straftätern getrennt, und es sollten spezielle Einrichtungen für geisteskranke Straftäter geschaffen werden. Dies war die Geburtsstunde der »festen Häuser« oder »Bewahrhäuser«, wie sie in den »Heil- und Pflegeanstalten« später realisiert wurden.

In der Zeit der Weimarer Republik wurde eine Gesetzesnovelle vorbereitet, welche die Trennung von psychisch kranken und suchtkranken Straftätern und ihre psychiatrische Unterbringung vorsah. Dieses Gesetz wurde dann durch das nationalsozialistische Regime erheblich verschärft und als »Gesetz gegen gefährliche Gewohnheitsverbrecher und über Maßregeln der Sicherung und Besserung« am 24. November 1933 verabschiedet, im RGBl I S. 995 veröffentlicht und trat zum 1. Januar 1934 in Kraft.

Die Trennung von »verbrecherischen Irren« und »irren Verbrechern« war indes in Preußen bereits Ende des 19. Jahrhunderts in den so genannten »Verwahranstalten« realisiert worden. Diese Trennung von psychisch kranken Straftätern geschah jedoch zunächst im vorhandenen »Anstaltssystem«. In einigen Strafanstalten wurden dann so genannte »Irrenstationen« errichtet, diese waren jedoch nur für eine kurzzeitige Behandlung ausgelegt oder gar nur »zur Beobachtung«. Die Provinzialverbände gingen ihrerseits dazu über, in den größeren »Heil- und Pflegeanstalten« ausbruchsichere Bewahrungshäuser zu errichten. In diesen sollten »gemeingefährliche Patienten« untergebracht werden. In der deutschen Psychiatrie wurde auf eigenständige »Verbrecher-Irrenanstalten« (wie sie zum Beispiel im englischen »Broadmoor« existierten) verzichtet.

Die Bewahrungshäuser, in Bedburg-Hau war es das spätere Haus 29, wurden somit ab Ende des 19. bzw. zu Beginn des 20. Jahrhunderts errichtet. Im Jahre 1911 verfügte jede der preußischen Provinzen (ausgenommen Westpreußen und Hessen-Nassau) über wenigstens eine derartige Einrichtung. Die Provinzialverbände hatten sie errichtet, um mit diesen Maßnahmen Sicherheitsprobleme zu entschärfen, welche sich aus der rechtlichen Pflicht zur Verwahrung von psychisch kranken Rechtsbrechern ergab. Die Vorreiterrolle bei der Trennung von psychisch kranken Straftätern übernahm die Rheinprovinz. 1897 beschloss der 40. Rheinische Provinziallandtag den Bau eines besonders gesicherten Pavillons auf dem Gelände der Provinzial-Heil- und Pflegeanstalt Düren. Die Sicherung wurde durch vergitterte Fenster und eine vier Meter hohe Mauer gewährleistet. Dieses Haus ist mittlerweile in Düren ein Museum. Hier sollten sowohl »irre Verbrecher« als auch »verbrecherische Irre« aus der gesamten Rheinprovinz Aufnahme finden, um so die übrigen Anstalten zu entlasten. Dieses Haus wurde dann 1900 in Betrieb genommen und bot Platz für 24 Patienten.[1]

Die Hoffnungen, die der Provinzialverband damals an dieses Haus knüpfte, wurden jedoch schnell enttäuscht. Ein Bericht des späteren ärztlichen Direktors der Klinik Bedburg-Hau Dr. Gustav Flügge über die Erfahrungen seit der Eröffnung waren ernüchternd: »[...] Es konnten nur die schlimmsten [...] Elemente, die in anderen Anstalten nicht zu halten waren, aufgenommen werden. [...] Sämtliche Insassen waren irre Verbrecher. [...] Die Mehrzahl bestand aus Gewohnheitsverbrechern, die langjährige Gefängnis- und Zuchthausstrafen bereits verbüßt hatten.« In den Anfangsjahren ereigneten sich aus Düren acht Entweichungen und ein Selbstmord.[2] Ähnliche Erfahrungen hatten die ent-

1 Vgl. Das Bewahrungshaus bei der Provinzial Heil- und Pflegeanstalt zu Düren, in: Psychiatrische Wochenschrift 2 (1901), S. 433–436; Gustav Flügge: Einiges aus der Abteilung für irre Verbrecher in Düren, in: Monatsschrift für Kriminalpsychologie und Strafrechtsreform 1 (1904/1905), S. 349–357; Gustav Flügge: Über das Bewahrungshaus in Düren, in: Allgemeine Zeitschrift für Psychiatrie 61 (1904), S. 260–279; Emil Kraepelin: Die Abschaffung des Strafmaßes. Ein Vorschlag zur Reform der heutigen Strafrechtspflege (Stuttgart 1880).

2 Gustav Flügge: Abteilung und Bewahrungshaus, 1904, zitiert nach C. Müller: Heilanstalt oder Sicherungsanstalt. Die Unterbringung geisteskranker Rechtsbrecher als Herausforderung der Anstaltspsychiatrie im Deutschen Kaiserreich, in: Heiner Fangerau/Karen Nolte (Hrsg.), »Moderne« Anstaltspsychiatrie im 19. und 20. Jahrhundert (Stuttgart 2006), S. 103–106.

sprechenden Abteilungen oder Stationen auch in der westfälischen Anstalt Eickelborn, welche allerdings als reine Verwahranstalt geschaffen worden war, in der therapeutische Ansprüche zunächst nachrangig waren.

Vor diesem Hintergrund wird verständlich, dass sich im Jahre 1912 im Eickelborner Bewahrungshaus eine Revolte ereignen konnte, die nur deshalb nicht zu dramatischen Folgen führte, weil das vorgewarnte und deshalb bewaffnete »Wachpersonal« entsprechend einschreiten konnte. Die Strafvollzugsbehörden hatten dann um die Jahrhundertwende begonnen, besondere Einrichtungen für »irre Verbrecher« (wohlgemerkt nicht für »verbrecherische Irre«) zu schaffen. Vorbild war das Königlich-Sächsische Zuchthaus in Waldheim, dem seit 1876 eine psychiatrische Abteilung angegliedert war. Es folgten dann Irrenabteilungen bei den Strafanstalten Moabit/Berlin, in Köln, in Breslau, in Münster usw.

Hilflos, aber auch willfährig suchte die damalige Psychiatrie nach Auswegen. Am Ende des 19. Jahrhunderts war das Konzept der Psychopathie unter anderen von Julius Koch (1841–1908) entwickelt worden. Unter dem damaligen Ausdruck »psychopathische Minderwertigkeit« wurden Fälle verstanden, welche »noch keine Geisteskrankheiten darstellen, welche aber die damit beschwerten Personen auch im günstigsten Fall nicht als im Vollbesitz geistiger Normalität und Leistungsfähigkeit erscheinen lassen«.[3] Dieses Konzept wurde dann später fortentwickelt, unter anderem von Kurt Schneider (1887–1967), und mündete unter der heutigen Überschrift der Persönlichkeitsstörung in Konzepte, die in der Psychiatrie, somit auch in der forensischen Psychiatrie Eingang fanden.

Eine zweite Vorgehensweise, um das Problem der psychisch kranken Straftäter zu lösen, stand im Zusammenhang mit der Strafrechtsreform. Bereits Ende des 19. Jahrhunderts hatten der Psychiater Emil Kraepelin (1856–1926) und der Jurist Franz Walter von Liszt (1851–1919) gefordert, die Strafbemessung von der Schwere der Schuld abzukoppeln; sie plädierten beide für eine Unterbringung, deren Vollzug so lange dauern sollte, bis der Täter gebessert, wenn nicht gar geheilt sei. Die Unterbringungsdauer oder Haftdauer richtete sich also nach der erwarteten Gefährlichkeit des Täters und nicht nach der Schwere der begangenen Tat. Die Frage der Schuldfähigkeit spielte in diesem Konzept eine untergeordnete Rolle. Es entstand daraus ein juristischer Schulenstreit, der 1902 zu einem Kompromiss führte, der eine scharfe Trennung zwischen psychisch abnormen Kriminellen und kriminellen psychisch Kranken ermöglichen sollte und jeder dieser Gruppen eine klare Unterbringung und Perspektive bieten sollte. Dieses Modell ging in die Strafrechtsreform des beginnenden 20. Jahrhunderts ein, wobei die Maßregel der Sicherung und Besserung jedoch erst durch das »Gewohnheitsverbrechergesetz vom 24.11.1933« endgültig Eingang im Strafgesetzbuch fand, wo sie bis heute, allerdings in geänderter Form, Bestandteil des Strafgesetzbuches geblieben ist.

3 Vgl. J. Koch: Die Psychopathischen Minderwertigkeiten (Ravensburg 1891).

Das Bewahrhaus in Bedburg-Hau

Auch in der Literatur fanden die »festen Häuser«, wie die »Bewahrhäuser« manchmal genannt wurden, Eingang. Der Nervenarzt Alfred Döblin (1878–1957) hat in seinem Roman »Berlin Alexanderplatz« die Lebensgeschichte des Franz Biberkopf wiedergegeben. Franz Biberkopf wurde mit der Diagnose »katatoner Stupor« aus dem so genannten Regelvollzug in das Lazarett der Preußischen Strafanstalt Moabit verlegt, von dort in die »Irrenanstalt« Berlin-Buch, in das dortige »feste Haus« oder Bewahrungshaus. Dort wurde er dann mit einer Sonde ernährt, mit Kampferspritzen, Traubenzucker und warmen Bädern behandelt (anzumerken ist hier, dass Döblin selbst in den Jahren 1906/07 Assistenzarzt in solch einer psychiatrischen Klinik gewesen war und somit auch das feste Haus in Berlin-Buch kannte).

Als dann die Klinik Bedburg-Hau in den Jahren 1908 bis 1912 gebaut wurde, war klar, dass vier Gruppen von Patienten vor allen Dingen in den »Bewahrhäusern« aufgenommen werden sollten: 1) Untersuchungsgefangene, deren Geisteszustand nach dem § 81 der damaligen Strafpolizeiordnung sechs Wochen lang psychiatrisch beobachtet werden konnte, um eine Simulation auszuschließen oder um festzustellen, ob diese Menschen schuldfähig und somit straffähig waren. 2) Psychisch kranke Menschen, die mit dem Gesetz in Konflikt geraten waren und die nach § 51 des Reichsstrafgesetzes als unzurechnungsfähig betrachtet worden waren, straffrei blieben, aber in der Psychiatrie eingewiesen und »verwahrt« wurden. 3) Straftäter, die zunächst als schuldfähig betrachtet worden waren, während der Haft in einem Gefängnis oder Zuchthaus psychisch erkrankt waren und somit haftunfähig im heutigen Sinne waren, die aber einer psychiatrischen Behandlung und Verwahrung im damaligen Sinne bedurften. 4) Patienten der Allgemeinpsychiatrie, die zwar nicht straffällig geworden waren, die aber als besonders aggressiv oder gefährlich galten.

Abb. 1: Ursprüngliches Bewahrhaus der PHP Bedburg-Hau. Aus: Denkschrift zur Feier der Eröffnung der achten Provinzial-Heil- und Pflegeanstalt Bedburg (Kr. Cleve) (Düsseldorf 1912), S. 48

Das Bewahrhaus in Bedburg-Hau umfasste also in den Anfangsjahren sowohl Patienten, welche Straftaten begangen hatten, als auch nicht straffällig gewordene Patienten und unterschied sich somit von den heutigen rein forensischen Abteilungen. Das Bewahrhaus war ein Haus ausschließlich für Männer. Straffällig gewordene Frauen wurden in allgemeinpsychiatrischen Abteilungen weiterbehandelt. 1912 bestanden im damaligen Deutschen Reich 24 Bewahrhäuser, darunter 18 Einrichtungen in Preußen.[4]

Nach der Lektüre von Döblins Roman »Berlin Alexanderplatz« ist festzuhalten, dass das Bewahrhaus in Bedburg-Hau zwar ebenfalls am Rande der damaligen Provinzial-Heil- und Pflegeanstalt gebaut wurde, aber, im Gegensatz zu Berlin-Buch, nicht auf dem freien Feld, sondern an einem der »Randbezirke« der Klinik, quasi im Übergang zwischen Klinikpark und klinikeigenem Friedhof. Das sehr massive Gebäude, welches heute mehr an ein altes Gefängnis als an eine psychiatrische Klinik erinnert, steht, wie alle Häuser aus der Gründungszeit der LVR-Klinik Bedburg-Hau, unter Denkmalschutz.

Abgesehen von einem Anbau für die Unterbringung der Ergotherapie und von inneren kleinen Veränderungen ist der Grundriss seit 1912 nicht verändert worden. Hohe Mauern umschließen das ganze Gebäude, durchgängig vergitterte Fenster setzen dieses Haus deutlich gegen die anderen Pavillons der Klinik ab. Auch die innere Struktur des Bewahrhauses entsprach nicht der einer psychiatrischen Abteilung, sondern der eines Gefängnisses. Ein langer Flur, an dessen Ende im 90-Grad-Winkel ein kleinerer »Krisenbereich« sich abtrennt, kennzeichnet die jeweiligen Stationen. Es fand sich früher der »klassische Wachsaal«, ein Bad, welches auch für so genannte »Dauerbäder« in der Gründungszeit genutzt werden konnte; neben den Zimmern gab es »Zellen« für die damalige »Wachabteilung« und Schlafsäle. Im Haus selbst befanden sich die Arbeitszimmer des Pflegepersonals (der damaligen »Irrenwärter«) sowie des Arztes (des damaligen »Irrenarztes«), aber auch ein Raum, in dem zahnärztliche Behandlungen möglich waren. Die Zimmertüren mit Klappen, Gittern und Riegeln erinnern an alte Gefängnisse und nicht an psychiatrische Krankenhäuser. Die »Zellen«, die durch ein Doppeltürsystem mit Gitter besonders gesichert waren, ermöglichten eine totale Überwachung und schlossen Intimsphären für die dort untergebrachten Patienten weitestgehend aus. Zwei Höfe rundeten das Gebäude nach außen ab, ein etwas größerer Hof und für die »Zellentrakte« ein etwas kleinerer, besonders gesicherter Hof. Für die untergebrachten Menschen fehlte der Blick in ein harmonisches Umfeld. Eine gemütliche Innenausstattung, die bereits damals in der Psychiatrie nicht unüblich war, fehlte völlig.

Das Bauwerk wirkt erdrückend düster und martialisch. Es wirkt sicherlich nicht beruhigend oder gar angstlösend. In baulicher Hinsicht dominierte in der Zeit von 1908 bis 1912 das Interesse an Sicherheit, und auch später war der Sicherheitsaspekt zentrales Anlie-

4 Vgl. Gustav Aschaffenburg: Die Sicherung der Gesellschaft gegen gemeingefährliche Geisteskranke (Berlin 1912).

gen des Bewahrhauses. Dies mag erklären, dass sich ein »therapeutischer Nihilismus«[5] auch bei den hiesigen Behandlern breit machen konnte und bis weit in die 80er Jahre des vergangenen Jahrhunderts noch spürbar war. Es bestand das Verbot für Behandler, insbesondere Pfleger (Frauen waren bis 1989 nicht als Mitarbeiterinnen in Haus 29 zulässig!), sich unnötig mit den Patienten zu unterhalten, Patienten durften Behandler nur in begründeten Fällen ansprechen, hatten ansonsten Ruhe zu bewahren.

Die Ärzte in den Forensischen Abteilungen der »Anstalten« verstanden sich, auch und vielleicht besonders im Bewahrhaus in Bedburg-Hau, lange als Interessenvertreter des Staates und Sachwalter der öffentlichen Ordnung und nicht als Behandler und Anwälte der Patienten. Sie versäumten es daher lange Zeit, therapeutische, hygienische, administrative und architektonische Probleme zu diskutieren bzw. kritisch zu hinterfragen. Recht früh wurde nach außen geschildert, wie wichtig der »Teamgedanke« sei, unter anderem wurde bereits 1929 geschrieben, dass »der Pfleger Mittel [findet], Kranke zur Arbeit zu bringen, er macht Beobachtungen, die dem Arzt wichtige Fingerzeige für die weitere Behandlung geben, er macht gewissenhafte Aufzeichnungen, die der Arzt für wissenschaftliche Arbeiten braucht, er ermöglicht die Durchführung von Kuren mit allerlei Einspritzungen, wie sie immer mehr zur Heilung von Geisteskranken versucht werden«.[6] Im Alltag des Bewahrhauses war man aber – auch noch in den 60er und 70er Jahren des 20. Jahrhunderts – weit davon entfernt, einheitliche und Berufsgruppen übergreifende Aspekte in die Behandlung einfließen zu lassen.

Doch wie sah ein üblicher Tag vor 30 oder 40 Jahren im Bewahrhaus aus? Wie hatte sich das Menschenbild verändert und wie wurde dies umgesetzt?

In den 1960er und frühen 1970er Jahren sind bereits erste Ansätze von Reformgedanken spürbar Es fand langsam eine Abkehr von bett-gebundenen Behandlungen statt, zunehmend wurde eine intramurale Arbeits- und Beschäftigungstherapie eingeführt, die therapeutisch fragwürdigen Methoden der Insulinschock- und Malariatherapie (welche ihrem Erfinder J. Wagner-Jauregg 1927 allerdings den Nobelpreis für Medizin eingebracht hatte) waren aufgegeben worden, moderne Psychopharmaka und psychotherapeutische sowie sozio-therapeutische Ansätze wurden – zum Teil sehr zögerlich – in die Behandlung eingeführt.

Als eine »Reform vor der Reform« beschreibt Franz-Werner Kersting den – in der forensischen Psychiatrie sicherlich sehr zögerlichen – reformerischen Aufbruch der späten 50er und 60er Jahre des 20. Jahrhunderts.[7] Der Aspekt der sozialen Gemeinschaft nahm

5 Klaus Dörner/Hartmut Bargfrede: Irren ist menschlich. Lehrbuch der Psychiatrie und Psychotherapie (Bonn [4]2009).

6 Vgl. K. Gehry: Zur Ausbildung der Irrenpflege, in: Kranken- und Irrenpflege 1929, Sondernummer 6, S. 3–13.

7 Franz-Werner Kersting, in: Ansgar Weißer (Hrsg.), Psychiatrie, Geschichte, Gesellschaft. Das Beispiel Eickelborn im 20. Jahrhundert (Bonn 2009).

peu à peu Gestalt an, auch wenn die erste Krankenschwester gegen nicht unerheblichen Widerstand der männlichen Kollegen erst 1989 in das Team integriert wurde. Noch bis weit in die 1990er Jahre regte sich immer wieder der Unmut der vornehmlich männlichen Kollegen gegen ein gemischtgeschlechtliches Team – heute sind Frauen in der Behandlung in der Forensik nicht zu missen, allen Unkenrufen zum Trotz.

Mit Pensionierung der damaligen forensischen Chefärztin im Jahr 1982 traten jüngere Ärztinnen und Ärzte ihren Dienst im »Bewahrhaus« an. Supervision – in den 1970er und frühen 1980er Jahren im Bewahrhaus unbekannt – wurde zunächst als notwendiges Übel erduldet, dann als nicht mehr wegzudenkender Bestandteil der Behandlung von allen akzeptiert. Der (ergo-)therapeutische Anbau an Haus 29 wurde im Frühjahr 1982 in Betrieb genommen, und zeitgleich fanden Umbaumaßnahmen im Hauptgebäude von Haus 29 statt.

Doch die Forensische Psychiatrie litt (und leidet) unter ihrem (falschen) Image, gerade die hochengagierten und reformfreudigen jungen Mitarbeiterinnen und Mitarbeiter konnten nur langsam zur Mitarbeit in der Forensik gewonnen werden; zu verhärtet erschienen die Strukturen, zu reformscheu die forensische Institution, zu negativ besetzt das Image des »Bewahrhauses«. Dies mag den langsamen Reformprozess erklären, der – im Gegensatz zur nicht-forensischen Psychiatrie – nur zögerlich in Gang kam, dann aber nicht nur akzeptiert und mitgetragen, sondern von den Teams mit zunehmender Ungeduld eingefordert wurde.

Der allgemeine Zeitgeist – die Gesetzgebung – trug dem Reformgedanken Rechnung, und 1984 trat in NRW ein Maßregelvollzugs-Gesetz in Kraft, welches – um es mit Friedrich Leidinger auszudrücken – »zu den letzten Nachläufern der sozial-liberalen Reformära gehörte« und »den Geist eines mehr Demokratie wagen« atmete »sowie die Prinzipien der Psychiatrie-Enquete formulierte«.[8] Mit diesem Gesetz wurden rechtliche Normen festgelegt, welche deutlich den therapeutischen Aspekt in den Vordergrund stellten. Die sozialdemokratische Landesregierung würdigte 1990 ausdrücklich die großen Erfolge dieses Gesetzes, würdigte den Aufbau einer geregelten Behandlung und die Sicherung der Gesellschaft vor gefährlichen Straftätern.

Von solcher gesellschaftspolitischen Atmosphäre getragen, konnten notwendige Reformen auch im hiesigen Bewahrhaus umgesetzt werden. War zu Beginn das »Bewahrhaus« das einzige forensisch genutzte Haus der Bedburger Klinik, so wurde die Anzahl forensischer Patientinnen und Patienten stets größer, ein zunehmender Aufnahmedruck führte in den letzten 30 Jahren zu stets größeren Patientenzahlen, wie aus der folgenden Tabelle ersichtlich wird:

8 Friedrich Leidinger: Zero tolerance. Forensische Psychiatrie im politischen Alltag, in: Soziale Psychiatrie 23/3 (1999), S. 24–27.

Jahr	1980	1990	2000	2010
Betten	225	161	232	344
Belegung	201	154,5	277,6	427,77
Vollkräfte	178,7	199,9	353,42	467,14

An diesen Zahlen wird auch die Arbeitsverdichtung deutlich. Behandelten 1990 noch 1,293 Vollkräfte einen forensischen Patienten, so waren es 2010 nur noch 1,092 Vollkräfte, die sich um einen Patienten kümmern konnten.

Der Aufnahmedruck nötigte in den frühen 1990er Jahren dazu, im ergotherapeutischen Anbau des »Bewahrhauses« ein »Provisorium« zur Unterbringung von ca. 14 Patienten zu errichten. Innerhalb von drei Monaten wurde unter dem Dach die »Station 29/3« eingerichtet. Zwar waren erste Erfahrungen mit diesem – räumlich beengten – Provisorium nicht gut, und kam es wenige Monate nach Eröffnung zu einer (kleinen) Meuterei der Patienten, welche nur dank Einsatz von Sondereinsatzkräften der Polizei beherrscht werden konnte, dennoch blieb dieses Provisorium bis 2009 in Betrieb. Überbelegungen und eigentlich nicht hinnehmbare Enge waren bis 2009 (Inbetriebnahme des forensischen Ersatzneubaues) in Haus 29 die Regel, bis zu 31 Patienten wurden auf der alten Station – die ja für 20 Patienten vorgesehen war – untergebracht und behandelt.

Im Zuge der Neu- und Umstrukturierung des Fachbereiches Forensische Psychiatrie war zunächst geplant, Haus 29 nicht mehr zu nutzen, ja unter Umständen sogar abzureißen, doch sahen spätere Planungen eine vollständige Entkernung und Sanierung vor mit dem Ziel, in diesem Haus vier zeitgemäße forensische Wohngruppen von je neun Patienten unterzubringen. Doch erneut wurden derartige Planungen von hohen Belegungszahlen und Sparzwängen überholt, Haus 29 wurde und wird derzeit weiter genutzt, eine komplette Renovierung, um modernen Behandlungsansprüchen zu genügen, ist beantragt und wird hoffentlich bald erfolgen.

Bernd Hoymann-Joosten

Die Entwicklung der Ergotherapie in der LVR-Klinik Bedburg-Hau

Die Ursprünge der Idee einer Krankenbehandlung mittels Beschäftigung und Arbeit liegen weit zurück. Bereits in den Schriften des römischen Arztes Claudius Galenus von Pergamon (129–199 n. Chr.) finden sich Hinweise über die Therapie psychisch Kranker mittels Beschäftigung und Arbeit. Im Laufe der Jahrhunderte lassen sich weitere Hinweise über die positiven Auswirkungen aktivitätsfördernder Maßnahmen in der Krankenbehandlung finden. So gibt es Beschreibungen aus dem 7. Jahrhundert aus Fes (Marokko) und dem 12. Jahrhundert aus Bagdad (Irak) über den Einsatz von Betätigung als Heilmaßnahme im Krankenhaus. Im 15. Jahrhundert wurde das arabische Vorbild in Europa aufgegriffen. In Spanien gründeten die Brüder des Ordens »De la merced« zahlreiche psychiatrische Krankenhäuser. Im Spital »Urbi et orbi« in Saragossa wurde systematisch Arbeit als Behandlungsmaßnahme eingesetzt. Im 18. Jahrhundert verbreitete sich in Europa die aktivitätsfördernde Behandlungsidee weiter. Wegbereiter sozialpsychiatrischer Vorstellungen und einer arbeitstherapeutischen Grundidee waren die Psychiater Philippe Pinel (1745–1826) in Frankreich und John Conolly (1794–1866) in Großbritannien. Beide setzten landwirtschaftliche Arbeit als Behandlungsmaßnahme von Geisteskrankheiten ein.

Abb. 1: Ausdrucksorientierte Ergotherapie. Foto: Bernd Hoymann-Joosten

In Deutschland war es der Psychiater Johann Christian Reil (1759–1813), der 1803 die Bedeutung der Arbeit in den »Rhapsodieen über die Anwendung der psychiatrischen Kurmethode auf Geisteszerrüttungen« würdigte. Er empfahl die Ausübung von Aktivitäten im Freien sowie handwerkliche und kreative Tätigkeiten. Nichtstun und Müßiggang wurden als krankheitsbegünstigend

Abb. 2: Flickzimmer in der PHP Bedburg-Hau. Aus: Johannes Horion (Hrsg.): Die Rheinische Provinzial-Verwaltung. Ihre Entwicklung und ihr heutiger Stand (Düsseldorf 1925), S. 139

angesehen, Tagesstruktur und das Anknüpfen an gewohnte Tätigkeiten wurden zu wichtigen Elementen der Behandlung. Abhängig von ihrem gesellschaftlichen Status wurden die Kranken zu unterschiedlichen Tätigkeiten herangezogen. Für die gehobenen Stände wurden künstlerische und kunsthandwerkliche Betätigungen angeboten, Angehörige der niedrigen Stände wurden überwiegend in der Landwirtschaft eingesetzt. Aus der Ehrenwallschen Kuranstalt in Ahrweiler (gegründet 1877) ist bekannt, dass man Schreinerarbeiten, Holzschnitzereien, Brandmalerei, Arbeiten mit Ton, aber auch Gesellschaftsspiele, Lesungen und Musizieren in der Behandlung von Neurosekranken einsetzte. Ähnliche Entwicklungen gab es auch in anderen Kuranstalten und Krankenhäusern.

Im Sinne des damaligen Zeitgeistes wurde auch die Klinik in Bedburg-Hau zu Beginn des 20. Jahrhunderts konzipiert. Das große Anstaltsgelände musste möglichst wirtschaftlich und unter vielseitigem Einsatz von Patienten geführt werden. Um vielfältige Möglichkeiten zur Beschäftigung der Kranken anbieten zu können, wurden eigene wirtschaftliche Einrichtungen zur Selbstversorgung geschaffen. Auf ausgiebige und abwechslungsreiche Beschäftigung der Kranken legte der erste Direktor Dr. Gustav Flügge das größte Gewicht. Das großzügige Angebot an Betätigungsmöglichkeiten für Patienten erfolgte aber auch unter dem Aspekt der Reduzierung der Betriebskosten.

In der Hausordnung für die Rheinischen Provinzial-Heil- und Pflegeanstalten von 1912 steht unter § 4 (»Beschäftigung der Kranken, Teilnahme der Angestellten an den

Arbeiten«) vermerkt: »Durch die regelmäßige Beschäftigung der Kranken soll ein günstiger Einfluß auf den Gesundheitszustand derselben erwirkt werden. Das Pflege- und Dienstpersonal ist zur Beaufsichtigung und Anleitung der ihnen zugewiesenen Kranken, wie zur persönlichen Teilnahme an der Arbeit verpflichtet und soll hierbei den Kranken mit gutem Beispiel vorangehen. Das Maß und die Art der Beschäftigung der Kranken wird lediglich durch die Anstaltsärzte bestimmt. Die Arbeiten sollen zum Nutzen der Anstalt oder der Kranken selbst geschehen.«

Bereits in den ersten Jahren der Klinik wurde ein Beschäftigungsgrad von 60 Prozent der Kranken erreicht. Es wurde jedoch deutlich, dass dieser Beschäftigungsgrad nicht ausreichte, um die Klinik wirtschaftlich führen zu können. Auf Anregung des Provinzialverbandes besichtigten Ärzte der Anstalt, unter Leitung von Dr. Flügge, 1924 die Provinzial-Heil- und Pflegeanstalt Gütersloh. Hier hatte der Direktor Dr. Hermann Simon (1867–1947) ein umfangreiches und differenziertes System von Möglichkeiten zur Beschäftigung und Arbeit der Kranken geschaffen. Unter dem Motto »Leben ist Tätigkeit« war Simon bestrebt, möglichst alle seiner Patienten zu einer Tätigkeit zu bringen. Er betrachtete den Beschäftigungsgrad der Kranken als eine Art Barometer für das Klima, das in der Anstalt herrschte. Aber auch das »Ständebewusstsein« spielte eine große Rolle. In einem umfangreichen System von »Kolonnen« wurden in erster Linie Patienten aus den »niederen« Ständen eingesetzt. Diese Kolonnen dienten hauptsächlich dem Erhalt der Klinik in Form landwirtschaftlicher Tätigkeiten und Arbeiten in den die Klinik versorgenden Handwerks- und Wirtschaftsbetrieben. Bei Angehörigen »höherer« Stände stieß Simon eher auf Ablehnung eines Einsatzes in diesen Kolonnen. Für diesen Personenkreis schuf er ein Angebot künstlerischer, musischer und »feinerer« handwerklicher Tätigkeiten im Sinne der Tagesstrukturierung und des Zeitvertreibs.

Ein Problem lag in der Bezeichnung des Arbeitsangebotes für Patientinnen und Patienten. Simon vermied es, von Arbeit oder Arbeitstherapie zu reden. In dieser Zeit wurden die Grundzüge der heutigen Sozialversicherungssysteme entwickelt. Eine Neuerung lag darin, dass Kranke von der Pflicht zur Arbeit befreit wurden. Simon befürchtete erheblichen politischen und gesellschaftlichen Widerstand, wenn er Kranke durch ärztliche Verordnung zur Arbeit verpflichtete. Aus diesem Grund verwendete er den Begriff der Beschäftigung und veröffentlichte 1929 sein System als Buch unter dem Titel »Aktivere Krankenbehandlung in der Irrenanstalt«. Für die spätere professionelle Weiterentwicklung der Beschäftigungs- und Arbeitstherapie sollte die von Simon gewählte »strategische« Begriffsverwirrung noch lange nachwirken.

Die Anleitung der Kranken zur Arbeit erfolgte nicht nur unter wirtschaftlichen Aspekten. Namhafte Psychiater der damaligen Zeit betrachteten Arbeit als ein Heil- und Hilfsmittel zur Erhaltung der noch vorhandenen Geisteskräfte. Arbeit und Beschäftigung wurden als ein Mittel zur Beruhigung und wohltätigen Ablenkung von krankhaften Gedanken und Trieben angesehen. Die Delegation aus Bedburg-Hau war von ihrem Besuch in Gütersloh stark beeindruckt. Die Anregungen wurden positiv aufgenommen. Es wurde nun zu einem vordringlichen Anliegen, die Bettbehandlung stärker einzuschränken und

Abb. 3: Schlosserwerkstatt in der PHP Bedburg-Hau. Foto: Fotosammlung der LVR-Klinik Bedburg-Hau

die Beschäftigung der Kranken durch Arbeit weiter auszubauen. Ärzte und Pfleger stellten sich schnell auf die »aktivere Behandlung« ein. Die Wachsäle wurden tagsüber deutlich leerer, die Arbeitsstätten füllten sich zunehmend. Es wurde jedoch nicht zum vorrangigen Ziel von Flügge, einen ähnlich hohen Beschäftigungsgrad von beinahe 100 Prozent wie in Gütersloh zu erreichen. Nach seiner Ansicht durfte eine Heil- und Pflegeanstalt auf keinen Fall zu einer Arbeitsanstalt werden. Bis 1925 stieg der Beschäftigungsgrad auf 70 Prozent. 1929 betrug er sogar 80 Prozent der Kranken.

1929 wurde Dr. Raether als neuer Direktor eingeführt. Unter seiner Leitung wurde das Angebot der Beschäftigungs- und Arbeitsmöglichkeiten für die Kranken weiter intensiviert. So legte er großen Wert darauf, die Kranken neben der Arbeit auch zu geistigem Training durch Beschäftigung, zu Unterhaltungsspielen und zu Bewegungsübungen anzuhalten.

Die Deportation von Patienten und die Anwendung von Arbeit als Mittel zur Vernichtung von so genanntem »unwerten Leben« in der Zeit des deutschen Faschismus und die Zerstörungen während des Zweiten Weltkrieges führten zu einer erheblichen Zurücknahme des Angebotes von Beschäftigung und Arbeit als Mittel zur Stabilisierung, Genesung und Rehabilitation von kranken und behinderten Menschen. Nach dem Zweiten Weltkrieg dauerte es bis weit in die 1950er Jahre, bis die Klinik wieder vollständig ihrer eigentlichen Zweckbestimmung als psychiatrisches Krankenhaus zugeführt wurde. Die Zerstörungen durch den Krieg machten umfangreiche Wiederaufbau- und Restaurierungsarbeiten erforderlich. Land- und Viehwirtschaft mussten wieder betrieben werden. Hierbei wurde unter Anleitung von Pflegern und Handwerkern eine Vielzahl von arbeitsfähigen Patienten eingesetzt.

Parallel zur Weiterführung der arbeitstherapeutischen Ansätze durch den Pflegedienst nach dem Konzept von Hermann Simon setzte in Deutschland die Etablierung des neu zu schaffenden Berufsbildes des Beschäftigungstherapeuten ein. Die erste Schule für Beschäftigungstherapie entstand 1953 in Hannover. Die psychiatrische Beschäftigungstherapie wurde als eine auf die Arbeitstherapie und berufliche Rehabilitation vorbereitende Therapieform betrachtet. Unter Zuhilfenahme von verschiedensten Materialien und handwerklich-künstlerischen Techniken diente die Beschäftigungstherapie der vorsichtigen Kontaktaufnahme mit dem Patienten, der allgemeinen Aktivierung, der Vermittlung von Erfolgserlebnissen und der Vorbereitung auf die Arbeitsgruppen. Auch diente sie einer gewissen Ablenkung von der Krankheit. Ein allgemeiner Ausbildungsgang zum Arbeitstherapeuten bestand nicht. 1977 wurde das Ausbildungsgesetz zum Beschäftigungstherapeuten reformiert und fortan um die Arbeitstherapie erweitert. Nun lautete die Berufsbezeichnung »Beschäftigungs- und Arbeitstherapeut/in«. Im europäischen Ausland hat sich zeitgleich die Berufsbezeichnung Ergotherapeut/in etabliert, im englischen Sprachraum der Begriff »occupational therapist«. Im Rahmen einer weiteren Reform des Berufs- und Ausbildungsgesetzes wurde 1999 auch in Deutschland die gesetzlich geschützte Berufsbezeichnung Ergotherapeut/in eingeführt.

Im Wesentlichen bestand das Angebot zur tagesstrukturierenden Beschäftigung in Bedburg-Hau bis Anfang der 1960er Jahre aus dem Einsatz von Patientinnen und Patienten im Rahmen von arbeitstherapeutischen Angeboten unter Leitung von Pflegepersonal. 1962 wurde unter Leitung von Heinz Janssen damit begonnen, parallel zur Arbeitstherapie eine Beschäftigungstherapie aufzubauen. Bereits 1975 arbeiteten elf Angestellte in diesem neu geschaffenen Bereich. In zwei Bauabschnitten wurde das Haus 55 als Therapiehaus für dieses neue und stationsübergreifende Angebot erbaut. Zur Verbesserung der beruflichen Qualifizierung erhielten in der Beschäftigung von Patienten bereits erfahrene Pfleger die Möglichkeit, den Beruf des Beschäftigungs- und Arbeitstherapeuten zu erlernen. Die entsprechende Ausbildung erfolgte ab 1975 in den vom Landschaftsverband Rheinland in Essen und Düren gegründeten Schulen zur staatlich anerkannten Ausbildung von Beschäftigungs- und Arbeitstherapeuten. In den folgenden Jahren erfolgte ein kontinuierlicher Ausbau stationsnaher und -orientierter Angebote der Beschäftigungstherapie. Für diese wurden folgende Behandlungsverfahren definiert: Beschäftigungstherapie mit gestalterischen Mitteln; funktionelle Übungsbehandlung; lebenspraktisches Training.

In den folgenden Jahren erfolgte eine grundlegende Umstrukturierung der Angebote der Beschäftigungs- und Arbeitstherapie. In den Vorlagen 8/22 GE (1985), 9/23 GE (1989) und 8/208 GE (1990) wurden vom LVR inhaltliche und organisatorische Vorgaben formuliert. Zur Verbesserung der beruflichen Qualifikation im Bereich der Arbeitstherapie

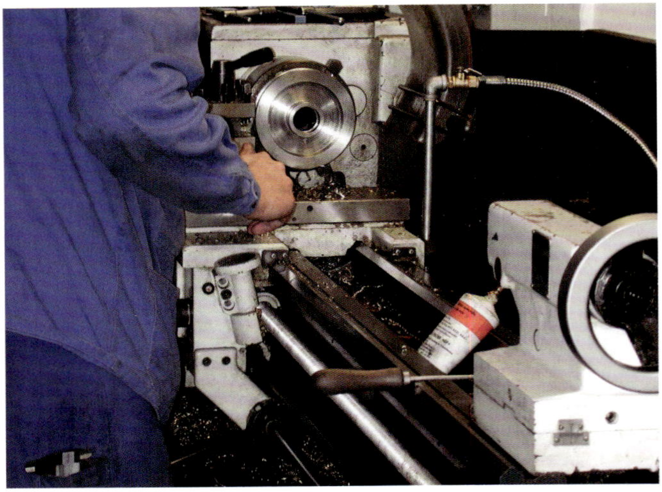

Abb. 4: Arbeitstherapeutische Belastungserprobung. Foto: Bernd Hoymann-Joosten

erhielten 1984 drei Handwerksmeister der Klinik die Möglichkeit zu einer berufsbegleitenden Ausbildung zum Erzieher am Arbeitsplatz. Die Arbeitstherapie wurde als Maßnahme der medizinischen Behandlung formuliert mit dem Ziel, den Kranken auf eine berufliche Rehabilitation vorzubereiten, indem »sie die für das Arbeitsleben erforderlichen allgemeinen, sozialen und instrumentellen Fähigkeiten entwickelt und stabilisiert«.

Die Ziele der Arbeitstherapie sind demnach: Diagnose, Belastungserprobung und Therapie der krankheitsbedingten Störungen im Arbeitsleben unter den Aspekten Leistungs- und Sozialverhalten; Entwicklung einer berufsbezogenen Selbsteinschätzung des Patienten, die für ihn selbst und für seine Umwelt realisierbar erscheint; (Wieder-)Herstellung des beruflichen Realitätsbezuges; Erhalt und Stärkung der vorhandenen Fähigkeiten; Abklärung des beruflichen Rehabilitationsbedürfnisses; Hospitalismus-Prophylaxe. Erstmalig wurden Empfehlungen für Gruppengrößen (1:6) gegeben. Zur Verbesserung der beruflichen Qualifikation wurde vom LVR empfohlen, bei Neueinstellungen ausgebildeten Beschäftigungs- und Arbeitstherapeuten den Vorzug zu geben. Als wesentliches Element stationärer psychiatrischer Behandlung wurde es erforderlich, die Beschäftigungs- und Arbeitstherapie unter fachärztliche Verantwortung zu stellen. Somit erfolgte auch in Bedburg-Hau eine Verlagerung dieser Therapieform vom Zuständigkeitsbereich der Pflege hin zum Verantwortungsbereich der Ärztlichen Direktion.

Der Landschaftsverband erhob die Forderung, zukünftig für die Beschäftigungstherapie und die Arbeitstherapie eigene Organisationseinheiten mit jeweils eigener Leitung als zentralem Funktionsdienst zu bilden. Jede Klinik sollte eine Gesamtleitung »Beschäftigungs- und Arbeitstherapie« ausweisen. In allen Kliniken sollte jeweils ein Stellvertreter im Bereich Beschäftigungstherapie und im Bereich Arbeitstherapie benannt werden. Die Vorgabe zur Einsetzung von Leitungen für die Bereiche Beschäftigungstherapie und Arbeitstherapie war in Bedburg-Hau zu dieser Zeit bereits erfüllt. Für die Gesamtleitung wurde zunächst der Diplom-Psychologe Hans van der Viven zum Gesamtkoordinator der beiden Bereiche, 1985 der Diplom-Pädagoge Dietrich Sievert zum ersten Gesamtleiter

Abb. 5: Arbeitstherapeutische Belastungserprobung. Foto: Bernd Hoymann-Joosten

benannt. Von 1990 bis 1992 wurde die Ergotherapie kommissarisch von Heinrich Janssen geleitet. Seit 1992 ist der Ergotherapeut Bernd Hoymann-Joosten Gesamtleiter der Abteilung Ergotherapie. Der Teilbereich der Arbeitstherapie wird seit 1999 von der Leitenden Arbeitstherapeutin Ann Lorraine Sander geleitet.

Ab 1990 wurde in der Klinik ein umfangreiches Programm zur Enthospitalisierung von chronisch psychisch kranken Menschen durchgeführt. Hierbei übernahm die Ergotherapie eine bedeutende Rolle bei der Vorbereitung von Langzeitkranken auf neue Wohn- und Arbeitsperspektiven. Im Rahmen stationsbezogener Angebote wurden Aktivierungsprogramme und Umfelderkundungen durchgeführt, durch Expositionstraining die Fahrt mit öffentlichen Verkehrsmitteln geübt, Einkaufstrainings durchgeführt und neue Wohnumgebungen außerhalb der Klinik erkundet. In der Phase der konkreten Vorbereitung auf einen Umzug in externe Einrichtungen wurden Kleinmöbel und Dekorationsgegenstände für die neue Wohnung angefertigt.

Im Rahmen der Arbeitstherapie wurden bei allen teilnehmenden Patienten/Bewohnern aus den Wohngruppen des Betriebsbereiches der Sozialen Rehabilitation Belastungserprobungen durchgeführt. Diese dienten der Ermittlung von Arbeitsfähigkeit unter dem Aspekt der Mindestvoraussetzungen für den Zugang zu einer Werkstatt für behinderte Menschen. In enger Abstimmung mit den »Rosendaler Werkstätten« wurden Arbeits- und Produktionsbereiche aufeinander abgestimmt, um den Bewohnerinnen und Bewohnern nach einer Erprobung in der Arbeitstherapie den Zugang und Übergang zur Werkstatt für behinderte Menschen zu erleichtern. Im Rahmen von begleiteten Hospitationen und Praktika konnten sie sich noch im Status der Arbeitstherapie außerhalb der Klinik erproben. Für etwa 150 Bewohnerinnen und Bewohner konnte so in den Folgejahren eine Vermittlung in eine Werkstatt für behinderte Menschen umgesetzt werden. Parallel zu diesem Vorgehen entstanden auf dem Klinikgelände Tagesstätten und im Verbundsystem Goch eine eigene Einrichtung zur Tagesstrukturierung und Beschäftigung von Bewohnern der Sozialen Rehabilitation. Auch diese Einrichtungen wurden durch die Ergotherapie mitgeprägt.

In den weiteren Jahren setzte eine umfangreiche Umstrukturierung der Klinik ein. Diese war geprägt durch die Entwicklung der Sozialen Rehabilitation, den zunehmenden Ausbau des Fachbereiches Forensik, Veränderungen in den allgemein psychiatrischen Behandlungsbereichen, den Ausbau der Neurologie und die Einführung einer abteilungsbezogenen Budgetierung. Hierdurch waren auch organisatorische, personelle, inhaltliche und räumliche Anpassungen in der Ergo- und Arbeitstherapie unumgänglich.

Am 1. Juli 1997 trat das 2. GKV-Neuordnungsgesetz in Kraft. Hierdurch gab der Gesetzgeber dem Bundesausschuss der Ärzte und Krankenkassen den Auftrag, die Heilmittelrichtlinien zu überarbeiten. In den neu überarbeiteten Richtlinien über die Verordnung von Heil- und Hilfsmitteln wurden für die Beschäftigungs- und Arbeitstherapie (Ergotherapie) allgemeine Grundsätze formuliert: »Beschäftigungs- und Arbeitstherapie (Ergotherapie), einschließlich der Belastungserprobung, ist gerichtet auf die Behandlung krankheitsbedingter motorischer, sensorischer und psychischer Funktionseinschränkungen und Behinderungen. Ziel der Behandlung ist die Wiederherstellung, Verbesserung oder Kompensation der krankheitsbedingt eingeschränkten Funktionen und Fähigkeiten. Die ergotherapeutischen Maßnahmen sind daher jeweils Bestandteil eines Gesamtkonzeptes zur Rehabilitation, das geeignet ist, eine Behinderung zu beseitigen, zu bessern oder eine Verschlimmerung zu verhüten oder Pflegebedürftigkeit zu vermeiden oder zu mindern. Beschäftigungs- und Arbeitstherapie bedient sich aktivierender und handlungsorientierter Verfahren unter Einsatz speziell adaptierten Übungsmaterials, handwerklicher und gestalterischer Techniken sowie lebenspraktischer Übungen. Beschäftigungs- und Arbeitstherapie kann als Einzel- oder Gruppentherapie durchgeführt werden.«

Die Ergotherapie in Bedburg-Hau versteht sich heute als Querschnittsabteilung, die die Betten führenden Stationen mit ergo- und arbeitstherapeutischer Leistung versorgt. Die Therapie und Förderung der Patientinnen und Patienten ist vorrangiger Arbeitsauftrag. Der in den Anfangsjahren der Klinik besonders betonte Aspekt des wirtschaftlichen Nutzens durch den Einsatz von Patienten zur Arbeit ist nicht mehr zeitgemäß und widerspricht dem Behandlungsauftrag der Kostenträger. Die Ergotherapie ist heute ein unverzichtbarer Bestandteil psychiatrischer und neurologischer Behandlungen. In der LVR-Klinik Bedburg-Hau finden sich in allen Behandlungsbereichen stationsbezogene und in die Stationskonzepte spezifisch eingeführte ergotherapeutische Behandlungsangebote. Die Arbeitstherapie als Bestandteil des ergotherapeutischen Gesamtspektrums

Abb. 6: Training lebenspraktischer Fähigkeiten. Foto: Bernd Hoymann-Joosten

bietet differenzierte Angebote in einer Vielzahl von Berufs- und Arbeitsfeldern. Auch im Rahmen der Institutsambulanzen werden zunehmend Ergotherapeuten eingesetzt. Ergotherapie ist ein ärztlich zu verordnendes Heilmittel und geht von der Annahme aus, dass es zu den menschlichen Grundbedürfnissen gehört, das eigene Leben und die Umwelt handelnd zu gestalten. Sie ist handlungsorientiert und setzt bei den Bedürfnissen und Fähigkeiten der Menschen an.

In der aktuellen Definition des Berufsverbandes der Ergotherapeuten wird Ergotherapie wie folgt beschrieben: »Ergotherapie unterstützt und begleitet Menschen jeden Alters, die in ihrer Handlungsfähigkeit eingeschränkt oder von Einschränkung bedroht sind. Ziel ist, sie bei der Durchführung für sie bedeutungsvoller Betätigungen in den Bereichen Selbstversorgung, Produktivität und Freizeit in ihrer persönlichen Umwelt zu stärken. Hierbei dienen spezifische Aktivitäten, Umweltanpassung und Beratung dazu, dem Menschen Handlungsfähigkeit im Alltag, gesellschaftliche Teilhabe und eine Verbesserung seiner Lebensqualität zu ermöglichen.«

Ergotherapie in der Psychiatrie behandelt Patientinnen und Patienten aller Alterstufen mit psychotischen, neurotischen und psychosomatischen Störungen sowie Suchterkrankungen. Die Ziele der Ergotherapie in der Psychiatrie sind die Entwicklung, Verbesserung und der Erhalt von psychischen Grundleistungsfunktionen wie Antrieb, Motivation, Belastbarkeit, Ausdauer, Flexibilität und Selbstständigkeit in der Tagesstrukturierung; Körperwahrnehmung und Wahrnehmungsverarbeitung; realitätsbezogener Selbst- und Fremdwahrnehmung; situationsgerechtem Verhalten, sozio-emotionalen Kompetenzen und Interaktionsfähigkeit. Gefördert werden kognitive Funktionen, psychische Stabilität, Selbstvertrauen, eigenständige Lebensführung und Grundarbeitsfähigkeit.

Abb. 7: Motorisch-funktionelle Übungsbehandlung. Foto: Bernd Hoymann-Joosten

Ergotherapie in der Neurologie setzt vor allem bei Erkrankungen des zentralen Nervensystems, zum Beispiel nach Schlaganfall, Schädel-Hirn-Verletzungen oder bei Multipler Sklerose ein. Eine ergotherapeutische Behandlung in diesem Bereich zielt auf Hemmung und Abbau pathologischer Haltungs- und Bewegungsmuster und Hinführung zu normalen Bewegungsabläufen. Die Verbesserung von zentralbedingten Störungen der Grob- und Feinmotorik und von neuropsychologisch bedingten Defiziten und Einschränkungen der kognitiven Fähigkeiten sind zentrale Bestandteile der Behandlung. Bezogen auf das Training von Alltagsaktivitäten sind eine fachgerechte Hilfsmittelberatung sowie ein Hilfsmitteltraining von besonderer Bedeutung. Bei Bedarf erfolgt eine Beratung zu notwendigen Anpassungen im häuslichen und beruflichem Umfeld.

Arbeitstherapie ist ein Behandlungsfeld der Ergotherapie, bei dem Arbeit unter wirklichkeitsnahen Bedingungen als Mittel der Therapie eingesetzt wird. Sie dient der Förderung eingeschränkter Arbeitsfähigkeiten und der Vorbereitung einer beruflichen Wiedereingliederung oder Rehabilitation. Bei langfristiger Betreuung ist sie auch ein wichtiges Instrument tagesstrukturierender Maßnahmen. Sie dient der Verbesserung und Wiederherstellung von Grundleistungsfähigkeiten wie Ausdauer, Konzentration, Tages- und Zeitstrukturierung. Soziale Fähigkeiten wie Kontakt- und Durchsetzungsfähigkeit werden im therapeutischen Arbeitsalltag trainiert. Selbstvertrauen und Entscheidungsfähigkeit werden gefördert, motorische und instrumentelle Fertigkeiten im Rahmen der berufs- oder arbeitsplatzspezifischen Fähigkeiten und Anforderungen trainiert.

Zur Erreichung dieser Ziele kommen heute in der Ergotherapie der LVR-Klinik Bedburg-Hau unterschiedliche Assessments, Behandlungsformen, Methoden, Verfahren und Maßnahmen zur Anwendung. In der psychiatrischen Ergotherapie werden handlungs- und prozessorientierte Befunderhebungen durchgeführt. Angeboten werden strukturierende handwerkliche Tätigkeiten, kreatives Gestalten, kommunikatives Malen, gestaltungstherapeutisch orientierte Ergotherapie, kognitives Training, interaktionelles Training, Expositionstraining sowie lebenspraktische Übungen.

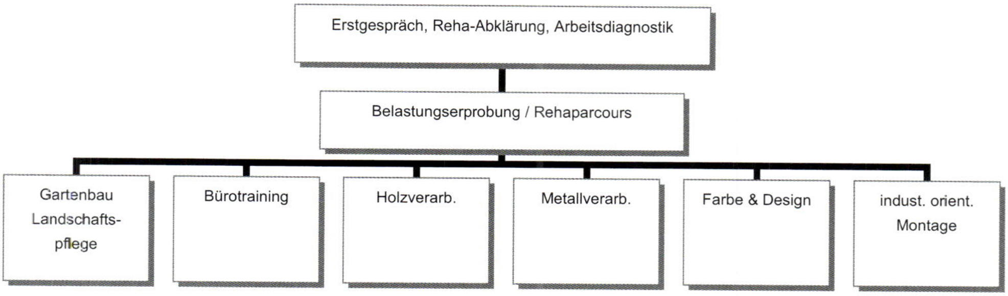

Grafik 1

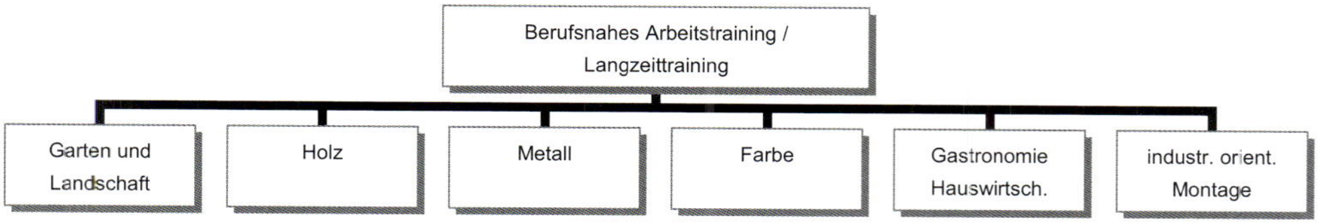

Grafik 2

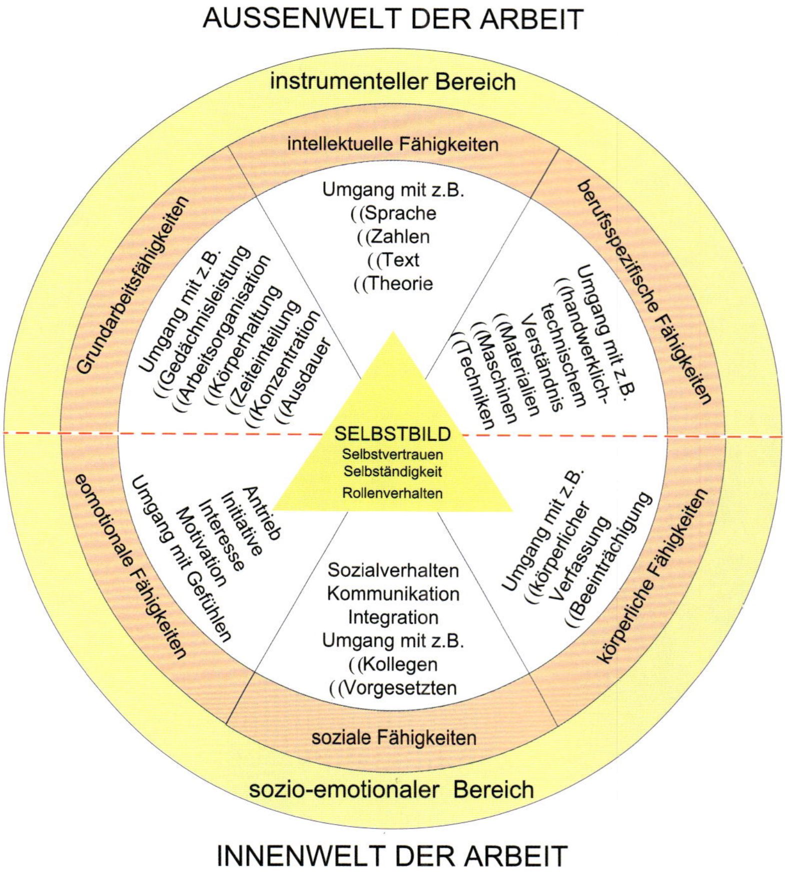

Grafik 3

Die zukünftige Entwicklung der Ergotherapie in Deutschland ist geprägt durch eine zunehmende Akademisierung des Berufsbildes. Neben einer dreijährigen Ausbildung an staatlich anerkannten Schulen für Ergotherapie werden seit einigen Jahren Aufbaustudiengänge mit dem Abschluss Bachelor und Master angeboten. Im Jahr 2010 wurde der erste grundständige Studiengang für Ergotherapie in Bochum eingerichtet. Internationale Theoriemodelle zur Ergotherapie wie das amerikanische »MOHO« oder das kanadische »COPM« prägen zunehmend das Selbstverständnis der Ergotherapie in Deutschland.

Kürzer werdende Verweildauern in der Akutpsychiatrie haben zu einer Anpassung des ergotherapeutischen Angebotes geführt. Heute liegt der Schwerpunkt im Bereich der ergotherapeutischen Diagnostik und Befunderhebung, kurzfristiger Interventionen, Arbeitsdiagnostik und Belastungserprobung. In der LVR-Klinik Bedburg-Hau ist in den letzten Jahren eine zunehmende Entwicklung im Bereich ambulanter Versorgung zu beobachten. Insbesondere im Bereich der Kinder- und Jugendpsychiatrie konnte der Anteil ambulant arbeitender Ergotherapeutinnen ausgebaut werden. Für die Bereiche Erwachsenenpsychiatrie, Gerontopsychiatrie und Neurologie ist zukünftig von einem steigenden Bedarf an ambulanter Versorgung auszugehen. Neue Formen des betreuten Wohnens außerhalb der Einrichtung erfordern zielgerichtete Angebote. Aktuelle wissenschaftliche Studien aus den Niederlanden zeigen eine deutliche Wirkung ambulanter Ergotherapie im häuslichen Umfeld bei Menschen mit Demenzen und deren Angehörigen.

Für die Forensik zeichnet sich ein zunehmender Bedarf an Arbeitstherapie ab. Hier stellt die Vorbereitung auf Maßnahmen der beruflichen Rehabilitation und Wiedereingliederung eine besondere Herausforderung dar. Im Bereich langfristiger Betreuung und Behandlung hat sich der Ansatz tagesstrukturierender Maßnahmen bewährt. Ein wesentliches Augenmerk liegt auf der längerfristigen Vorbereitung auf ein Leben außerhalb der Klinik. Hierzu zählen auch vorbereitende Maßnahmen auf den ersten und besonderen Arbeitsmarkt. Eine enge Abstimmung und Verzahnung mit vorbereitenden Maßnahmen zur beruflichen Rehabilitation sind hierzu erforderlich.

Abb. 8: Interaktionelle Gruppenarbeit. Foto: Bernd Hoymann-Joosten

Jo Becker

Die Geschichte von Jan

Gestatten Sie, liebe Leserin und lieber Leser, dass ich an einigen Stellen meines Berichts in die Rolle des Erzählers schlüpfe. Denn ich kann nicht objektiv über diesen Menschen berichten. Dicke stinkende Zigarren, die Jan voller Genuss schmauchte, Reden um des Redens willen in diesem bauerncharmanten niederrheinischen Tonfall, sein respektlos liebenswertes Duzen von Jedermann – so haben wir ihn in Erinnerung, wir, die ihn gekannt haben. Und die wie er zur Geschichte dieser Klinik gehören. Einer Klinik, von der ich ebenfalls nur sehr subjektiv berichten kann.

Wie Jan in die Klinik kommt

Jan wächst als einziges Kind seiner Eltern in Sonsbeck auf, einem kleinen Dorf bei Xanten am Niederrhein. Vom Vater wird später in Jans Krankenakte berichtet, dass er an »Trunksucht, Streit- und Schmähsucht« litt und die Mutter misshandelte. Als Jan vier Jahre alt ist, wird die Ehe der Eltern geschieden. In der Schule bleibt er – damals nicht unüblich – »wegen Überfüllung der Klasse« einmal sitzen. Später ist er als Fabrikarbeiter beschäftigt und lebt bei seiner Mutter. Am 23. Mai 1925, mit 22 Jahren, wird er gegen seinen Willen in die Rheinische Provinzial-Heil- und Pflegeanstalt Bedburg-Hau gebracht.

Zur Einweisung in eine »Irren-Anstalt« musste damals der Amtsarzt der Gemeinde einen »Fragebogen B« ausfüllen, mit dem Angaben zur familiären und persönlichen Krankheitsvorgeschichte erhoben wurden. Er enthielt auch Fragen, die uns heute für eine psychiatrische Einweisung ungewöhnlich erscheinen, zum Beispiel nach »geschlechtlichen Ausschweifungen, Hautausschlägen, Ausfluss aus den Ohren« und ob der Patient »bei Entleerung der Exkremente die Reinlichkeit« beachte. Viele »Anstaltspfleglinge« dieser Zeit litten an Hirnschädigungen durch Syphilis oder Hirnhautentzündung, für die es noch keine wirksame Behandlung gab. Das Gesetz von 1891 sah drei Gründe für eine Anstaltseinweisung vor: dass der Kranke für sich oder andere gefährlich war, sich durch unsittliches Verhalten als ungewöhnlich belästigend zeigte oder dass er wegen körperlicher Hilflosigkeit auf Pflege angewiesen und diese außerhalb einer Pflegeanstalt nicht zu beschaffen war.

Jan wird eingewiesen, weil er sich unzureichend ernährt und die Mutter die nötige Pflege nicht leisten kann. Der Anstaltsarzt diagnostiziert einen Depressionszustand, jedoch mit rascher Besserungstendenz. Jan wird deshalb nach drei Wochen wieder entlassen.

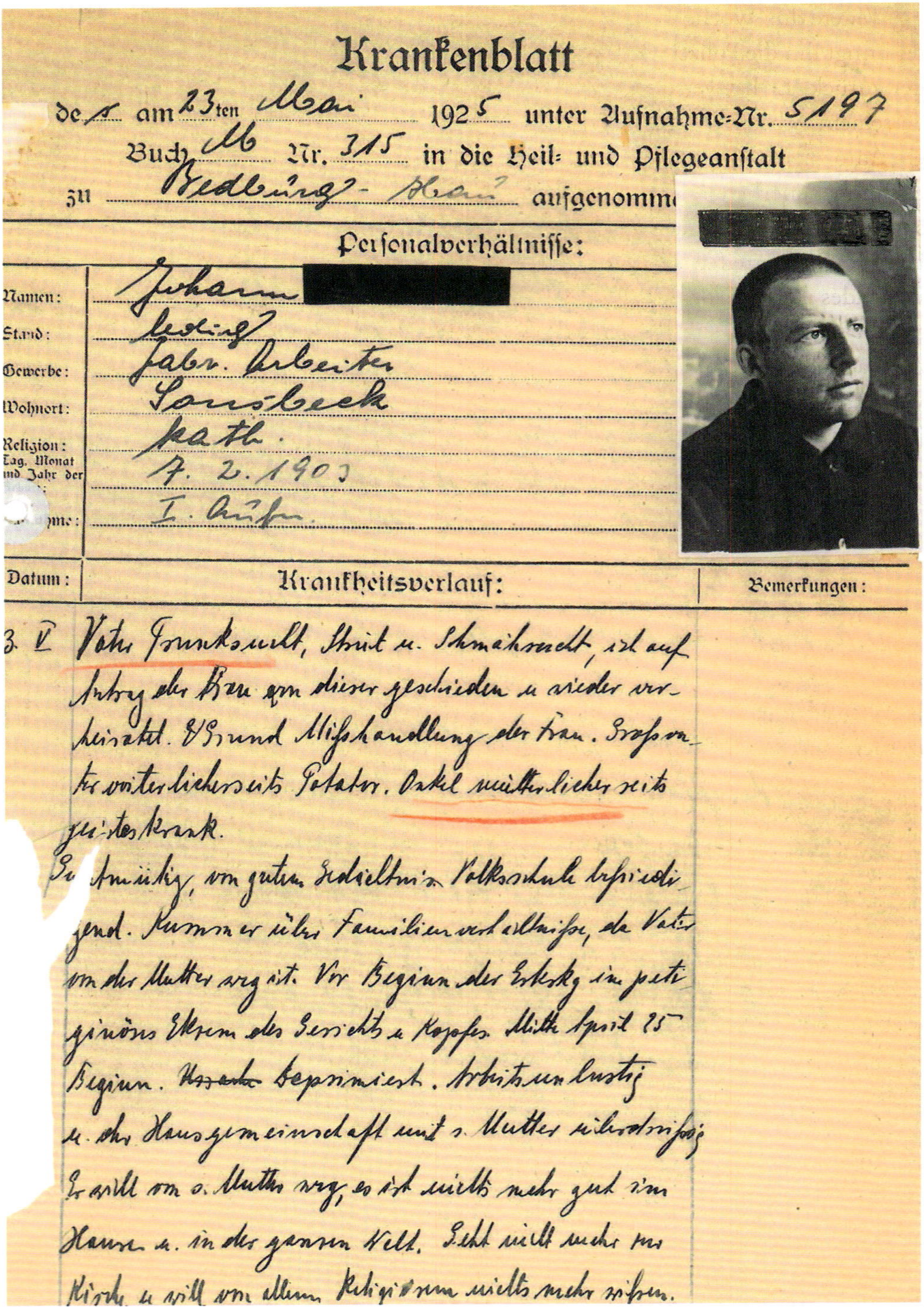

Krankenblatt

Der am 23ten Mai 1925 unter Aufnahme-Nr. 5197

Buch M Nr. 315 in die Heil- und Pflegeanstalt

zu Bedburg-Hau aufgenomm[en]

[redacted]

Personalverhältnisse:

Namen: Johann [redacted]

Stand: ledig

Gewerbe: Fabr. Arbeiter

Wohnort: Sonsbeck

Religion: kath.

Tag, Monat und Jahr der [Geburt]: 4. 2. 1903

[Aufn]ahme: I. Aufn.

Datum:	Krankheitsverlauf:	Bemerkungen:
3. V	Vater Trunksucht, Streit u. Schmähsucht, ist auf Antrag der Frau von dieser geschieden u. wieder verheiratet. Grund Mißhandlung der Frau. Großmutter väterlicherseits Potator. Onkel mütterlicherseits geisteskrank. Gutmütig, von guten Verhältnissen. Volksschule befriedigend. Kummer über Familienverhältnisse, da Vater von der Mutter weg ist. Vor Beginn der Erkrankung impetiginöses Ekzem des Gesichts u. Kopfes. Mitte April 25 Beginn. ~~Ursache~~ Deprimiert. Arbeitsunlustig u. der Hausgemeinschaft mit s. Mutter überdrüssig. Er will von s. Mutter weg, es ist nichts mehr gut im Hause u. in der ganzen Welt. Geht nicht mehr zur Kirche u. will von allem Religiösen nichts mehr wissen.	

Abb. 1: Deckblatt der Krankenakte von Jan. LVR-Klinik Bedburg-Hau (Krankenakte)

Weitere drei Wochen später bringt ihn die Polizei wieder zurück. Er hat versucht, an seinem Arbeitsort Xanten ein Auto zu stehlen – damals ein ungeheuerlicher Diebstahlsversuch. Jan erklärt, er habe im Hinterreifen seines Fahrrades keine Luft mehr gehabt und sich deshalb das Auto ausleihen wollen. Dabei wirkt er gedanklich ganz konfus und hört Stimmen, die zum Beispiel sagen, dass Leichen ausgegraben werden sollen. Jetzt lautet die Diagnose »Dementia praecox«, vorzeitige Demenz, wie damals die Schizophrenie genannt wurde. Deshalb bescheinigt ihm sein Arzt, dass er zur Zeit des Diebstahlversuchs schuldunfähig gewesen sei. Da er in der Folgezeit fleißig in der Feldkolonne mitarbeitet und nach und nach keine Wahnvorstellungen mehr zeigt, wird er nach vier Monaten »gebessert und arbeitsfähig« zur Mutter entlassen.

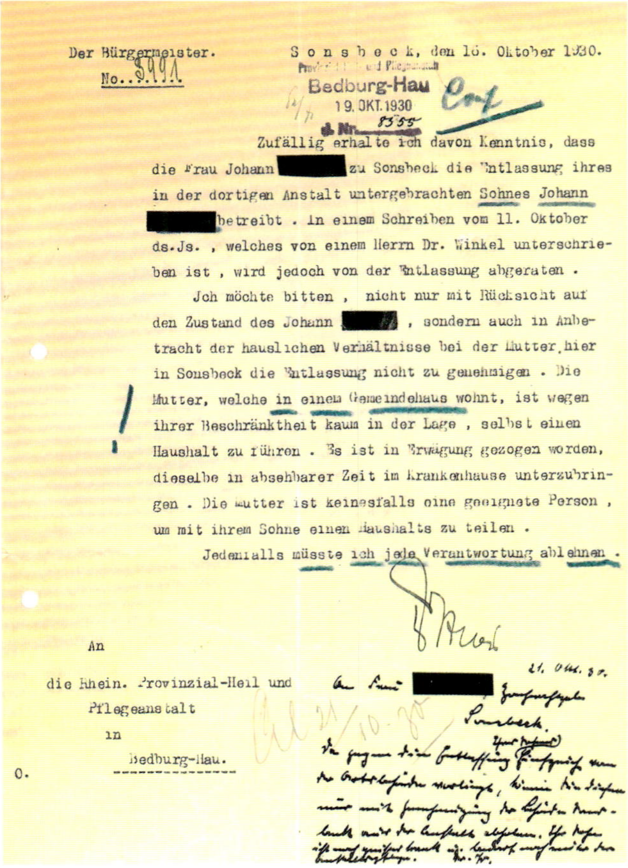
Der Bürgermeister.
No. 8991

Sonsbeck, den 16. Oktober 1930.

Bedburg-Hau
19. OKT. 1930
Nr. 8355

Zufällig erhalte ich davon Kenntnis, dass die Frau Johann [redacted] zu Sonsbeck die Entlassung ihres in der dortigen Anstalt untergebrachten Sohnes Johann [redacted] betreibt. In einem Schreiben vom 11. Oktober ds. Js., welches von einem Herrn Dr. Winkel unterschrieben ist, wird jedoch von der Entlassung abgeraten.

Jch möchte bitten, nicht nur mit Rücksicht auf den Zustand des Johann [redacted], sondern auch in Anbetracht der häuslichen Verhältnisse bei der Mutter hier in Sonsbeck die Entlassung nicht zu genehmigen. Die Mutter, welche in einem Gemeindehaus wohnt, ist wegen ihrer Beschränktheit kaum in der Lage, selbst einen Haushalt zu führen. Es ist in Erwägung gezogen worden, dieselbe in absehbarer Zeit im Krankenhause unterzubringen. Die Mutter ist keinesfalls eine geeignete Person, um mit ihrem Sohne einen Haushalts zu teilen.

Jedenfalls müsste ich jede Verantwortung ablehnen.

An
die Rhein. Provinzial-Heil und Pflegeanstalt
in
Bedburg-Hau.

21. Okt. 30.
An Frau [redacted]
Sonsbeck.

Abb. 2: Familiärer Hintergrund von Jan. LVR-Klinik Bedburg-Hau (Krankenakte)

Zehn Monate später teilt der Bürgermeister von Sonsbeck der Klinik telefonisch und schriftlich mit, dass Jan von zwei Polizeibeamten zur Anstalt gebracht wird. Im »Fragebogen B« wird bescheinigt, dass er seine Mutter misshandelt und die Nachbarn belästigt. Die Versorgung kranker und behinderter Bürger ist zu der Zeit Aufgabe der Heimatgemeinde. Bei einer Anstaltseinweisung muss die Gemeinde sich verpflichten, die Kosten für Pflege, Bekleidung und eine eventuelle Beerdigung zu bezahlen und den Kranken auf Verlangen wieder abzuholen. Am 16. Dezember 1926 wird Jan erneut in Bedburg-Hau aufgenommen. Die Kleidungsstücke in seinem Besitz und ihr Zustand werden genau dokumentiert: »1 Mütze, 1 Paletot [= Obergewand], 1 blaue Arbeiterjoppe […] Kleider teilweise zerrissen.«

In den folgenden Jahren versucht er einige Male wegzulaufen, zunächst nach Hause und einmal sogar über die Grenze nach Holland. Er wird jedes Mal von der Polizei zurückgebracht. Ein Telegramm ins Ausland muss damals eine teure Angelegenheit gewesen sein:

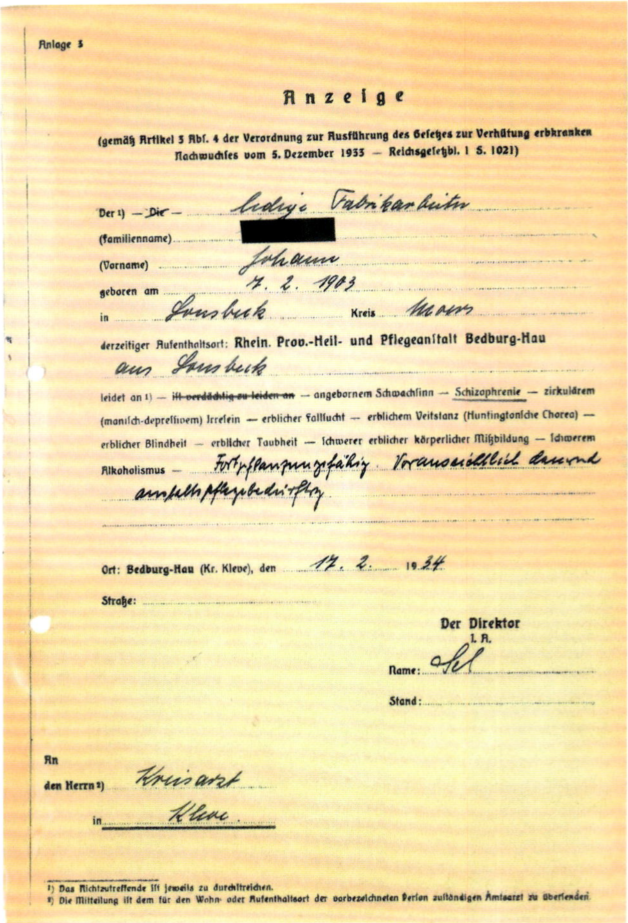

Anlage 3

Anzeige

(gemäß Artikel 3 Abs. 4 der Verordnung zur Ausführung des Gesetzes zur Verhütung erbkranken Nachwuchses vom 5. Dezember 1933 – Reichsgesetzbl. I S. 1021)

Der 1) – ~~Die~~ – ledige Fabrikarbeiter

(Familienname) [redacted]

(Vorname) Johann

geboren am 7. 2. 1903

in Sonsbeck Kreis Moers

derzeitiger Aufenthaltsort: Rhein. Prov.-Heil- und Pflegeanstalt Bedburg-Hau aus Sonsbeck

leidet an 1) – ~~ist verdächtig zu leiden an~~ – angebornem Schwachsinn – Schizophrenie – zirkulärem (manisch-depressivem) Irresein – erblicher Fallsucht – erblichem Veitstanz (Huntingtonsche Chorea) – erblicher Blindheit – erblicher Taubheit – schwerer erblicher körperlicher Mißbildung – schwerem Alkoholismus – Fortpflanzungsfähig. Voraussichtlich dauernd anstaltspflegebedürftig

Ort: Bedburg-Hau (Kr. Kleve), den 17. 2. 1934

Straße:

Der Direktor
I. A.

Name:

Stand:

An
den Herrn 2) Kreisarzt
in Kleve

1) Das Nichtzutreffende ist jeweils zu durchstreichen.
2) Die Mitteilung ist dem für den Wohn- oder Aufenthaltsort der vorbezeichneten Person zuständigen Amtsarzt zu übersenden.

Abb. 3: Anzeige im Kontext des Gesetzes zur Verhütung erbkranken Nachwuchses. LVR-Klinik Bedburg-Hau (Krankenakte)

für 3 Mark 60 Pfennig telegrafiert die Anstalt 1928 an die holländische Polizei, Jan an die nächstgelegene deutsche Grenzstation auszuliefern. Jan gewöhnt sich nach und nach an das Leben in der Anstalt und geht zur Arbeit in der »Doppelkolonne«, einer von zwei Pflegern begleiteten Patientengruppe. In zahlreichen Briefen erkundigt sich die Mutter nach dem Befinden ihres Sohnes. 1930 schreibt der Bürgermeister von Sonsbeck, dass Jan auf keinen Fall zur Mutter entlassen werden solle. Sie lebe in einem Gemeindehaus, also einem Haus für mittellose Bürger, und sei nicht in der Lage, Jan zu versorgen.

Die nationalsozialistische Machtergreifung führt bald zu einem »Gesetz zur Verhütung erbkranken Nachwuchses«, das behinderte und chronisch psychisch kranke Menschen zu einer Untersuchung ihrer Fortpflanzungsfähigkeit zwingt. Viele werden anschließend zwangsweise sterilisiert. Jan, als »voraussichtlich dauernd anstaltspflegebedürftig« eingestuft, entgeht diesem Schicksal.

Obwohl er weiter Stimmen hört und Wahnvorstellungen hat, ist er ein fleißiger und geschickter Arbeiter. 1937 wird er erstmals in der Schlosserei der Klinik eingesetzt. Er wird dort mit kurzen Unterbrechungen 49 Jahre lang arbeiten.

Der »Meldebogen 1« fehlt in Jans Akte. Nach dem Krieg wurden diese Bögen aus den meisten Patientenakten gezielt entfernt und vernichtet. Von seiner Mitpatientin Katharina ist er erhalten geblieben. Die nationalsozialistische Mordorganisation »T4« verschickte diese Formulare an alle Anstalten in Deutschland. Ausschlaggebend waren vor allem zwei Angaben: die der Rasse sowie die »genaueste Bezeichnung der Arbeit und Arbeitsleistung«. War im Meldebogen eine geringe Arbeitsleistung oder als Rasse »Jude, Neger,

Zigeuner oder Mischling« angegeben, kam das einem Todesurteil gleich. Katharina dagegen war Deutsche und wurde zunächst – wahrscheinlich von einer Pflegekraft – als gut arbeitsfähig beschrieben: »putzt, versorgt die Küche der Abteilung, dauernd beschäftigt.« Der letztverantwortliche Arzt Dr. Stahl mindert ihre Arbeitsleistung auf 40–50 Prozent und fügt hinzu, dass es zeitweise Erregungszustände gebe. Das ist Katharinas Todesurteil.

53 Jahre später

Manchmal erleiden Menschen etwas, das so unvorstellbar entsetzlich ist – etwa Folter, Gräueltaten im Krieg oder sexuelle Misshandlung –, dass sie die Vorstellung daran nicht aushalten, ihre Erinnerung als Opfer oder Zuschauer nicht ertragen können: Obwohl die Ereignisse wirklich passiert sind, werden Gespräche und Gedanken darüber so sehr gemieden, dass sie schließlich fast völlig aus der Erinnerung verdrängt sind. Wir in der Psychiatrie Tätigen wissen, dass solche Erlebnisse »im Untergrund« weiter wirken und gerade deshalb schädlich und belastend sein können, weil sie unbewusst und für eine offene Auseinandersetzung unzugänglich bleiben. Das gilt nicht nur für Einzelschicksale, sondern auch für größere menschliche Gemeinschaften: Tabus haben nur dadurch Macht über Menschen, dass sie ein Tabu bleiben. Ein solches Tabu bilden die Ereignisse, die hier in Bedburg-Hau vor 53 Jahren stattfanden und bei denen viele Menschen in weiterem Umkreis Zuschauer waren. Einige Zeitzeugen leben noch, Kinder und Enkel sind heute am gleichen Arbeitsort tätig. […] Es ist an der Zeit, mit diesem Tabu zu brechen […].

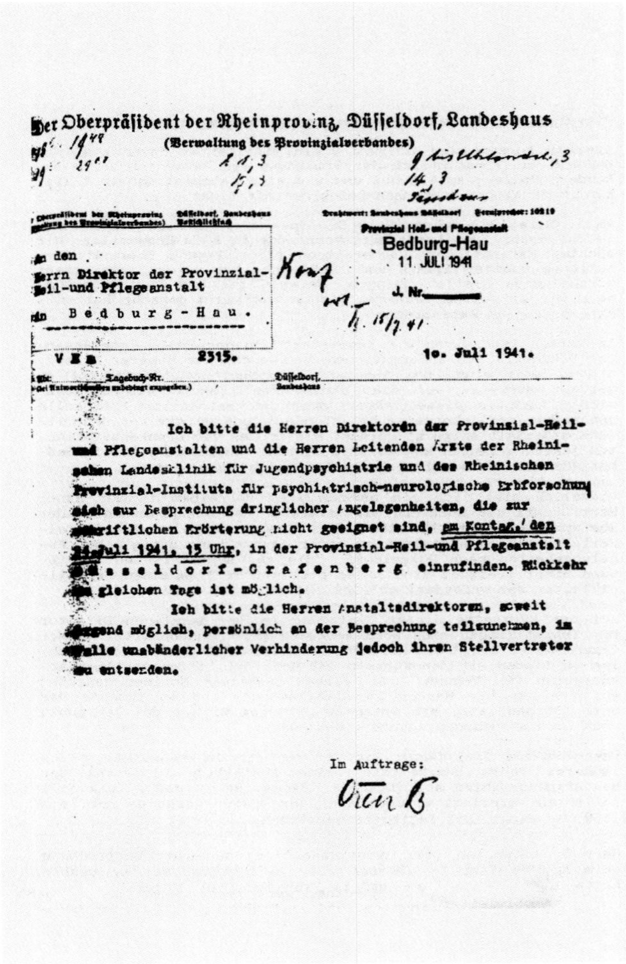

Der Oberpräsident der Rheinprovinz, Düsseldorf, Landeshaus
(Verwaltung des Provinzialverbandes)

Provinzial Heil- und Pflegeanstalt
Bedburg-Hau
11. JULI 1941
J. Nr.

An den
Herrn Direktor der Provinzial-
Heil-und Pflegeanstalt
in Bedburg-Hau.

V E a 2315. 10. Juli 1941.

Ich bitte die Herren Direktoren der Provinzial-Heil- und Pflegeanstalten und die Herren Leitenden Ärzte der Rheinischen Landesklinik für Jugendpsychiatrie und des Rheinischen Provinzial-Instituts für psychiatrisch-neurologische Erbforschung sich zur Besprechung dringlicher Angelegenheiten, die zur schriftlichen Erörterung nicht geeignet sind, am Montag, den 14. Juli 1941, 15 Uhr, in der Provinzial-Heil-und Pflegeanstalt Düsseldorf-Grafenberg einzufinden. Rückkehr am gleichen Tage ist möglich.

Ich bitte die Herren Anstaltsdirektoren, soweit irgend möglich, persönlich an der Besprechung teilzunehmen, im Falle unabänderlicher Verhinderung jedoch ihren Stellvertreter zu entsenden.

Im Auftrage:

Abb. 4: Einladung des Dezernenten Creutz zu einem Treffen der Direktoren. Foto: Archiv des LVR Pulheim-Brauweiler (= ALVR)

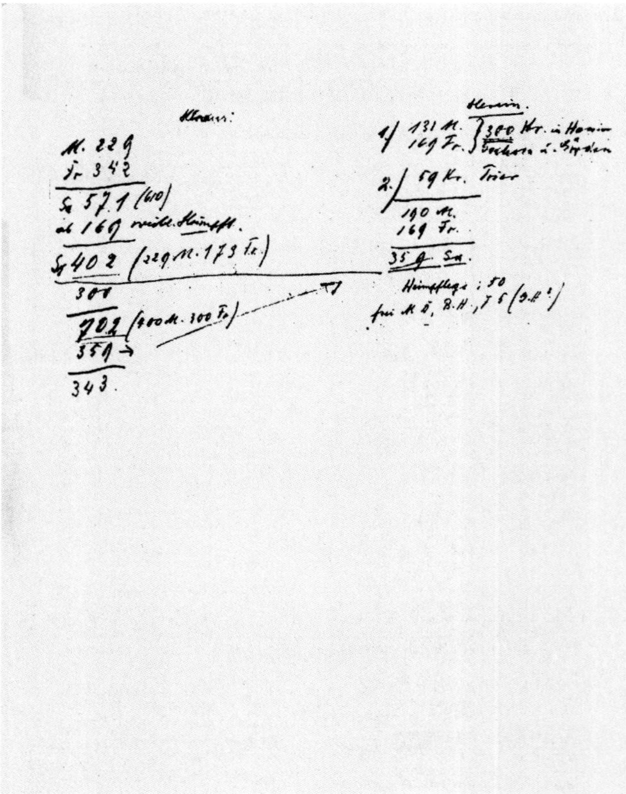

Heraus:

M. 229
Fr 342
Sa 571 (610)
ab 169
Sa 402 (229 M. 173 Fr.)
300
702 (400 M. 300 Fr.)
359 →
343.

Herein.
1/ 131 M. / 169 Fr. } 300 Kr. in Hom... / Gördern
2./ 59 Kr. Trier
190 M.
169 Fr.
359 Sa.
Heimpflege: 50

Abb. 5: Rückseite des Schreibens mit Notizen zur Krankenverlegung. Foto: ALVR

Am 3. März 1993 fuhren Herr Dr. Spancken, Herr Satter und ich in das Archiv des Landschaftsverbandes in Pulheim-Brauweiler bei Köln. Wir suchten Material zur Vorbereitung einer Tagung über die Geschichte unserer Klinik und ließen uns zahlreiche interessant erscheinende Quellen bringen, deren Titel und Registriernummern wir bei einem früheren Besuch ausfindig gemacht hatten – Aktenordner um Aktenordner […].

Plötzlich hielt ich ein merkwürdiges Schreiben in der Hand: Herr Prof. Dr. Creutz als Leiter des für alle damaligen Provinzial-Heil- und Pflegeanstalten in der Rheinprovinz zuständigen Dezernats bestellte 1941 die Direktoren aller PHPs zu einer Besprechung dringlicher Angelegenheiten nach Düsseldorf, »die zur schriftlichen Erörterung nicht geeignet sind«. Das persönliche Erscheinen der Klinikleiter war erforderlich.

Auf der Rückseite dieser Einladung an den damaligen Direktor Dr. Trapet fanden sich noch merkwürdigere handschriftliche Notizen: Unter den Überschriften »Herein« und »Heraus« waren Zahlen zu finden mit den Kürzeln »M« und »Fr«, offensichtlich Abkürzungen für »Männer« und »Frauen«. Weitere Notizen deuteten auf frei gemachte Häuser im Klinikgelände, und es tauchte das Wort »Görden« auf, ein Ortsname, mit dem wir zu dem Zeitpunkt noch nichts anfangen konnten.

Wenig später fiel Herrn Satter, der Jahreshaushaltspläne früherer Jahre bearbeitete, eine auffällige Differenz der Beköstigungszahlen auf: 1940 waren in der Klinik 3.171 Patienten verpflegt worden, ein Jahr später waren es nur noch 1.259. Wo waren die fehlenden 1.912 Patienten geblieben? […]. Einige Tage später war ich im Archiv unserer Klinik im Verwaltungsgebäude, um mikroverfilmte und zur Vernichtung bestimmte Krankengeschichten zu untersuchen. Es war ein Montag Mittag, ein schöner Vorfrühlingstag am 8. März – ein entsetzlicher Jahrestag, wie sich kurz darauf herausstellte. Auf die Frage, ob es Verzeichnisse gebe, etwa zeitlich oder nach Alphabet, nach denen man die Akten der früher in Bedburg-Hau behandelten Patienten auffinden könne, führte der Archivar mich vom Keller in die obere Etage des Verwaltungsgebäudes, zum Archivraum hinter der Bibliothek. Er zeigte mir dort einen Schrank mit zehn handschriftlich geführten Aufnahmebüchern. […] Diese Aufnahmebücher – fünf für Frauen und fünf für Männer – verzeichnen alle Patienten, die seit Eröffnung unserer Klinik bis kurz nach dem Zweiten Weltkrieg in Bedburg-Hau behandelt wurden. Mit dem Wissen um 1.912 Menschen, die 1940 aus Bedburg-Hau verschwanden, suchte ich die Aufnahmebücher dieser Zeit heraus. Was dort verzeichnet ist, macht das Dokument vermutlich einzigartig: Obwohl die Täter und Mittäter der Euthanasie-Morde sich später alle Mühe gegeben haben, ihre Spuren zu beseitigen, sind in diesen Aufnahmebüchern die Namen, das Datum und der Zielort von über 1.600 Patienten verzeichnet, die im März 1940 innerhalb von nur vier Tagen von hier in andere Kliniken abtransportiert wurden.

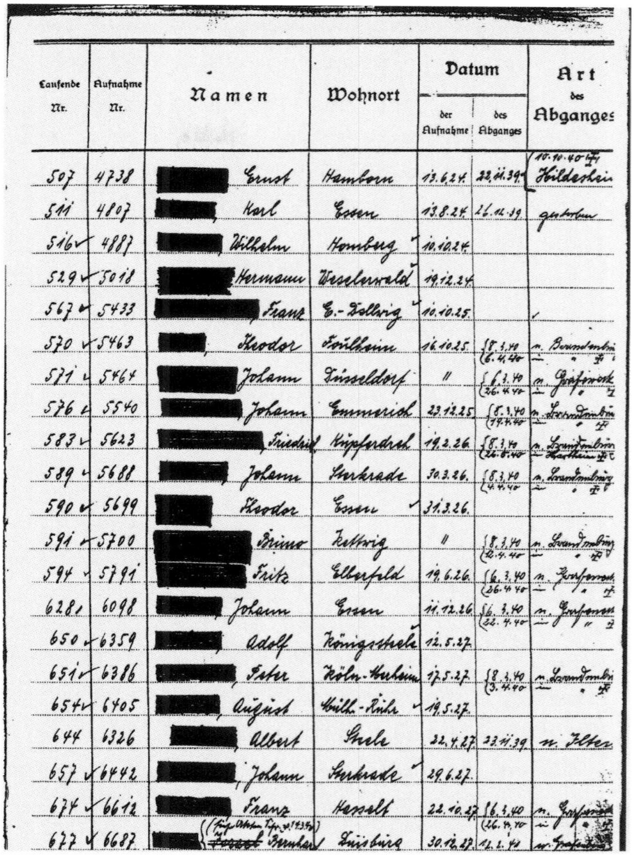

Laufende Nr.	Aufnahme Nr.	Namen	Wohnort	Datum der Aufnahme	Datum des Abganges	Art des Abganges
507	4738	[redacted] Ernst	Hamborn	13.6.24.	22.11.39	10.10.40 † Hildeshei
511	4807	[redacted] Karl	Essen	13.8.24.	26.12.39	gestorben
516	4887	[redacted] Wilhelm	Homberg	10.10.24.		
529	5018	[redacted] Hermann	Weselerwald	19.12.24		
567	5433	[redacted] Franz	E.-Dellwig	10.10.25.		
570	5463	[redacted] Theodor	Mülheim	16.10.25.	8.3.40 / 6.4.40	n. Brandenburg / " " †
571	5464	[redacted] Johann	Düsseldorf	"	6.3.40 / 26.4.40	n. Grafeneck / " " †
576	5540	[redacted] Johann	Emmerich	23.12.25	8.3.40 / 19.4.40	n. Brandenburg / " " †
583	5623	[redacted] Friedrich	Kupferdreh	19.2.26.	8.3.40 / 26.5.40	n. Brandenburg / " Hartheim †
589	5688	[redacted] Johann	Sterkrade	30.3.26.	8.3.40 / 4.4.40	n. Brandenburg / " " †
590	5699	[redacted] Theodor	Essen	31.3.26.		
591	5700	[redacted] Bruno	Kettwig	"	8.3.40 / 12.4.40	n. Brandenburg / " " †
594	5791	[redacted] Fritz	Elberfeld	19.6.26.	6.3.40 / 26.4.40	n. Grafeneck / " " †
628	6098	[redacted] Johann	Essen	11.12.26	6.3.40 / 22.4.40	n. Grafeneck / " " †
650	6359	[redacted] Adolf	Königssteele	12.5.27.		
651	6386	[redacted] Peter	Köln-Mülheim	17.5.27.	8.3.40 / 3.4.40	n. Brandenburg / " " †
654	6405	[redacted] August	Mülh.-Ruhr	19.5.27.		
644	6326	[redacted] Albert	Steele	22.4.27.	23.11.39	n. Ilten
657	6442	[redacted] Johann	Sterkrade	29.6.27.		
674	6612	[redacted] Franz	Hasselt	22.10.27	6.3.40 / 26.4.40	n. Grafeneck / " " †
677	6687	[redacted] ~~Josef~~ Bernhard ([illegible])	Duisburg	30.12.27.	12.2.41	n. [illegible]

Abb. 6: Auszug aus dem Aufnahmebuch der PHP Bedburg-Hau mit »Euthanasie«-Todesvermerken (ALVR 44948)

Es muss ein gewaltiger, unübersehbarer Massentransport gewesen sein, als pro Tag jeweils hunderte Frauen und Männer »entlassen« wurden, die größte Massendeportation der Euthanasie-Geschichte: am 5. März nach Waldheim, am 6. März nach Pfafferode, Zwiefalten, Neu-Haldensleben und Grafeneck, am 7. März nach Herborn, Eichberg und Weilmünster, am 8. März nach Jerichow, Genthin, Schkeuditz, Görden und Brandenburg. Viele dieser Verlegungskliniken dienten wohl als Zwischenstation vor dem Weitertransport in eine Ermordungsanstalt. Das zeigen die Einträge »weiterverlegt nach […]«, etwa in die berüchtigte Anstalt Hadamar. Häufig heißt es nur: »(Datum) in nicht bekannte Anstalt«. Hunderte der abtransportierten Patienten wurden aber von Bedburg-Hau direkt in eine der bekannten Tötungsanstalten gebracht – nach Grafeneck und Brandenburg an der Havel. Zur schreck-

lichen Wahrheit gehört, dass unsere Klinik nicht nur den Abtransport, sondern auch den anschließenden Tod vieler dieser Menschen dokumentiert hat – in der Spalte »Art des Abgangs« der Aufnahmebücher.

Die eingetragenen Sterbedaten sind über einen Zeitraum von einigen Wochen bis Monaten verteilt – wohl in dem Versuch, einen natürlichen Tod glaubhaft zu machen und noch längere Zeit die Pflegegelder zu kassieren. Zumindest in der Tötungsanstalt Grafeneck sind aber alle Patienten unmittelbar nach dem Abtransport aus Bedburg-Hau ermordet worden [...]. »Meine Eltern waren damals hier im Pflegedienst tätig. Sie haben mir erzählt, dass die Klinik von heute auf morgen fast leer war«, berichtet der Sohn von Augenzeugen, der heute als Pfleger in Bedburg arbeitet. Ein anderer Zeitzeuge, jetzt im Ruhestand, berichtet, man habe wohl gewusst, was mit den abtransportierten Menschen passieren würde. Man sei jedoch entlastet und sogar stolz darauf gewesen sagen zu können: »Bei uns ist keiner ermordet worden, hier in Bedburg ist keiner umgekommen« (Bedburger Rundschau, Mai 1993, S. 44–60).

Jan überlebt

Warum hat Jan überlebt? Die Eintragungen in den Jahren 1940–1945 zeigen, dass er einmal wegen zunehmender Wahnhaftigkeit nicht mehr in der Schlosserei, sondern nur noch in der Kolonne einsetzbar war, sich ein anderes Mal sogar aufbrausend gegen Pfleger verhielt und deswegen zur so genannten Bettbehandlung gezwungen wurde, dem ununterbrochenen Verweilen im Bett. Damit war sein Leben in Gefahr. Er erholte sich jedoch nach kurzer Zeit und konnte wieder in der Schlosserei arbeiten, wo er besonders qualifizierte Arbeiten verrichtete: »fleißiger Arbeiter, hilft dem Heizungsmonteur. Geht alleine zur Arbeit.«

Er überlebte, weil er für den Klinikbetrieb gebraucht wurde. Nach dem Krieg ist die Versorgungslage für alle miserabel, viele Menschen hungern. Jan erkrankt im April 1946 akut an Tuberkulose mit starkem Bluthusten. Allein am 17. Mai verliert er dadurch einen Liter Blut und gerät in einen lebensbedrohlichen Zustand. Unter intravenöser Behandlung mit den damals neu entwickelten antibiotischen Medikamenten erholt er sich allmählich. Einige Monate später ist er wieder gesund, unter anderem erkennbar an der Normalisierung seiner Gewichtskurve. Anfang der 1950er Jahre geht die Verantwortung für Psychiatriepatienten von der Gemeinde auf den Landkreis über. Die Kreisbehörden entscheiden auch, ob und wie viel Taschengeld zur Verfügung gestellt wird. Jan bekommt 1953 erstmals ein monatliches Taschengeld von zehn DM bewilligt. Ein Jahr später wird die Zuständigkeit der neuen überregionalen Behörde »Landschaftsverband Rheinland« übertragen. Diese Reform bedeutet für Jan, dass er nur noch acht DM monatlich erhält.

»Defekt« nannte man früher eine durch chronische Schizophrenie veränderte Persönlichkeit. Neben dieser Charakterisierung wird in Jans Krankengeschichte immer wieder sein Fleiß gelobt. Zeitweise ist er auch als »Hausarbeiter« bei Beamten beschäftigt. Ärzte sowie hochrangige Mitarbeiter der Verwaltung und des Pflegedienstes hatten nämlich das Recht, fleißige Patienten unentgeltlich in ihrem Haushalt arbeiten zu lassen. In den Ärztehäusern der Anstalt gab es sogar separate Hintereingänge für die Hausarbeiter. Als das Hausarbeiter-Privileg eingeschränkt und später ganz abgeschafft wird, gibt es heftige Auseinandersetzungen mit dem Personalrat, der darin eine unzumutbare Härte sieht.

Die Dauerunterbringung psychisch kranker Menschen in Anstalten wird in den fünfziger Jahren erstmals kritisch hinterfragt. Eine Verfügung von 1955 verpflichtet die Anstalten, die Fortdauer der Unterbringung jährlich zu überprüfen. Ein Stempel in der Krankenakte dokumentiert, dass man diese Verpflichtung formal erfüllt hat.

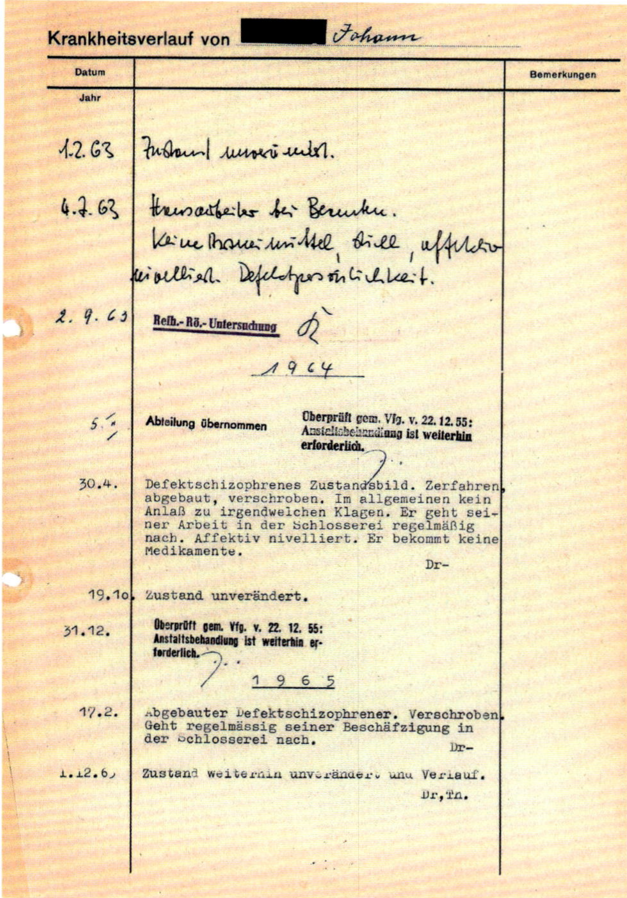

Krankheitsverlauf von [redacted] Johann

Datum Jahr		Bemerkungen
1.2.63	Zustand unverändert.	
4.7.63	Hausarbeiter bei Beamten. Keine Arzneimittel, still, affektiv nivelliert. Defektpersönlichkeit.	
2.9.63	Reih.-Rö.-Untersuchung	
	1964	
5./	Abteilung übernommen — Überprüft gem. Vfg. v. 22.12.55: Anstaltsbehandlung ist weiterhin erforderlich.	
30.4.	Defektschizophrenes Zustandsbild. Zerfahren, abgebaut, verschroben. Im allgemeinen kein Anlaß zu irgendwelchen Klagen. Er geht seiner Arbeit in der Schlosserei regelmäßig nach. Affektiv nivelliert. Er bekommt keine Medikamente. Dr-	
19.10.	Zustand unverändert.	
31.12.	Überprüft gem. Vfg. v. 22. 12. 55: Anstaltsbehandlung ist weiterhin erforderlich.	
	1965	
17.2.	Abgebauter Defektschizophrener. Verschroben. Geht regelmässig seiner Beschäfzigung in der Schlosserei nach. Dr-	
1.12.65	Zustand weiterhin unverändert und Verlauf. Dr,Tn.	

Abb. 7: Auszug aus der Krankenakte von Jan. LVR-Klinik Bedburg-Hau (Krankenakte)

Interessant ist die therapeutische Bescheidenheit der psychiatrischen Behandler dieser Zeit. Jan bekam keine Psychopharmaka, vermutlich weil er unter seiner Erkrankung nicht litt. Heute erhalten alle psychisch kranken Menschen in Einrichtungen Psychopharmaka, und nur selten wird durch Absetzen der Medikamente überprüft, ob ihnen das überhaupt hilft.

In den sechziger und siebziger Jahren lebt Jan auf der mittleren Aufnahmestation für Männer, kurz »MA Mitte« genannt, wo er das seltene Privileg eines Einzelzimmers genießt. Längst ist er allen Mitarbeitern als liebenswürdiges Original ans Herz gewachsen.

Er ist beliebt wegen seines Humors und seiner niederrheinischen Erzählfreude, schmaucht gerne Zigarren und duzt jeden. Auch ist er einer der wenigen Patienten, der lebhaft optisch halluziniert, zum Beispiel zu den Pflegern sagt: »Kuck mal, da läuft der Hund von Oskar Wingender« – so hieß der Betriebsingenieur – »ein Bernhardiner von 24 Zentnern!« Zu der Zeit entwickelt er eine lukrative Nebenbeschäftigung: Er repariert die Uhren von Mitarbeitern, eine Fähigkeit, die er sich selbst beibringt. Eines Tages wird

Abb. 8: Porträt von Jan. LVR-Klinik Bedburg-Hau (Krankenakte)

eine besonders komplizierte, teure Uhr zu Jan gebracht. Der müht sich tagelang ab und kriegt sie nicht wieder ans Laufen, kann das aber nicht eingestehen. Als der Auftraggeber kommt, übergibt Jan ihm die Uhr und sagt wutschnaubend: »Schmeiß sie mal weg, die taugt nichts, das ist bloß billiger Ramsch!«

Bis zu seinem 83. Lebensjahr arbeitet er in der Schlosserei, bis eine verlängerte Hirnischämie – ein kleiner Schlaganfall, der sich wieder zurückbildet – seine Arbeitslaufbahn beendet. Er repariert weiter Uhren und legt sich ein Hobby zu, die Aquaristik. Eine Ärztin schreibt 1989 über ihn: »Der Patient hält sich vorwiegend in seinem Einzelzimmer auf, raucht dort dicke Zigarren und lebt in seiner reichlich verpesteten Luft. Bis vor kurzem hatte er noch Goldfische, die jedoch jetzt verstorben sind. Er beteiligt sich beim Stationsausflug nach Köln und Nümbrecht. Der Gesundheitszustand ist zufriedenstellend.«

Unwürdige Verhältnisse

Am 1. Oktober 1983 beginne ich meine ärztliche Tätigkeit in der Rheinischen Landesklinik Bedburg-Hau. Was als erste Berufsstation gedacht war, lässt mich nicht mehr los. Bedingt durch den Ärztemangel werden mir drei Langzeitstationen übertragen, zusammen 126 Patienten. Obwohl keiner von ihnen gefährlich ist, sind alle eingesperrt. »Ausgang« wird nur in genau bemessenen Stunden gewährt und häufig auch gesperrt – nicht nur aus Krankheitsgründen, sondern auch zur Disziplinierung. Es liegt im freien Ermessen des Stationsarztes, in der Regel auf Vorschlag der pflegerischen Stationsleitung »Geländeausgang« zu erlauben oder zu verbieten. Viele Patienten erhalten nicht nur antipsychotische, sondern auch dämpfende Medikamente, obwohl bei den meisten gerade die krankheits- und hospitalismusbedingte Lethargie ihr größtes Handicap ist. Fast alle leben in Schlafsälen und tagsüber im »Tagesraum«

der Station, sofern sie nicht in einem der klinikeigenen Betriebe zur Arbeitstherapie gehen. Nicht einmal die Unterwäsche ist privat.

Ärzte haben zu jener Zeit hohes Ansehen und Einfluss auf die Stationsgeschicke. Ich beginne allen Patienten Ausgang zu gewähren, mir unnötig erscheinende Medikamente abzusetzen und die Mitarbeiterinnen und Mitarbeiter des Pflegedienstes für eine Normalisierung des Stationsmilieus zu gewinnen. Es passt aber nicht in den Krankenhausbetrieb, den Wohnort der Langzeitpatienten als ihr Zuhause zu betrachten. Als 1984 zum Beispiel die Schwestern von Haus 22 bereit sind, mit den Patienten gemeinsam am Sonntag einen Kuchen zu backen, bedarf es eines Antrags an die Krankenhausbetriebsleitung, um zu diesem Zweck Backformen zu erhalten. Der Antrag wird genehmigt.

Meine erste Abmahnung erhalte ich nach einer Feier in Haus 32-1. Die Patienten sind überwiegend ehemalige Bergleute aus der Stadt Essen. Von dort werden zu der Zeit jeden Freitagnachmittag chronisch kranke Bürger per Sammelbus nach Bedburg-Hau verschickt, die meisten auf Dauer. Einer von ihnen spielt Akkordeon, alte Bergmannslieder werden gesungen. Ich öffne für die Feier die sonst immer verschlossene Tür zur benachbarten Frauenstation und spendiere ein Fass Bier, von dem fast alle Patienten in Maßen trinken dürfen – zu der Zeit eine Provokation.

1986 gründe ich an meinem Wohnort den Verein Spix, die Sozialpsychiatrische Initiative Xanten, um Alternativen zur Anstaltspsychiatrie zu entwickeln. Zu der Zeit gibt es fast keine Wohnangebote und andere Hilfen für chronisch Kranke in den Gemeinden der Region. Als Vorsitzender von Spix darf ich Dinge sagen, die mir als Angestellter zu sagen verboten sind. In der lokalen Presse und in Fachzeitschriften erscheinen kritische Beiträge zum Schicksal seelisch kranker Menschen am Niederrhein und Konzepte für eine bessere Versorgung. Ein Beitrag schafft es auf die Titelseite des Deutschen Ärzteblatts, eine Untersuchung der Lebensumstände von 292 gerontopsychiatrischen Langzeitpatienten, der die beiden Abteilungsärzte zugestimmt hatten:

»Es ist in der Tat zeitaufwendiger, wenn alte Leute sich mit Hilfestellung selbst ankleiden und waschen, statt routinemäßig vollständig versorgt zu werden. Ab einem höheren Grad der Hilfsbedürftigkeit wird daher die Körperpflege aus Zeitgründen vollständig von den Pflegekräften durchgeführt. Zwei bis acht alte Menschen sind nach dem Ergebnis der Befragung dabei gleichzeitig im Badezimmer, werden in Dusche oder Wanne abgewaschen, wobei routinemäßig Pflegeschüler, Praktikanten oder Pfleger auch alte Frauen waschen und weibliche Mitarbeiter die Körperpflege auch von männlichen Patienten durchführen. Auch die Versorgung von Wunden und ähnliche Maßnahmen werden teilweise im Bad erledigt. All dies geschieht in der Regel unter Zeitdruck.

Für die pflegerische Zuwendung zu einzelnen Patienten außerhalb der Routinepflege – ein Gespräch, in-den-Arm-/an-die-Hand-Nehmen – blieben pro Patient durchschnittlich 2,2 Minuten in 24 Stunden, wobei tatsächlich einzelne Patienten regelmäßig und über längere Zeit persönliche Zuwendung finden, andere dagegen selten oder nie diese Möglichkeit haben […]. Eine Ausmessung der Räume, die den Patienten einer Station zum täglichen Wohnen und zur Fortbewegung zur Verfügung stehen, ergab nach Teilung durch die Zahl der Stati-

onsbewohner – die bettlägerigen nicht gerechnet – einen persönlichen Lebensraum zwischen 2,7 und 5,4 qm (durchschnittlich 4,1 qm) einschließlich Möblierung [...].

Entsprechend den Personaldienstplänen mussten die Patienten der Untersuchung täglich zu festgelegten Zeiten aufstehen, je nach Station zwischen 6.00 und 7.15 Uhr. 63 % der alten Menschen gingen bis 18.00 Uhr und 76 % bis 19.00 Uhr zu Bett. Obwohl allgemein bekannt ist, dass alte Menschen in der Regel weit weniger Schlaf benötigen als in jüngeren Jahren, hielten drei von vier alterspsychiatrischen Patienten eine Nachtruhe von elf und mehr Stunden ein. Es ist daher nicht erstaunlich, dass 74 % der Patienten abends ein sedierendes Medikament erhielten. Darüber hinaus wurden 28 % der Patienten nachts durch ein Bettgitter und 5 % durch Haltegurte am Aufstehen gehindert« (Deutsches Ärzteblatt, 3. März 1988, S. 507–509).

Zwei Umstände verhelfen der Reform der Verwahrpsychiatrie in Bedburg-Hau 1989 zum Durchbruch: der Wechsel der politischen Mehrheit in der Landschaftsversammlung und ein unter die Haut gehender WDR-Film über die Missstände in Bedburg-Hau. Ich hatte den Reportern vorher mitgeteilt, für welche Orte sie um Drehgenehmigung bitten und welche Fragen sie stellen sollten. Wenig später wird die Mehrzahl der Klinikbetten – der Langzeitbereich – einem neuen ärztlichen Leiter unterstellt, der Reformen durchführen soll. Ich darf dabei tatkräftig helfen. Es ist der größte berufliche Glücksfall meines Lebens.

Jan zieht um

1989 beginnt im Langzeitbereich der Klinik das »Enthospitalisierungsprogramm«. In Haus 50 werden die sechs bis dahin getrennt-geschlechtlich geführten Langzeitstationen gemischt belegt. Als im Oktober 1992 eine junge Mitpatientin auf Jans Station kommt, ist er sehr daran interessiert, sie kennen zu lernen. Obwohl er sonst zurückgezogen in seinem Zimmer lebt, sitzt er jetzt mit strahlenden Augen im Tagesraum und schaut ihr zu, möchte gerne, dass sie an seinem Tisch sitzt. Die Mitpatientin hat allerdings wenig Interesse an diesem alten Herrn.

1994 ziehen fast alle Bewohner von Jans Station nach Goch um, wo die Klinik das ehemals beste Hotel mitten in der Stadt gekauft und für die Patienten umgebaut hat. Jan aber will in Bedburg bleiben. Die Mitarbeiter tun alles, um ihm den unvermeidlichen Wechsel so leicht wie möglich zu machen. Er wird auf eine Station verlegt, auf der ein Krankenpfleger arbeitet, den er besonders schätzt, und mit einigem Aufwand wird sein neues Zimmer so ähnlich eingerichtet wie sein altes. Die Einträge in der Pflegedokumentation zeigen, dass er sich dort anscheinend wohl fühlt. Sein 91. Geburtstag wird ausgiebig gefeiert. Auffällig ist, dass er jetzt wieder stark halluziniert und laute nächtliche Selbstgespräche führt. Ohne sonstige Vorzeichen findet man Jan zwei Wochen nach seinem Umzug kurz vor Mitternacht tot im Bett.

Wilhelm Goebels und Gabriele Kepser

Menschen bewegen, Werte schaffen – Wie Visionen Wirklichkeit werden

Vom Rheinischen Landeskrankenhaus zum Netzwerk Heilpädagogischer Hilfen Niederrhein des Landschaftsverbandes Rheinland 1981–2001

Gründung und Paradigmenwechsel

Mitte der 1970er Jahre machte die Psychiatrie-Enquete, der Bericht über die Lage der Psychiatrie in der Bundesrepublik Deutschland, auf schwerwiegende Mängel bei der Versorgung von Menschen mit geistiger Behinderung und deren nicht adäquater Unterbringung in psychiatrischen Großeinrichtungen aufmerksam. Insbesondere der Landschaftsverband Rheinland unterstützte die Forderung der Psychiatrie-Enquete, Menschen mit geistiger Behinderung aus psychiatrischen Einrichtungen herauszulösen und ihnen ein neues Zuhause mit einer heilpädagogisch ausgerichteten Begleitung und Förderung zu schaffen. Dies führte dazu, dass eigene Behindertenbereiche unter nicht-medizinischer Leitung in allen damaligen Rheinischen Landeskrankenhäusern eingerichtet wurden. Das Rheinische Landeskrankenhaus in Düren machte im Mai 1975 den Anfang. Es folgten Bonn und Langenfeld.

Die Entwicklungen in Bedburg-Hau setzten erst etwas später ein. 1979 übernahm Dipl.-Psych. Wilhelm Goebels, der 1966 seinen Dienst angetreten hatte, den neu eingerichteten Behindertenbereich im Gelände des damaligen Rheinischen Landeskrankenhauses in Bedburg-Hau. Nach anfänglicher Schwierigkeit, aus den damals 4.000 Patientinnen und Patienten diejenigen auszuwählen, die keiner medizinisch-psychiatrischen Betreuung bedurften, wechselten in einem ersten Schritt 230 Frauen und Männer in den neuen Behindertenbereich. Etwa ein Jahr später, am 1. Januar 1981, wurde das Heilpädagogische Heim Bedburg-Hau mit mittlerweile 406 Menschen mit geistiger Behinderung als Außendienststelle des Landschaftsverbandes Rheinland gegründet. Weitere Heilpädagogische Heime entstanden in Bonn, Düren, Langenfeld und Viersen. Der Name »Heilpädagogisches Heim« sollte die neue Zielsetzung der Förderung von Menschen mit geistiger Behinderung in den zu schaffenden Einrichtungen verdeutlichen. 1984 kamen zu den in Bedburg-Hau lebenden 406 Menschen mit geistiger Behinderung nochmals 480 hinzu. Damit war das Heilpädagogische Heim Bedburg-Hau – genauso wie heute – eine der größten Einrichtungen der Behindertenhilfe im Rheinland.

Situation in den Anfängen

Die damaligen Wohn-, Arbeits- und Lebensverhältnisse der Menschen mit geistiger Behinderung sind heute kaum noch vorstellbar. So gab es fast ausschließlich Altbauten, in denen die Menschen geschlechtergetrennt mit bis zu hundert weiteren Personen, meist hinter verriegelten Türen, untergebracht waren. Geschlafen wurde in großen Schlafsälen mit bis zu 40 Betten, ohne eigenes Nachtschränkchen oder die Möglichkeit, seine persönlichen Dinge – sofern es diese überhaupt gab – sicher aufzubewahren. Nicht einmal eigene Unterwäsche besaßen die dort lebenden Menschen, und die so genannte »Badeverfügung« erlaubte Duschen nur unter Aufsicht. Keines der Häuser hatte einen Aufzug, und auch das Mobiliar war nicht auf die Bedürfnisse der Frauen und Männer ausgerichtet. Praktisch alle Plätze – mit Ausnahme des Borgardtshofs in Goch-Pfalzdorf, auf dem 60 Personen lebten – befanden sich auf dem zentralen Gelände in Bedburg-Hau. Auch die Arbeits- und Beschäftigungssituation war sehr unbefriedigend. In der »Arbeitstherapie« wurde meist einer monotonen und auch körperlich sehr belastenden Beschäftigung nachgegangen. Beispielsweise wurden Druckknöpfe der Firma Prym für den Verkauf konfektioniert, Befestigungsmaterial für Paletten aus Lkw-Reifen hergestellt, Eisen gebogen oder das Gelände durch die »Grüngruppen« gesäubert und in Stand gehalten. Der Wochenlohn reichte gerade für eine halbe Packung Tabak oder einen Beutel Bonbons. Es gab keine Rentenbeiträge oder Lohnfortzahlung bei Krankheit; Urlaub war unbekannt.

Abb. 1: Gestalten: Konzentration und motorische Geschicklichkeit führen zum Erfolg. Foto: LVR-HPH-Netz Niederrhein

Auch organisatorisch und strukturell gab es in den Anfängen einige Schwierigkeiten zu bewältigen. Die Personalausstattung war zu Beginn alles andere als zufriedenstellend. Das neue Personal kam großteils aus dem Rheinischen Landeskrankenhaus und dies führte dazu, dass sich der eine oder andere »Renegat« in den Reihen des Heilpädagogischen Heimes wiederfand. Was zunächst von der Leitung als kritisch eingestuft und mit einem gewissen Widerstand begleitet wurde, entpuppte sich später als eigentlicher Glückstreffer. Der Großteil des übernommenen Personals entwickelte sich zu engagierten und zielstrebigen Mitarbeiterinnen und Mitarbeitern, die ihre neue Aufgabe als Herausforderung annahmen, etwas völlig Neues aufzubauen. Allerdings reichte die Menge des Personals zur damaligen Zeit nicht aus, um den Ansprüchen einer bedarfsgerechten Begleitung gerecht zu werden. In Haus 37 wurden beispielsweise 100 Menschen mit Behinderung von zwei Pflegekräften betreut. Im Dienst war aber immer nur eine Fachkraft, die gelegentlich abgelöst wurde. Auch in den andern Häusern gab es gerade so viel Personal wie nötig, um die Einhaltung des damaligen Grundsatzes »satt und sauber« zu gewährleisten. Für Gespräche oder Therapien gab es keine Zeit.

Veränderungen

Es bestand erheblicher Veränderungsbedarf: Einerseits mussten Verbesserungen in praktisch allen Lebensbereichen der Menschen mit Behinderung eingeleitet werden, und andererseits mussten Lösungen für jegliche institutionelle Schwierigkeiten gefunden werden, die durch die Absonderung vom Rheinischen Landeskrankenhaus entstanden. Eine große Herausforderung, der sich die Personalriege des Heilpädagogischen Heimes mit visionären Ideen, großem Engagement und enormem Veränderungswillen stellte.

Zunächst mussten die Lebensbedingungen der Menschen mit geistiger Behinderung besser werden. Nach den Leitlinien Normalisierung, Individualisierung und Integration sollte eine Lebensführung ermöglicht werden, die der von Menschen ohne Behinderung in nichts nachstand. In einem ersten Schritt wurden die Wohnbedingungen entschieden verbessert. Die Forderung nach kleineren, überschaubareren Wohneinheiten mit einer differenzierten Raumaufteilung und individuellen Rückzugsräumen machte Umbauten notwendig. Zu Beginn gab es in den Häusern noch so genannte Besuchszimmer. Diese Zimmer waren eine Art Vorzeigezimmer, »die gute Stube«, in der die Behinderten mit ihrem Besuch – der damals leider sehr selten war – Zeit verbringen konnten. Die Besuchszimmer wurden aufgelöst und in Zwei-Bett-Zimmer umgewandelt. Weitere Häuser wurden bedarfsgerecht umgebaut und neuer barrierefreier Wohnraum geschaffen, um die eigene Zielvorstellung von kleinen Gruppeneinheiten mit jeweils acht Personen, mit selbstgewähltem Partner im Zwei-Bett-Zimmer, nach und nach realisieren zu können.

Daher wurde nicht nur die Größe der Gruppen, sondern auch deren Zusammensetzung verändert. In den Anfängen gab es sowohl beim Personal als auch bei den Menschen mit geistiger Behinderung eine strikte Geschlechtertrennung, an die heute noch die so

Abb. 2: Interaktion in der Gruppe mittels verschiedener Kommunikationsformen. Foto: LVR-HPH-Netz Niederrhein

genannte »Geschlechtermulde« auf dem Gelände erinnert. Im Südgelände befanden sich die Männer in Männerabteilungen, die von männlichem Personal begleitet wurden; im Nordgelände verhielt es sich dementsprechend bei den Frauen. Schnell konnte erreicht werden, dass auch weibliches Personal im Männerbereich und männliches Personal im Frauenbereich eingesetzt werden konnte. Erhebliche Widerstände gab es aber gegen das gemischt-geschlechtliche Wohnen und Leben von Menschen mit Behinderung. In hitzigen Diskussionen mit dem Personal wurden – wie sich später herausstellen sollte – unbegründete Ängste laut, dass das Heim zum »Bordell« verkommen und die Frauen und Männer »wie Tiere übereinander herfallen« würden. Aber nichts von alldem trat ein. Es entstanden völlig »normale« Beziehungen zwischen Männern und Frauen, die geprägt waren von sehr viel Zärtlichkeit und einem respektvollen Umgang miteinander. Natürlich gab es auch hier, wie es in allen so genannten »normalen« Beziehungen der Fall ist, gelegentliche Alltagsprobleme, die gemeinsam bewältigt werden mussten. Durch die Möglichkeit des gemischt-geschlechtlichen Wohnens wurde auch das Thema Sexualaufklärung angegangen, denn ein großer Teil der Frauen und Männer war sexuell nicht aufgeklärt. Im Rahmen der sexuellen Aufklärung konnten, durch die Unterstützung eines großen Kondomherstellers, kostenlos Kondome verteilt und deren richtiger Gebrauch anhand von Holzmodellen erlernt werden.

Mit der Dezentralisierung und dem Wunsch der Leitung, Menschen mit geistiger Behinderung ein normales Leben mitten in der Gesellschaft zu ermöglichen, wurde der eingeschlagene Weg fortgeführt. Im Laufe der Zeit wurden immer mehr Plätze aus dem Kerngelände »nach draußen« verlagert. Es entstanden so genannte Außenwohngruppen in den Städten und Gemeinden in den Kreisen Kleve und Wesel. Die erste Außenwohngruppe befand sich in Kevelaer, in der Amsterdamer Straße. Dort konnte eine Wohnung für ein unverheiratetes Paar angemietet werden. Ein Quantensprung für die damaligen Verhältnisse.

Durch die Reduzierung der Gruppeneinheiten wurde der Bedarf an Wohnraum außerhalb des Geländes immer größer. Daher begann die Einrichtung mit der Anmietung von Bauernhöfen in der Umgebung. Hierzu zählten der Steveshof und der Strahuvenshof in Uedem sowie der Loosenhof in Bedburg-Hau. Auf den Bauernhöfen lebten die Frauen und Männer und bewirtschafteten die Höfe mit Unterstützung des Personals. Einige hielten Schafe und Schweine, andere bauten Obst und Gemüse an. Durch die Selbstversorgung auf den Höfen lernten die Behinderten vieles hinzu. »Ich war auf dem Steveshof und eine der Frauen nahm mich an der Hand und zog mich in den Garten, um mir zu zeigen, dass an einem Baum ein kleiner Apfel gewachsen ist«, erinnert sich Wilhelm Goebels gerne zurück an diese Zeit. Erstmals erfuhren die dort lebenden Menschen, dass Äpfel am Baum wachsen und nicht in einer Kiste ankommen, dass Kartoffeln braun sind und aus der Erde kommen oder dass Milch von Kühen kommt. Alle diese Erfahrungen hatten die Frauen und Männer bis dato nicht gemacht. Durch den Eigenanbau und die eigene Bewirtschaftung der Höfe konnten auch neue Speisen, wie beispielsweise Reibekuchen, frisch zubereitet werden, die das Großküchenessen bisher nicht hergab. Auf die individuellen Wünsche jedes Einzelnen konnte besser eingegangen werden. Auch der richtige Umgang mit Nahrungsmitteln wurde erlernt. So wurden Reste vom Mittagstisch auch nochmal für das Abendessen verwertet.

Neben den Bauernhöfen kam die Josefshöhe, ein ehemaliges Kinderheim, in Bedburg-Hau hinzu. Vier Außenwohngruppen und auch ein Teil der Zivildienstleistenden des Heilpädagogischen Heimes waren dort untergebracht. Auch ein eigenes Schwimmbad wurde betrieben. Da der Unterhalt allerdings auf Dauer zu teuer war, musste der Bäderbetrieb eingestellt werden. 2009 wurden leerstehende Gebäude der Josefshöhe abgerissen. In einem weiteren Schritt wurde neuer Wohnraum nicht nur angemietet, sondern auch selbst erbaut – insbesondere im Kreis Kleve und im Kreis Wesel. Es wurden kleine freistehende Häuser und auch Doppelhäuser gebaut. Dabei wurde großer Wert darauf gelegt, dass sich die Bauten von den angrenzenden Häusern nicht unterschieden.

Individualisierung und Normalisierung im Alltag

Mit dem beschriebenen Wandel im Bereich Wohnen gingen noch viele weitere Veränderungen einher. Eigene Kleidung war ein zentrales Thema. Die Frauen und Männer hatten anfänglich keine eigene Kleidung. Alle wurden daher zunächst mit eigener Oberbekleidung ausgestattet. Die Kleidung kam aber nicht, wie es früher üblich war, aus der Klei-

Abb. 3: Selbstbestimmt. Foto: LVR-HPH-Netz Niederrhein

derkammer, sondern wurde von den Behinderten »ganz normal« im Laden ausgewählt. Es hat danach noch einige Zeit gedauert, bis auch jede und jeder eigene Unterwäsche besaß. Anfangs gab es, was heute kaum vorstellbar ist, für Unterwäsche einen Wäschepool, aus dem morgens nach Augenmaß Wäsche ausgewählt wurde. Die Herausforderung bei der Versorgung mit eigener Unterwäsche lag in der Kennzeichnung der Wäschestücke durch die Zentralwäscherei. Diese musste alle Wäschestücke patchen, das heißt aufbügelbare Namensschilder anbringen, so dass jeder und jedem die Unterwäsche persönlich zurückgegeben werden konnte. Interessant zu beobachten war, dass das teilweise ritualisierte Zerreißen von Wäsche – was zuvor ein großes Problem darstellte – durch die Anschaffung eigener Kleidung und Unterwäsche deutlich zurückging. Erstmals besaßen die Frauen und Männer persönliche Sachen, mit denen entsprechend sorgsam umgegangen wurde. Auch das damals übliche Wecken um sechs Uhr jeden Morgen – auch samstags und sonntags – wurde normalisiert. So wurden die Behinderten an den Wochenenden, wie bei Menschen ohne Behinderung üblich, später geweckt.

Individualisierung und Selbstbestimmung wurden nach und nach gefördert. Zu Beginn gab es so genannte Anstaltsfriseurinnen und -friseure, bei denen Männer einen Einheitsschnitt und Frauen eine Kurzhaarfrisur erhielten. Dies wurde – begleitet von dem Vorwurf, Arbeitsplätze zu gefährden – verändert, so dass die Frauen und Männer fortan »ganz normal« einen Friseursalon ihrer Wahl aufsuchen konnten.

Die Vision größtmöglicher Selbstbestimmung und Normalisierung hielt in allen Bereichen des täglichen Lebens Einzug. Schließlich auch im Bereich der medizinischen Versorgung. Die ärztliche Versorgung wurde anfangs durch das Rheinische Landeskrankenhaus sichergestellt. Ohne jegliches Mitspracherecht wurden die Behinderten von einer kleinen Anzahl Ärztinnen und Ärzten medizinisch betreut. Aus der Überzeugung, dass die medizinische Betreuung bei Menschen mit geistiger Behinderung nicht im Vordergrund steht, wurde die Idee geboren, auf die niedergelassenen Ärztinnen und Ärzte in der Umgebung zurückzugreifen. Die Anfrage bei der Ärztekammer in Kleve nach deren Bereitschaft, auch Menschen mit geistiger Behinderung medizinisch zu versorgen, wurde sofort bejaht. Mit der Zeit wählten die Behinderten – die mittlerweile auch krankenversichert waren – selbst eigene Ärztinnen und Ärzte in Kleve, Goch und Bedburg-Hau aus und wurden vor Ort in den Praxen oder im Rahmen von Hausbesuchen behandelt. Auch Zahnärztinnen und -ärzte wurden frei gewählt. Die Apothekenversorgung wurde ebenfalls vom Rheinischen Landeskrankenhaus abgekoppelt. Als Folge des Versorgungswechsels im medizinischen Bereich sank der Verbrauch von Psychopharmaka deutlich. Sedativa wurden kaum noch verordnet. Diese Entwicklung ist sicherlich aber auch Ergebnis der kleineren Wohneinheiten mit weniger Reibungen untereinander und der Möglichkeit, sich tagsüber auch mal zurückziehen zu können.

Selbstbestimmung als Herausforderung für alle

Die zunehmende Selbstbestimmung zog immer weitere Kreise. Die Behinderten wurden einbezogen beim Einkauf, bei der Bekleidung, bei der Zubereitung der Mahlzeiten und bei vielem mehr. Das Personal musste neu lernen, die Menschen mit geistiger Behinderung so zu unterstützen, dass sie alles, was sie selber konnten, auch selber machten – auch wenn das vielleicht etwas länger dauerte. Dadurch konnten die Kundinnen und Kunden viele Dinge erstmals ausprobieren und sich selbst aneignen. »Als ich mit einer Besuchergruppe aus der damaligen DDR eine unserer Außenwohngruppen besuchte, saß eine Mitarbeiterin neben einem Behinderten, der mit sehr atetotischen Bewegungen ein Butterbrot schmierte, es klein schnitt und aß. Als wir wieder draußen waren, sagte mir eine Besucherin, dass sie es gut fand, dass ich die Mitarbeiterin in diesem Moment nicht korrigiert habe, da sie ja schließlich hätte helfen müssen. Es hat sie sehr erstaunt, als ich ihr erklärte, dass die Mitarbeiterin völlig richtig gehandelt hat, da der Behinderte gar keine Unterstützung benötigte«, so Wilhelm Goebels zu dem Rollenwandel des Personals. Aber auch für die Frauen und Männer mit geistiger Behinderung war die neu gewonnene Selbstständigkeit anfangs noch ungewohnt und setzte ein Umdenken voraus. So äußerte sich ein Mann damals zu seinen größeren Freiheiten und Pflichten wie folgt: »Das kommt noch so weit, eines Tages müssen wir uns noch selber die Schuhe putzen.« Eine sehr gute Idee, wie die Leitung des Heilpädagogischen Heimes fand, die dann auch gleich in die Tat umgesetzt wurde.

Freizeit erfahren und selbst gestalten

Weitere maßgebliche Veränderungen gab es im Bereich der Freizeitgestaltung. Früher verbrachten die Frauen und Männer ihre Freizeit überwiegend dort, wo sie auch wohnten. Für viele gab es daher keinen erkennbaren Unterschied zwischen Arbeit, Freizeit und Wohnen, da es keine zeitliche und örtliche Strukturierung gab. Diesem Zustand begegnete das Heilpädagogische Heim Bedburg-Hau mit der so genannten »Urlaubsmaßnahme«, den heutigen Ferienfreizeiten. Mit einem Zeltlager auf dem Campingplatz in Wissel fing alles an. Über mehrere Monate – praktisch den ganzen Sommer über – wurde auf dem Campingplatz eine kleine Zeltstadt mit einem Schlaf- und einem Wohnzelt errichtet. Ganz viele Wohngruppen, darunter auch Menschen mit einer schwermehrfachen Behinderung, konnten dort Urlaub machen. Dies war sowohl für die Behinderten als auch für das Personal eine ganz wichtige Erfahrung. Das Zeltlager bot Gelegenheit, aus dem »eingefahrenen Alltagstrott« herauszukommen, neue Verhaltensweisen zu erproben oder sogar neu an sich zu entdecken. Man konnte erstmals gemeinsam etwas Neues erleben. Man kochte zusammen, man aß zusammen, und so merkte man auf einmal, dass man doch vieles gemeinsam hatte. So entstand eine größere Nähe zueinander.

Durch die Ferienfreizeiten änderte sich die Rolle der Mitarbeiterinnen und Mitarbeiter zunehmend, was gedankliche Flexibilität des Personals voraussetzte. Im Dienst gemeinsam Zeit mit Gesellschaftsspielen oder sonstigen Aktivitäten zu verbringen – ein Verhalten, das früher als »Vergehen« disziplinarisch geahndet wurde – war nun plötzlich Pflicht. Das Angebot an Ferienfreizeiten wurde nach und nach ausgeweitet. Nach dem Zeltlager in Wissel besuchten die Wohngruppen vermehrt Center Parks. Darüber hinaus wurde in Weeze der Enzenhof durch das Heim angemietet, auf dem »Urlaub auf dem Bauernhof« erlebt werden konnte. Auch die Wege wurden weiter. Die Mosel als Urlaubsziel erfreute sich wachsender Beliebtheit, und zum Schluss kamen Bus- und auch Flugreisen an die Costa Brava und nach Mallorca hinzu.

Die bestehenden Beschäftigungs- und Arbeitsverhältnisse mussten dringend modifiziert werden. Ein wichtiger Umbruch kam mit der Abschaffung der Kalfaktoren, der so genannten Hausarbeiterinnen und Hausarbeiter. Diese verrichteten früher in den Häusern als Hilfskraft für das Personal die eher unangenehmen Arbeiten. Hierbei kam es des Öfteren zu Ausbeutungen, so dass ein Hausarbeiter zum Beispiel schwere Weidekörbe mit Bettwäsche verteilen musste oder nachts geweckt wurde, um Mitbewohner zu säubern. Neben der Abschaffung dieser Hilfstätigkeiten bestand der Wunsch nach einer eigenen Werkstatt für Menschen mit Behinderung. Da die »Haus Freudenberg-Werkstätten« zur damaligen Zeit die große Behindertenzahl des Heilpädagogischen Heimes nicht aufnehmen konnten, gründete sich aus der früheren Arbeitstherapie in Bedburg-Hau die »Rosendaler Werkstätten GmbH« unter Leitung von Klaus Witte. Fortan gab es Arbeitsverträge, geregelte Arbeitszeiten, eine angemessen Bezahlung, Urlaubsanspruch und die Lohnfortzahlung im Krankheitsfall. Anfang 2004 verschmolz die Rosendaler Werkstätten GmbH mit der Haus Freudenberg GmbH.

Von der Beschäftigungstherapie zu den Heilpädagogischen Zentren

Parallel zur Entwicklung der Werkstatt für Behinderte entwickelte sich im Heilpädagogischen Heim die Beschäftigungstherapie. In angebauten Pavillons entstanden kleine Gruppen mit einer 1:4-Betreuung, in denen die Stabilisierung der sozialen Kompetenzen und die Förderung der lebenspraktischen Fähigkeiten und Fertigkeiten im Vordergrund standen. Auch dienten diese Gruppen dazu, die Behinderten gezielt auf die Eingangsstufe der Werkstatt vorzubereiten, um so die Überleitung und Eingliederung zu erleichtern. Seit 1993 ist der Bereich der Beschäftigungstherapie im Zuge der fortschreitenden Dezentralisierung fortlaufend umstrukturiert worden. Aus der Beschäftigungstherapie wurden die Gruppenübergreifenden Förderdienste (GÜF), die zum einen in den Häusern und Pavillons auf dem Kerngelände und zum anderen auf der Josefshöhe verortet waren. Sie setzten sich zusammen aus den Fachbereichen: Intensivfördergruppen, Aktivierungsfördergruppen, Logopädie, Ergotherapie, Sport, Physiotherapie und Musiktherapie. Vorrangiges Ziel der Gruppenübergreifenden Förderdienste war es, Behinderten, die aus dem Arbeitsleben ausgeschieden waren, aber noch weiter einer Beschäftigung nachgehen wollten, einen strukturierten Tagesablauf anzubieten.

Durch die fortschreitende Dezentralisierung wurde schnell klar, dass sich die neuen Außenwohngruppen immer weiter weg von den Gruppenübergreifenden Förderdiensten befanden. Durch die große Entfernung und die personellen Engpässe konnten die Angebote nach und nach nur noch in Ausnahmen regelmäßig durch die Behinderten aufgesucht werden, wodurch ein erheblicher Mangel entstand. Die Angebote vor Ort in den Außenwohngruppen konnten dieses Defizit nicht auffangen. So wurde die Idee der Heilpädagogischen Zentren geboren, die in gewisser räumlicher Nähe zu den Außenwohngruppen eingerichtet wurden und auch Menschen mit geistiger Behinderung zur Verfügung stehen sollten, die in anderen Einrichtungen, der eigenen Wohnung oder bei den Angehörigen lebten. Auch heute bestehen die Heilpädagogischen Zentren noch und bieten als Begegnungsstätten mit dem Ziel der integrativen Arbeit für Menschen mit und ohne Behinderung differenzierte Angebote zur Beschäftigung, Bildung und Freizeit.

Aktive Beschäftigung und heilpädagogische Förderung

Der aktiven Beschäftigung und Förderung galt das besondere Interesse des Heilpädagogischen Heimes. Aufgrund der früheren »Unterbringung« auf den Stationen des Rheinischen Landeskrankenhauses fehlte eine gezielte heilpädagogische Förderung, und auch die sozialen Fähigkeiten und geistigen Interessen der Behinderten verkümmerten mit der Zeit. Die tägliche Routine und die reizarme Umgebung führten zu Einschränkungen der motorischen Beweglichkeit und boten keine Schulung der Sinneswahrnehmung. Insbesondere bei Menschen mit einer schweren geistigen Behinderung sank das Interesse an der eigenen Umwelt, so dass sie sich letztlich ganz in sich zurückzogen. Das Heilpädagogische Heim begann sich dieser Problematik mit vielen neuen Ansätzen anzunehmen.

Der Snoezelraum als eine von vielen Neuerungen kam aus den Niederlanden nach Bedburg-Hau. Unter »Snoezelen« – eine von zwei niederländischen Zivildienstleistenden kreierte Phantasieschöpfung aus den beiden Wörtern »snuffelen« (schnüffeln, schnuppern) und »doezelen« (dösen, schlummern) – versteht man den Aufenthalt in einem gemütlichen Raum, in dem man, in bequemer Position, liegend oder sitzend, umgeben von leisen Klängen, Melodien oder wohlriechenden Düften, Lichteffekte betrachten kann. Das Snoezelen dient der Verbesserung der sensitiven Wahrnehmung und soll gleichzeitig Entspannung und Ruhe bieten. Zur Ausstattung gehören meist unterschiedliche Lichtquellen und Projektoren, die verschiedenste visuelle Effekte erzeugen, eine Farbdrehscheibe, eine sich an der Decke drehende Spiegelkugel und eine bequeme Sitz- und Liegelandschaft.

Ein weiteres Großprojekt zur ganzheitlichen Förderung war die Gestaltung eines Sinnesgartens auf dem parkartigen Gelände in Bedburg-Hau. Durch die intensive Zusammenarbeit zwischen der Landschaftsplanung des Landschaftsverbandes Rheinland, der Fachschule und dem pädagogischen Personal des Heilpädagogischen Heimes und einer Vielzahl tatkräftiger Unterstützer und Sponsoren konnte der »Garten der Sinne« im Spätsommer 1993 eröffnet werden. Sein Angebot sollte dazu beitragen, die einzelnen Sinne (Sehen, Riechen, Hören, Fühlen, Schmecken) anzuregen. Für Menschen mit Behinderung gab es die Möglichkeit, verschiedene Sinnesreize auf sich wirken zu lassen und ihre Wahrnehmungs- und Konzentrationsfähigkeit sowie ihre motorische Geschicklichkeit zu trainieren. Aber auch Menschen ohne Behinderung standen die Angebote des Sinnesgartens offen. Sie waren eingeladen, unter anderem auf dem Fußerfahrungsweg, im Duft- und Blütengarten oder im Klangbereich Neues zu erfahren und ihre Sinne zu »schärfen«. Somit diente der »Garten der Sinne« auch letztlich der Integration.

Der Integration verpflichtet

Die »normale« Wohnsituation in den Außenwohngruppen hatte einen äußerst positiven Effekt auf die soziale Einbindung der Menschen mit Behinderung in ihr Umfeld. Im Laufe der Zeit sind gute nachbarschaftliche Kontakte entstanden, und etwaige Konflikte waren nicht anders und auch nicht häufiger als die zwischen nicht behinderten Nachbarn.

Natürlich gab es im Vorfeld verschiedener Bauvorhaben auch das eine oder andere Mal Widerstände bei den Gemeinden und aus der Bevölkerung. Mit diesen ist das Heilpädagogische Heim immer ganz offen umgegangen und hat allzeit das Gespräch gesucht, um aufzuklären und Vorurteilen direkt zu begegnen. Die Wohngruppen besichtigten häufig bereits den Bau, um Ängste und Bedenken bei der Nachbarschaft abzubauen. Sicherlich spielten bei der Überzeugung der Gemeindeverwaltungen auch wirtschaftliche Argumente, wie die große Kaufkraft und der Erhalt von Arbeitsplätzen, eine zentrale Rolle.

Widerstände bei den Angehörigen und gesetzlichen Betreuerinnen und Betreuern gab es dagegen kaum. Es zeigte sich sogar, dass die Frauen und Männer wieder vermehrt von ihren Angehörigen besucht wurden, sobald sie aus dem Gelände auszogen. Viele Angehörige, aber auch die »normale Bevölkerung«, hatten eine Hemmschwelle, das Gelände zu betreten. Einige verschwiegen, dass Angehörige in Bedburg-Hau lebten. Diese Einstellung änderte sich ebenfalls mit den Auszügen aus dem Gelände.

Das Heilpädagogische Heim hat noch mehr für die Integration von Menschen mit geistiger Behinderung geleistet. Die Konzeption bestehender Veranstaltungen – wie der zentralen Weihnachtsfeier – wurde verändert. Familiäre Feste fanden fortan mit Verwandten, Freunden und Nachbarn vor Ort in den Außenwohngruppen statt. Durch das große Engagement des Fördervereins sowie aller Mitarbeiterinnen und Mitarbeiter konnten jahreszeitliche Feste veranstaltet werden, um sich einerseits als Einrichtung in der Öffentlichkeit zu präsentieren und um andererseits Finanzmittel über den Förderverein einzunehmen, die den Menschen mit Behinderung letztendlich zugute kamen. Sommerfeste mit bis zu 10.000 Besucherinnen und Besuchern wurden organisiert. Später folgten ein Ostermarkt, ein Herbstmarkt und ein Weihnachtsmarkt, der erste in der Gemeinde Bedburg-Hau.

Schaffung organisatorischer und struktureller Voraussetzungen

Bei der Schaffung organisatorischer und struktureller Voraussetzungen orientierte sich das Heilpädagogische Heim Bedburg-Hau auch an den niederländischen Nachbarn. Diese waren zu jener Zeit im Bereich der Behindertenhilfe besser aufgestellt. Sie hatten bereits mehr und besser ausgebildetes Personal und höhere Pflegesätze. Mit Maria Roepaan und der St. Augustinus-Stichting, die zur heutigen niederländischen Einrichtung »Dichterbij« verschmolzen, arbeitete das Heilpädagogische Heim eng zusammen, um aus deren Erfahrungen etwas für die eigene Einrichtung zu lernen. Auch die niederländischen Kolleginnen und Kollegen konnten durch diese Kooperation einen Einblick in die Arbeitsweise des Heilpädagogischen Heimes erhalten. So konnten sie beispielsweise Lösungsansätze, wie sie am besten mit Widerständen der Bevölkerung gegen geplante Außenwohngruppen umgehen könnten, für sich nutzen.

Die Rechtsform des Heilpädagogischen Heimes hat sich mehrfach verändert. Zunächst Außendienststellen des Landschaftsverbandes Rheinland, wurden die fünf bestehenden Heime als Betriebsstellen einem neugeschaffenen zentralen Eigenbetrieb Heilpädagogische Heime mit Sitz in Köln zugeordnet. Der Eigenbetrieb wurde mit dem Ziel gegründet, insbesondere die Realisierung baulicher Standards zügiger zu gewährleisten. Der Betrieb bestand nur drei Jahre, da sich dieses Modell nicht durchsetzte. Anschließend wurde der dezentrale Eigenbetrieb mit eigenem Personalrat und der Möglichkeit, wirtschaftliche Entscheidungen zu treffen, eingeführt. Zum 1. Januar 1996 wurde die Einrichtung wie ein Eigenbetrieb geführt.

Abb. 4: Gemeinsam. Foto: LVR-HPH-Netz Niederrhein

Die Veränderungen im personellen Bereich setzten schon bei der Bekleidung an. Dienstkleidung mit Dienstgradabzeichen, beispielsweise bei den Schwestern an der Haube zu erkennen, wurde abgeschafft. Bei Spaziergängen mit den Behinderten sollte keine Dienstkleidung mehr getragen werden. Ausschließlich Schutzkleidung, zum Beispiel bei der Grundpflege oder beim Kochen, konnte, falls erforderlich, genutzt werden. Natürlich gab diese Veränderung Anlass zu Diskussionen bei der Belegschaft. Die Dienstkleidung wurde als Statussymbol verstanden, und mit der Abschaffung war das Personal auch optisch nicht mehr von den Menschen mit Behinderung zu unterscheiden. Ohne Dienstkleidung konnte die bestehende Distanz zwischen Personal und den zu unterstützenden Frauen und Männern aber nach und nach abgebaut und eine gegenseitige Annährung ermöglicht werden.

Wie eingangs erwähnt, bestand nicht nur die Problematik, dass zu wenige Mitarbeiterinnen und Mitarbeiter für die bedarfsgerechte Begleitung der Behinderten zur Verfügung standen. Insbesondere die Tatsache, dass die Fachkompetenz beim Großteil der Belegschaft im pflegerischen Bereich lag, machte Veränderungen in der Personalpolitik notwendig. Als Folge wurden Pädagoginnen und Pädagogen, Erzieherinnen und Erzieher sowie Therapeutinnen und Therapeuten eingestellt. Ein Großteil der Therapeutinnen und Therapeuten kam aus den Niederlanden nach Bedburg-Hau, da diese zum damaligen Zeitpunkt sehr gut ausgebildet waren. Durch die Verlagerung der Fachkompetenz der Mitarbeiterinnen und Mitarbeiter konnte der neue heilpädagogische Ansatz besser umgesetzt werden. Durch den Zuwachs an Personal und die neuen fachlichen Disziplinen entstanden Diskussionen zur Zuständigkeit der einzelnen Berufsgruppen. Entschieden wurde letztlich, dass alle Berufsgruppen alle Tätigkeiten auszuführen hatten. Das hieß, dass zum Beispiel auch Erzieherinnen Tätigkeiten in der Grundpflege durchführten und Pfleger pädagogisch mit den Frauen und Männern arbeiteten.

Mit dem neuen Personal kamen auch neue Denkanstoße hinzu. So stellten recht kritische Abteilungsleitungen plötzlich nicht die Frage »Können wir diesem Behinderten Ausgang geben?«, sondern »Warum soll dieser Behinderte keinen Ausgang bekommen?«. Dadurch kam es zur vollständigen Öffnung einiger Gruppen, was in den Anfängen allerdings zur Folge hatte, dass ein Drittel der Frauen und Männer »auf Reisen« waren. Dies legte sich mit dem Anspruch, das Leben in den Gruppen so attraktiv wie möglich zu gestalten, dass gar nicht mehr der Wunsch aufkam wegzugehen. So gab es beispielsweise eigenes Fernsehen auf den Zimmern, freie Gestaltungsmöglichkeit bei der Zimmereinrichtung, und auch die Privatsphäre wurde noch stärker gewahrt.

Durch die hinzugewonnene therapeutische Kompetenz kam ein weiteres Betätigungsfeld für das Personal hinzu: das so genannte »therapeutische Essen«. Gerade in den Gruppen, in denen Menschen mit einer schwereren Behinderung lebten, wurde das kochendheiße Essen, sobald es auf dem Tisch stand, gierig gegessen. Auch heißer Kaffee wurde zügig hinuntergeschluckt. Durch das therapeutische Essen sollte »richtig essen« erlernt werden. Nach dem Prinzip »Lernen nach Modell« gab es am Esstisch eine Mitarbeiterin oder einen Mitarbeiter, die bzw. der beispielhaft maßvolles Essen demonstrieren sollte. Das therapeutische Essen war für das Personal kostenlos und wurde, nach einigen Diskussionen mit dem Finanzamt, nicht als geldwerter Vorteil angesehen.

Nicht nur durch externe Personalakquise, sondern insbesondere durch interne Aus- und Fortbildungsangebote wurde das fachliche Know-how stetig verbessert. Es kam zur Gründung der sozialpflegerischen Fachschule, des heutigen LVR-Berufskollegs Bedburg-Hau, das eine Ausbildung zur Heilpädagogin bzw. zum Heilpädagogen anbot. Den praktischen Teil der Ausbildung konnten die Fachschülerinnen und -schüler im Heilpädagogischen Heim absolvieren. Auch für das bestehende pflegerische Personal wurde an der Fachschule eine Zusatzausbildung zur Heilpädagogin bzw. zum Heilpädagogen angeboten.

Darüber hinaus wurde unter Leitung von Gabriele Kepser, der heutigen stellvertretenden Fachlichen Direktorin, ein umfangreiches Fortbildungsprogramm entwickelt. Damit war das Heilpädagogische Heim Bedburg-Hau eines der ersten, welches ein eigenes Fortbildungsangebot für die Mitarbeiterinnen und Mitarbeiter bereitstellte. Das themen- und praxisbezogene Programm fand aber nicht nur große Zustimmung innerhalb der Belegschaft, sondern wurde auch von vielen externen Interessenten aus anderen Einrichtungen gerne angenommen. Die heutigen Fortbildungsveranstaltungen bauen auf dieser damals geschaffenen Basis auf. Alle Neuerungen wurden abschließend durch die Einführung eines Qualitätsmanagementsystems nach DIN EN ISO 9001 organisatorisch verankert, um die geschaffene Unternehmensqualität zu sichern, zu kontrollieren und zukünftig noch weiter im Sinne der Menschen mit Behinderung ausbauen zu können.

Alle beschriebenen Veränderungen und Umstrukturierungen – sowohl bezogen auf die Lebensverhältnisse der Menschen mit Behinderung als auch auf institutionelle Neuerungen – konnten nur erfolgreich durchgeführt werden, weil auch die Mitarbeiterinnen und Mitarbeiter die Entscheidungen mittrugen, als Multiplikatoren fungierten und bereit waren, flexibler und mobiler zu werden. Dies setzte enorme Überzeugungsarbeit, aber auch Durchsetzungskraft der Führungsriege voraus. Gerade durch die Vielzahl und teilweise auch durch die thematische Brisanz der Veränderungen kamen Widerstände beim Personal auf, die es gemeinsam zu klären galt. Nur durch dieses Vorgehen konnte die Situation der Menschen mit geistiger Behinderung innerhalb kürzester Zeit verbessert werden, und dies war und ist Dreh- und Angelpunkt aller Bemühungen des Heilpädagogischen Heimes Bedburg-Hau. Um mit den Worten von Wilhelm Goebels abzuschließen: »Mein Vorgehen war zwar nicht immer demokratisch, aber es hat uns schnell und zügig weitergebracht. Wir haben damals den Schritt Richtung Neuzeit gewagt und kamen fast aus dem Mittelalter.«

Thomas Ströbele und Yvonne Breuel

Netzwerk Heilpädagogischer Hilfen Niederrhein des Landschaftsverbandes Rheinland in Bedburg-Hau seit 2001

Mit dem Wechsel in der fachlichen Direktion der Betriebsleitung im Oktober 2001 wurde die bisher erfolgreiche Politik der Normalisierung der Lebensbedingungen für Menschen mit geistiger Behinderung, die Dezentralisierung und die Förderung der Integration fortgesetzt. Dabei bildeten die bisherigen inhaltlichen und strukturellen Entwicklungsprozesse des Rheinischen Heilpädagogischen Heimes Bedburg-Hau die Voraussetzungen, um aus einer Organisation der Fürsorge Schritt für Schritt ein modernes, leistungsstarkes und kundenorientiertes Dienstleistungsunternehmen im Bereich der Behindertenhilfe mit folgenden zentralen Zielen zu gestalten:

- Eine weitere Differenzierung, Individualisierung und Qualitätsverbesserung der Unterstützungsleistungen für Menschen mit geistiger und mehrfacher Behinderung und insbesondere für Menschen mit hohem sozialen Integrationsbedarf, um ihnen ein weitestgehend selbstbestimmtes Leben und die Teilhabe am gesellschaftlichen Leben inmitten der Städte und Gemeinden am Niederrhein zu ermöglichen;
- beste Dienstleistungsqualität für alle Leistungsempfängerinnen und Leistungsempfänger zu ihrem höchsten Nutzen;
- ein attraktives Verhältnis von Preis und Leistung;
- Behauptung am Markt durch Qualität;
- attraktiver Dienstleister und ebenso attraktiver Arbeitgeber.

Im Zeitraum zwischen 2001 und 2011 wurde die Entwicklung der Qualitätspolitik und der Dienstleistungen vor allem durch folgende Rahmenbedingungen nachhaltig bestimmt:

- Landes- und kommunalpolitische Vorgaben;
- veränderte Rahmenbedingungen im Bereich der Behindertenhilfe;
- starker und anhaltender Zuwachs von Hilfeberechtigten in Verbindung mit einem deutlich größer werdenden individuellen Unterstützungsbedarf;
- weiterer Paradigmenwechsel in der Behindertenhilfe mit dem neuen Wohn- und Teilhabegesetz NW und der UN-Konvention zur Stärkung der Rechte von Menschen mit Behinderungen als Konsequenzen;
- Hochzonung der ambulanten Eingliederungshilfeleistungen im Bereich Wohnen von den Kreisen und kreisfreien Städten in NRW zu den beiden Landschaftsverbänden;
- äußerst prekäre Finanzsituation der öffentlichen Hand in den letztenJahren.

Erfolgreiche Regionalisierung und weiterer Paradigmenwechsel

Im Februar 2002 beschloss der politische Ausschuss der Rheinischen Heilpädagogischen Heime, weitere stationäre Wohnplätze aus dem Kerngelände in Bedburg-Hau und dem Nordkreis Kleve zu verlagern. Damit wurde der Abschluss der Dezentralisierung der Wohnangebote aus dem Kerngelände in Bedburg-Hau sowie der nachdrückliche Prozess der Regionalisierung von Leistungsangeboten in die Wege geleitet. Bis Anfang 2012 sollte dieser Beschluss so umgesetzt sein, dass es im Kerngelände in Bedburg-Hau keine stationären Wohnangebote mehr geben wird. So entstanden seit 2002 an Standorten in Uedem, Goch, Issum-Sevelen, Kamp-Lintfort, Alpen, Moers-Kapellen, Wesel, Voerde-Spellen, in Duisburg in den Bezirken Homberg, Beeckerwerth, Laar, Hamborn und Huckingen, moderne und barrierefreie Wohnhäuser mit differenzierten Wohnangeboten für über 300 Frauen und Männer. Barrierefreies Wohnen für Einzelpersonen, Paare und kleine Wohngemeinschaften in Appartements wurde im Rahmen dieser Entwicklung zum Qualitätsstandard.

In diesem Zusammenhang wurden auch die Regionalisierung und der Ausbau der Beschäftigungs-, Freizeit- und Bildungsangebote der Heilpädagogischen Zentren (HPZ) fokussiert. Es entstanden und entstehen an den Standorten Goch, Duisburg-Rheinhausen und ab 2012 auch in Duisburg-Hamborn weitere Heilpädagogische Zentren. Hierdurch wird ein weiteres wichtiges behindertenpolitisches Ziel erreicht: Frauen und Männer ohne Arbeitsplatz haben die Möglichkeit, ihren persönlichen Interessen entsprechende Angebote wahrzunehmen und ihren Alltag individuell zu gestalten.

Als Folge des erneuten Paradigmenwechsels in der Behindertenhilfe wird seit Beginn des 21. Jahrhunderts der einzelne Mensch mit Behinderung noch mehr als bisher in den Mittelpunkt gestellt. Während bisher galt, dass professionelle Helferinnen und Helfer tendenziell immer besser wussten, welchen Bedarf Menschen mit geistiger Behinderung haben, gilt es nun, Menschen mit Behinderung als Mitbürgerinnen und Mitbürger zu begegnen und sie als Kundinnen und Kunden auf Augenhöhe zu sehen, die ihren Unterstützungsbedarf selbst äußern. Vor dem Hintergrund dieses Paradigmenwechsels führte der überörtliche Träger der Sozialhilfe, der Landschaftsverband Rheinland, im Rheinland das Instrument der individuellen Hilfeplanung ein. Für die konkrete Begleitung und Unterstützung von Menschen mit geistiger Behinderung bewirkte dies entscheidende Änderungen: Der individuelle Hilfebedarf wird heute mit den betroffenen Menschen mit Behinderung, gegebenenfalls auch mit ihren Angehörigen und gesetzlichen Betreuerinnen und Betreuern, festgelegt und durch individuelle Unterstützungs- und Assistenzleistungen geplant und erbracht.

Mit der Hochzonung der Eingliederungshilfe im Bereich des Ambulant Betreuten Wohnens in NRW von den Kreisen und kreisfreien Städten zu den Landschaftsverbänden im Juli 2004 wurden klare Rahmenbedingungen geschaffen, um die bereits im Bundessozialhilfegesetz (BSHG) geforderte Vorrangigkeit ambulanter vor stationären Hilfen, insbesondere im Bereich Wohnen, realisieren zu können. Mit dieser sozial- und behindertenpolitischen Entscheidung konnte die Normalisierung von Lebensbedingungen von Menschen mit geistiger Behinderung und ihre Teilhabe am gesellschaftlichen Leben weiter verbessert werden. Viele von ihnen können nun in einer eigenen Wohnung leben. Mit der Umsetzung der beiden Rahmenzielvereinbarungen I und II mit dem überörtlichen Kostenträger LVR wurden zwischen 2007 und 2012 über 25 Prozent der stationären Wohnplätze in ambulante Wohnangebote umgewandelt. Über 220 Menschen mit geistiger Behinderung konnten bis Ende 2011 in ihren eigenen vier Wänden leben und wurden von Mitarbeiterinnen und Mitarbeitern im Rahmen des Ambulant Betreuten Wohnens unterstützt und begleitet. Durch zeitgleiche Inbetriebnahme des ersten Ambulanten Pflegedienstes wurde es möglich, Menschen mit geistiger Behinderung im Rahmen der Erbringung von Eingliederungs- und Pflegeleistungen erstmals Leistungen aus einer Hand anzubieten.

Neuorganisation und Zusammenarbeit mit anderen Trägern

Aus den fünf Rheinischen Heilpädagogischen Heimen des Landschaftsverbandes Rheinland entstanden zum 1. Januar 2006 das LVR-HPH-Netz Niederrhein, ehemals Rheinisches Heilpädagogisches Heim Bedburg-Hau, und die beiden Partnerorganisationen LVR-HPH-Netz Ost und LVR-HPH-Netz West.

Die Zusammenfassung in diese drei Dienstleistungsorganisationen geschah keinesfalls aus rein wirtschaftlichen Erwägungen. Zwar ging sie einher mit deutlichen Einsparungen auf der obersten Führungs- und Verwaltungsebene, brachte aber vielmehr eine klarere Akzentuierung der Regionalisierung von Dienstleistungsangeboten. Im Zuge der Umstrukturierung wurden die einstmals dem Rheinischen Heilpädagogischen Heim Viersen zugeordneten Wohnverbünde in Straelen und in Wachtendonk im Südkreis Kleve mit dem LVR-HPH-Netz Niederrhein verschmolzen. Die alte Abteilungsstruktur des LVR-HPH-Niederrhein wurde in regionale Geschäftsbereiche überführt. Dies führte zu einer sozialraum- und kundenorientierten Ausrichtung der Dienstleistungen, zu einer größeren wirtschaftlichen Absicherung und Leistungsfähigkeit.

Durch die Inbetriebnahme von drei Koordinierungs-, Kontakt- und Beratungsstellen in Geldern und in Duisburg-Rheinhausen, jeweils in Kooperation mit einem regionalen Träger der Behindertenhilfe, sowie in Alpen, beteiligt sich das LVR-HPH-Netz Niederrhein an der vom LVR initiierten gemeindenahen Beratungsarbeit für Menschen mit geistiger Behinderung – insbesondere zum Dienstleistungsangebot »Ambulant Betreutes Wohnen«. Zur regionalen Vernetzung von Unterstützungsstrukturen engagiert sich das LVR-HPH-Netz Niederrhein in Trägerverbünden und Trägerkonferenzen in den Kreisen Kleve, Wesel und in Duisburg. Die damit mögliche verbindlichere Zusammenarbeit zwischen verschiedenen Leistungsanbietern in den Trägerkonferenzen führt nicht nur zu einer größeren Transparenz von Leistungsangeboten, sondern auch in mehreren Fällen zu tragfähigen Kooperationen und der Entwicklung von innovativen Dienstleistungsangeboten.

Abb. 1: Starkes Netzwerk. Foto: LVR-HPH-Netzwerk Niederrhein

Unternehmensphilosophie heute

Im Zuge der Neuorganisation wurden eine gemeinsame Strategie und ein Unternehmensleitbild entwickelt, die den Dienstleistungsgedanken in den Mittelpunkt aller Leistungen stellen. Das heißt: Menschen mit geistiger Behinderung werden fortan als Kundinnen und Kunden angesehen, deren Bedürfnisse im Zentrum des Denkens und Handelns der Mitarbeiterinnen und Mitarbeiter stehen. Dadurch wurden Haltung und Arbeitsweise in der Organisation nachhaltig verändert. Unterstützt wurde dieser Prozess durch eine an der Unternehmensstrategie ausgerichtete Personalentwicklung. Kompetenzerweiterung der Teams, orientiert am Bedarf der Kundinnen und Kunden, steht im Vordergrund der heutigen Qualifizierungsangebote.

Ein bedeutsamer Schritt in der Erbringung kundenorientierter Dienst- und Serviceleistungen war die Durchführung einer Kundenzufriedenheitsbefragung im Bereich des stationären und des ambulanten Wohnens durch eine externe Beraterfirma. Trotz sehr positiver Befragungsergebnisse wurden Kritik, Verbesserungshinweise und Entwicklungspotentiale sehr ernst genommen und Ergebnisse systematisch analysiert. Mit Beteiligung der Bewohnerinnen- und Bewohnerbeiräte wurden Korrektur- und Verbesserungsmaßnahmen vereinbart und zur Zufriedenheit der Kundinnen und Kunden umgesetzt. Die

2008 verabschiedete UN-Konvention über die Rechte von Menschen mit geistiger Behinderung und das Wohn- und Teilhabegesetz NW führten zu einer weiteren Stärkung der Rechte von Menschen mit geistiger Behinderung.

Im Ergebnis wurden im LVR-HPH-Netz Niederrhein Rahmenbedingungen und Leistungsangebote an die Vorgaben des Wohn- und Teilhabegesetzes angepasst und die Mitbestimmung der Kundinnen und Kunden erweitert. Der seit 1986 in verschiedenen Zusammensetzungen existierende Heimbeirat wird heute in Form von sechs regionalen Bewohnerinnen- und Bewohnerbeiräten fortgeführt. Die Beiratsmitglieder setzen sich für die Rechte ihrer Mitbewohnerinnen und Mitbewohner ein und wirken bei der Gestaltung der Leistungsangebote und der Entwicklung der Organisation mit. Die Neuausrichtung, Standardisierung und Professionalisierung von Pflegeleistungen in den Wohnhäusern und die Standardisierung von hauswirtschaftlichen Unterstützungs- und Versorgungsleistungen, als weitere Antworten auf Forderungen des neuen Wohn- und Teilhabegesetzes, brachten deutliche Qualitätsverbesserungen und Vorteile für die Kundinnen und Kunden mit geistiger Behinderung. Die UN-Konvention fordert ein normales Zusammenleben von Menschen mit und ohne Behinderung. Dies bedingt die systematische Ausrichtung der Dienstleistungsangebote im jeweiligen Sozialraum. Durch zahlreiche öffentlichkeitswirksame Veranstaltungen und zusammen mit vielen freiwillig engagierten Mitarbeiterinnen und Mitarbeitern gelingt es immer mehr, ein Miteinander von Menschen mit und ohne Behinderung zu realisieren und Teilhabe zu ermöglichen. Durch aktive Presse- und Öffentlichkeitsarbeit wirbt das LVR-HPH-Netz Niederrhein vermehrt für ein völlig selbstverständliches Zusammenleben von Menschen mit und ohne Behinderung.

Ein wichtiges Beispiel in diesem Zusammenhang ist die gemeinsame Entwicklung des generationsübergreifenden, sozialraumorientierten Wohn- und Beschäftigungsverbundes am Mattlerbusch in Duisburg-Hamborn, zusammen mit dem Verein für körper- und mehrfachbehinderte Menschen »Alsbachtal e. V.« aus Oberhausen. Dort werden zukünftig mehr als 80 Menschen mit und ohne Behinderung in einem Wohnquartier zusammen leben können – ein zukunftsweisendes Modell für aktiv gelebte Inklusion.

Die kontinuierliche Fortsetzung des vor dem Hintergrund der Ergebnisse der Psychiatrie-Enquete 1981 eingeschlagenen Weges, unter Berücksichtigung neuer Einflüsse, Vorgaben und Anforderungen, versetzt das LVR-HPH-Netz Niederrhein heute in die Lage, gut aufgestellt auch zukünftig Dienstleistungen mit höchster Qualität für und zur Zufriedenheit von Menschen mit geistiger Behinderung am Niederrhein erbringen zu können.

Personengalerie

Abb. 1: Dr. Gustav Flügge, Direktor 1911–1928. Foto: LVR-Klinik Bedburg-Hau

Abb. 2: Dr. Max Raether, Direktor 1929–1935. Foto: LVR-Klinik Bedburg-Hau

Abb. 3: Dr. Arthur Trapet, Direktor 1935–1947. Foto: LVR-Klinik Bedburg-Hau

Abb. 4: Dr. Fritz Polstorff, Direktor 1948–1960. Foto: LVR-Klinik Bedburg-Hau

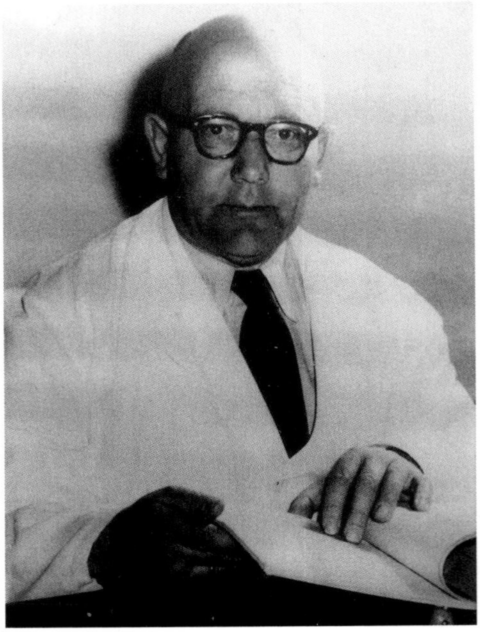

Abb. 5: Dr. Wilhelm Kleine, Direktor 1960–1962. Foto: LVR-Klinik Bedburg-Hau

Abb. 6: Dr. Gerhard Scheurle, Direktor 1963–1981. Foto: LVR-Klinik Bedburg-Hau

Abb. 7: Dr. Guido Graffelder, Direktor 1981–1992. Foto: LVR-Klinik Bedburg-Hau

Abb. 8: Dr. Alexander Eckert, Direktor 1992–2005. Foto: LVR-Klinik Bedburg-Hau

Abb. 9: Dr. Marie Brill, Direktorin seit 2006. Foto: LVR-Klinik Bedburg-Hau

Abb. 10: Johann Lehnert, Pflegevorsteher 1923–1930. Foto: LVR-Klinik Bedburg-Hau

Abb. 11: Adam Schumacher, Pflegevorsteher 1931–1950. Foto: LVR-Klinik Bedburg-Hau

Abb. 12: Heinrich Kümpe, Pflegevorsteher 1951–1960. Foto: LVR-Klinik Bedburg-Hau

Abb. 13: Michael Abels, Pflegevorsteher 1960–1966. Foto: LVR-Klinik Bedburg-Hau

Abb. 14: Heinz Hermanns, Pflegevorsteher 1966–1969. Foto: LVR-Klinik Bedburg-Hau

Abb. 15: Martin Diels, Pflegevorsteher 1969–1971. Foto: LVR-Klinik Bedburg-Hau

Abb. 16: Leo Killemann, Pflegevorsteher 1975–1983. Foto: LVR-Klinik Bedburg-Hau

Abb. 17: Margarethe Wasserburg, Oberin 1911–1930. Foto: LVR-Klinik Bedburg-Hau

Abb. 18: Marianne Cieslewitz, Oberin 1948–1975. Foto: LVR-Klinik Bedburg-Hau

Abb. 19: Christa Kreuzhof, Pflegedirektorin seit 2007. Foto: LVR-Klinik Bedburg-Hau

Abb. 20: Stephan Lahr, Kaufmännischer Direktor seit 2007. Foto: LVR-Klinik Bedburg-Hau

Erwin Reichstein, Leiter des Wirtschafts- und Verwaltungsdienstes, 1947–1973.
Foto: LVR-Klinik Bedburg-Hau

Ludwig von Hammel, Leiter des Wirtschafts- und Verwaltungsdienstes, 1973–1986.
Foto: LVR-Klinik Bedburg-Hau

Helmut Pischny, Pflegedienstleiter/ Leitende Pflegekraft, 1984–2006.
Foto: LVR-Klinik Bedburg-Hau

Jürgen Bongers, Leiter des Wirtschafts- und Verwaltungsdienstes, 1987–2006.
Foto: LVR-Klinik Bedburg-Hau

Personengalerie

Ärztliche Leitung

1911–1928	Dr. Gustav Flügge	Direktor
1929–1935	Dr. Max Raether	Direktor
1935–1947	Dr. Arthur Trapet	Direktor
1948–1960	Dr. Fritz Polstorff	Direktor
1960–1962	Dr. Wilhelm Kleine	Direktor
1963–1981	Dr. Gerhard Scheurle	Direktor
1981–1992	Dr. Guido Graffelder	Leitender Arzt
1992–2005	Dr. Alexander Eckert	Leitender Arzt
seit 2006	Dr. Marie Brill	Ärztliche Direktorin

Kaufmännische Leitung

1911–1932	Johannes Thewes	Leiter der Allgemeinen und Kassenverwaltung
1932–1945	Richard Stützer	Leiter der Allgemeinen und Kassenverwaltung
1947–1973	Erwin Reichstein	Leiter des Wirtschafts- und Verwaltungsdienstes
1973–1986	Ludwig von Hammel	Leiter des Wirtschafts- und Verwaltungsdienstes
1987–2006	Jürgen Bongers	Leiter des Wirtschafts- und Verwaltungsdienstes
seit 2007	Stephan Lahr	Kaufmännischer Direktor

Pflegerische Leitung

1911–1930	Johannes Lehnert	Pflegevorsteher/Leitende Pflegekraft
1931–1950	Adam Schumacher	Pflegevorsteher/Leitende Pflegekraft
1951–1960	Heinrich Kümpel	Pflegevorsteher/Leitende Pflegekraft
1961–1966	Michael Abels	Pflegevorsteher/Leitende Pflegekraft
1966–1969	Heinrich Hermanns	Pflegevorsteher/Leitende Pflegekraft
1969–1971	Martin Diels	Pflegevorsteher/Leitende Pflegekraft
1975–1983	Leo Killemann	Pflegevorsteher/Leitende Pflegekraft
1984–2006	Helmut Pischny	Pflegedienstleiter/Leitende Pflegekraft
seit 2007	Christa Kreuzhof	Pflegedirektorin

Oberinnen

1911–1930	Margarethe Wasserburg	Oberin
1930–1951	Anna Weixner	Oberin
1953–1975	Marianne Cieslewitz	Oberin
1975–1982	Elisabeth Zahn	Oberin Kinder- und Jugendpsychiatrie

Autorinnen und Autoren

Becker, Dr. med. Joachim, ehem. Funktionsoberarzt Betriebsbereich Soziale Reha in der LVR-Klinik Bedburg-Hau

Breuel, Yvonne, Stabsstelle Sozialmarketing/Öffentlichkeitsarbeit im HPH-Netz Niederrhein in Bedburg-Hau

Göbel, Wilhelm, ehem. Fachlicher Direktor des HPH in Bedburg-Hau

Hoymann-Joosten, Bernd, Leiter Arbeits- und Beschäftigungstehrapie in der LVR-Klinik Bedburg-Hau

Kepser, Gabriele, stellv. Fachliche Direktorin des HPH-Netz in Bedburg-Hau

Köring, Dr. med. Peter, ehem. stellv. Fachbereichsarzt Psychiatrie 2 in der LVR-Klinik Bedburg-Hau

Kreutz, Dr. med. Jack, stellv. ärztlicher Direktor und Fachbereichsarzt der forensischen Abteilungen in der LVR-Klinik Bedburg-Hau

Richarz, Jan, Bauhistoriker und Doktorand im Bereich Denkmalpflege, Aachen

Röhl, Karl-Peter, Leiter Betriebsbereich »Soziale Rehabilitation« in der LVR-Klinik Bedburg-Hau

Schaffer, Dr. phil. Wolfgang, Leiter des Archivs des LVR beim LVR-Archivberatungs- und Fortbildungszentrum in Pulheim-Brauweiler

Spancken, Dr. med. Elmar, ehem. Leiter Betriebsbereich »Soziale Rehabilitation« und Abteilungsarzt »Allg. Psychiatrie/Gerontopsychiatrie« in der LVR-Klinik Bedburg-Hau

Sparing, Frank, Historiker, Wiss. Mitarbeiter am Institut für Geschichte der Medizin der Universität Düsseldorf

Ströbele, Thomas, Fachlicher Direktor des LVR-HPH-Netz Niederrhein in Bedburg-Hau

Werner, Dr. phil. Wolfgang Franz, ehem. Leiter des Archivs des LVR beim LVR-Archivberatungs- und Fortbildungszentrum in Pulheim-Brauweiler